일본의 대미 원자력외교
: 미일 원자력협상을 둘러싼 정치과정

일본의 대미 원자력외교
: 미일 원자력협상을 둘러싼 정치과정

초판 1쇄 발행 2019년 4월 25일

지은이 | 전진호
펴낸이 | 윤관백
펴낸곳 | 도서출판 선인

등 록 | 제5-77호(1998.11.4)
주 소 | 서울시 마포구 마포대로4다길 4(마포동 324-1) 곳마루빌딩 1층
전 화 | 02)718-6252 / 6257
팩 스 | 02)718-6253
E-mail | sunin72@chol.com
Homepage | www.suninbook.com

값 24,000원
ISBN 979-11-6068-262-5 93300

· 잘못된 책은 바꿔 드립니다.
· 이 책은 2015년도 광운대학교 연구년에 의하여 발간되었음.

일본의 대미 원자력외교
: 미일 원자력협상을 둘러싼 정치과정

전진호 저

머리말

　미일 원자력협력협정(이하 미일 원자력협정)은 원자력발전의 연료인 우라늄의 농축 및 사용후 핵연료의 재처리 권리 등을 미국으로부터 인정받은 협정으로, 일본 원자력정책의 근간을 이룬다.
　1988년에 개정된 새로운 협정으로 일본은 미국이 요구한 새로운 규제를 받아들였으나, 재처리 및 플루토늄의 사용 등에 필요한 미국의 사전 동의를 장기간에 걸쳐 일괄적으로 획득하는 소위 '장기적 포괄동의제'의 도입에 성공하였다. 새로운 협정 체결로 일본은 원자력 프로그램의 장기적이고 안정적인 운용에 필수적인 미국의 동의를 협정의 유효기간인 30년에 걸쳐 획득하는 성과를 얻었다. 미국 역시 카터 행정부의 엄격한 원자력 규제정책 이후 불편했던 일본과의 원자력 협력관계를 회복하고, 일본의 원자력 프로그램에 대한 미국의 통제권을 확보하는 데 성공하였다.
　결과적으로 양자가 실보다는 득이 많은 협정 개정으로 평가할 수 있다. 그러나 신 협정의 핵심은 일본의 플루토늄 이용에 관한 권한이 대폭 확대되어 일본의 플루토늄 이용 및 개발이 지속적으로 가능히게 되었다는 점이다. 구 협정 하에서는 플루토늄의 이용 및 개발은 핵 비확산 원칙에 의해 강력한 미국의 규제를 받고 있었지만, 신 협정에 의해 일정한 조건 하에서 미국의 간섭을 최소화하면서 자국의 프로그램에 의거한 플루토늄의 개발, 이용이 가능하게 되었다.

미일 원자력협정은 1988년에 발효되어 2018년 7월에 30년의 유효기간 만료를 앞두고 있었다. 협정에 의하면 만료 6개월 이전까지 당사국 중 일국이 이의제기를 하지 않으면 협정은 자동연장 되도록 되어 있어, 미일 양국은 2018년 협정의 개정 없이 연장하였다. 협정의 자동연장으로 양국 중 어느 일국이 통고하면 6개월 후 미일 원자력협정은 종료되게 되었다. 이번 연장으로 미국이 일본의 원자력정책에 영향을 미치기 쉽게 되었다는 해석도 있다. 이러한 해석은 미일 원자력협정이 일본의 원자력 프로그램에 그만큼 중요한 협정이라는 반증이기도 하다.

한편 한국도 미국과 원자력협정을 체결하고 있다. 한국은 1974년에 최초로 미국과 원자력협정을 체결하였으며, 한미 원자력협정은 우라늄 농축 및 재처리를 금지하고 있다. 1988년에 개정된 미일 협정으로 일본은 우라늄 농축 및 재처리에 대한 미국의 사전 동의를 획득하였고, 미일 협정에 자극된 한국도 미일 협정과 유사한 형태의 협정 개정을 희망하였다. 2015년 한미 양국은 협정을 개정하였으나 한국은 일본과 동등한 조건의 협정을 체결할 수 없었다. 다만, 한국은 20% 이하의 우라늄 농축의 권리를 획득했으며, 사용후 핵연료의 재처리에 대해서는 미국과 협상할 수 있는 길을 열어 두는 데 그쳤다. 한국은 일본과 동등한 권리를 획득하려 했지만 결국 실패했다. 한국은 미국과의 협정 개정을 준비하면서 미일 원자력협상을 참고하여 일본이 유리하게 협상한 원인을 찾아 한미 협상에 반영하려 하였지만 기대한 성과에는 미치지 못했다.

이 책이 다루고 있는 주제가 바로 우리가 얻을 수 없었던 재처리 등의 권리를 어떻게 일본은 대미 원자력협상에서 획득할 수 있었는가 하는 것이다. 즉 이 책은 1980년대의 미일 원자력협정 개정 과정에서 미일 양국의 교섭 과정과 교섭정책 결정 과정을 분석하고 있으며, 이를 통해 미일 교섭이라는 2국 간 교섭의 특징을 도출하고 있다.

성공한 대미 협상의 하나로 꼽히는 원자력협상에서 일본은 어떻게 유리한 협상결과를 이끌어 내었는가 하는 의문이 연구의 출발점이었다. 1980년대에 이뤄진 많은 미일 협상에서 일본은 미국의 요구를 수용하며 양보하는 형태로 협상을 타결하곤 하였다. 특히 마찰을 빚고 있던 무역 관련 교섭에서 이러한 특징이 보였다. 이러한 일본의 대미 교섭의 특징에서 이른 바 '외압론'이라는 이론도 등장했다. 그러나 미일 원자력협상에서는 미국의 외압이 유효하게 작용하지 않았고, 오히려 일본에게 유리한 협상 결과가 되었다. 어떻게 이러한 협상이 가능했는지 이 책에서는 1970년대에서 1980년대까지의 미일 원자력 교섭과정 및 양국의 정책과정을 분석했다. 미일 원자력 교섭을 분석하여 종래의 미일 교섭연구의 외압과 대응에 관한 논의를 비판적으로 재검토하고, 보다 합리적인 틀(가설)을 제시하였다.

미국이 강력한 원자력 규제정책을 실시하던 1970년대 말에 시작된 미일 교섭에서 일본이 자국에 유리한 협정 체결에 성공한 원인의 분석은 협정 개정 이전의 미일협정과 비슷한 성격의 원자력협정을 맺고 있는 한국에게 귀중한 자료로 활용될 수 있으며, 이런 관점에서 일본의 원자력정책 및 미국과의 원자력협정(교섭)에 대한 연구는 중요하다.

이 책이 주로 다루고 있는 1988년의 협정 개정에 의해 일본은 장기간에 걸친 포괄동의를 인정받았다. 일본의 원자력 기자재, 기술에 대한 많은 규제권을 미국이 가지고 있기 때문에, 일본은 대부분의 원자력 활동에서 미국의 승인을 필요로 한다. 일반적으로는 개별 활동에 대해 미국의 승인을 얻는 절차로 진행되지만, 일본은 협정 개정에 의해 장기간(협정 유효기간)에 걸쳐 승인된 시설에서 행하는 대부분의 핵 활동에 대해 사전 포괄동의를 획득한 것이다. 또한 일본은 사용후 핵연료의 재처리가 가능하지만, 한미 원자력협정은 사용후 핵연료의 재처리를 용인하지 않고 있다.

  한국과 일본이 미국을 상대로 동등한 내용의 협정 개정을 추진하였고, 일본은 만족할 만한 성과를 거두었다. 그러나 한국은 절반의 성공으로 협상을 마무리 지었다. 미일 원자력협정과 동등한 내용의 한미 원자력협정을 왜 체결할 수 없었는지, 일본은 어떻게 미국을 상대로 유리한 협정 개정이 가능했는지에 대해 원자력 산업계는 물론 관련 정부기관의 관심도 높다. 또한 미국의 외압에 취약한 일본이 어떻게 미국보다 자국에게 유리한 협상을 이끌어 내었는지 미일 원자력협상 자체에 대한 학술적 관심도 매우 높다. 이 책은 이러한 의문에 대한 해답을 제시해 줄 것이다. 또한 미국과 일본은 원자력협상과정에서 어떻게 교섭정책을 만들었으며, 상대에게 자국의 관점을 설득시켰는가 하는 연구도 중요하다. 10년 가까이 계속된 협상에서 미일 양국의 다양한 관계자가 교섭에 관여하였으며, 행정부는 물론 의회까지 교섭에 연관되었다. 이런 점에서 이 책은 교섭연구의 중요한 하나의 케이스가 될 것이다.

  더 나아가 일본과 비슷한 에너지 믹스(Energy Mix)를 가지고 있는 한국은 일본의 원자력정책에 많은 관심을 가지고 있으며, 특히 후쿠시마 원전사고 이후 일본의 원자력정책의 변화에도 주목하고 있다. 따라서 일본의 원자력산업이 어떠한 논리와 과정으로 성장해 왔는지, 일본이 추구하고 있는 핵연료 사이클 완성에 의한 고속증식로의 활용 등이 우리에게 선택지가 될 수 있는지 등 원자력 산업에 연관된 문제를 정책적으로 다루고 있다는 점에서도 중요하다 할 수 있다.

  마지막으로 이 책은 저자의 도쿄대학교 박사학위논문「미일 교섭의 정책결정 과정 – 미일 원자력협력협정의 개정을 둘러싼 미일 교섭

의 정치과정」(「日米交渉における政策決定過程-「日米原子力協力協定」の改定をめぐる日米交渉の政治過程」)을 토대로 한 것임을 밝혀 둔다. 아울러 이 책의 출판을 위해 수고해 주신 도서출판 선인의 윤관백 사장과 편집부에 감사드린다.

2019년 4월
전진호

차례

머리말 ··· 5
약어표 ·· 14

제1장 서론 _17
  1. 문제 제기 ··· 17
  2. 분석의 대상 ··· 25
  3. 분석틀 ··· 30
     1) 국내 레벨 및 2국 간 레벨: 상호침투모델 및 양면게임이론 ········· 31
     2) 국제 레벨의 요인 ··· 37
     3) 전체의 분석틀 ··· 39
  4. 책의 구성 ··· 43

제2장 미일 원자력교섭의 배경 _47
  1. 전후 일본의 원자력정책의 전개 ································ 47
     1) 에너지 정책 ··· 47
     2) 원자력정책의 전개 ··· 50
        (1) 원자력 개발이용체제의 확립 ··························· 50
        (2) 원자력 개발이용 장기 기본계획 ······················· 56
        (3) 부문별 원자력 개발이용 상황 ·························· 61
  2. 미국의 원자력정책 ··· 65
     1) 카터 정부의 핵 비확산정책과 INFCE, NNPA ············· 65
     2) 레이건 정권의 대외 원자력정책 ···························· 75

3. 일본의 2국 간 원자력협정 …………………………………… 78
   4. 핵 비확산 레짐(NPT/IAEA)과 일본 ………………………… 90
      1) NPT ……………………………………………………………… 91
      2) IAEA …………………………………………………………… 93
      3) 핵 비확산 레짐과 일본 ……………………………………… 97

제3장 협정 개정 교섭의 원점 : 재처리 교섭(1977년 4월~8월) _103

   1. 미일 원자력 관계와 구 미일 원자력협력협정 ……………… 103
   2. 교섭의 경위: 재처리 문제 …………………………………… 108
   3. 재처리 교섭의 교섭 과정 …………………………………… 114
   4. 분석: 재처리 교섭의 정책결정 과정 ………………………… 126
      1) 미국의 정책결정 과정과 교섭 목표의 변화 ……………… 126
      2) 일본의 정책결정 과정과 의견 조정 과정 ………………… 131

제4장 재처리 교섭에서 협정 개정으로 : 협정 개정 교섭 _145

   1. 교섭의 경위: 재처리 교섭 후의 미일 원자력 관계 및 신 협정
      ………………………………………………………………………… 145
   2. 협정 개정 교섭(1982년 8월~1986년 6월) ………………… 150
      1) 제1단계: 협의 (1982년 8월~1985년 7월) ……………… 152
      2) 제2단계: 교섭 (1985년 11월~1986년 6월) ……………… 159
   3. 신 미일 원자력협력협정의 체결 …………………………… 166
      1) 신 미일 원자력협력협정의 체결 …………………………… 166
      2) 재교섭: 해상운송의 포괄동의화를 위한 교섭 …………… 168
      3) 신·구 미일 원자력협력협정의 비교 ……………………… 173
   4. 분석 :교섭(관련) 행위자의 기본 정책 및 교섭 목표 ……… 178
      1) 미 행정부의 정책과 교섭전략 ……………………………… 178
      2) 미 의회의 압력 ……………………………………………… 182
      3) 일본 행정부의 정책 및 교섭전략 ………………………… 184

제5장 개정 교섭 후 : 합의에서 비준으로 _191

1. 미 의회의 반발과 미 행정부의 대응 ······································ 193
   1) 미 의회의 반발 ·· 193
   2) 미 행정부의 대응 ·· 206
2. 미일의 국내 레벨의 상호침투 ·· 211
3. 일본 국회의 심의 ·· 219
   1) 각 정당의 원자력정책 ··· 220
   2) 국회 심의과정과 비준 ··· 223

제6장 분석 : 미일 교섭의 정책결정 과정 _233

1. 2국 간 교섭에 대한 국제 레벨의 영향 ·································· 235
   1) 핵 비확산 레짐, 유라톰과 미일 원자력 교섭 ················ 238
      (1) 핵 비확산 레짐의 영향 ·· 239
      (2) 유라톰의 영향 ··· 243
   2) 중일, 미중 원자력 교섭의 영향 ···································· 246
   3) 소결론: 교섭과 국제 레벨 ··· 248
2. 미일 양국의 국내 레벨의 정책결정 과정 ······························ 250
   1) 미국: 국무성 주도의 정책결정 ······································ 251
      (1) 관련 기관의 대응 ·· 251
      (2) 국무성 주도의 정책결정 ··· 258
   2) 일본: 이원체제적 이익연합에 의한 정책결정 ················ 262
      (1) 이원체제적 이익연합 ·· 263
      (2) 이원체제적 이익연합에 의한 정책결정 ·················· 265
   3) 소결론: 국내 정책결정 메커니즘과 외압의 유효성 ······· 273
3. 외압의 실패와 교섭 목표, 교섭의제의 변화 ·························· 279
   1) 교섭 과정에서의 교섭 목표 및 교섭의제의 변화 ·········· 281
      (1) 재처리 교섭 ··· 282
      (2) 협정 개정 교섭 ··· 286
   2) 소결론: 교섭 목표 및 교섭의제의 변화와 교섭의 결과 ········ 290

제7장 결론 _295

1. 분석 결과 ··· 295
2. 미일 원자력협력협정 개정 교섭의 함의 ······················ 300
   1) 미일의 국내 레벨 ··· 300
   2) 미일 관계 및 미일 교섭의 2국 간 레벨 ················ 301
   3) 국제 레벨 ·· 303

[부록 1] 신 미일 원자력협정의 개요 및 구성 ················· 309
[부록 2] 협정문 ··· 310
[부록 3] 원자력 용어 ·· 329
[부록 4] 보론 ·· 334
   1) 미일 원자력 교섭에 대한 선행연구 분석 ·············· 334
   2) 미일 원자력 교섭의 개념 ····································· 338
   3) 외압의 개념 ··· 339

참고문헌 ·· 341
저자소개 ·· 349

[약어표]

ACDA: 미국 군비관리군축국(Arms Control and Disarmament Agency)
ANEC: 미국 원자력협의회(American Nuclear Energy Council)
ATR: 신형전환로(Advanced Thermal Reactor)
BWR: 비등수형 경수로(Boiling Water Reactor)
CANDU: 카나다형 중수로(Canada Deuterium & Uranium)
CTBT: 포괄적 핵실험금지조약(Comprehensive Test Ban Treaty)
EEI: 에디슨전기업계(Edison Electric Institute)
ERDA: 에너지연구개발청(Energy Research & Development Administration)
EURATOM: 유럽원자력공동체(European Atomic Energy Community)
FBR: 고속증식로(Fast Breeder Reactor)
GAO: 미 의회 회계감사원(General Accounting Office)
GE: 제너럴 일렉트릭(General Electric)
IAEA: 국제원자력기구(International Atomic Energy Agency)
INFCE: 국제핵연료 사이클평가(International Nuclear Fuel Cycle Evaluation)
LWR: 경수로(Light Water Reactor)
MOX: 혼합산화물연료(Mixed Oxide Fuel)
NCI: 미국 핵관리연구소(Nuclear Control Institute)
NNPA: 미국 핵 비확산법(Nuclear Non-proliferation Act of 1978)
NPT: 핵확산금지조약(Treaty on the Non-proliferation of Nuclear Weapons)
NRC: 미국 원자력규제위원회(Nuclear Regulatory Commission)
NSC: 국가안전보장회의(National Security Council)
PP조약: 핵물질방호조약(Convention on Physical Protection of Nuclear Material and Facilities)
PWR: 가압수형 경수로(Pressurized Water Reactor)
WH: 웨스팅하우스(Westinghouse)

제1장

서론

1장 서론

1. 문제 제기

　미일은 1968년에 원자력협정(구 협정)[1]을 체결하였으며 이 협정은 2003년까지 유효한 협정이었다. 그러나 양국은 이바라키현(茨城県) 도카이무라(東海村)에 건설 중이었던 재처리시설의 가동을 위해 1977년에 재처리 교섭[2]을 하였으며, 재처리[3]로부터 발생하는 플루토늄(plutonium)의 국제수송 등을 원활히 진행하기 위해, 또한 1978년에 제정된 미국의 핵 비확산법(Nuclear Non-Proliferation Act of 1978: NNPA)[4]에 근거한 미국의 요청에 의해 정부 간 교섭을 진행하여,

---

[1] 1968년에 체결된 미일 원자력협정의 정식 명칭은 원자력의 비군사적 이용에 관한 협력을 위한 일본국 정부와 아메리카합중국 정부 간의 협정이다. 이 협정은 1968년 2월에 조인되었지만(같은 해 7월 발효, 유효기간 30년), 1973년의 일부 개정에 의해 협정의 유효기간은 2003년이 되었다. 1973년의 일부 개정에 대해서는 제3장 참고.

[2] 재처리 교섭이란 도카이무라 재처리시설의 가동을 둘러싸고 미일 간에 행해진 세 차례의 교섭(1977년 4월~9월)이다. 교섭의 결과 '공동결정'과 '공동성명'(1977년 9월, 제3장 참고)이 발표되었다. 도카이무라 재처리시설은 1977년 9월에 운전을 개시하여 같은 해 11월 최초의 플루토늄 819.5g을 추출했다. 재처리 교섭은 미일 원자력협정 개정 교섭의 제1차 교섭이라고도 불린다.

[3] 사용후 핵연료의 재처리는 원자력발전소에서 사용한 핵연료에 포함되어 있는 핵분열성 물질(우라늄 235 및 플루토늄 239, 241)을 분리, 추출하는 공정이다. 사용후 핵연료로부터 핵분열성 물질을 추출, 재이용하여 우라늄 자원의 이용효율을 높이는 효과가 있다.

1988년 새로운 미일 원자력협정5)이 탄생했다.

1977년부터 1987년에 걸쳐 진행된 미일 원자력 교섭6)에는 양국 정부를 포함한 다양한 교섭행위자(actor)7)가 참여했다. 또한 교섭에는 양국의 국내 원자력정책, 미국의 대외 원자력정책, 미일의 정부 간 교섭과 민간 레벨의 대응, 미국 의회의 반대 및 미 의회와 행정부 간의 협의 등 다양한 행위자의 정책 및 논의가 어우러져 전체를 이루고 있다. 더욱이 신 협정은 일본이 일관되게 추진해온 핵연료 사이클 확립과 원자력 자립에 중요한 협정이었다. 왜냐하면 새로운 협정의 성립에 의해 핵연료의 농축은 물론, 사용후 핵연료의 수송, 재처리 등에 대한 미국에 의한 직접적, 개별적 통제를 완화하여, 일본의 독자적인 핵연료 사이클 확립의 전망을 얻을 수 있게 되었기 때문이다.

10여 년간의 교섭 과정에서 미국은 다양한 요구를 하였으며, 이에 대해 일본이 강하게 반발하여 교섭이 난항하며 타결의 전망이 서지 않을 때도 많았다. 말 그대로 다사다난한 교섭이었다. 교섭이 난항한 주요 원인은 10년간의 교섭에 몇 가지 서로 다른 레벨의 요인이 복잡하게 얽혀 있었기 때문이다. 그것은 (1) 에너지원의 확보와 플루토늄

---

4) 핵 비확산을 강화하기 위해 1978년에 입법된 미국의 국내법. NNPA는 핵 비확산 강화를 위해 미국이 맺고 있는 2국 간 원자력협정에 핵 비확산 강화를 위한 새로운 규제를 도입하여 협정을 개정할 것 등을 미 행정부에 요구하고 있다. NNPA는 미국이 일본에게 미일 원자력협정의 개정을 요구한 법적 근거가 되었다. NNPA에 대해서는 Ryukichi Imai and Henry S. Rowen, *Nuclear Energy and Nuclear Proliferation: Japanese and American Views*, Westview Press, 1980; Michael J. Brenner, *Nuclear Power and Non-Proliferation*, Cambridge University Press, 1981.
5) 신 협정의 정식 명칭은 원자력의 평화적 이용에 관한 협력을 위한 일본국 정부와 아메리카합중국 정부 간의 협정. 1987년 11월에 조인, 이듬해 7월 발효됨. 신 협정의 유효기간은 30년으로 양국이 협정 취소를 통보하지 않았기 때문에 2018년 7월 자동연장 되었다.
6) 미일 원자력 교섭의 개념 정의는 [부록 4] 보론을 참고.
7) 교섭행위자(actor)란 직접적으로 교섭에 참여했던 미일 행정부의 교섭 관계자(교섭 관련 부서) 및 교섭 내용과 교섭 결과에 중대한 관계를 가지고 교섭 과정에 직접적으로 참가, 혹은 간접적으로 영향을 미친 관계자, 관련 기관을 포함한다.

이용이라는 일본의 국내 레벨, (2) 미일 원자력협정이나 원자력무역 등의 미일 관계 레벨, (3) 핵 비확산조약(Nuclear Non-Proliferation Treaty: NPT)[8]이나 국제원자력기구(International Atomic Energy Agency: IAEA),[9] 유럽원자력공동체(European Atomic Energy Community: EURATOM)[10] 등과 같은 국제 레벨의 세 레벨이다.

미일 원자력 교섭에는 협정 개정 교섭의 쟁점이 된 플루토늄의 이용 및 생산기술(재처리), 국제수송 등에 대한 미일의 인식의 차가 있었다. 플루토늄을 에너지원으로 이용하는 핵연료 사이클 계획을 가진 일본에 대해, 미국은 핵무기의 원료가 될 수 있는 플루토늄의 이용과 재처리에 강한 우려를 가지고 있었다. 교섭의 성격에 대해서도 일본은 원자력 에너지의 개발 이용에 관한 교섭이라는 인식이었던 것에 비해, 미국은 핵확산 방지를 위한 규제권을 강화하기 위한 교섭이라는 점에 무게를 두고 있었다. 이러한 양국의(혹은 교섭자의) 인식 차이는 교섭이 난항하게 된 주요 원인이 되었다. 위와 같은 미일 원자력 교섭의 다양한 특징 중에서 이 책이 제기하는 문제의식은 다음의 세 가지이다.

첫 번째 문제의식은 1977년부터 10여 년간 행해진 미일 원자력 교섭이 전후의 미일 교섭 중에서는 일본이 대등한 입장에서 교섭하여

---

8) NPT는 핵보유국 수가 증가하는 것을 방지하여 핵전쟁의 가능성을 줄인다는 목적에서 핵 비확산, 원자력의 평화적 이용, 핵 군축을 세 개의 축으로 하여 1970년에 발효된 국제조약. 일본은 1970년에 NPT에 서명, 1976년에 비준했다.
9) IAEA는 원자력의 평화적 이용의 추진을 목적으로 1957년에 설립된 국제기관이다. IAEA는 원자력의 평화적 이용에 대한 연구, 개발, 정보교환이나 물자·설비의 제공, 개발도상국에 대한 기술원조 등을 실시하고 있다. 이 중에서 IAEA의 가장 중요한 활동은 핵 비확산에 관한 보장조치(safeguard)의 실시이다. 일본은 1977년 IAEA와 보장조치협정을 맺었다(1977년 12월 발효).
10) 유라톰(EURATOM)은 1958년 유라톰 설립조약(로마조약)에 의해 설치된 유럽원자력공동체이며, 유럽의 원자력 평화이용의 중추적 기관이다. 유라톰 설립에 참가한 국가는 벨기에, 네덜란드, 룩셈부르크, 독일, 프랑스, 이탈리아의 6개국이었지만, 이후 영국, 아이슬란드, 덴마크, 그리스, 스페인, 포르투갈, 핀란드, 스웨덴, 오스트리아 등이 가입하였다. 2018년 현재 가맹국은 27개국이다.

평등한 내용의 협정을 맺은 미일 대등교섭11)이라는 평가12)에 대한 검증이다. 즉 원자력 교섭이 일반적인 미일 교섭과는 다르게 어떻게 일본이 유리하게 교섭을 전개할 수 있었는가를 밝히는 것이다. 미일 간의 합의 과정에서 미국의 요구가 대폭 받아들여진 다른 교섭과는 다르게, 원자력 교섭은 핵 비확산 강화를 위한 새로운 규제의 도입 및 이를 위한 협정 개정을 촉구하는 미국에 대해, 일본이 강경한 자세로 교섭하여 일방적인 양보를 거부한 교섭이었다.

교섭의 결과 일본은 미국이 요구한 협정 개정에는 응했지만, 새로운 협정의 유효기간(30년) 동안 핵연료의 농축, 사용후 핵연료의 재처리, 플루토늄의 수송 등에 관한 사전동의를 얻는 데 성공했다. 다시 말해, 일본은 협정 개정에 의해 다양한 규제에 대한 사전동의를 얻었으며, 또한 구 협정에는 없었던 평등조항을 협정에 삽입하는 등의 성과를 만든 것이다.13) 1970~1980년대에 행해진 미일 교섭 중에서 일본이 대등한 입장에서 교섭에 임해 유리한 내용의 협정을 맺은 것은 이례적으로 평가된다.

그렇다면 왜 이러한 대등한 교섭이 가능했던 것일까? 교섭 자체나 교섭자에게만 초점을 맞추고 있는 일반적인 교섭분석의 틀이나 양면 게임이론(Two Level Games Approach), 혹은 양국의 국내 레벨의 분

---

11) 대등교섭이란 외압 등으로 인해 일방적인 양보를 강요당하여 상대의 요구를 합의에 대폭 수용한 교섭이 아닌, 상대와 대등한 입장에서 교섭하여 교섭의 결과 양측의 균형 잡힌 합의를 이끌어낸 교섭을 말한다.
12) 石川欽也, 『原子力政策の検証とゆくえ』, 電力新報社, 1991, 203쪽.
13) 핵 비확산을 중요시했던 카터(Jimmy Carter) 정권기에 시작된 재처리 교섭부터의 미일 원자력 교섭은 미 의회와 행정부 일부의 반대에도 불구하고, 장기적이고 포괄적인 사전동의 방식을 도입한 신 협정을 탄생시켰다. 미국이 재처리 및 플루토늄 수송 등에 관한 미국의 동의권을 30년의 장기에 걸친 포괄적 사전동의 방식으로 2국 간 협정에 도입한 것은 비핵보유국 중에서는 일본뿐이었다. 따라서 신 협정은 미국이 2국 간 원자력협정을 맺고 있는 비핵보유국 중에서는 이례적인 협정이라고 할 수 있다.

석만으로는 미일 원자력 교섭의 이러한 특징을 설명하기 어렵다. 그것은 미일 원자력 교섭에는 몇 개의 레벨이 복잡하게 연결되어 있기 때문에, 몇 가지 레벨 중의 하나만을 분석해서는 미일 교섭의 다양한 레벨 간의 상호작용을 밝히는 것은 불가능하기 때문이다. 즉 미일 원자력 교섭은 국제 레벨, 미일의 2국 간 교섭의 레벨, 국내 레벨의 어느 하나만으로는 설명할 수 없고, 이들 요인의 조합으로 설명이 가능하다는 것이다.14)

두 번째 문제의식은 미일 원자력 교섭에서 왜 미국의 외압이 유효하게 작용하지 않았는가 하는 것이며, 이는 첫 번째 문제의식과도 연관되어 있다. 원자력 교섭에서 미일이 대등한 입장에서 교섭하여 일본에게 유리한 내용의 협정을 체결할 수 있었던 것은 국제적인 요인 및 양국의 국내 요인 등의 다양한 요인이 관련되었을 것으로 생각된다. 이 요인들 가운데는 외압으로 볼 수 있는 미국의 영향력 행사가 있었던 것도 사실이다.

따라서 미일이 대등하게 교섭하는 것이 가능했다는 것은 미국의 외압이 유효하게 작용하지 않았다는 것이고, 미일 원자력 교섭에서 왜 미국의 외압이 유효하게 작용하지 않았는가를 분석하는 것이 두 번째 문제의식이다. 즉, 두 번째 문제의식은 미국의 외압에 초점을 맞추어 외압이 유효하게 작용하지 않았던 이유를 분석하려는 것이다.

두 번째 문제의식을 구체적으로 설명하면 다음과 같다. 재처리 교섭(1977년) 후에도 일본의 원자력 프로그램은 미일 원자력협정의 적

---

14) 이러한 분석 틀은 상호의존 관계가 심화되고 있는 현재의 국가 간, 혹은 국내의 정치과정을 설명하는 데 유용하다. 예를 들어, 야마모토 요시노부(山本吉宣)는 "상호의존의 정치과정을 생각하면 국제 시스템, 국가, 국내라고 하는 세 가지 레벨 각각에 대해 고려함과 동시에, 다른 레벨과의 종적 관계(상호의존)를 대상으로 한 분석이 필요하다"고 지적하고 있다. 山本吉宣, 『国際的相互依存』, 東京大学出版会, 1989, 87쪽.

용을 받고 있었다. 따라서 도카이무라 재처리시설을 가동하기 위해서 또는 재처리시설의 운전기간을 연장하기 위해서, 일본은 매년 미국과 교섭하여 재처리시설의 운전허가를 받았다. 또한, 사용후 핵연료의 해외 재처리나 재처리로 생산된 플루토늄을 일본으로 수송하기 위해서는 그 때마다 미국과 교섭해야 했다. 이러한 상황에서 미일 원자력협정 개정 교섭이 시작된 1982년부터 3년간, 핵 비확산을 강화하기 위한 신 규제의 도입이나 이를 위한 협정 개정이라는 미국의 요구가 일본에 받아들여지지 않았다는 것은 미국의 외압이 유효하게 작용하지 않았다는 것을 의미한다.

일반적으로 미일 교섭의 정책과정을 논할 때 '외압과 대응'이라는 분석틀이 자주 쓰인다.15) 미국의 외압에 의해 일본이 일방적인 양보를 강요당해 결국에는 국내적으로 고비용을 지불하며 합의에 이른다는 것이다. 즉, 미 의회의 압력→미 행정부에 의한 일본 정부에의 요구→일본 정부의 거부→미국의 외압→일본 정부의 양보→교섭 결착이라는 외압과 대응의 기본 패턴을 사용해 미일 교섭을 분석하는 것이다.

이 개념은 일반적으로 미일 간의 경제, 통상 교섭을 분석하는 틀로서 자주 쓰이고 있지만, 외압과 대응이라는 미일 교섭의 특징은 경제, 통상 교섭뿐만 아니라 원자력 교섭을 포함한 일반적인 미일 교섭

---

15) 山本滿, 「外圧-反応の循環を越えて」, 細谷千博・有賀貞 編, 『国際環境の変容と日米関係』, 東京大学出版会, 1987, 321~335쪽. 야마모토는 '외압과 반응'이라는 개념을 사용하고 있지만, 필자는 반응이라는 개념 대신에 외압을 받는 측의 능동적인 반응이라는 의미로 대응이라는 개념을 쓴다. 외압과 일본의 정치과정에 관한 연구에는 山本吉宣, 『国際的相互依存』, 1989, 85~99쪽; Leonard J. Schoppa, *Bargaining with Japan*, Columbia University Press, 1977; I. M. Destler・Sato hideo, eds., *Coping with U.S.-Japan Economic Conflicts*, D.C.Heath and Co., 1982; Robert M. Orr, Jr., *The Emergence of Japan's Foreign Aid Power*, Columbia University Press, 1990; 梁基雄, 『脅迫と交渉: ニレベル・ゲーム 日米構造協議と米側脅迫の有効性』, 東京大学博士論文, 1993 등이 있다.

에서도 나타나는 케이스가 많다고 할 수 있다. 이러한 외압과 대응의 교섭 스타일의 분석에 관해서는 다양한 연구가 있지만,16) 여러 연구가 공동으로 다루고 있는 전제는 외압이 관철된다는 것이다. 하지만 1990년대 이후의 미일 교섭에서는 표면적으로는 외압과 대응의 교섭 스타일이 보이지만, 실제로는 교섭을 촉진하는 요인이 되어야 할 외압이 관철되지 않아, 외압이 오히려 교섭을 난항시키는 원인이 되는 케이스도 보인다.

1982년부터의 미일 원자력 교섭에서 미국은 협정 개정을 강하게 요구했다. 일본이 협정 개정을 거부했던 초기의 3년 동안 미국은 지속적으로 협정 개정을 요구했으며, 미국의 협정 개정 요구는 일본에게 원자력 개발이용계획에 대한 미국의 외압으로 인식되었다.17) 그러나 실제의 교섭에서는 신 규제의 도입과 이를 위한 협정 개정 요구라는 미국의 압력이 유효하게 작용하지 않았다. 오히려 교섭의 결과, 압력을 받은 일본이 압력을 행사한 미국보다 합의 과정에서의 양보가 상대적으로 적었다. 이런 점에서 미일 원자력 교섭은 미국의 외압이 유효하게 작용하지 않았거나, 일본 정부의 부분적인 양보가 실질적으로는 일본에 유리하게 작용한 측면이 있다는 점에서 전형적인 외압과 대응의 이미지와는 다른 특징을 보이고 있다.

핵연료 사이클 확립18)에 불가결한 재처리 등에서 미국의 엄격한 제한을 받고 있던 일본이 미국의 요구에 반대할 수 있었던 것은 어떻게 가능했을까? 원자력협정의 개정 교섭 과정 및 미일 양국의 정책결정 과정에 어떠한 특징이 있어 이러한 교섭이 가능했는가? 혹은

---

16) 외압과 대응이라는 교섭 스타일에 대한 정리는 谷口将紀, 『日本の対米貿易交渉』, 東京大学出版会, 1977, 2~4쪽. 교섭 스타일과 그것에 영향을 미치는 요인에 대해서는 総合研究開発機構 編, 『外交・政治スタイルと日米関係』, NIRA研究報告書, 1955.
17) 외압의 개념은 [부록 4] 보론 참고.
18) 핵연료 사이클에 대해서는 [부록 3] 원자력 용어 참고.

국제 레벨의 어떠한 요인이 양국 간 교섭에 영향을 미친 것인가?

이러한 의문에 답하기 위해서 외압과 대응의 상호작용이 원자력 협정 개정 교섭 과정과 양국 국내의 정책결정 과정에서 어떻게 전개되었는지를 분석하여, 왜 일본이 강경한 태도로 미국과의 교섭에 임할 수 있었으며, 미국의 다양한 요구에 효과적으로 대응하는 것이 가능했는가의 원인을 찾는다. 따라서 두 번째 문제의식은 첫 번째 문제의식과도 관련되어 있으며, 두 문제의식의 조합을 통해 비로소 외압과 대등교섭의 상관관계의 분석이 가능할 것이다.

제3의 문제의식은 일본의 정책결정에 관한 것이다. 미국은 1982년부터 신 규제의 도입과 이를 위한 협정 개정을 강하게 요구했지만, 일본은 협정 개정이나 신 규제의 도입을 수용하지 않았다. 오히려 미국의 사전동의를 포괄화 하여 그것을 구 협정에 첨부하는 형태로 할 것을 요구하여 교섭은 난항했다. 교섭이 정체 상태에 있던 1985년 10월, 일본이 협정 개정에 응하기로 방향전환을 했으며, 교섭은 급진전되어 합의에 이를 수 있었다.

왜 일본은 1985년에 협정 개정으로 방침을 전환한 것인가? 협정 개정에 반대해 왔던 일본이 방침을 전환한 것은 미국의 요구에 의한 양보인 것인가? 외압에 의한 양보라면 왜 1985년에 정책 전환을 한 것인가? 미국이 요구한 협정 개정에 응할 경우, 일본에게 부과되는 새로운 의무는 어떠한 것이었는가? 미국의 협정 개정 요구와 이에 대한 일본의 대응에서 생겨나는 이러한 의문에 답하는 것은 미일 교섭에서의 외압의 유효성이나 일본 국내에서의 정책결정 과정, 미일 원자력 교섭의 성격 등을 고찰하기 위해서는 빠뜨릴 수 없는 중요한 요소이다.

위와 같은 문제의식을 가지고 1977년부터 1987년까지의 미일 원자력 교섭의 교섭 과정과 양국의 교섭정책 결정 과정을 분석한다. 이러한 분석을 통해 종래의 미일 교섭 연구에서의 외압과 대응에 관한 논의를 비판적으로 재검토하여 보다 정밀한 이론적 틀을 제시할 것이다.

2. 분석의 대상

앞에서 제기한 문제의식을 규명하기 위해 다음의 세 가지 분석 대상을 중심으로 미일 원자력 교섭을 분석한다.

첫 번째 분석 대상은 미일 원자력 교섭을 분석하기 위한 기초가 되는 일본의 에너지정책 및 원자력정책 그리고 미국의 대외 원자력정책이다. 미일 원자력 교섭은 양국의 원자력정책 및 원자력 개발이용 상황, 미국의 대외 원자력정책에 기초하여 이루어졌다. 양국 모두 자국의 원자력정책을 상대국에게 인정하게 하고, 이를 토대로 원자력협력을 추진한다는 인식을 가지고 있었다. 일본의 경우는 원자력정책의 근간이 되는 원자력 개발이용 장기계획이 있었으며, 미국의 경우에는 NPT, IAEA 등의 핵 비확산 레짐과 국내법인 핵 비확산법이 미일 교섭에 관련되어 있다. 특히 일본의 플루토늄 이용정책 및 플루토늄 수송·보관·관리정책, 재처리에 대한 규제 등은 미일 원자력 교섭의 주요한 교섭의제(agenda)였다.

미국의 대외 원자력정책과 관련해서는 신 협정과 미국의 대외 원자력정책과의 정합성 문제가 첫 번째 분석 대상에 포함된 중요한 문제이다. 미국은 핵 비확산 레짐 강화에 대외 원자력정책의 중점을 두고 있었다. 따라서 신 협정에서 일본만 예외로 인정해 30년에 걸친 포괄적 사전동의를 부여한 것은 미국의 대외 원자력정책의 관점에서 어떻게 설명될 수 있는가 하는 점이다. 즉, 장기적이고 포괄적인 사전동의 방식의 도입은 핵 비확산의 강화라는 미국의 대외 원자력정책과 모순되는 것이 아닌지, 미국의 핵 비확산 강화정책의 일관성은 교섭기간 중에 유지되어 있는가 하는 등의 문제이다.

이러한 문제에 답하기 위해서는 미국의 대외 원자력정책과 대일 원자력정책과의 비교가 필요하며, 더욱이 미국의 핵 비확산 레짐 정책도 시야에 넣어 분석하지 않으면 안 된다. 왜냐하면 미국이 맺고 있는 2국 간 원자력협정(특히 미일 원자력협정)은 미국의 핵 비확산 레짐 정책과 긴밀히 연계되어 있으며, 더욱이 NPT, IAEA, 미·유라톰 원자력협정 등의 국제 레벨과도 관련되어 있다.

또한 개정 전의 구(舊) 미일 협정이나 일본이 미국 이외의 국가와 맺은 2국 간 원자력협정의 분석도 신 협정 및 미일 원자력 교섭을 이해하기 위해서는 매우 중요하다. 그 가운데에서도 교섭기간 중, 미일이 동시에 교섭을 진행했던 중일, 중미 원자력 교섭은 미일의 대외 원자력정책을 이해하는 실마리가 될 것이다. 첫 번째 분석 대상은 전술했던 세 개의 문제의식의 배경을 이루고 있으며, 세 개의 문제의식에 공통으로 관련되어 있다.

두 번째 분석 대상은 1977년부터의 실질적인 교섭 과정이다. 재처리 교섭에서 협정 개정 교섭의 최종 합의까지 10년 간, 20회 이상의 공식협의(교섭), 다수의 비공식협의가 진행되었다. 협의의 주요 논점도 재처리 문제에서 포괄적 사전동의의 도입 문제, 협정 개정 문제, 플루토늄 수송에 관한 문제, 핵물질[19] 방호조치 등이 순차적으로 논의되었다. 그러나 개별교섭에서 논의된 혹은 합의된 내용 등은 구체

---

19) 핵물질이란 천연 우라늄(Uranium), 우라늄 235의 열화우라늄, 토륨(Thorium) 등의 원료물질과 플루토늄, 우라늄 233, 우라늄 235의 농축 우라늄 등의 특수 핵분열성 물질 등을 말한다. 이 구분은 미일 원자력협정의 협정문에 의한 것이다. 상세는 [부록 2]의 협정문 제1조 참고.

적으로 알려져 있지 않다. 예를 들어, 재처리에 대한 미국의 개별동의를 포괄화 하는 것에 미일이 합의한 것은 정확히 언제인지, 교섭의 중요한 논점이었던 협정의 일방적 정지권은 어떤 절충을 걸쳐 언제 합의에 이르렀는가 하는 등의 문제이다.

대체적인 교섭 방향은 신문 등에 보도되었지만 개별교섭의 내용은 밝혀져 있지 않다. 그것은 미일 원자력 교섭이 에너지 문제, 안전보장 문제, 핵 비확산 문제 등에 관련된 중요한 교섭이기 때문에 비공개가 원칙이었던 것 외에도 양국 모두 의회,[20] 여론 등에 제약받지 않고 교섭을 유리하게 전개하기 위한 것으로 추정된다. 양국의 관련 공문서가 공개되어 있지 않은 상황에서 한계는 있지만, 개별교섭이 어떻게 진행되어, 다음 교섭에 어떻게 이어지고 있는지를 밝히는 것은 미일 원자력 교섭의 전체상을 정확히 이해하기 위해서도 필요하며, 또한 양국의 교섭 목표나 교섭 전략 등을 명확히 하기 위해서도 중요하다. 두 번째 분석 대상은 앞에서 언급한 첫 번째, 두 번째 문제의식과 관련되어 있다.

교섭 과정 분석에서 주목하는 또 하나는 포괄적 사전동의 방식의 도입이 협정 개정 교섭의 타결에 어떻게 영향을 미쳤는가 하는 점이다. 교섭의 결과, 일본은 장기적이고 포괄적인 사전동의를 얻어 핵연료 사이클 확립의 전망이 서게 되었다. 미국은 핵 비확산 강화를 위해 일본에게 신 규제의 도입 및 협정 개정을 강하게 요구했다. 그러나 교섭의 결과, 협정 개정과 함께 신 협정에는 포괄적 사전동의 방식이 도입되어, 재처리나, 플루토늄 수송 등에 관한 미국의 사전동의권의 거의 전부를 일괄하여 일본에게 주게 되었다.

신 협정에 포괄적 사전동의 방식이 도입된 것은 일본이 협정 개정

---

20) 일본의 경우 국회, 미국의 경우는 의회라는 용어를 주로 쓰지만, 양국의 그것을 동시에 나타내는 경우에는 양국 의회 또는 의회로 표기한다.

을 받아들인 것에 대한 보상인가? 아니면 협정 개정 문제와 포괄적 사전동의의 도입 문제는 별도의 교섭 대상이었던가? 교섭 과정에서 협정 개정 문제와 포괄동의의 도입 문제는 어떻게 관련되어 있었던 것인가를 분석하는 것은 미일 원자력 교섭을 이해하는 데 매우 중요하다. 따라서 협정 개정 문제와 포괄적 사전동의 방식 도입 등의 주요 의제별 교섭 과정과 상관관계, 더 나아가 미일의 교섭자의 교섭 전략 등을 함께 고찰할 필요가 있다.

세 번째 분석 대상은 교섭에 직접 참가하거나 관계한 교섭행위자의 분석과 함께, 교섭기간 중 미일의 교섭 목표 및 교섭 전략 결정 등의 행정부 내부의 정책결정 과정, 의견 조정 과정이다. 이 세 번째 분석 대상도 전술한 세 가지 문제의식에 공통으로 관련해 있지만, 특히 세 번째 문제의식(일본의 정책과정)을 이해하기 위해서 중요하다.

양국을 대표하여 교섭한 것은 행정부 관계자로 구성된 정부 교섭단이다. 먼저 미국을 보면, 원자력 교섭은 미국의 대외원자력정책, NPT, IAEA 등의 핵 비확산 레짐 등과 관련된 교섭이기 때문에 국무성, 국방성, 에너지성은 물론 국무성의 군비관리군축국(Arms Control and Disarmament Agency: ACDA), 백악관(White House)의 국가안전보장회의(National Security Council: NSC)[21] 등이 교섭에 관여했다. 일본은 외무성, 통상산업성(통산성), 과학기술청(과기청), 원자력위원회 등이 교섭과 내부협의에 참가했다.[22]

---

21) NCS는 백악관에 설치된 국가안전보장문제에 관한 최고자문기관이다. 참석자는 국가안전보장법이 정한 공식 멤버(대통령, 부대통령, 국무장관, 국방장관)와 국가안전보장문제담당 보좌관을 비롯한 백악관의 어드바이저로 이루어진다. NSC의 정책결정 과정에서의 역할에 관해서는 花井等・木村卓司, 『アメリカの国家安全保障政策』, 原書房, 1993, 89~150쪽.
22) 2001년 1월의 개편으로 중앙 성청(省庁)이 재편성되어 통상산업성은 경제산업성으로, 과학기술청은 문부과학성으로, 총리부는 내각부로 바뀌었지만, 책에서는 교섭 당시의 명칭을 쓰는 것으로 한다.

또한 정부 교섭단 이외에도 양국의 다양한 교섭행위자(예를 들면 전력회사나 원자력산업계 등)가 참가한 내부 협의 과정을 거쳐 교섭 목표 및 교섭 전략을 세워 교섭에 임했다. 각 교섭 단계에서의 교섭 과정을 정확히 이해하기 위해서는 다양한 교섭행위자의 개별적인 분석에서 시작하여, 행정부 내의 협의 과정, 관련 기관과의 조정 과정 등의 분석은 불가결하다. 양국의 교섭자나 국내 레벨이 어떤 방법으로 서로 영향을 미치고, 교섭자의 정책선택지는 어떻게 결정되었는가 등이 세 번째 분석 대상이다.

교섭에 직접적으로 관련된 관계기관(양국 의회, 미국의 원자력규제위원회 등)과 미일의 원자력 관계의 민간부문(학계, 산업계, 반핵단체)도 직, 간접적으로 교섭 혹은 양국 의회의 비준 과정에 관련되어 있다. 교섭과 국내의 정책과정은 긴밀히 연계되어 있기 때문에, 미일 교섭에 대한 미국의 외압의 유효성을 판단하기 위해 일본 국내 정책과정의 분석은 중요하다. 따라서 교섭에 참가한 교섭행위자를 광의로 정의하여, 정부 교섭단은 물론 관련 기관 및 민간부문도 교섭(관련) 행위자로서 분석한다. 교섭을 유리하게 전개하기 위해 혹은 성공시키기 위해서 양국은 어떻게 행정부 내부의 의견, 견해의 차이를 조정하며 관련 기관과 협의해 온 것인가의 분석을 통해 양국의 교섭정책 결정 과정을 비교, 분석한다.[23]

필자는 '교섭'과 '협의'라는 두 가지 용어를 구분하여 사용하고 있

---

23) 일본의 원자력정책 및 에너지계획에 관한 본격적인 연구는 많지 않다. 양적으로는 많은 관련 서적이 출판되어 있지만, 그 대부분은 행정부의 관련 기관이 출간한 것이다. 관련 자료 중에 1968년에 체결된 미일 원자력협정 및 1988년의 개정 후의 신 협정을 분석한 연구는 많지 않다. 부분적으로 미일 원자력협정 및 교섭 과정에 대해 언급한 연구는 다소 있지만, 대다수가 연대기적 기술이 중심이며, 1977년부터 1987년까지의 미일 원자력 교섭을 교섭 과정 및 정책결정 과정에 초점을 맞춘 분석적인 연구는 거의 없다고 할 수 있다. 선행연구의 상세한 분석은 [부록 4] 보론 참고.

다. 미국은 1982년의 미일 협의단계에서부터 협정 개정 교섭(negotiation)이라는 용어를 사용하고 있지만, 협정 개정에 신중했던 일본은 교섭과 협의를 나눠 사용하고 있었다. 즉, 1982년 8월부터 1985년 7월까지의 협상은 협정 개정을 할 것인가 혹은 하지 않을 것인가와 무관하게 미일이 원자력 문제를 의논하기 위한 협의였고, 1985년 11월의 제13회 미일 협의(제1차 개정 교섭)부터 1986년 6월의 제15회 미일 협의(제3차 개정 교섭)까지의 본격적인 협정 개정 교섭에는 교섭이라고 하는 용어를 쓰고 있다.[24]

이 책에서는 제1회 미일 협의부터 제12회 미일 협의까지의 공식, 비공식 협상에 대해서는 일본의 정의를 따라 협의라는 용어를 쓰고, 그 뒤의 협상에 대해서는 교섭이라는 용어를 쓰는 것으로 통일하였다. 그러나 1982년부터 1985년까지의 협의도 넓은 의미에서는 미일 원자력협정의 개정을 포함한 미일 교섭이기 때문에 협상 과정의 논의, 타협 등을 가리킬 때에는 교섭이라고 하는 용어를 쓰는 것으로 한다.

3. 분석틀

일본의 대외정책 결정 과정에 대해서는 다양한 이론(모델)이 있으며, 내정과 외교의 관계를 분석하고 있는 연구도 다수 있다. 그러나 2국 간 혹은 다국 간 교섭 과정에서 일본의 교섭정책이 어떠한 과정을 거쳐 결정되는가에 초점을 맞춘 연구는 많지 않다. 그것은 국가 간 교섭의 정확한 교섭 내용 및 교섭 과정 등이 공개되지 않는 교섭의 불투명성에 원인이 있다고 할 수 있다.

---

24) 이러한 용어 구분은 일본 외무성에 의한 구별이다.

더욱이 2국 간 교섭은 특정대상을 전제로 교섭이 이뤄지는 것이 많기 때문에, 특정 국가와의 특정한 대상의 개별교섭(예를 들면, 미일 자동차교섭, 중일 원자력 교섭, 한일 어업교섭 등)을 일반적인 교섭의 모델로서 개념화하는 것이 용이하지 않기 때문이다. 이 책이 분석하는 미일 원자력 교섭 역시 특정 국가(미국)와의 특정한 대상(원자력)의 교섭이기 때문에, 교섭 과정 및 교섭 내용의 불투명성의 문제, 일반적인 모델로의 개념화의 어려움 등의 문제를 안고 있는 것은 사실이다.

그러나 미일 원자력 교섭은 미일 간의 단순한 원자력 협력 수준의 교섭이 아니라, 양국의 정치, 경제, 군사적 이익의 종합적 이익이 결합된 교섭이다. 또한 미일 원자력 교섭은 IAEA나 NPT, 중미, 중일, 미·유라톰, 일·유라톰 등의 원자력 교섭과도 관련이 있는 교섭이다. 따라서 먼저 '양면게임이론'이나 '양면게임이론에서의 상호침투'와 같은 외교정책 결정에 관한 이론 및 교섭에 관련한 일반이론 등을 검토한 후에, 국제시스템 레벨의 요인을 포함한 이 책의 분석틀을 제시한다.

1) 국내 레벨 및 2국 간 레벨: 상호침투모델 및 양면게임이론

외교정책 결정에 관한 연구는 관료정치, 정당정치 등의 국내 정치 요인이 대외정책 결정에 미치는 영향을 중심으로 분석하든지, 아니면 외압 같은 국제적 요인이 국내정책 결정에 어떠한 영향을 미쳤는가 하는 분석틀 중 하나를 채용하고 있다고 할 수 있다. 이러한 분석틀 중에서 이 책이 제시하는 분석틀에 가까운 모델로는 자민당, 관료, 재계의 세 집단(기둥)이 총리를 정점으로 하는 정책결정에 참가한다는 호소야(細谷)의 '삼각주시스템이론',[25] 대외정책 결정에 참가하는 교섭행위자나 행위자 간의 상호관계에 초점을 맞춘 후쿠이(福井)의 '비(非)일상형모델'26) 등이 있다.

삼각주시스템이론은 주로 국내정책의 결정 과정에 초점을 맞춘 이론으로 국가 간의 상호관계를 충분히 분석할 수 없는 한계를 가지고 있다. 또한 후쿠이의 비일상형모델은 이른바 일상형 정책결정과 위기형 정책결정의 중간에 위치하는 모델이다. 일반적으로 정책결정 과정은 외교부 등에서 일상적으로 행해지는 비정치적 이슈의 일상형 정책결정과 국가이익에 직접적으로 관련되는 중요한 이슈 혹은 긴급성, 위협성이 있는 이슈에 관한 위기형 정책결정으로 나눌 수 있다.27)

후쿠이의 비일상형모델은 미일 안보조약 개정, 우루과이 농업교섭 등과 같이 정치성이 높고, 정당, 이익단체, 매스컴, 시민단체 등 많은 행위자가 논의에 참가하지만, 정책결정 과정의 참가자는 소수이며, 총리가 정책결정에 긴밀히 관계하는 성격의 이슈에 관한 정책결정이론이다(이 점에 있어서는 호소야 모델도 동일하다). 그러나 미일 원자력 교섭처럼 비교적 정치성이 낮고 정책결정에 정치권 혹은 총리관저(내각부)가 직접적으로 관여하지 않는 정책결정의 분석에 후쿠이의 비일상형모델을 적용시키기에 어려운 측면이 있다고 생각된다.

국가를 단위로 하는 이러한 분석모델과 달리 국가 내의 행위자가 자국의 정책과정뿐만 아니라, 교섭 상대국의 정책과정에까지 행위자로서 참가한다는 것이 쿠사노(草野)의 '상호침투모델'28)이다. 쿠사노의 모델은 내정과 외교의 일체화를 통해 국가와 국내라는 두 레벨

---

25) '삼각주시스템이론'에 대해서는 細谷千博, 「対外政策決定過程における日米の特質」, 細谷千博・綿貫讓治編, 『対外政策決定過程の日米比較』, 東京大学出版会, 1977 참고.
26) '후쿠이모델'에 대해서는 福井治弘, 「沖縄返還交渉: 日本政府における決定過程」, 日本国際政治学会, 『国際政治』 第52号(1975) 참고.
27) 草野厚, 『政策過程分析入門』, 東京大学出版会, 1977, 70쪽.
28) '상호침투모델'에 대해서는 草野厚, 『日米オレンジ交渉』, 日本経済新聞社, 1983; 草野厚, 『政策過程分析入門』 참고.

간의 상호관계를 분석의 대상으로 하는 분석틀이다. 상호침투모델은 이해관계를 같이 하는 양국의 국내행위자의 연대에 의한 정책과정에의 참가를 주된 분석 대상으로 하며, 국내의 행위자가 교섭 상대국의 정책과정에 행위자로서 참가하고 있는 경우를 전제로 하고 있다. 즉, 양국의 국내행위자가 이해의 일치라고 하는 인식을 가지고, 공동의 목적의 실현을 위해 자국 정부는 물론 상대국 정부의 정책결정에도 참가하는 것이다.29)

이러한 상호침투의 특징은 미일 원자력 교섭의 교섭 과정에도 잘 나타나고 있다. 일본의 전력회사를 중심으로 한 미일의 원자력산업계는 미국의 의회, 행정부 등에 적극적으로 개입하여 교섭 타결 및 의회의 비준 과정에 참가하였다. 일본 정부도 주미 일본 대사관을 활동의 거점으로 하여, 협정 비준을 위해 적극적으로 미 의회, 행정부 등에 영향력을 행사했다. 행정부 및 의회에 대한 영향력 행사는 주로 일본이 미국에게 행사한 것이었다.30) 전력회사를 필두로 양국의 원자력산업계는 서로 협력하며 양국 행정부 및 의회의 정책과정에 적극적으로 참가했다. 양국의 원자력산업계의 활동은 상호침투의 좋은 예라고 할 수 있다.

하지만 상호침투모델에서는 교섭 과정에서의 교섭자 간의 거래 및 국제교섭에 국내 교섭 관계자가 어떠한 제약을 부과하는지가 명확히 설명되지 않는다. 미일 원자력 교섭은 핵 비확산의 강화를 우선목표로 한 미국 측 교섭행위자와 원자력에너지의 자립적 개발이용을 교섭 목표로 한 일본 측 교섭행위자와의 거래였기 때문에, 양국의

---

29) 草野厚, 『政策過程分析入門』 124쪽.
30) 미국의 일본에 대한 영향력 행사는 교섭기간 중에 일본을 방문한 존 글렌(John Glenn, 상원민주) 의원 등에 의한 일본 정부에 대한 압력이 있었던 정도였다. 그들은 일본이 미국의 핵 비확산을 위한 요구를 수용하지 않으면, 신 협정이 미 의회에서 비준되지 않을 것이라고 말하기도 했다.

교섭행위자는 국내 관계자들에 의해 교섭에서의 선택지가 제한되어 있었다. 따라서 상호침투모델로는 국내의 교섭행위자에게 부과된 제약이 어떤 방식으로 교섭에 영향을 미쳤는지 정확히 파악할 수 없다.

교섭행위자와 국내 레벨과의 관계를 분석하는 모델에는 2국 간 교섭과 각각의 국내에서의 정책결정 과정의 상호관계를 분석하고 있는 퍼트남(Robert D. Putnam)의 '양면게임이론'(Two Level Games Approach)[31]이 있다. 퍼트남의 양면게임이론은 국제교섭의 게임(레벨 Ⅰ)과 국내게임(레벨 Ⅱ)라는 두개의 게임의 연동에 의해 국제교섭을 분석하고 있어, 국내 교섭행위자의 정책과정이 국가 간 교섭에 어떻게 반영되었는지를 분석하는 데 적절하다.

양면게임이론은 교섭행위자의 정책선택이 국내 레벨에 어떻게 제약받고 있는지를 분석한다. 즉, 합의에 이르기까지 교섭자 간의 협상과 국내에서의 비준이라고 하는 두 레벨은 상호 연결되어 있어, 레벨 Ⅰ에서의 합의는 모두 레벨 Ⅱ에서 비준되어야 한다. 양면게임이론의 틀은 이 책의 기본 관점인 외압과 대응의 정책결정 과정의 분석에서 외압을 받는 측의 국내적 조건뿐만 아니라, 외압을 가하는 측의 국내정치 요인과의 연관관계의 분석을 용이하게 하는 측면도 있다.

양면게임이론의 중심개념인 윈세트(win-set)는 레벨 Ⅱ(국내정치)의 비준자로부터 과반수 이상의 지지를 획득(win)할 수 있는 레벨 Ⅰ(국

---

31) 양면게임이론에 대해서는 Robert D. Putnam, "Diplomacy and Domestic Politics: The Logic of Two Level Games", *International Organizations*, Vol. 42, No. 3(1988); Peter B. Evans, Harold K. Jacobson, Robert D. Putnam, eds., *Double-Edged Diplomacy*, University of California Press, 1993. 그 외에 양면게임이론을 이용한 교섭의 분석은 Leonard J. Schoppa, "Two-Level Games and Bargaining Outcomes", *International Organizations*, Vol. 47, No. 3(1993); Leonard J. Schoppa, *Bargaining with Japan*; 長尾悟, 「ウルグアイ・ラウンド農業交渉とEC」, 日本国際政治学会, 『国際政治』第106号(1994); 梁基雄, 『脅迫と交渉; 二レベル・ゲーム 日米構造協議と米側脅迫の有効性』, 東京大学博士論文, 1993 등이 있다.

제교섭)에서의 모든 합의의 집합(set)이다. 즉 교섭행위자가 선택할 수 있는 교섭선택지 중에서 비준가능한 선택지의 집합이다. 윈세트를 규정하는 결정요인으로는 (1) 윈세트는 자급자족을 주로 하는 국가보다 외국에의 의존도가 높고 열려있는 국가의 경우에 크며, 윈세트가 크면 클수록 레벨 I에서의 합의의 가능성이 커지며,[32] (2) 윈세트의 크기는 교섭에서 얻을 수 있는 이익을 교섭자가 국내 레벨에서 어떻게 분배하는가에 영향을 미친다는 것이다.[33] 따라서 윈세트의 폭이 큰 교섭행위자는 상대방 교섭행위자로부터 공격받기 쉽고, 윈세트의 폭이 작을 경우에는 교섭을 유리하게 하는 조건이 될 수 있다는 것이다.[34]

그러나 양면게임이론은 윈세트의 결정요인, 교섭행위자의 교섭 태도 등에서 지나치게 단순화한 면이 있어 미일 원자력 교섭의 교섭 과정과 일치하지 않는 전제도 몇 가지 있다. 예를 들면, 퍼트남은 자급자족의 정도가 클수록 국제합의부터 얻을 수 있는 이익이 적기 때문

---

[32] 외국에의 의존도가 높으며 열려 있는 국가는 교섭 실패에 의한 리스크를 피하고, 교섭을 타결시키기 위해 가능한 한 자국의 윈세트를 확대하는 경향이 있다. 또한 교섭의 실패가 현상유지보다 상황을 악화시킬 가능성이 있기 때문에, 이들 국가는 자급자족 국가보다 윈세트를 확대하여 합의에 도달할 가능성이 커진다는 것이다. 퍼트남이나 모라프칙(Andrew Moravcsik)은 교섭 실패가 상황을 악화시키는 케이스도 있다고 하면서도 교섭 실패는 현상유지라고 가정하고 있다("No-agreement often represents the status quo": Peter B. Evans, Harold K. Jacobson, Robert D. Putnam, eds. *Double-Edged Diplomacy,* p.23 · 443). 그러나 현실의 세계에서는 합의 실패가 현상유지를 의미하는 것은 아니다. 이러한 논의에 대해서는, 梁基雄, 『脅迫と交渉; 二レベル・ゲーム 日米構造協議と米側脅迫の有効性』, 東京大学博士論文, 1993, 9~10쪽 참고.
[33] 윈세트의 확대는 교섭자가 국내적으로 만족시키지 않으면 안 되는 비준자의 요구가 증가하는(국내에서의 코스트 증가) 것으로, 윈세트 폭의 축소는 그 반대를 의미한다.
[34] 교섭상대의 윈세트가 큰 경우 자신의 윈세트를 어느 정도 축소해도 합의할 수 있는 가능성이 높기 때문이다. Robert D. Putnam, "Diplomacy and Domestic Politics; The Logic of Two Level Games", 1988.

에 윈세트가 작아지고, 강경한 교섭 태도가 된다고 하지만, 교섭하는 국가, 교섭의 배경 혹은 교섭 분야에 의한 예외도 많다고 할 수 있다.

미일 원자력 교섭에서도 일본은 원자력의 해외 의존도가 미국보다 높지만 교섭에서는 강경한 태도를 취하며 교섭 초기의 3년간 윈세트를 확대하려 하지 않았다. 또한 교섭을 유리하게 진행하기 위해 교섭자는 자신의 윈세트를 확대(국내의 코스트 증가)하는 것에는 소극적이라는 가설이 성립하지 않을 수 있다. 즉, 한 쪽의 교섭자가 전략적으로 자신의 윈세트를 확대하여, 교섭 상대의 윈세트를 확대시키는 것도 있을 수 있기 때문이다.

미일 원자력 교섭에서도 일본의 교섭자는 미국이 요구한 협정 개정 요구를 받아들여 자신의 윈세트를 확대했다. 그러나 이에 의해 미국의 윈세트도 확대시켜 일본에 보다 유리한 내용의 협정을 맺는 것에 성공했다. 일본의 교섭자는 자신의 윈세트를 확대하여 협정 개정이라고 하는 미국의 명분을 받아들이는 대신, 미국의 윈세트도 확대시켜 협정 내용의 실리를 얻었기 때문이다. 따라서 양면게임이론의 두 전제는 미일 원자력 교섭에서 설명력을 가지지 못한다.

또한 양면게임이론에서는 교섭자는 국내 교섭 관계자의 이익을 반영하면서도, 교섭자 자신의 의견은 반영하지 않고 교섭하는 중립적 존재라는 것을 가정하고 있다.35) 그러나 외교 교섭에서는 교섭자의 재량에 의해 타협에 이르는 케이스도 많다.36) 제4장에서 상세히 기술하겠지만, 미일 원자력 교섭에서는 일본 정부의 방침 전환 및 미

---

35) 위와 같음.
36) 퍼트남의 이 명제는 이후에 모라프칙(Andrew Moravcsik)에 의해 수정되었다. 모라프칙은 퍼트남의 솔직한 중개자(houest broker)라는 교섭자의 개념을 완화하여, 온건한 교섭자, 중립적인 교섭자, 강경한 교섭자의 세 종류로 나눠, 교섭자의 선호와 윈세트와의 관계를 재정리했다. 모라프칙의 개념에 대해서는 Andrew Moravcsik, "Introduction: Integrating International and Domestic Theories of International Bargaining", Peter B. Evans, Harold K. Jacobson, Robert D. Putnam, 1993, pp.3~42 참고.

국의 정책결정에 양국 교섭자의 주관적 판단이 상당한 영향을 미쳤다. 이상과 같이 양면게임이론에는 미일 원자력 교섭의 교섭 과정과는 일치하지 않는 전제와 가설 등이 있다. 또한 양면게임으로 교섭을 분석하는 퍼트남이나 기타 연구는 국제 레벨이 2국 간 교섭에 미치는 영향에 대한 분석은 하고 있지 않다.37)

2) 국제 레벨의 요인

지금까지 미일 교섭 일반, 특히 미일 원자력 교섭에 영향을 미치는 국내 레벨이나 2국 간 교섭 레벨의 요인에 대해 기술했다. 그러나 미일 원자력 교섭에는 국내 레벨이나 2국 간 교섭 레벨의 요인, 혹은 이들 간의 관련을 분석하는 양면게임이론이나 상호침투모델로는 설명할 수 없는 중요한 변수가 더 있다. 그것은 교섭자 및 교섭 당사국을 둘러싼 국제 레벨(국제적 환경)의 영향이다. 예를 들면, 교섭 대상에 관련된 국제 레짐(혹은 다국 간 조약)이나 2국 간 조약(협정)이 존재하는 경우를 생각해보자. 이러한 국제 레벨의 요인은 교섭자나 교섭자가 속한 국내 레벨에 대해서는 물론, 교섭자의 정책선택이나 교섭 과정에도 영향을 미친다고 할 수 있다.

국제 레벨로부터의 영향은 교섭의 특징이나 성격 등에 의해 배경적 요인, 직접적 요인, 간접적 요인으로 나눌 수 있겠지만, 어떠한 형태이든 교섭 자체에 영향을 미치는 것은 확실하다. 예를 들면 미소의 군축 교섭이나 미·유라톰 원자력 교섭은 NPT나 IAEA와 긴밀히 연계되어 있어, 이들 교섭이 NPT나 IAEA와 같은 핵 비확산 레짐의

---

37) 퍼트남의 연구는 물론 Double-Edged Diplomacy에 수록되어 있는 사례연구 중에서도 교섭에 대한 국제 레벨의 영향, 즉 윈세트의 결정에 대한 국제 레벨의 요인은 본격적으로 분석되어 있지 않다. 따라서 교섭에 대한 국제 레벨의 분석은 양면게임이론의 윈세트의 결정에 관한 사례로서 양면게임이론을 보완할 것이다.

영향이나 제약을 받는다는 것이다. 또한 교섭 대상에 직접적으로 관련되어 있는 국제 레짐이 명확히 존재하지 않는 경우에도, 관련이 있는 국제 레짐의 간접적인 영향 및 제약이 있을 수 있다.

미일 원자력 교섭과 같이 핵 비확산 레짐과 긴밀히 연계되어 있는 교섭은 핵 비확산 레짐의 영향을 받고 있고, 이러한 국제 레벨의 요인도 국내 레벨과 동시에 고찰해야 할 변수인 것이다. 따라서 미일 원자력 교섭의 교섭 과정 혹은 정책결정 과정에 핵 비확산 레짐이 어떠한 영향을 미치고 있는가? 이러한 영향 및 제약에 대해 교섭행위자나 국내 레벨은 어떻게 대응했는가 하는 점 등을 미일 교섭의 교섭 과정에서 명확히 할 필요가 있다.

사실 미일 원자력 교섭은 일차적으로 미일의 원자력 협력의 방법과 수단을 결정하기 위한 교섭이지만, 동시에 그것은 NPT, IAEA와 같은 국제 레짐이나 미·유라톰 협정과 같은 다른 2국 간 원자력협정과도 긴밀히 관련되어 있다. 그것은 미국의 협정 개정 요구 자체가 핵 비확산 레짐을 강화하기 위해서 제기된 것이며, 미일 원자력협정의 개정 교섭은 미·유라톰 협정, 일·유라톰 협정 등의 다른 2국 간 원자력협정에도 중대한 영향을 주는 것이었다. 실제로 미국은 핵 비확산정책과 대일 원자력정책에 모순이 생기지 않도록 교섭에 임했으며, 미 행정부에 대한 의회의 요구(압력)도 미국의 핵 비확산 레짐 강화정책을 배경으로 한 것이었다. 또한 미국은 유라톰 9개 국가[38]에 대해 원자력협정 개정 교섭 개시를 제기했지만, 유라톰은 미국의 국내법(NNPA)에 의한 국제협정의 개정 요구에는 응할 수 없다고 교섭을 거부해왔다.

제2장에서 구체적으로 기술하겠지만, 일본도 미·유라톰 협정 개

---

[38] 유라톰(유럽원자력공동체) 9개 국가는 벨기에, 네덜란드, 룩셈부르크, 독일, 프랑스, 이탈리아, 영국, 아일랜드, 덴마크이다(1980년까지).

정의 결과를 보고 미국과의 협정 개정에 임한다는 자세였기에, 유라톰보다 먼저 미국과의 협정을 개정하지 않는다는 방침을 굳히고 있었다. 따라서 미·유라톰 교섭은 미일 양국의 원자력 교섭을 제약하는 존재였으며, 양국 교섭자의 윈세트의 결정에 영향을 미친 것은 확실하다.[39] 교섭에 관여했던 일본 측 관계자들은 미일 교섭에서 유라톰이 중요한 변수여서 일본의 정책선택지의 결정에 영향을 미쳤다고 인식하고 있었다. 또한 유라톰보다 먼저 미국과의 협정을 개정하는 것은 바람직하지 않다는 인식도 공유하고 있었다.

핵 비확산 레짐이나 유라톰 등의 국제 레벨의 교섭자 또는 국내 레벨에 대한 제약은 국제교섭(레벨 I)에 대한 국내게임(레벨 II)의 영향과 같이 직접적인 것은 아니다. 그러나 국제 레벨도 미일의 교섭자나 국내 레벨과 연동하고 있었으며 상호영향을 미치는 것은 분명하다. 즉, 양국과 양국의 교섭자를 둘러싼 국제 레벨도 연동하고 있는 하나의 레벨로서 미일 교섭에 관여했다고 할 수 있다.

3) 전체의 분석틀

2국 간 교섭에 영향을 미치는 국제 레벨의 영향에 대해 살펴보았다. 지금까지의 논의를 근거로 미일 원자력 교섭을 분석하는 전체의 분석틀을 제시하려고 한다. 분석틀로는 양면게임이론의 국제 교섭에 대한 국내 레벨의 제약이라는 개념과 함께, 교섭하는 양국 간 국내 행위자의 상호작용을 분석하는 상호침투모델의 상호침투의 개념을 사용하고, 그 위에 국제 레벨이라는 또 하나의 레벨을 더한 복합적인

---

[39] 유라톰의 존재가 미일 교섭에 영향을 미친 것은 분명하다. 유라톰과의 협정 개정 교섭이 미일 교섭에서 직접적으로 논의되지 않았다고 해도, 또는 양국의 교섭자가 미·유라톰 관계나 일·유라톰 관계에 특별히 신경 쓰지 않았다 해도 유라톰이 양국의 윈세트의 결정에 영향을 미친 것은 확실해 보인다.

틀을 활용한다. 이러한 분석틀에 의해 미일 원자력 교섭과는 일치하지 않는 양면게임이론의 전제나 이론 등을 이 책의 분석틀에 맞춰 수정한다. 이를 통해 양면게임이론에서는 중요하게 분석되지 않았던 국제 레벨의 교섭에의 영향을 명확히 하고, 교섭에서의 정책선택지(winset) 결정에 국제 레벨이 어떻게 관련되어 있는가의 분석이 가능해질 것이다.

이러한 분석틀은 양면게임이론의 틀을 넘는 것으로 이론적인 공헌도 될 것이다. 또한 상호침투모델과의 조합에 의해 교섭 관련 행위자에 의한 국가 간의 상호작용이라는 측면도 보완할 수 있을 것으로 생각된다. 이상과 같이 미일 교섭의 분석에서 2국 간 교섭, 국내 레벨의 요인에 더해 국제 레벨의 요인을 포괄하는 분석틀을 제시한다. 국제 레벨은 NPT나 IAEA과 같은 핵 비확산 레짐뿐만 아니라 유라톰과 같은 지역원자력기구, 중미, 중일 원자력협정과 같은 다른 2국 간 원자력협정 등을 포함하는 개념이며, 교섭자나 국내 레벨과 상호 연동하여 영향을 미친다. 이상을 정리하여 다음과 같은 분석틀을 제시한다(〈그림 1-1〉).

〈그림 1-1〉 교섭과 국제 레벨의 관계

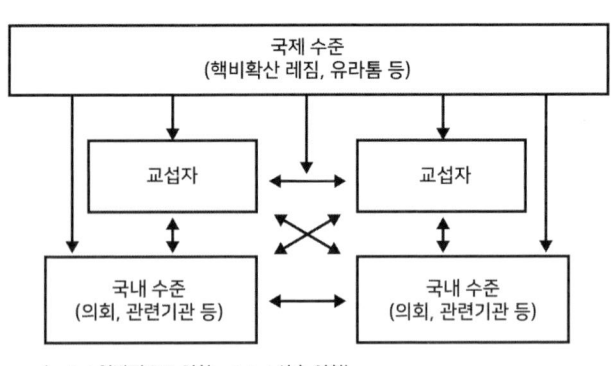

지금까지의 논의에 기초한 분석틀을 개념화하면 다음과 같다.

(1) 교섭자나 양국의 국내 레벨이라는 두 개의 레벨 외에, 핵 비확산 레짐이나 유라톰 등의 국제 레벨도 양국의 교섭자나 국내 레벨에 연동하여 교섭 과정이나 정책결정에 영향을 미치는 또 하나의 레벨이다. 국제 레벨은 교섭자나 각각의 국내 레벨에 대해 직접적으로 영향을 미치지만, 교섭자나 국내 레벨은 국제 레벨에 직접적으로 영향을 미치기보다 교섭 과정이나 교섭의 결과인 조약 등을 통해 간접적으로 국제 레벨에 영향을 미친다.

(2) 국내 레벨은 자국의 교섭자에 영향을 미치는 것뿐만 아니라, 교섭 상대국의 교섭자나 국내 레벨의 정책선택에도 관여하여 정책결정에 영향을 주는 교섭행위자로서 역할을 한다(상호침투). 양국의 국내 레벨은 교섭상대국의 윈세트를 넓혀 자신의 이익을 최대화하기 위해 상대국의 교섭자에게 영향력을 행사한다. 양국의 교섭자는 솔직한 중개자(honest broker)나 중립적인 교섭자(statesman-as-agent)가 아닌 일정한 재량을 가지는 교섭자이다. 즉, 양국의 교섭자는 국내 레벨로부터 할당되는 윈세트 안에서 교섭하기보다 자신의 재량으로 윈세트를 축소하거나 확대하는 동기나 재량권을 가지는 교섭자이다.

마지막으로 책의 기술 방법에 대해 언급해 둔다. 결론부터 말하면, 이 책은 미일 교섭의 상세한 기술(process-tracing)과 앞에서 제시한 세 가지의 문제의식(① 미일 교섭에서 어떻게 일본은 자국에게 유리하게 교섭을 전개할 수 있었는가? ② 미국의 외압이 왜 유효하게 작용하지 않았는가? ③ 1985년에 일본이 교섭 방침을 전환한 이유는 무엇인가?)에 대한 분석을 두 개의 기둥으로 하는 2중구조로 구성되어 있다.[40]

우선 교섭의 구체적 기술은 주로 교섭 과정의 분석에 쓰인다. 재처리 교섭에서 협정의 조인까지 10년간 다양한 교섭의제(예를 들어 재처리 문제, 협정 개정 문제, 포괄동의의 도입이나 범위의 문제, 협정의 일방적인 정지권의 문제 등)가 언제, 어떻게 논의되어 합의에 이른 것인가, 미일의 교섭자는 개별 교섭에서 어떠한 교섭안을 가지고 교섭에 임한 것인가 등 교섭의 구체적 내용은 거의 알려져 있지 않다. 따라서 10여 년에 걸친 교섭 과정이나 정책결정 과정에 대한 정확한 기술 자체도 큰 의미를 가진다고 생각된다. 이런 점에서 우선 10년간의 교섭 과정을 시기별 구분과 교섭의제별 구분을 섞어가며 상세히 기술한다. 이것은 교섭연구에 있어 가장 중요한 작업이며, 연구대상의 본격적인 분석에 들어가기 위한 기초 작업이기도 하다.

다음으로 교섭정책 결정 과정의 분석에는 전술한 세 가지 분석 대상(미일의 국내외 원자력정책, 미일 교섭 과정, 교섭정책 결정 과정)을 중심으로 분석을 진행한다. 이 세 가지 분석 대상은 미일 원자력 교섭의 핵심적인 부분과 관계되어 있기 때문에 양국의 정책결정 과정을 분석하기 위해서는 불가결하다. 특히, 첫 번째와 두 번째 분석 대상은 긴밀히 관련되어 있으며, 일본의 정책결정론에서 자주 인용되고 있는 외압론적인 분석틀을 수정하기 위해서도 중요하다. 또한 세 번째 분석 대상은 미국의 압력에 대해 일본이 어떻게 대응하려고 했는가를 밝히고, 일본의 정책결정 과정의 특징을 도출하기 위함이다. 따라서 먼저 재처리 교섭과 협정 개정 교섭으로 나누어, 각각의 교섭 과정을 고찰한 후, 개별교섭이나 분석 대상의 본격적인 분석에 들어간다. 이상과 같은 분석틀과 방법론을 사용하여 미일 원자력 교섭의 교섭 과정 및 정책과정을 분석한다.

---

40) 이러한 기술(記述) 방법으로 인해 기술의 중복이 발생하기도 한다. 기술의 중복을 최소한으로 하려 했지만, 논의나 분석을 위해 어쩔 수 없이 중복되는 부분도 있다.

4. 책의 구성

제2장에서는 미일 원자력 교섭의 배경인 미일의 원자력정책, 일본의 원자력 프로그램의 현 상황 및 미일이 맺고 있는 2국 간 원자력협정 등을 고찰한다. 일본의 원자력계획 및 이용 상황 등은 일본의 교섭전략 및 교섭 목표 설정의 주요한 변수이기 때문에, 재처리와 플루토늄 이용을 근간으로 하는 핵연료 사이클 계획과 미일 교섭과의 관계를 중점적으로 분석한다. 미국의 원자력정책에 대해서는 카터 정권 출범에서 INFCE를 거쳐 레이건 정권에 이르는 시기의 미국의 원자력정책, 미국의 핵 비확산법 성립 이후의 원자력 평화이용, 재처리 및 플루토늄 이용, 운송 등에 관한 미국의 정책 변화를 IAEA, NPT 등의 국제 레짐과 함께 검토한다. 일본의 2국 간 원자력협정에 대해서는 포괄동의 방식을 도입한 일본과 캐나다, 일본과 호주와의 협정을 중심으로 고찰하여 미일 협정과 비교, 분석한다.

제3장과 제4장에서는 1977년의 재처리 교섭부터 1987년의 협정 개정까지의 교섭 프로세스와 교섭 내용, 교섭행위자의 정책 및 교섭 목표 등을 집중적으로 분석한다. 제3장의 재처리 교섭에서는 구 미일 원자력협정과 그 후의 미일 원자력 관계를 정리한 후, 재처리 교섭의 경위, 교섭 과정, 미일 양국의 재처리 교섭의 교섭 전략 등을 분석한다. 제4장의 협정 개정 교섭에서는 재처리 교섭 후의 미일 원자력 관계의 정리, 협정 개정 교섭에 임하는 양국 정부의 정책 및 교섭 목표, 교섭 관련 행위자의 교섭 전략을 토대로 협정 개정 교섭을 분석하고, 더욱이 신, 구 미일 원자력협정을 비교한다.

제5장에서는 교섭이 타결되어 양국이 정식으로 합의한 시점부터 양국 의회의 비준까지의 미일의 국내정책 과정이나 비준 과정을 비교, 분석한다. 특히 미 의회의 신 협정 반대가 강했기 때문에 미 의

회에서의 논의 과정, 미 의회와 행정부의 대립이나 교섭 등도 상세히 분석한다. 일본에 대해서는 각 정당의 원자력정책을 살펴본 후, 국회에서의 심의, 비준 과정을 기술하고, 더 나아가 미 의회나 행정부에 대한 미일 양국에 의한 로비활동도 살펴본다.

제6장에서는 재처리 교섭 및 협정 개정 교섭 시의 양국의 정책결정 과정을 국제 레벨, 미일 교섭의 레벨, 양국의 국내 레벨로 나눠서 분석하고, 그것을 토대로 분석 결과를 제시한다. 미일 교섭에 대한 국제 레벨의 영향에 대해서는 핵 비확산 레짐과 유라톰과의 관련을 중심으로 분석한다. 미일 양국의 국내 레벨에서의 정책결정 과정에 대해서는 국무성이 교섭을 주도한 미국과 이원체제적 이익연합[41]에 의해 주된 정책결정이 이뤄진 일본을 비교하여, 양국 행정부의 이견(異見)조정 과정, 미 행정부와 의회의 협의 과정, 원자력산업계나 이익단체의 대응에 이르기까지 교섭자 간에 이뤄진 의견조정과 정책결정 과정을 고찰한다.

제7장의 결론에서는 분석의 총정리와 함께 미일 원자력협정 개정 함의에 대해 정리한다.

---

41) 이원체제적 이익연합의 상세에 대해서는 제6장 참고.

제2장

미일 원자력
교섭의 배경

2장 미일 원자력 교섭의 배경

1. 전후 일본의 원자력정책의 전개

1) 에너지 정책

천연자원이 거의 없는 일본에게 에너지원의 확보는 국가의 최우선 과제의 하나이다. 1960년대부터의 고도 성장기까지 국산자원인 수력과 함께 석탄, 석유의 수입으로 안정적인 에너지 공급이 가능했다. 1940년대 이후 일본의 에너지 공급을 보면 1940~50년대는 수력과 석탄이, 1960년대부터는 석유와 석탄이 주요한 에너지 공급원이었다. 고도 성장기에는 원자력발전의 본격화, LNG(Liquefied Natural Gas, 액화천연가스)의 도입 등으로 종합적인 에너지정책이 만들어지게 되었다. 1960년대 후반 이후 석탄 중심의 발전이 석유 중심의 발전으로 에너지정책 기조가 변화되어, 석유가 에너지 공급의 중심이 되었다.

고도성장으로 에너지 소비가 급증하는 가운데 발생한 제1차 석유위기(1973년)는 일본의 주요한 에너지 공급원에 대한 심각한 위협이었다. 석유가 안정적으로 공급되지 않는 것은 일본 경제에 대한 큰 시련이었으며, 에너지정책 전환의 주요한 계기가 되었다. 또한 에너지정책에서 원자력의 중요성이 높아지면서 원자력이 중요한 에너지원으로 인식되는 계기가 되었다.

1980년대에는 전원(電源) 다양화 정책이 중점적으로 추진되어, 원자력발전이 안정적으로 전력을 공급하기 시작했다. 에너지 정책면에서도 석유 대신 원자력, 천연가스의 비중이 증가했다. 또한 재생가능 에너지를 포함한 신에너지 개발도 촉진되었다. 신에너지 개발정책은 실질적으로는 원자력발전이 중심이었다. 〈표 2-1〉의 연도별 1차 에너지(전원 구성) 공급비에서 볼 수 있듯이 1970년대의 석유위기 이후 1980년대에 석유발전의 비중이 급격하게 감소했으며, 원자력, 천연가스, 석탄의 비중이 증가하게 되었다. 〈표 2-2〉의 연간 발전 전력량의 추이 및 예상에서도 석유 발전량이 급속도로 감소하며, 원자력과 가스의 비중이 늘어난 것을 알 수 있다.

〈표 2-1〉 연도별 1차 에너지 (전원구성) 공급비*

연도	구성비 (%)					
	수력	석탄	석유	원자력	가스	그 외 (신탄 등)
1952	32.0	49.0	11.0			8.0
1962	39.6	30.3	26.0			3.6
1973	4.1	15.5	77.4	0.6	1.5	1.0
1985	4.7	19.4	56.3	8.9	9.4	1.3
1994	2.9	16.4	57.4	11.3	10.8	1.2
2000	3.4	16.4	52.9	12.3	12.9	2.0
2010	3.7	15.4	47.7	16.9	12.8	3.0

(*) 1차 에너지는 자연으로부터 얻은 에너지 소재 즉 석유, 석탄, 천연가스, 수력 등을 말하며, 1차 에너지를 가공해서 만들어진 전력 등을 2차 에너지라고 한다. 2000, 2010년도(전망)에 관해서는 通産省総合エネルギー調査会需給部会 中間報告, 「一次エネルギーの長期供給見通し」(1994) 참고.

출처: 日本原子力産業会議 編, 『原子力ポケットブック』; 松井賢一 編, 『エネルギー戦後50年の検証』, 電力新報社, 1995, 10~44쪽; 通産省総合エネルギー調査会需給部会 中間報告, 「一次エネルギーの長期供給見通し」(1994年 6月)을 근거로 작성.

〈표 2-2〉 연간 발전 전력량의 추이 및 예상

연도	구성비 (%)					
	수력	석탄	석유	원자력	가스(*)	신에너지
1965	41.4	26.0	31.6	0.0	0.5	0.0
1973	16.3	4.4	71.1	2.4	5.9	0.0
1979	15.1	3.7	51.1	13.3	16.7	0.2
1986	13.5	9.7	23.5	28.7	24.4	0.2
1990	11.9	9.7	26.5	27.3	24.4	0.2
1995	10.3	13.4	17.7	33.8	24.2	0.6
2000	10.0	16.0	16.0	33.0	25.0	0.5
2010	11.0	15.0	10.0	42.0	21.0	1.4

(*) 가스는 LNG, LPG, 국내천연가스 등을 포함. 신에너지는 폐기물, 태양광, 지열 및 풍력의 합계.
출처: 日本原子力産業会議 編, 『原子力ポケットブック』 1997年版, 114·128쪽; 1995年版, 116쪽을 근거로 작성.

    1966년 일본원자력발전의 도카이(東海) 1호기가 영업운전을 개시한 이후 '에너지의 안정적인 공급 확보'를 기본 목표로 하는 일본의 에너지정책은 원자력 이용에 중점을 두기 시작하였으며, 원자력은 석유대체 에너지의 핵심적인 역할을 맡게 되었다. 미일 원자력협정이 개정된 1988년, 신형전환로 후겐(ふげん) 이외의 51기의 상업용 발전소가 운전 중에 있었으며, 설비용량은 4,491.7만kw(후겐을 포함하면 4,508.2만kw)였다.[42] 이는 미국이나 프랑스에 이어 세계 세 번째 규모였다. 1995년의 단계에서 원자력 에너지의 공급량은 전체 전력공급의 1/3 수준으로 성장하였으며, 원자력 에너지는 사실상 에너지원의 중심이 되었다.
    그러나 〈표 2-3〉과 같이 2010년까지 설비능력 7,000만 kw 규모를 확보하기 위해서는 2000년도부터 2010년도 사이에 원자력발전소를

---

[42] 1988년 당시 건설 중 또는 건설계획 중의 원자력발전소는 6기였으며, 이를 포함하면 전체의 설비 용량은 5,085만kw가 된다. 상세한 내용은 原子力委員会, 『原子力白書』(平成10年版) 참고.

새롭게 21곳이나 증설해야 했다.[43] 더구나 발전소 건설 예정 지역의 주민의 양해(국민 수용성: Public Acceptance)를 포함하여, 발전소를 완공하여 운전 개시에 이르기까지 20년 이상 걸리는 경우가 많았다. 따라서 이 정도로 많은 원자력발전소를 새롭게 증설하는 것은 사실상 불가능에 가까웠다.[44]

〈표 2-3〉 원자력에 의한 1차 에너지 공급

연도	1992년	2000년	2010년
발전량 (억kwh)	2223 (실적)	3080	4780
설비능력 (만kw)	3442 (실적)	4510	7000

출처: 日本原子力産業会議 編, 『原子力ポケットブック』 1997年版, 128쪽을 근거로 작성.

2) 원자력정책의 전개

(1) 원자력 개발이용체제의 확립

전후 일본의 원자력 연구개발이 미국에 의해 전면 금지된 후, 원자력 개발이 재개된 것은 최초의 원자력 관련 예산이 성립한 1954년부터였다. 당시 일본의 정계나 전력업계는 원자력 에너지의 이용에 신중하였지만, 나카소네 야스히로(中曾根康弘, 전 총리) 의원이 중심이 되어 자유, 개진, 일본자유의 보수 3당이 예산수정안에 원자력 관련 예산을 넣어 원자력 관련 예산이 최초로 성립했다. 원자력 관련 예산은 원자로예산(연구보조금) 2억 3500만 엔(円)[45]에 우라늄 자원

---

43) 通産省総合エネルギー調査会需給部会 中間報告, 「一次エネルギーの長期供給見通し」 (1994年 6月) 참고.
44) フェレイドゥン・フェシャラキ(Fereidun Fesharaki) 編著, 『アジア・太平洋のエネルギー・リスク』, 日本放送出版協会, 1995, 188~189쪽.
45) 핵분열 하는 우라늄 235에 관련지어 2억 3500만 엔을 책정했다고 알려져 있다.

조사비 2500만 엔, 원자력개발 도서구입비 1000만 엔의 2억 7000만 엔이었다. 원자력예산이 성립한 직후인 1955년 말에는 원자력 연구개발 및 이용의 기본 방침을 정한 '원자력 기본법'이 제정되었다. 원자력 기본법은 원자력의 연구개발 및 이용은 평화적 목적에 국한하고, 나아가 민주, 자주, 공개의 이른바 '원자력 평화이용 3원칙'을 도입하여 기본방침으로 하였다.[46]

1956년 1월에는 원자력 정책 결정의 중추기관인 원자력위원회의 출범과 동시에 총리부에 과학기술청의 전신(前身)인 원자력국이 설치되어 원자력 개발을 위한 행정기구가 정비되었다. 초대 원자력위원회의 구성은 위원장에 부총리 겸 원자력담당 대신 쇼리키 마쓰타로(正力松太郎), 위원은 재계에서 게이단렌(経団連) 초대 회장 이시카와 이치로(石川一郎, 위원장 대리), 학계에서 일본 최초의 노벨상 수상자인 유카와 히데키(湯川秀樹), 일본학술회의 원자력문제위원장 후지오카 요시오(藤岡由夫), 사회당 추천의 아리사와 히로미(有沢廣巳)의 4인으로 정해졌다. 이후 원자력위원회는 위원장인 과학기술청(과기청) 장관과 4인의 위원으로 구성되게 되었다. 원자력위원은 대개 외무성과 과기청 출신자 각 1명, 재계 또는 원자력 산업계에서 1명이 관례적으로 선임되었다.

원자력위원회는 위원회 이외의 조직이 없었기 때문에, 원자력위원회의 실무는 과기청 원자력국 정책과에서 총괄, 처리하였다. 다만, 과기청 이외의 관계기관의 업무에 속하는 사항에 대해서는 원자력국 정책과 및 해당 관계기관 담당부서가 공동으로 처리하였다. 원자력 예산이 통과된 직후 원자력 기본법, 원자력위원회 설치법, 총리부 설

---

46) 원자력 기본법 제2조에 "원자력의 연구개발 및 이용은 평화 목적에 한정하며, 민주적, 자주적으로 행하며, 그 성과를 공개하고 국제협력에 공헌해야 한다"고 기본방침을 규정하고 있다.

치법의 일부 개정안(원자력국 설치에 관한 법률)의 이른바 '원자력삼법(原子力三法)'이 성립되어 원자력에너지 개발체제의 골격이 갖추어졌다.

총리부 원자력국이 과학기술청으로 새롭게 출범한 것은 원자력국 설치 직후인 1956년 5월이었다. 출범 전의 과기청 설치안에 의하면 과기청은 원자력을 비롯한 과학기술 관련 산업과 연구개발 등을 총괄하는 '성(省)'47) 수준의 기관으로 계획되어 있었다. 그러나 새롭게 출범하는 과기청에 관련 업무를 이전하게 된 통상산업성(통산성), 문부성과의 세력 다툼의 결과, 과기청은 과학기술 체제의 이른바 3중 구조(통산성, 문부성, 과기청) 속에서 권한과 규모가 가장 작은 '청(庁)'으로 출범하게 되었다.

즉 과기청은 원자력산업계와 분리되어 원자력의 연구개발, 우주개발 및 연구진흥을 담당하고, 통산성은 산업계와 관련된 업무를, 문부성은 대학에서의 연구개발 및 연구진흥을 담당하도록 과학기술 관련 행정이 분할된 것이다. 과기청 설치에 의해 외무성·통산성·농림성·경제기획청 등에서 직원이 파견되어 과기청 직원이 되었다.48) 2001년 1월 중앙 성·청 등 개혁에 의해 원자력위원회는 내각부에 설치되게 되었으며, 과학기술청 장관이 맡고 있던 원자력위원장은 학계 경험자가 취임하게 되었다.49)

---

47) 일본의 성(省)은 우리의 부(部)에 해당하는 정부기관이다. 성(省)보다 권한과 규모가 작은 기관이 청(庁)이다.
48) 관계 각 성·청으로부터의 직원 파견에 의해 과기청은 설립 시부터 성·청 간의 세력 다툼의 구조를 갖게 되었다. 일부이지만 지금도 특정 직위는 특정 성·청의 직원이 파견되는 구조를 유지하고 있다.
49) 성·청 개편에 의해 총리부는 내각부, 과학기술청은 문부과학성, 통상산업성은 경제산업성으로 각각 명칭이 변경되었다. 그러나 이 책에서는 혼동을 피하기 위해 교섭 당시의 명칭인 총리부, 과기청, 통산성이라는 구 명칭을 그대로 사용하기로 한다.

통산성과 과기청의 대립, 문부성과 과기청의 세력 다툼 등 관청 간의 이해관계 충돌 외에도, 전력업계와 통산성의 이해관계 충돌은 일본의 초기 원자력발전의 중요한 특징이었다. 원자로 수입 방침이 정해진 후 운영 주체를 둘러싸고, 전력업계와 과기청의 민영론과 통산성의 국영론이 대립하였다.

통산성의 국영론은 "원자력발전과 같이 장래성 있는 기술을 개발하려면 당분간은 타산이 맞지 않기 때문에 민간에서 운영하는 것은 무리이며, 국가의 예산으로 경제성, 안전성을 확인하면서 추진해야 한다"는 것이었다. 과기청의 민영론은 "원자력은 머지않아 경제성이 높아질 것이며, 민간의 창의력와 운영능력을 살려야 하며, 당장이라도 민영 체제에서 충분히 운영해 나갈 수 있다"고 쇼리키 마쓰타로(正力松太郎) 원자력위원장 등이 주장하여 국영론과 대립했다.50) 원자력 사업의 패권을 둘러싼 갈등의 출발이었다. 이 대립은 결국 정치 문제화하여 자민당의 조정에 의해, 민간이 80%, 정부가 20%를 출자하는 민관 공동의 일본 원자력발전주식회사가 설립되었다.

이러한 관련 성청 간의 혹은 행정과 민간의 대립은 일본의 원자력 개발이용 체제의 중요한 특징이라고 할 수 있다. 그러나 일본의 원자력 개발이용 체제 전체에서 보면, 통산성이나 과기청, 전력업계의 3자간 관계는 갈등만의 관계는 아니었다. 오히려 원자력 사업이라는 거대 이익을 지키기 위한 협력 혹은 협조관계가 3자관계의 기본 틀이라고 할 수 있다. 즉, 과기청, 통산성, 전력업계의 3자 관계는 원자력 분야 국가정책의 결정권을 사실상 독점하고 이익연합을 결성하는

---

50) 과기청의 민영론과 통산성의 국영론 간의 대립은 이후에 역전되게 된다. 후에 과기청은 국산 기술개발을 통한 국영론을 기본방침으로 하였고, 통산성은 민간 중심의 개발이용을 기본 정책으로 했다. 원자로의 수입과 운영 주체를 둘러싼 과기청의 민영론과 통산성의 국영론의 대립에 대해서는 日本原子力産業会議,『原子力はいま』上, 91~95쪽.

이른바 '이원체제적 이익연합'을 형성하고 있었다.

이원체제적 이익연합은 과기청과 통산성이라는 두 개의 그룹이 원자력정책에 관한 결정권을 독점하고, 그들의 결정이 사실상 정부의 결정으로 실효성을 가지면서 원자력공동체 외부의 영향력을 배제해 왔다.[51] 이와 같은 정책결정 과정에서는 복수의 성·청이 정책결정에 관여하는 정책분야에서 성·청의 이해 대립이 발생한 경우, 상위 기관의 리더십에 의한 결정이 내려지는 것이 아니라, 성·청 간의 힘을 배경으로 한 협의에 의해 타협을 도모하는 '내부자 거래'의 결과가 국가정책으로 결정된다. 때때로 보이는 관계 기관 간의 대립은 '원자력촌(村)'이라 불리는 이익연합 내부의 이익조정 과정이며, 이익연합 외부의 압력이나 공격에 대해서는 일치하여 이익연합 전체의 이익을 우선시키는 이익연합 체제는 지금도 유지되고 있다고 할 수 있다.

1955년 연구용 원자로와 우라늄을 공급받기 위해 처음으로 미국과 원자력협정을 체결한 후, 영국, 캐나다, 호주, 프랑스와 차례로 원자력협정을 맺고, 핵연료 사이클 확립을 위한 절차를 밟았다. 일본이 최초로 도입한 상업용 원자로[52]는 영국제 '콜더홀형(Calder Hall Type)

---

51) 이원체제적 이익연합이라는 개념은 요시오카(吉岡斉)의 이원체제적 서브거버먼트(Sub Government) 모델을 원용하고 있다. 이 개념에 대해서는 吉岡斉,『原子力の社会史』(朝日選書, 朝日新聞社, 1999), 20~28쪽 참고. 요시오카에 의하면 이러한 구조는 일본뿐만이 아니라, 원자력 선진국인 유럽과 미국에도 보이지만 몇 가지 점에서 차이가 있다고 지적하고 있다. 우선 이러한 개념이 개발된 미국에서는 원자력의 '관산복합체(官産複合体)'는 원자력의 개발이용을 포함한 안전보장 관련 분야에 주로 형성되어 있다. 그러나 일본에서는 다양한 정책 분야에서 형성되어 정책결정 과정을 사실상 독점하고 있는 점, 행정기관의 정책결정에 대해 의회가 견제하는 소임을 다하거나, 독자적인 정책을 만들어 내는 능력이 결여되어 있는 점, 일반 국민이 정책 형성에 영향을 미칠 수 있도록 하는 제도가 정비되어 있지 않은 점 등의 차이가 있다. 또한 이러한 구도가 일본의 다른 산업 부문과 다른 점은 원자력 관계의 거의 모든 사업이 국가 프로젝트로 진행되고 있는 점, 개발이용의 담당 성청이 복수로 존재하는 이원체제인 점 등을 들 수 있다.
52) 일본에서 처음으로 발전에 성공한 원자로는 일본원자력연구소가 미국에서 도입한 동력시험로(JPDR)이다. JPDR은 1963년 10월 16일(일본 원자력의 날)에 임계(臨

개량형 흑연감속 가스냉각로'(전기출력 16만 6천kw)였다.

콜더홀형 원자로는 천연 우라늄을 연료로 사용하여 우라늄 235의 핵분열로 에너지를 발생시킴과 동시에, 천연 우라늄 안에 함유되어 있는 대량의 우라늄 238을 플루토늄으로 바꿀 수 있는 원자로이다. 신형전환로나 고속증식로와 같이 우라늄 238로부터 플루토늄을 만들어내는 원자로인 것이다. 영국의 콜더홀형 가스냉각로의 도입은 쇼리키 마쓰타로 초대 원자력위원장이 적극적으로 추진하였으며, 영일 원자력협정으로 영국의 기술 제공을 받게 되어 일본원자력발전(주) 도카이 1호기 도입이 결정되었다.[53]

한편 미국의 제너럴 일렉트릭(General Electric: GE)과 웨스팅하우스(Westinghouse: WS)도 활발한 수출 전쟁을 전개하였으며, 미국 정부도 농축 우라늄의 장기 공급 보증을 하는 등의 조치로 지원하였다. 이후 콜더홀형 가스냉각로가 잇따라 문제나 고장을 일으키게 되어 미국의 경수로가 수입되게 되었다. GE의 비등수형경수로(Boiling Water Reactor: BWR)와 WH의 가압수형경수로(Pressurized Water Reactor: PWR)가 일본의 주력 원자로로 정착하게 되어 콜더홀형 가스냉각로의 후속로는 건설되지 못했다.

농축 우라늄을 연료로 하는 경수로의 도입은 농축 우라늄의 공급을 전면적으로 미국에 의지하는 선택이었고, 1977년 이후의 미일 원자력 마찰의 근원이 되었다.

핵연료 사이클 확립으로 원자력을 준국산 에너지화 하기 위해, 우라늄 자원을 갖고 있지 않은 일본은 우라늄 자원의 확보로부터 기술

界)에 달했다(전기출력 12,500kw). JPDR 이전에도 원자로가 만들어졌지만 어느 것도 발전설비를 갖추지 않았다. 그 중에서 최초로 임계에 달한 것은 일본원자력연구소의 JRR-1로 1957년 8월에 임계에 달했다.
53) 일본 최초의 상업용 원자력발전로인 일본원자력발전의 도카이 1호기는 1966년 9월 영업운전을 개시했지만 고장이 계속되는 상황이었다.

의 개발, 시설의 건설 및 운영 등을 국가 프로젝트로 추진하였다. 이 국가 프로젝트에는 천연 우라늄의 확보,54) 우라늄 농축기술의 개발,55) 우라늄 연료의 전환 및 재전환 시설의 건설,56) 사용후 핵연료의 재처리, 플루토늄을 연료로 하는 고속증식로의 개발, 사용후 핵연료의 중간 저장시설 및 고준위 방사성 폐기물의 최종 처분시설 건설 등이 포함되어 있었다.

이 중에서도 핵연료 사이클 확립을 위해 가장 중요한 시설은 '민감한 기술(Sensitive Technology)'57)인 고속증식로와 재처리시설이었으며, 원자력위원회도 이 두 시설을 국산 기술로 건설, 운영하는 것에 중점을 두는 원자력정책을 전개해 왔다.

(2) 원자력 개발이용 장기 기본계획

원자력이용 정책 등을 기획, 심의, 결정하는 기관으로 발족한 원자력위원회는58) 1956년 원자력 행정의 기본 정책인 최초의 '원자력 개

---

54) 일본의 천연 우라늄 수입처는 캐나다(33%), 영국(22%), 호주(11%), 남아프리카공화국(11%) 등이다.
55) 일본에서는 핵연료개발기구(구 동력로·핵연료개발사업단)의 농축시설(200tSWU/y)과 일본원료의 농축시설(상업시설, 1,500tSWU/y)이 운전 중이다.
56) 우라늄 235를 농축한 농축 우라늄은 기체 상태로서 연료로 가공할 수 없기 때문에 화학 처리하여 이산화우라늄 분말로 재전환해야 한다. 일본 국내에서는 미쓰비시 원자연료의 도카이 제작소와 1999년 9월 일본에서 처음으로 임계사고를 일으킨 JCO 도카이시설의 두 곳의 재전환 가공시설이 있다.
57) '민감한 (원자력) 기술'이란 일반인이 입수하는 것이 불가능한 자료로서, 농축시설, 재처리시설 또는 중수 생산시설의 설계, 건축, 제작, 운전 또는 보수에 관한 중요한 자료 및 양 당사국 정부의 합의에 의해 지정된 그 외의 자료를 말한다 (부록 2)의 협정문 제1조 참고).
58) 총리부 원자력국이 과학기술청이 되면서 과기청 장관이 원자력위원장이 되었고, 원자력위원회의 사무는 과기청 원자력국 정책과가 맡았다. 1978년에는 원자력의 안전확보 체제를 강화하기 위해 원자력위원회와 마찬가지로 총리의 자문기관으로 원자력안전위원회가 설치되었다. 원자력안전위원회의 사무국은 과기청의 원자력안전국이 맡았다.

발이용 장기기본계획'(장기계획)을 정하였고, 이에 기초하여 구체적인 실시계획으로 매년 '원자력 개발이용 기본계획'(기본계획)을 정하고 있다. 〈표 2-4〉의 장기계획에서 알 수 있듯이, 원자력위원회는 제1차 장기계획에서부터 일관되게 고속증식로의 개발, 사용후 핵연료의 재처리와 플루토늄 이용이라는 핵연료 사이클의 확립을 국가 원자력계획의 기본으로 삼았다.59)

〈표 2-4〉 원자력정책의 중심인 장기계획

	책정 연월	주요 내용
제1회	1956년 9월	천연 우라늄로가 발전의 주체, 농축 우라늄 경수로60)는 계획 동력로의 국산화, 고속증식로의 개발, 기초연구 추진 연료가공, 재처리 등 연료주기 확립 긴밀한 국제협력, 일본원자력연구소, 원자연료공사 설치
제2회	1961년 2월	장기계획의 기본계획 확정 : 동력로 개발에 필요한 시설의 정비, 핵연료 개발 재처리시설 건설 계획의 구체화, 방사선 이용의 촉진 원자력 제1선 건조 계획의 구체화 연구개발 계획의 장기적 전망
제3회	1967년 4월	경수로의 정착, 고속증식로 및 신형전환로 개발 특수 핵물질의 민영화, 동력로·핵연료개발사업단61) 설치
제4회	1972년 6월	원자력발전소의 대규모 증설과 환경과의 조화, 안전성 확보 원자력 이용의 종합적, 계획적 추진, 농축 우라늄의 확보 방사선 폐기물 처리 처분, 제2 재처리시설의 건설

59) 1957년 12월 원자력위원회가 발표한 발전용 원자로 개발을 위한 장기계획에도 고속증식로의 개발, 플루토늄의 이용, 핵연료 사이클의 확립 등이 포함되어 있었다. 발전용 원자로 개발을 위한 장기계획은 科学技術庁原子力局, 『原子力委員会月報』 VOL.3, No. 1(1958年 1月), 3~19쪽.
60) 경수로란 핵분열을 일으키는 중성자의 감속재와 냉각재로서 보통의 물(경수)을 사용하는 원자로이다. 가압수형(PWR)과 비등수형(BWR)이 있으며, 미국을 비롯한 세계에서 가장 많이 사용되고 있다. 이에 대해 중수소를 포함한 물(중수)을 감속재로 사용하고 있는 원자로를 중수로라고 한다. 가압수형 및 비등수형 경수로에 대해서는 [부록 3]의 원자력 용어를 참고.
61) 동력로핵연료개발사업단(동연)은 동력로 개발에 관한 연구를 진행하고 있던 일본원자력연구소의 연구성과를 이어받고 원자연료공사를 흡수하여, 과기청의 특수법인으로 1967년 발족했다.

제5회	1978년 9월	자주개발과 연구개발 프로젝트를 계획적으로 추진 사용후 핵연료의 재처리는 원칙적으로 국내에서 행함 신형전환로의 개발 촉진, 고속증식로는 2010년경 실용화
제6회	1982년 6월	원자력은 석유대체 에너지의 중심 플루토늄 이용을 적극적으로 추진(경수로, 신형전환로) 원자력 기술의 민간 이전과 상업화 핵연료 사이클의 확립, 원자력 수출을 위한 환경정비
제7회	1987년 6월	원자력을 기축에너지로 위치시킴. 재처리 및 플루토늄 이용노선을 기본으로 함 신형전환로의 역할이 큰 폭으로 후퇴(플루토늄의 경수로 이용) 고속증식로의 실용화 후퇴
제8회	1994년 6월	플루토늄을 연료로 하는 고속증식로의 실용화 연기 '몬주'에서의 플루토늄 증식을 탄력적으로 고려 제2 재처리시설 건설 연기
제9회	2000년 11월	국민, 사회 및 국제사회의 이해와 신뢰를 얻는 것이 대전제 : 정보공개, 정책결정 과정에서의 국민 참가 등을 추진 에너지절약, 재생가능 에너지의 양 및 이용 최대화 핵연료 사이클은 연구개발, 민간에 의한 활동 지속을 기대 몬주의 조기 운전재개가 목표

* 1956년은 원자력 개발이용 장기기본계획, 1978년은 원자력 연구개발이용 장기계획, 2000년은 원자력 연구, 개발 및 이용에 관한 장기계획, 그 외에는 원자력 개발이용 장기계획이라는 명칭으로 되어있다.

원자력위원회는 1950년대 후반부터 사용후 핵연료의 재처리와 플루토늄 연료의 개발이용에 관한 연구, 고속증식로에서의 플루토늄 이용에 관한 연구개발에 중점을 두면서 개발을 추진해왔다. 즉 사용후 핵연료에서 얻을 수 있는 플루토늄을 준국산 에너지원으로 활용하는 에너지 자립화를 목표로 해왔다.[62] 1971년에는 고속증식로 실험로 '조요(常用)'가 건설되었고, 1994년에는 고속증식로 '몬주'[63]가 임계[64]를 달성, 플루토늄을 연료로 하는 발전이 시작되면서, 일본의

---

[62] 1960년대까지의 초기의 원자력 개발이용정책은 吉岡斉, 『原子力の社会史』, 朝日選書, 朝日新聞社, 1999, 63~109쪽; 石川欽也, 『原子力委員会の闘い』, 電力新報社, 1983, 10~32쪽; 日本原子力産業会議, 『原子力は いま』, 上 참고.
[63] '몬주'는 고속증식로의 원형로로 전기출력은 28만kw이다. 동력로·핵연료개발사업단이 후쿠이현(福井県) 스루가시(敦賀市)에 1985년에 착공, 1994년에 임계를 달했지만 나트륨 유출사고로 운전정지 중이다.

핵연료 사이클은 플루토늄 이용 단계에 접어들었다. 전 세계가 핵연료 사이클 계획에서 후퇴하는 중에 일본만이 '꿈의 원자로'라고 불리는 고속증식로[65]를 추구해 왔다.[66]

장기계획을 기본으로 하는 원자력위원회의 다양한 원자력 개발이용계획은 원자력위원회의 사무를 맡고 있고, 장관이 원자력위원장을 맡고 있는 과기청의 의사를 반영하여, 통산성과 전력업계의 의향이 반영되지 않는 경우도 자주 있었다. 과기청이 진행해온 4대 국가 프로젝트(신형전환로 및 고속증식로 개발계획, 국내 우라늄 농축과 사용후 핵연료 재처리사업)의 민영화 계획에 대해 통산성과 전력업계가 경제적 합리성 등을 이유로 받아들이려 하지 않는 등 이해 대립이 격해진 이유도 원자력위원회의 이러한 정책결정 구도에 기인한다고 할 수 있다. 예를 들면, 과기청이 개발을 추진해 온 신형전환로에 대해 전력업계는 경수로에 비해 장점이 불명확하며, 발전비용이 경수로보다 높다는 등의 이유로 소극적 태도를 취했다.

또한 통산성과 전원개발이 추진한 천연 우라늄을 연료로 사용하는 캐나다형 중수로(Canada Deuterium & Uranium: CANDU로) 수입계획에 대해 과기청과 전력업계는 신형전환로와 같은 종류의 중간로라는 이유로 반대하였다.[67] 통산성의 주장은 경수로 하나에만 의존

---

64) 임계는 핵분열성 물질에서 방출된 중성자가 우라늄 235의 원자핵에 부딪혀 핵분열이 일어나는 상태로서, 원자로 안에서 핵분열 연쇄반응이 유지가능한 상태로 되는 것을 말한다.
65) 고속증식로가 플루토늄을 배증하는 기간은 사용된 연료에 따라 다르지만, 현재의 연료를 사용해서 증식비율을 1.2로 한 경우 배증에는 약 90년이 걸린다고 한다. NHKスペシャル,「調査報告 プルトニウム大国日本」(1993.5.23 방송).
66) 프랑스는 일본과 마찬가지로 핵연료 사이클 계획을 추진해 왔다. 그러나 1998년에 세계 최대의 고속증식로의 실증로인 Super Phenix의 폐쇄, 원형로 Phenix의 연구로로의 전환, 원자력발전소 건설 계획의 포기 등 원자력정책을 변화시키기 시작했다. 현재 고속증식로의 실용화 계획을 가지고 있는 국가는 일본뿐이다.
67) 신형전환로와 CANDU로 도입을 둘러싼 통산성, 과기청, 전력업계의 논쟁에 대해

할 경우, 경수로에 중대 문제가 발생하여 모든 경수로를 정지시키는 사태가 발생할 경우, 원인이나 대책이 확실해질 때까지 경수로를 작동시키지 못할 수도 있기 때문에, 노형(炉型)을 다양화할 필요가 있다는 것이었다.

전력업계는 고속증식로가 장래 원자력발전의 주력이 되는 것에 대해서는 과기청과 공통인식을 갖고 있었지만, 과기청과 원자력위원회가 고속증식로로 개발을 추진해온 신형전환로에 대해서는 일관되게 소극적인 태도를 취해왔다. 60억 달러 이상의 건설비가 든 고속증식로 '몬주' 건설에 전력 9사는 총액의 20%를 투자하고 있어, '몬주'를 포함한 일본의 고속증식로 계획이 변경된다면 전력회사는 막대한 손실을 보게 된다.[68] CANDU로에 대해서는 전력업계의 지원을 받은 과기청이 반대 주장을 관철시켜, CANDU로는 불필요하다는 원자력위원회 결정을 이끌어 냈지만, 과기청과 통산성의 원자력구상에 관한 대표적 논쟁이 되었다.

1970년대부터 격화된 과기청과 통산·전력업계 간의 이해 대립은 원자력위원회의 결정 혹은 중재에 의해 해결되기도 했지만, 그대로 남아서 협정 개정 교섭 단계까지 이어졌다. 국내 원자력정책 결정에 대한 이러한 관련 성·청 간의 관계는 외부의 적에 대해서는 협력해서 대항하면서 자신들의 이익을 지켜왔다. 다만 과기청과 통산성, 전력업계의 이해 대립과 같은 내부의 대립은 그대로 유지되어 왔다고 할 수 있다.[69]

서는 日本原子力産業会議, 『原子力はいま』, 上, 178~183쪽; 下, 281~295쪽; 井原辰郎, 『原子力王国の黄昏』, 日本評論社, 1984, 89~100쪽.
68) ケント・E. カルダー(Kent E. Calder), 『アジア危機の構図』, 日本経済新聞社, 1996, 121~122쪽.
69) 일본의 원자력 개발이용사에서의 통산성과 전력업계, 과기청 간의 대립과 협력에 대해서는 吉岡斉, 『原子力の社会史』 참고.

(3) 부문별 원자력 개발이용 상황

순조롭게 진행되어 온 일본의 원자력정책의 전개에 제동을 건 것은 카터 정권의 등장이었다. 카터 정권은 미국 내의 재처리금지 등의 엄격한 핵 비확산정책을 취했고, 미 의회에서도 핵 비확산법이 성립하는 등 미국은 핵 비확산 강화와 이를 위한 재처리 금지로 움직이기 시작했다. 한편 일본에서는 사용후 핵연료의 재처리사업을 민간에게도 허용하는 등 미국의 핵 비확산법 성립에 영향을 받지 않고 독자적인 원자력정책이 전개되었다. 실제로 1970년대 후반부터 원자력산업에서 대미 의존을 최소화하고, 대미 자립을 도모하는 다양한 노력이 있었다. 통산성에 의한 CANDU로 도입 구상, 로카쇼무라의 제2 재처리시설 및 우라늄 농축시설의 건설 등 상업용 핵연료 사이클 계획의 추진, 포괄동의의 확보를 위한 대미 교섭 등도 이러한 노력의 일환이라고 할 수 있다.

일반 원자로(경수로)에 플루토늄과 우라늄의 혼합연료(Mixed Oxide Fuel: MOX 연료)[70]를 사용하는 플루서멀(Plutonium Thermal Reactor Use) 계획은 1980년대에 구체적으로 검토되었지만, 플루토늄의 원자로 이용에 관한 연구는 1960년대에 시작되었다. 1964년경부터 원자연료공사가 플루토늄의 원자로 이용에 관한 연구를 시작하였고, 전력중앙연구소도 1966년부터 미국의 에디슨전기협회(Edison Electric Institute: EET)[71]의 플루토늄 연료 개발계획에 참가해서 고속증식로에

---

[70] 고속증식로나 신형전환로의 연료나 경수로에서 이용하는 플루토늄도 MOX 연료이지만, 일반적으로 경수로에서 이용할 때 MOX 연료라는 용어를 사용되는 일이 많다. MOX 연료에 대해서는 原子力資料情報室, 『IMA 中間報告会記録集; MOXを評価する』, 原子力資料情報室, 1996 참고.
[71] EEI는 전기설비 관련 기업의 전국 규모의 연구소. EEI 회원기업은 100기 정도의 원자로를 가동하고, 미국 전기사용량의 15% 정도를 제공하는 미국 원자력산업계 최대의 이익단체이다.

서의 플루토늄 이용 연구를 시작했다.[72] 그러나 플루서멀은 고속증식로가 실용화되기까지 잉여 플루토늄을 갖지 않기 위한 경수로에서의 이용이 중심이었다.

본래 경수로와 고속증식로를 연결하는 목적으로 개발된 것은 신형전환로(Advanced Thermal Reactor: ATR)이다. 그러나 ATR이 실용화되어도 재처리로 생산된 플루토늄은 고속증식로가 실용화되기까지 ATR만으로는 소진할 수 없는 문제가 있었다. ATR의 상업화를 요구받던 전력업계는 ATR은 플루토늄 연소로로서 플루서멀에 비해 효용이 적고, 발전비용도 높다는 등의 이유로 실용화 반대를 표명했다. 그 결과 FBR과 ATR의 개발 지연으로 인한 잉여 플루토늄의 증가로 플루토늄을 소진하기 위해서 경수로에서 플루토늄을 이용하는 플루서멀 계획이 ATR 대신 본격화되었다.[73]

재처리를 원자력법으로 의무화했던 독일도 국내 재처리 금지를 결정했다. 1980년대에 국내에서 상업용 재처리를 하고 있는 나라는 미국, 프랑스, 영국, 러시아, 벨기에뿐이었다. 고속증식로 개발을 진행한 프랑스, 이탈리아, 독일, 미국은 고속증식로를 폐지 혹은 계획을 중지하였고, 고속증식로를 운전하고 있는 나라는 프랑스, 인도, 러시아와 일본뿐이다. 플루토늄 이용도 프랑스, 독일, 스위스, 벨기에가 플루서멀을 실시하고 있는 정도이다. 경제성을 고려해서 고속증식로보다 경수로에서의 플루토늄 이용을 선호하는 전력업계에 대해, 원자력위원회는 고속증식로는 국가 에너지 안전보장을 확보하기 위해 원자력발전의 핵심이라는 입장을 반세기나 유지해 왔다. 일본

---

72) 日本原子力産業会議, 『原子力はいま』, 上, 240~243쪽.
73) 플루서멀에 대해서는 플루서멀에 사용되는 MOX 연료는 우라늄 연료보다 가격이 높아지는 경제성 문제, 보통의 경수로에서 MOX 연료를 연소시킬 때의 안전성 문제, 사용후 MOX 연료 처분방법이 확립되어 있지 않는 점, 플루서멀이 여러 국가에서 이용된다면 핵확산을 초래하는 위험성이 있다는 등의 비판도 많다.

의 원자력 개발의 최종단계에 해당하는 고속증식로에 대해 1983년 통산성은 고속증식로 실용화의 기본전략을 결정했다.

한편 같은 시기에 미 상원은 고속증식로 건설 예산을 부결시켜 고속증식로의 개발이용을 중지했다. 그러나 일본은 그 이듬해인 1984년 유럽 5개국(프랑스, 벨기에, 독일, 영국, 이탈리아) 정부와 고속증식로 개발과 핵연료 사이클 개발에 관한 협정에 조인하여 미국과는 명백히 다른 원자력정책을 채택했다. 이는 재처리 및 고속증식로 이용계획을 갖고 있는 일본의 대외 원자력정책이 미국이 아니라 유라톰과 공통이해를 갖고 있다는 것을 표명하는 것이기도 했다.

장기계획에서도 알 수 있듯이 일본은 사용후 핵연료의 재처리와 재처리에서 얻은 플루토늄의 이용이라는 2개의 축을 중심으로 하는 핵연료 사이클 정책을 유지해 왔다. 핵연료의 재처리 정책에 대해서는 1956년에 책정된 원자력 개발이용 장기기본계획에 기본방침이 잘 나타나 있다. 장기기본계획에는 '재처리사업은 원자연료공사의 독점사업으로 하며, 소규모의 중간시험 정도까지의 기초적인 연구는 원자력연구소가 담당한다'는 정도가 언급되어 있었다. 1961년에 책정된 장기계획에서도 핵연료의 개발, 재처리공장의 건설계획에 관한 언급은 있었지만 구체적인 내용은 포함되지 않았으며, 핵연료 정책 및 재처리계획이 구체적으로 발표된 것은 1964년 이후이다. 당시에는 농축 우라늄이나 플루토늄은 아직 국유였으며,[74] 전력회사는 국유 연료를 사용한다는 전제로 원자력발전을 준비해 왔다.

사용후 핵연료의 재처리를 보면 일본은 도카이무라에 재처리시설이 있었지만 주로 영국과 프랑스에 재처리를 위탁하고 있었다. 전력

---

74) 원자력위원회는 1958년에 핵연료 국유화를 발표했지만 1961년에 특수 핵물질(농축 우라늄, 플루토늄 및 우라늄 233)을 제외한 핵연료 물질은 민영화를 인정하기로 각의 결정했다. 상세한 내용은 日本原子力産業会議, 『原子力はいま』, 上, 220쪽.

10사는 1977년에는 프랑스 핵연료공사와, 1978년에는 영국원자연료와 재처리 계약을 체결했다. 또한 일본원연(주)이 아오모리현 로카쇼무라에 연간 800톤을 재처리 가능한 제2 재처리시설을 건설하고 있었다. 로카쇼무라에 건설 중인 핵연료 사이클 기지에는 우라늄 농축 공장, 저준위 방사성폐기물 매설센터, 재처리시설의 3점 세트 외에도 고준위 방사성폐기물 저장시설도 건설될 예정이었다. 로카쇼무라 재처리시설은 구 동연(旧動燃)의 도카이무라 시설과는 다르게 민간이 운영하는 시설이며, '민감한 기술'인 재처리기술의 일부를 프랑스로부터 도입하였다. 미일 교섭에서 중요한 논점의 하나가 된 제2 재처리시설의 건설 문제는 1994년에 책정된 장기계획에 의해 건설이 미뤄지게 되었다.

플루토늄 이용에 대해서는 장기계획의 초기 단계부터 고속증식로에서의 이용을 전제로 플루토늄의 적극적인 이용계획을 추진해 왔다. 플루토늄 이용을 토대로 한 저가로 안정적인 에너지 공급이라는 일본의 에너지정책은 원자력발전에 의해 유지되어 왔다고 할 수 있다. 그러나 매년 700톤이 넘는 사용후 핵연료의 재처리와 플루토늄 이용정책이 실제로 경제적일지,[75] 새로운 원자력발전소의 입지 문제나 방사성 폐기물의 처리 문제,[76] 환경오염 위험, 잉여 플루토늄에

---

[75] 몬주의 건설비는 1967년 착공 당시 약 350억 엔으로 예상되었지만, 결국 6,000억 엔이 사용되었다. 통산성이 고속증식로 실용화의 조건을 분석한 보고서(「高速増殖炉実用化小委員会中間報告書」 1983年 4月)에서는 고속증식로가 실용화되기 위해서는 건설비를 원자력발전소의 1.1배 이하로 하고, 연료비용 면에서는 우라늄 가격이 450g 당 100달러(현재의 10배) 이상으로 상승하지 않으면 고속증식로의 장점은 없다고 보고하고 있다.

[76] 재처리로 발생하는 방사성 폐기물은 사용후 핵연료를 1로 한 경우 6배가 된다는 보고도 있지만(日本原燃, 「個体廃棄物の暫定年間発生量」(NHKスペシャル 「調査報告 プルトニウム大国日本」), 1993년 중의원 예산위원회에서 과기청 원자력국장은 20~30배가 된다고 답변했다. 일본의 경우 폐기물의 최종적 처분 방법에 대해서 아무것도 결정되어 있지 않는 상황이다. 재처리로 발생하는 고준위 방사성폐기물을 고체화하는 것이 사용후 핵연료를 그대로 폐기하는 것보다 고준위 방사성

의한 핵확산 문제77) 등 원자력발전이 안고 있는 문제점은 적지 않다고 할 수 있다.

2. 미국의 원자력정책

미국의 원자력정책은 일본의 원자력 계획 및 원자력 개발이용에 큰 영향력을 가지고 있다. 그것은 일본 원자로의 대부분이 미국산 경수로이며, 연료인 농축 우라늄의 90% 가까이를 미국에서 수입하기 때문이다.78) 여기서는 미국의 국내·외 원자력정책을 살펴보고, 미일 원자력 교섭 당시 미국이 어떠한 원자력정책 하에서 교섭하였는지 분석한다.

1) 카터 정부의 핵 비확산정책과 INFCE, NNPA

1953년 유엔총회에서의 아이젠하워 미국 대통령의 '원자력의 평화이용 제안(Atoms for Peace)'79) 이후로 미국은 원자력의 평화적 이용

폐기물 양이 감소한다는 점에서 사용후 핵연료를 그대로 폐기하는 원스 스루(Once Through) 방식보다 재처리에 의한 플루토늄 이용 쪽이 장기적으로 경제적이라는 주장도 있다. Tatsujiro Suzuki, Eugene Skolnikoff, Kenneth Oye, *International Responses to Japanese Plutonium Programs*, p.38.

77) 원자력위원회의 핵연료 사이클 전문부회가 1991년에 정리한 보고서에 의하면, 2010년까지 생산될 예정의 플루토늄은 85톤이지만 고속증식로의 실용화 연기 등에 의해 상당한 잉여 플루토늄이 일본에 남는 것은 불가피하다고 지적하고 있다. 이 문제는 原子力委員会核燃料サイクル專門部会, 「わが国における核燃料サイクルについて」(1991年 8月).

78) 정확히 말하면 미국에서 수입하고 있는 것은 농축역무이다. 일본이 캐나다, 영국, 호주 등에서 구입한 천연 우라늄은 90%가 미국의 농축공장에서, 10% 정도가 프랑스에서 농축되어 일본에 수입되고 있다.

79) 원자력의 평화이용 제안은 핵물질을 평화 목적으로 사용하게 하여 핵무기 확산을 방지한다는 목적에서였다. 또한, 핵무기의 전면 금지를 요구하는 소련의 제안

과 핵연료 사이클을 적극적으로 추진해왔다. 미국에서는 1960년대 중반부터 원자력발전소 발주가 급증하여 1967년에는 31기, 1973년에는 41기가 새롭게 발주되었다.[80] 그러나 1970년대 후반부터 원자력발전의 경제적 우위가 무너지고, 안전성 및 방사성 폐기물 처리 문제의 심각성 등 원자력발전이 안고 있는 문제로 원자력발전소 건설은 급속히 감소하기 시작했다.[81]

미국에서는 1975년부터 원자력발전소 발주가 격감했다. 1979년 이후는 신규 발주가 전혀 없으며, 1974년 이후에 발주한 41기는 취소되거나, 주 정부가 건설을 거부하여 완성된 원자로는 1기도 없는 상태였다.[82] 1974년경부터 본격화된 반원자력 운동은 점차 고양되어 1976년 대통령선거의 최대 쟁점 중 하나가 될 정도였다. 더구나 스리마일 섬 원자력발전소 사고(TMI 사고, 1979년)[83]에 의한 안전성에 대한 의심은 원자력발전 기피를 가속시키는 결과가 되었다.

미국에서 오일쇼크 이후 원자력발전을 기피하게 된 것은 일본과 정반대이다. 일본에서는 오일쇼크를 계기로 '에너지 안전보장'이란 측면에서 원자력발전 추진이 가속화되었지만, 미국의 경우는 오일쇼크가 원자력발전 기피를 촉진하는 계기가 되었다. 이는 오일쇼크를

　　에 대항하며, 원자력의 상업적 이용을 미국이 주도하려는 것이었다. D. Dickson 著, 里深文彦 訳, 『戰後アメリカと科学政策』, 226~228쪽.
80) 미국의 원자로 발주 연도별 추이는 Energy Information Administration, U.S. Department of Energy, *Electric Power Annual 1993*, EIA/DOE, 1994 참고.
81) 미국에서 1970년대 후반부터 원자력발전의 경제성이 무너진 것은 오일쇼크 후의 건설비와 핵연료의 가격 상승(2년간 2배 가깝게 인상)에 원인이 있었다. 또한 원자력발전소의 가동률도 계획보다 상당히 낮았다. 그 시기 미국 전체 원자력발전소의 가동률은 60% 정도였다(계획 가동률은 80%).
82) 주 정부에 의해 건설이 거부된 4기는 모두 뉴욕 주에서 거부되었다. 長谷川公一, 『脱原子力社会の選択』, 新曜社, 1996, 164쪽.
83) 스리마일 섬 원자력발전소 사고에 대해서는 NHK取材班, 『原子力』, 日本放送出版協会, 1982, 117~165쪽; 日本原子力産業会議, 『原子力はいま』, 下, 116~129쪽.

계기로 전력 수요가 둔화되고 우라늄 가격이 급등하여, 원료가 저렴하다는 원자력발전의 장점이 약화되었기 때문이었다.

이러한 미일의 원자력정책의 차이는 미국이 자원이 풍부한 나라라는 이유도 있지만, 미국의 전력업계가 시장경제 원칙에 좌우되는 소규모 전력업자로 구성되어 있기 때문이기도 하다. 미국의 전기사업자는 3,000사 이상이며, 그중 60% 이상이 주의 자치권이 강한 공영(公營)이다. 그러나 전기사업자의 8%인 250사 정도의 민영 전기사업자가 미국 전체의 3/4 이상의 전력을 공급하고 있다.[84] 이러한 민영과 공영의 가격경쟁 라이벌 관계가 미국의 원자력발전 기피의 중요한 원인이 된 것이다. 결국 1978년 이후 1990년대까지 신규 원자력발전소 건설 발주는 없었다. 원자력발전은 비경제적이며 핵확산의 문제가 있다는 미국의 원자력 인식은 대외 원자력정책에도 그대로 나타나게 된다.

대외 원자력정책에서 미국은 사용후 핵연료의 재처리와 플루토늄 이용을 장려해 왔지만, 1974년의 인도의 핵실험 이후 미국은 핵확산방지를 대외 원자력정책의 중심에 두었다. 카터 정권 탄생 이후의 미국 국내·외 원자력정책을 한마디로 말하면, 원자력의 평화적 이용을 제한하더라도 핵 비확산을 우선시킨다는 것이었다. 카터 정권 이후 미국의 대외 원자력정책은 핵 비확산 방지라는 원칙을 최우선 과제로 해왔지만, 구체적 정책은 정권에 따라 상당한 차이를 보이고 있다.[85]

카터 정권이 탄생한 직후인 1977년 3월, 조셉 나이(Joseph Nye) 국무차관보 등이 참가한 대통령의 원자력정책그룹은 재처리 동결과 고

---

84) Energy Information Administration, U.S. Department of Energy, *Electric Power Annual 1993*, EIA/DOE, 1994, 4~5쪽.
85) 카터 정권과 레이건 정권의 과학기술정책 및 외교정책에 대해서는 D. Dickson 著, 里深文彦 訳, 『戦後アメリカと科学政策』 참고.

속로의 개발 연기를 내용으로 하는 '포드-마이터 리포트(Ford-MITRE Report)'[86]를 대통령에게 제출했다. 이 보고서는 나이 국무차관보를 비롯한 학자들이 포드재단의 지원으로 싱크탱크 MITRE Corporation에서 연구한 결과를 정리한 것이다. 보고서는 원자력발전의 필요성은 인정하지만 플루토늄 이용은 억제하는 방향을 권고하였다. 구체적으로는 재처리기술은 군사전용이 될 수 있는 위험한 기술로 재처리기술의 수출은 연기되어야 하며, 플루토늄을 사용하지 않는 경수로용 우라늄 자원은 충분한 양이 있다는 등의 이유로 재처리를 제한할 것을 주장하고 있다.

1976년 10월 포드 대통령이 대통령선거 직전에 재처리기술의 상업화 연기를 결정[87]한 것도 카터 진영이 핵확산을 방지하기 위해 재처리나 플루토늄 이용 등의 '민감한 기술'의 사용을 금지하는 엄격한 핵 비확산정책을 선택한 것과 거의 같은 시기였다. 카터 대통령은 1977년 4월, Ford-MITRE 보고서에 근거해서 (1) 상업용 재처리와 경수로에서의 플루토늄 이용의 무기한 연기 (2) 고속증식로 개발의 전면적인 재검토 및 상업화 연기 (3) 재처리기술 등을 대체하는 새로운 핵연료 기술에 대한 연구개발 진행 등의 핵 비확산정책을 발표했다. 카터의 신정책은 상업용 재처리와 고속증식로는 불필요하며 비경제적이라는 선언이었다. 이 성명에는 미국 내 농축능력의 확대, 농축 및 재처리기술, 시설의 수출 금지, 핵연료 사이클 평가 국제회의 개

---

86) Spurgeon M. Keeny, Jr. et al., *Nuclear Power Issues and Choices: Report of the Nuclear Energy Study Group*, Ballinger Publishing Co., 1977. 이 책은 Ford-MITRE Report를 출판한 것이다.
87) 포드 대통령의 성명은 (1) 미국 내의 상업용 재처리의 연기, (2) 재처리 기술을 보유하고 있는 소련, 독일, 영국, 프랑스에게도 최소한 향후 3년간은 재처리시설 및 기술을 수출하지 않도록 요구, (3) 플루토늄을 단체(單體)로 추출하는 기존의 재처리 기술을 대신하여 신기술의 개발을 서두른다 등이 중심 내용이었다. White House, "Presidential Statement on the Atomic Energy Policy", on Oct. 28, 1976.

최 등이 포함되어 있었다.[88]

카터 정권의 신정책은 원자력의 평화적 이용에 사용되는 고농축 우라늄이나 플루토늄은 군사전용이 가능하며, 현재의 보장조치 수준이 충분하지 않기 때문에 고농축 우라늄이나 플루토늄 이용을 상당 기간 늦춰도 경제적 불이익은 크지 않다는 것이었다.[89] 신정책은 규제 대상이나 보장조치 대상을 기존의 핵물질에서 평화이용의 핵연료 사이클 시설까지 확대하고, 원자력의 군사전용으로 인한 수평적 핵확산에 제동을 걸려는 정책이었다.

카터 정권은 신정책 발표 후인 1977년 6월, 도카이무라 재처리시설에 대한 조사를 위해 대표단을 일본에 파견하기도 했다. 일본은 미국의 신정책에 대해 강하게 반발했다. 그러나 일본이 독자적인 핵연료 사이클을 완성하기 위해서는 미국의 핵 비확산정책을 무시할 수는 없었다. 왜냐하면 일본은 농축 우라늄의 대부분을 미국에서 수입하고 있으며, 또 미국이 도카이무라 재처리시설의 운전을 허가하지 않을 경우 독자적인 재처리시설 운영이 불가능하기 때문이었다.

카터 정권의 신정책은 국내정책이지만 핵무기 확산방지와 원자력의 평화이용에 관한 국제적인 합의를 호소하는 것이기도 했다. 이러한 미국 정부의 정책 전환에 대해 영국, 프랑스, 독일, 이탈리아, 일본의 5개국 정상은 카터 대통령의 신원자력정책에 반발했다.[90] 그러

---

[88] 미국이 국내의 우라늄 농축능력을 확대한 것은 농축 및 재처리 기술이나 시설의 수출 금지에 의해 발생할 수 있는 농축 우라늄의 부족이나 가격인상 문제를 방지하기 위해서였다.

[89] Zbigniew Brzezinski, *Power and Principle: Memoirs of the National Security Adviser, 1977-1981*, New York; Farrar · Straus · Giroux, 1983, p.129. 그러나 이러한 사고방식이 카터 정권의 공통인식은 아니었다. 국무성이나 NSC는 대통령의 신정책이 일본의 원자력정책과 충돌하고 미일 관계를 혼란시킨다고 판단하고 있었다. 같은 책, pp.130~132.

[90] 카터 대통령이 호소한 핵연료 사이클의 '국제평가계획'에는 대부분의 원자력 이용국이 참가했다. 미국의 새로운 핵 방호체제 구축 요청에 대해 영국, 독일, 프랑

나 1977년 5월 런던에서 열린 G7 정상회담에서 카터 대통령의 호소에 응하는 형태로 핵 비확산의 검토를 위한 '핵연료 사이클 평가 국제회의'의 개최가 결정되었다. 핵연료 사이클 평가회의 개최를 호소한 것은 나이 국무차관보였다. 나이 차관보는 핵연료의 공급 보증을 위한 다국 간 협정과 재처리와 플루토늄 재활용을 대체하는 수단을 검토하기 위한 '국제 핵연료 사이클 평가계획' 개최를 호소했다.[91] 같은 해 10월 워싱턴에서 40개국, 4개의 국제기관[92]이 참가하여 '국제 핵연료 사이클 평가(International Nuclear Fuel Cycle Evaluation: INFCE)' 회의 총회가 개최되었다. 총회에서는 재처리, 플루토늄의 취급, 리사이클 부회(部会), 고속증식로 부회, 새로운 연료주기와 원자로개념 부회 등의 8개 작업부회 및 작업부회의 공동의장으로 구성된 기술조정위원회를 설치하고, 2년 동안의 작업 내용을 결정했다.[93]

INFCE는 성격 상 국가 간의 교섭이 아닌 기술적, 분석적 연구였다. 그러나 내용면에서는 재처리 및 플루토늄 이용 금지를 통해서 핵 비확산 체제를 강화하려는 미국과 재처리와 플루토늄 이용노선의 정당성을 인정받으려는 유라톰 국가 및 일본과의 투쟁의 장이었다.

미국은 원자력 개발이용기술의 우위를 이용해서 INFCE를 주도하고, 미국의 계획대로 핵 비확산을 강화하는 방향으로 INFCE의 결론을 만들려고 했다. 그러나 유라톰 국가와 일본은 원자력의 기술면에

스 정상은 재처리 기술의 수출 자숙에는 이해를 표했지만, 자국의 재처리 실시에 대해서는 양보하지 않았다. 『読買新聞』 1997.4.25.
91) 나이 차관보는 '국제 핵연료 사이클 평가계획(International Nuclear Fuel Cycle Evaluation Program)'이라는 명칭의 회의를 요구했지만, 프랑스가 계획(program)이라는 용어에 반대하여 결국 '계획'이 빠진 '국제 핵연료 사이클 평가(INFCE)'가 되었다.
92) 국제원자력기구(IAEA), 국제에너지기관(IEA), 유럽공동체(EC), OECD원자력기관(OECD/NEA)의 4개 기관이 참가했다.
93) 8개의 작업 부회 및 작업 내용에 대해서는 日本原子力産業会議, 『原子力はいま』下, 162~163쪽 참고. INFCE의 전반적인 내용에 대해서는 日本原子力産業会議, 『拡布拡散ハンドブック』 1984年版, 日本原子力産業会議, 1985, 21~25 · 43~44쪽.

서 미국의 예상 이상으로 발전해 있어, 미국의 의도대로 INFCE가 진행될 수 없었다. 작업부회는 보고서를 작성하고, 기술조정위원회는 각 작업부회의 기술적 조정과 동시에 INFCE 전체의 요약과 개설을 작성했다.94) INFCE에서는 민감한 기술 및 시설(특히 우라늄 농축 및 재처리 관련 시설)로부터의 핵물질 전용을 방지하기 위해, 핵무기 전용을 막는 보장조치95) 및 핵물질 방호의 강화96), 더 나아가 민감한 기술을 국가가 보유하지 않고도 핵연료를 공급받을 수 있는 국제적 보장 등이 작업부회 별로 논의되었다.

1980년 2월 INFCE 최종 총회에서 원자력의 평화적 이용과 핵 비확산 양립을 축으로 하는 공식 성명서가 채택되어, 2년 4개월에 걸친 작업이 끝났다. 최종 성명서에서 INFCE의 검토 결과로 다음의 세 가지가 강조되었다. (1) 원자력은 에너지 수요를 충족시키기 위해 역할이 많아질 것으로 예측되며, 이러한 목적을 위해서 이용되어야 한다. (2) 보장조치는 핵 비확산과 원자력의 평화적 이용의 양립을 위한 중요한 수단이며, 원자력의 평화이용과 핵 비확산의 조화를 도모하기 위해 새로운 국제제도의 구축이나 핵 비확산에 유효한 기술적 수단(예를 들면, 핵확산의 위험이 적은 재처리 방법 등)을 확립해야 한다. (3) 원자력의 평화이용에 관한 개발도상국의 수요를 충족시키기 위해 효과적인 조치를 취하는 것이 가능하며, 또 취해야 한다.

일본에서는 INFCE에 대응하기 위해 원자력위원회의 '원자력 국제문제 등 간담회'를 중심으로 한 관민일체 협력체제가 만들어졌다. 일

---

94) INFCE 최종보고의 요약과 개요 및 총회의 최종성명서는 日本原子力産業会議, 『原子力資料』 No.118(1980), 1~44쪽.
95) 보장조치란 핵물질이 평화적 원자력 활동에서 벗어나 핵무기나 그 외의 핵폭발 장치의 제조를 위해, 또는 불분명한 목적을 위해 전용되는 것을 탐지하는 등의 전용을 억제하는 조치이다.
96) 핵물질 방호란 핵물질에 대한 방해나 파괴 행위를 미연에 방지하기 위한 조치를 말한다.

본은 (1) 원자력은 석유대체 에너지의 중심축이다 (2) 고속증식로에서의 플루토늄 이용을 기본노선으로 하고, 실용화까지는 경수로와 신형전환로에서 플루토늄 리사이클을 추진한다 (3) 원자력의 평화이용과 국제적인 핵 비확산정책과의 양립을 도모한다 등을 기본 목표로 하여 대응하였다.[97] 일본의 대응 목표는 INFCE 작업부회에서 대부분 받아들여져 INFCE의 결론에도 포함되게 되었다. 미국은 유라톰과 일본 등의 원자력 선진국, 한국 등의 개발도상국의 재처리나 플루토늄 이용노선에 효과적으로 대응하는 것에 실패하였고, 이들 국가들의 플루토늄 이용노선을 인정하게 되었다.

INFCE에 대한 미국과 일본의 평가에는 뉘앙스의 차이가 있다. 제럴드 스미스(Gerard Smith)[98] 미국 대표는 "핵연료의 사용후 폐기를 위한 사용후 핵연료의 장기저장이 기술적으로 가능하다고 인정받게 된 것은 높게 평가한다"고 강조했다.[99] 하지만, 카터 정권의 원자력 정책이 재처리의 무기한 연기였던 것을 생각하면, INFCE의 결론이 미국의 의도를 만족시킨 것은 아니었다. 그러나 미국은 INFCE를 통해 핵확산의 정의를 확대하고, 새로운 정의를 세계적으로 정착시키는 것에는 성공하였다. 핵확산은 지금까지의 수평적 핵확산과 수직적 핵확산에 더해, '민감한 핵물질, 시설 및 기술의 수평적 확산'도 포함하는 개념이 되었고, 이러한 새로운 개념은 미국의 핵 비확산법에 도입되었다.

이러한 성과에 대해, 프랑스, 독일, 일본 등은 원자력의 평화이용

---

[97] INFCE에서의 일본의 대응전략은 田宮茂文, 『80年代原子力開発の新戦略』, 89~121쪽 참고.
[98] 1977년 미일 재처리 교섭의 미국 측 담당대사였던 제럴드 스미스 대표는 INFCE의 미국 대표도 맡았다.
[99] 미국은 사용후 핵연료를 국제저장시설에 장기적으로 보관하게 하여, 재처리나 플루토늄 이용의 조기 도입을 조금이라도 늦추려고 하는 계획을 가지고 있었으며, INFCE에서 기술적 가능성이 인정하였다. 『原子力年鑑』, 1980年版, 3쪽.

과 핵 비확산의 양립이 인정되었으며, 각국의 원자력 계획을 크게 변경하지 않아도 되는 점 등을 높게 평가했다. INFCE에서의 최대 쟁점은 플루토늄 이용정책에 대한 논쟁이었지만, 최종 공동성명서에서는 이에 대한 명확한 결론을 피했다. 그러나 실질적으로는 유라톰과 일본이 추진하고 있는 플루토늄 이용정책을 미국이 용인하는 결과가 되었다고 할 수 있다. INFCE의 최종 보고서는 조약과 같이 참가국을 구속하는 것은 아니었다. 각국의 이해와 정책의 차이로부터 발생하는 핵연료 사이클에 관한 문제를 조정하기 위해, 양국 간 혹은 다자간 협의를 계속하기로 하였다.[100]

INFCE가 활동을 시작한 직후인 1978년 3월, 미 의회는 핵 비확산법을 통과시켰다. 이 법은 원자력의 평화적 이용을 위한 국제협력을 증진시킴과 동시에, 미국의 핵물질, 원자력 관련 자재, 기술 등의 수출에 대한 효과적인 통제를 통해 핵 비확산을 강화하기 위한 국내법이다. 또한 핵 비확산법은 미국과 원자력협정을 체결하고 있는 국가에 미국의 강화된 핵 비확산정책을 수용하도록 대통령과 행정부에 의무를 부과하는 법이기도 하다. 즉 이 법은 미국산 핵물질의 재처리, 제3국으로 이전 등에 관한 기준과 수속을 확립하고, 미국은 관계국가와 체결하고 있는 원자력협정을 재검토하고, 핵 비확산을 위한 엄격한 규제를 부과할 것을 요구하고 있다. 예를 들면 (1) 완전한(Full Scope) 보장조치[101] (2) 미국이 공급하는 핵물질 및 시설에 대해 충분한 방호조치 (3) 핵물질, 시설에 대해서 핵 폭발물에 운용하지 않는다는 정부보증의 요구 (4) 핵물질 이전과 재처리에 대한 사전승인

---

100) INFCE 이후 핵연료 사이클에 대한 다국 간 협의가 진행되지는 않았으며, 미일 원자력 교섭과 같은 2국 간 교섭에서 논의되어 협정에 포함되는 형태가 일반적이었다.
101) Full Scope 보장조치란 미국과 원자력협정을 맺고 있는 모든 국가의 모든 원자력 활동을 보장조치 하에 둔다는 것이다.

권한(prior approval rights)의 보유 등이다.

〈표 2-5〉 미일의 핵 비확산정책과 INFCE의 결과

항목	미국의 정책	일본의 정책	INFCE의 결과
재처리	상업적 재처리는 기한을 정하지 않고 연기	필요한 Pu을 분리하여 이용하기 위한 재처리는 필요	핵확산, 경제성, 환경안전의 관점에서 재처리를 진행하는 핵연료 사이클과 진행하지 않는 핵연료 사이클이 큰 차이는 없으며, 재처리를 부정하지 않음
Pu의 경수로 사용	Pu의 경수로 사용은 기한을 정하지 않고 연기	우라늄 자원이 없기 때문에 자원을 절약하기 위해서 Pu을 경수로 등에 사용할 필요가 있음	Pu의 경수로 사용은 경제적으로 큰 장점은 없지만, 에너지자립과 공급보장이란 점에서 큰 역할을 한다고 생각하는 나라도 있음
FBR	FBR 개발계획의 변경과 상업화 연기	우라늄 자원을 최대한 유효하게 이용하기 위해서 FBR은 필요불가결	FBR이 원자력시스템에 채용되면 우라늄 자원의 제약은 거의 없어짐. FBR은 다른 시스템에 비해 핵확산의 위험이 크게 다르지 않음
우라늄 농축	농축시설은 가능한 한 줄여야 함. 기존 시설의 확장이나 신규 시설 건설은 다국 간 관리가 필요	당분간은 미국에 의존하지만 에너지 자립, 공급보장이란 점에서 상업시설을 건설하고, 국내수요의 일부를 조달	농축시설의 수의 제한과 농축능력 확대 등을 수요에 맞춰 하는 것이 핵비확산상 바람직함. 자금, 기술력 등의 관점에서 대규모 원전국, 대자원국만이 자국에 농축시설을 건설할 수 있음

pu: 플루토늄
출처: 科学技術庁原子力局, 『原子力ポケットブック』(1995年版), 57쪽을 토대로 작성.

    핵 비확산법의 성립 후 미 행정부는 1978년 9월 유라톰 9개국에 원자력협정 개정을 위한 교섭을 요청하였다. 그러나 유라톰은 미국 국내법에 의한 국제협정 개정 요구에는 응할 수 없다며 교섭을 거부했다. 유라톰 국가는 미국의 핵확산 방지에 대한 입장은 이해하지만, 재처리, 재이전, 고농축 우라늄[102] 저장의 사전동의 등에서 미국이 통제를 강화하는 것에 대해 반발했다.[103] 유라톰은 INFCE의 검토 작

---

102) 고농축 우라늄이란 우라늄 235의 농축도가 20% 이상이 되도록 농축된 우라늄을 말한다.
103) 미·유라톰 협정에서는 사용후 핵연료를 미국에 돌려주도록 되어 있고, 재처리

업이 행해지고 있는 시점에서 협정 개정에는 응할 수 없다고 주장했다. 미 행정부는 일본 정부에 대해서도 미일 원자력협정 개정을 요구했으며, 이것이 10년에 걸친 미일 원자력 교섭의 출발점이었다.

2) 레이건 정권의 대외 원자력정책

레이건 정부의 탄생(1981년)은 카터 정권의 재처리 등에 대한 규제 완화를 의미하는 것이었다. 물론 핵 비확산정책은 그대로 유지되었으며, 대외 원자력정책에서도 재처리, 우라늄 농축 등에 관한 엄격한 규제는 유지되었다. 그러나 국내 원자력정책에서는 의회나 시민사회의 플루토늄 이용 반대에도 불구하고, 플루토늄 이용이 장래의 에너지 문제 해결에서 중요하다고 판단했다.[104] 레이건 정부는 최우선 정책 이슈로서 핵 비확산 문제가 아니라, 미일 관계 특히 경제마찰 문제에 중점을 두고 있었다. 또한 일본과 독일에 대해서 "양국은 선진적 원자력 프로그램을 가지고 있으며 핵확산의 위험이 없다"며, 카터 정권이 억압해온 양국의 원자력의 평화이용 계획을 기본적으로 인정하고, 제한하려 하지 않았다.

레이건 대통령은 카터 정권에서 중단한 고속증식로의 개발 재개를 제안한 것에 이어, 핵 비확산과 원자력의 평화이용을 위한 협력에 관한 성명을 발표하였다. 이 성명은 핵 비확산정책은 미국의 외교정책 및 국가안전보장정책의 기본이며, 원자력의 평화적 이용을 위한 협력과 미국의 신뢰 회복을 위해 노력을 앞으로도 계속해 나간다는 것이었다.[105] 카터 정권의 엄격한 핵 비확산정책에 의해 손상된 유

에 대한 사전동의 규정도 없기 때문에 미국은 사전동의 규정을 포함한 현행협정의 개정을 요구한 것이다.
104) D. Dickson 著, 里深文彦 訳, 『戦後アメリカと科学政策』 참고.
105) White House, "United States Non-proliferation and Peaceful Nuclear Cooperation

라톰이나 일본과 같은 원자력 우호국과의 신뢰를 회복하는 것은 미국의 중요한 과제였다.

레이건의 성명은 핵 비확산 노력은 앞으로도 지속해 나가지만, 선진적 원자력 프로그램을 가지고 있으며 핵확산의 위험이 없는 국가의 민간 재처리, 고속증식로 개발을 금지, 억제할 의도가 없다는 것을 명확히 했다. 즉 일본과 유라톰의 재처리, 플루토늄의 이용 및 수송 등에 요구되는 미국의 사전동의를 장기적인 사전승인(advanced, long-term consent)의 형태로 제공하겠다고 밝혔다. 이는 미국이 요구하는 일정 조건을 만족시키면 일괄해서 사전에 장기적인 동의를 부여하겠다는 것이다. 그러나 일본 정부에 전달된 미 정부의 정책자료에는 포괄동의를 부여하는 조건으로 원자력협정의 개정이 전제되어 있었다. 무조건적인 규제완화가 아닌 조건부 완화였던 것이다.[106]

같은 해 10월 레이건 대통령은 상업용 재처리, 고속증식로 개발 등에 대한 금지를 해제하는 등의 미국의 원자력 개발 추진에 관한 성명을 발표했다. 레이건 정권의 발족과 동시에 행해진 미국의 정책 전환에 대해서, 국무성은 카터 정권이 취한 사안별(case by case) 승인으로 일본이나 유라톰과의 원자력 우호관계에 마찰이 발생했다고 판단하고, 핵 비확산 강화를 위해서는 우호관계를 회복하는 것이 필요하다고 판단했기 때문이다.[107] 1982년 6월, 미 행정부는 포괄적 사전동의 방식의 도입을 포함한 재처리, 플루토늄 이용정책을 정식으로 결정했다. 이 정책은 핵 비확산법에 의한 협정 개정 교섭을 거부하고 있는 일본과 유라톰을 설득하기 위한 것이며, 카터 정권 이래

Policy", July 16, 1981.
106) 石川欽也, 『証言 原子力政策の光と影』, 133쪽.
107) Department of State, "Letter to the James A. McClure, Chairman of Committee on Energy and Natural Resources, US Senate", Aug. 26, 1982.

악화되어 온 원자력 관계국과의 관계 개선을 위한 것이기도 하였다.

이러한 레이건 정권의 대외 원자력정책과는 대조적으로 국내 원자력정책은 환영 받지 못한 면도 많았다. 즉 레이건 정권은 군사용 원자력은 강화했지만, 군사 관련 연구를 제외한 원자력 연구개발비(R&D)와 에너지성의 예산을 삭감했으며, 더 나아가 에너지성 폐지 계획까지 발표했다. 그러나 핵 비확산법 성립에 따른 의회의 견제는 여전히 강했기 때문에 핵 비확산에 대한 미 행정부의 기본적 입장에는 카터 행정부와 큰 차이는 없었다. 즉, 국제적인 핵확산을 방지하고 미국이 핵 비확산의 선두에 서는 것은 미 정부의 가장 중요한 외교정책상의 목표였다.

지금까지 살펴본 미국의 원자력정책의 전개에 대해서 간략하게 정리해둔다. 미국은 원자력의 평화적 이용을 각국에 장려하고 적극적으로 지원해왔다. 미일 원자력 교섭에서 쟁점이 된 재처리시설의 건설이나 플루토늄 이용을 일본에 권유한 것도 미국이었다. 그러나 인도의 핵실험 등 핵확산에 의해 미국은 핵 비확산정책을 강화했다. 카터 정권의 탄생과 핵 비확산법의 성립은 미국의 핵 비확산정책을 강화시켰다. 카터 정권은 원자력의 평화적 이용을 억압하면서까지 핵 비확산에 철저했고, 원자력 협력국인 일본이나 유라톰과의 마찰이나 대립을 발생시키기도 했다. 카터 정권이 핵 비확산을 세계적으로 논의하기 위해 제안한 INFCE는 2년여의 작업 후 결론에 도달했다. 그러나 INFCE의 결론은 재처리나 플루토늄 이용을 제한하려고 했던 미국의 의도와는 반대로, 유라톰이나 일본의 재처리에 따른 플루토늄 이용의 정당성을 국제적으로 인정하는 결과가 되었다. 즉 INFCE의 결론은 카터 정권의 핵 비확산 레짐 강화정책에 손상을 주었다고 할 수 있다.

레이건 정권 출범 이후 미국의 대외 원자력정책은 부분적으로 변화했다. 레이건 정권은 카터 정권과 마찬가지로 핵 비확산 레짐 강화에는 적극적으로 나섰지만, 독일, 일본 등 원자력 선진국의 재처리 및 플루토늄 이용에 대해서 묵인하는 자세였다. 레이건 정권에게 핵 비확산 레짐의 강화와 마찬가지로, 서방 선진국과의 우호관계의 유지나 미국의 경제 회복도 중요한 과제였기 때문이다. 그러나 미 의회에서는 야당인 민주당을 중심으로 하는 핵 비확산 레짐 강화의 분위기가 여전히 강했고, 핵 비확산 강화 관련 법안이 제출되었다. 재처리 문제 해결을 위해 미국과의 원자력 교섭을 피해왔던 일본에게 미 행정부보다 미 의회 쪽이 관심의 초점이었다.

3. 일본의 2국 간 원자력협정

2국 간 원자력협정은 공급국(수출국)의 수입국에 대한 규제권을 규정하고 있다. 경우에 따라서는 하나의 핵물질에 대해, 2, 3개국의 규제권이 중복하는 경우도 있다. 일본의 2국 간 협정을 개별적으로 살펴보기 전에 원자력협정의 내용을 구성하는 핵물질에 대한 규제권을 이해할 필요가 있다.

일본은 핵연료의 대부분을 외국에서 수입하고 있다. 일본은 천연 우라늄을 캐나다, 영국, 호주, 남아프리카공화국 등에서 수입하고 있으며, 따라서 캐나다나 호주 등의 천연 우라늄 수출국은 자국산 천연 우라늄에 대한 규제권을 갖는다. 천연 우라늄 및 천연 우라늄에서 파생하는 핵물질의 농축, 재처리, 제3국에의 이전 등에 대한 사전동의권을 갖는 것이다. 또한 일본이 사용하고 있는 원자로는 대부분이 미국산 경수로로서, 천연 우라늄을 연료로 사용하지 않기 때문에 구입한 천연 우라늄을 미국이나 프랑스에서 3%정도로 농축하여 수입하고 있다. 따라서 미국과 프랑스와 같이 농축역무를 제공하고 있는 국가는 우라늄 연료의 농축국으로서 대일 규제권을 갖는다.

다음으로 원자력발전소에서 사용한 사용후 핵연료를 영국이나 프랑스에서 재처리할 때, 재처리로 얻어지는 플루토늄에 대한 영국이나 프랑스의 규제권이 더해진다. 이렇게 하나의 핵연료에 대해서 2개국 혹은 3개국의 규제권이 중복되면서 복수 국가의 사전동의, 혹은 허가를 받아야하는 구조가 된다. 따라서 지금까지의 개별적 사전동의 대신, 일괄하여 장기간에 걸쳐 사전 동의를 받을 수 있는 포괄동의 제도를 도입하는 것은 핵연료의 수입국에게는 복잡한 수속을 간략하게 하여 원활한 원자력 운용을 가능하게 하는 것이 된다.

그러나 대일 규제권을 갖는 복수의 국가 사이에서 이해 충돌이 일어나 1개국이라도 반대하면 일본의 핵연료 사이클에 지장을 초래할 우려가 있다. 원자력협정에서는 미국에서 농축한 우라늄이 아니더라도 그것을 미국산 원자로 혹은 미국기술로 만들어진 원자로에서 사용하면, 그 핵물질도 미국의 규제대상이 된다(〈그림 2-2〉, 〈표 2-6〉 참고).

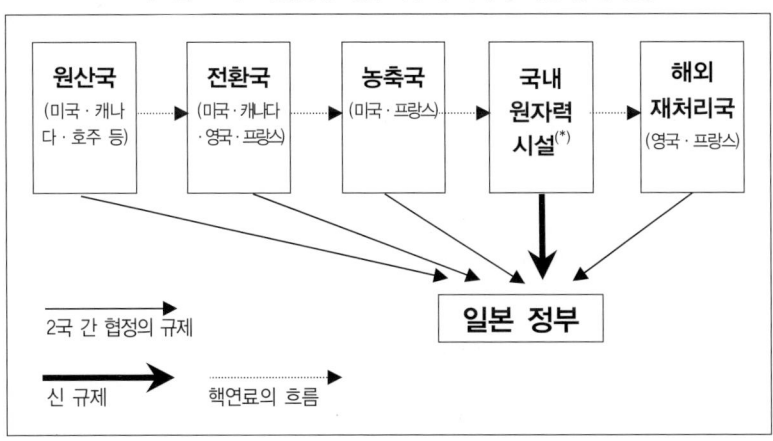

〈그림 2-2〉 핵물질에 대한 복수의 국가에 의한 규제 상황

(*) 일본에 있는 미국적 원자로에서 만들어진 플루토늄 및 관련시설에서 추출 또는 보관되고 있는 플루토늄에 대해서 미국이 규제권을 가짐.

〈표 2-6〉 일본에 있는 핵연료 물질의 국적 구분별 보유량(1997년 12월 31일 현재)

핵물질* 국적**	천연 우라늄 kg (%)	열화우라늄 kg (%)	농축 우라늄 kg(%)		플루토늄 kg (%)
			U	U-235	
미국	184,847 (9.5)	1,628,976 (20.9)	9,304,443 (80.1)	223,661 (45.4)	46,832 (42.2)
이탈리아	233,752 (12.0)	239,726 (3.07)	1,610,944 (13.9)	37,856 (7.7)	9,188 (8.3)
프랑스	568,837 (29.2)	2,916,874 (37.3)	3,757,262 (32.4)	79,574 (16.2)	23,621 (21.3)
캐나다	86,080 (32.3)	1,993,293 (25.6)	4,045,043 (34.8)	91,521 (18.6)	22,249 (20.1)
호주	86,080 (4.4)	451,258 (5.7)	1,971,583 (17.0)	52,505 (10.7)	8,866 (8.0)
IAEA	632 (0.03)	2,110 (2.7)	0	0	1
기타	243,310 (12.5)	579,586 (7.4)	218,350 (1.9)	7,513 (1.5)	107 (0.1)

(*) 핵연료 물질의 구분은 일본의 원자력기본법 등에 의한 것이며 물리적, 화학적 상태와 관계없이 합계 량을 기재하고 있다.
(**) 국가 간 원자력협정의 대상이 되는 양을 계상. 복수국적의 경우는 각각의 국적 구분을 중복하여 계상.
출처: 原子力委員会『原子力白書』1999年版을 근거로 작성.

일본이 원자력협정(핵물질, 설비 및 시설 공급 등을 협력의 범위로 포함하고 있는 협정)을 체결하고 있는 국가는 〈표 2-7〉의 6개국이다. 6개국 이외에도 구 소련, 한국, 이탈리아, 독일 및 스웨덴과 원자력의 평화적 이용협력 협정을 체결하고 있다. 그러나 이들 국가들과의 협정에서는 핵물질, 설비 및 시설 제공 등은 협력의 범위에 포함되어 있지 않기 때문에, 상기 6개국과의 협정과는 성격이 다르다.[108]

---

108) 구 소련(이하 소련)과의 원자력의 평화이용에 관한 협력은 1973년에 서명된 과학기술협정 하에서 진행되어 왔지만, 1986년의 체르노빌 원자력발전소 사고 이후 원자력 활동의 안전성 확보를 위해 협정을 체결하는 것에 합의하여 1991년 소련과의 원자력협정이 체결되었다. 한국과는 1990년에 원자력의 평화이용 분야에서의 협력에 관한 서신 교환이 이뤄졌다. 이탈리아와 스웨덴과의 교환공문(양쪽 모두 1973년)에서는 원자력의 평화이용에 관한 상호협력을 강화하기 위해 정보 교환, 전문가 교환, 연구자 및 기술자 훈련, 그 외 원자력의 평화적 이용을

일본이 원자력협정을 체결하고 있는 미국 이외의 국가와의 원자력협정은 미일 원자력협정에 직·간접적으로 연관되어 있다. 따라서 이들 국가들과의 원자력협정을 이해하는 것은 미일 원자력 교섭을 분석하기 위해서도 중요하다.

먼저 일본이 맺고 있는 미국 이외의 국가와의 2국 간 원자력협정을 비교, 분석한다. 미국 이외에 일본이 원자력협정을 맺고 있는 나라는 영국, 캐나다, 호주, 프랑스와 중국이다. 특히, 캐나다와 호주와의 협정은 미국과의 협정 개정 전에 포괄적 사전동의 방식이 도입되었다.

미국 이외의 국가 중에서 일본이 최초로 원자력협정을 체결한 나라는 영국이다. 영국과의 협정은 미국과의 협정(연구협정이 아닌 일반협정)과 거의 같은 시기에 서명되었으며(미일 원자력연구협정은 1955년, 일반협정은 1958년) 협정 내용도 유사한 점이 많다. 1958년 일본은 동력로 도입을 위해 미국, 영국과 동시에 교섭하여, 같은 해 6월에 영일 원자력일반협정이 조인되었다.[109] 영국이 개발한 가스냉각로의 도입 외에도 원자로의 설계 및 건설, 운전 등에 관한 기술원조, 연료 구입, 사용후 핵연료의 재처리 등이 협정의 주요한 내용이다. 영일 협정에서는 반환 플루토늄의 평화이용을 협정에서 보증하고, 또 일본이 필요로 할 경우 일본에 처분권을 인정하는 점 등이 미일 협정과의 차이점이다.[110]

1968년에 미일 구 협정이 조인된 후 영국과도 개정 교섭을 진행하

촉진한다고 규정하고 있다.
[109] 1958년에 체결된 영일 원자력일반협정은 동력로 도입을 위한 협정이며, 1968년 협정과 구별하기 위해 동력협정이라고 불린다. 정식 명칭은 원자력의 평화적 이용에 관한 협력을 위한 일본국 정부와 그레이트 브리튼(Great Britain) 및 북부 아일랜드연합 왕국 정부와의 협정.
[110] 미국은 일본에서 반환된 플루토늄의 평화이용 규정을 협정 본문에서 보증하지 않았다. 또한 일본의 플루토늄 처분권도 일절 인정하지 않았다.

여 현행의 영일 원자력협정이 조인되었다.[111] 구 협정은 일본이 영국으로부터 원자로 등의 공급을 받는 입장이 반영되어 몇 가지 규제가 걸려있었기 때문에, 구 협정의 유효기간 만료에 따라 개정되었다. 현행 영일 협정에는 정보의 제공 및 교환, 핵물질·설비·시설 등의 제공, 재처리 등의 역무 제공 등이 협력의 주된 범위로 되어 있다.

미일, 영일 협정에 이어 원자력협정을 체결한 캐나다는 미국과 같은 천연 우라늄 대량 생산국이다. 1959년 7월에 조인된 캐일 원자력 협정은 주로 천연 우라늄을 수입하기 위한 협정이다. 캐일 협정은 10년간의 유효기간이 경과한 후에도 원만하게 자동 연장되어 왔다. 그러나 1974년 캐나다가 핵물질 수출에 대해 규제를 강화하는 정책을 표명하고, 공급국의 규제권을 강화하는 방향으로 협정을 개정할 것을 제안했다. 캐나다의 요구는 캐나다산 우라늄에 대해 더 엄격한 보장조치가 적용되어, 수입국에 캐나다산 우라늄이 존재하는 한 협정의 유효기간이 끝나도 IAEA의 보장조치가 계속되어야 한다는 것이었다.

캐나다가 이러한 신정책을 표명한 것은 인도의 핵실험에 사용된 플루토늄이 인도가 캐나다로부터 수입한 원자로에서 만들었기 때문이었다. 이러한 제안으로 협의가 진행되었지만, 캐나다의 의향대로 교섭이 진척되지 않고 교섭은 결렬되었다. 당시 캐나다는 교섭 결렬을 이유로 우라늄의 제공을 일시 정지했다. 캐나다는 같은 이유로 유라톰 및 스위스에 대해서도 같은 조치를 취하여, 1977년 12월 유라톰은 캐나다의 제안을 받아들여 캐나다와의 협정을 개정하고 우라늄 수출금지는 해제되었다. 일본과 캐나다와의 교섭도 재개되어, 1978년 8월 캐일 원자력협정 개정의정서가 서명되었고, 1980년 8월 신 캐

---

111) 정식 명칭은 1958년 협정과 동일하다. 1968년 3월에 조인, 같은 해 10월 발효, 유효기간은 30년.

일 원자력협정이 조인되었다.[112]

신 협정에서는 현행 협정에 규정되어 있는 핵물질 및 원자로의 이전에 관한 사전동의권에 더해 농축, 재처리 등 민감한 핵기술(Sensitive Nuclear Technology)의 이전, 재처리 및 우라늄의 고농축, 플루토늄 및 고농축 우라늄 저장에 대한 사전동의권이 신설되었다. 또한 적절한 핵물질 방호조치의 적용, 원자력 이용은 평화 목적에 한정한다는 명시, 협력이 종료해도 협정 대상이 되는 핵물질 등이 존재하는 동안은 핵물질에 관한 평화 목적 사용의 의무는 효력이 존속되는 규정 등이 새롭게 규정되었다. 그 후, 핵물질의 재처리, 해외 이전, 플루토늄 저장, 회수 핵물질의 일본으로의 반환 등에 관한 사전동의를 탄력적으로 운용하기 위해 포괄적 사전동의 방식을 도입하기 위한 교섭이 행해졌다. 1983년 양국은 포괄적 사전동의 방식을 도입한 원자력협정의 실시약정에 합의하고, 협정에 추가하였다.

캐나다와의 협정에 포괄적 사전동의 제도를 도입하기로 결정한 것은 미일 교섭이 진행되고 있는 중이었다(최초의 포괄동의는 오스트리아와의 협정). 캐나다와의 교섭에서 협정을 개정하지 않고, 포괄동의를 실시약정으로 도입하는 것에 성공했고, 이는 미국의 협정 개정 요구에 대해서 협정 개정이 아닌 실시약정으로 대응하려고 한 일본의 교섭전략의 근거가 되었다.

원자력 실용화가 진전됨에 따라 원자력 국제협력 관계를 다각화할 필요가 있어 일본은 호주 및 프랑스와의 협정의 추진, 핵연료 공급원의 다각화 등을 모색하였다. 호주는 세계 3위의 우라늄 매장량을 가지고 있으며, 일본은 천연 우라늄의 약 10% 정도를 호주에서

---

[112] 정식 명칭은 원자력의 평화적 이용에 관한 협력을 위한 일본국 정부와 캐나다 정부와의 협정. 1978년 1월, 캐일 원자력협정 개정의정서가 가서명되었을 때, 캐나다는 캐나다산 천연 우라늄의 대일 공급 정지를 해제한다고 발표했다.

수입하고 있다. 1972년에 체결된 호일 원자력협정 역시 우라늄을 수입하기 위한 협정이었다(1972년 2월 조인, 같은 해 7월 발효, 유효기간은 25년, 자동연장). 그 후 1977년 호주 정부는 자국산 원자력 자재의 수출에 관한 신 보장조치 정책을 발표하였고, 이에 따라 새로운 협정을 체결하기 위한 교섭을 관계 각국에 제안했다. 신 보장조치 정책에 의해서 호주로부터 우라늄을 수입하기 위해서는 NPT 가입, 핵보유국은 핵폭발 목적으로 사용하지 않으며, 보장조치가 계속적으로 적용되는 조건이 신설되었으며, 이전, 재처리, 20% 이상의 농축에는 사전동의가 필요하게 되었다.

호주 정부의 요청으로 1978년에 예비협의에 이어 제1차 교섭이 진행되었지만, INFCE가 본격화되면서 교섭은 일시 중단되었다. 교섭은 1980년에 재개되어 1982년 3월 처음으로 포괄적 사전동의 제도를 도입한 신 호일 원자력협정이 조인되었다.[113] 신 협정에는 천연 우라늄의 공급 이외에도 원자력의 평화 목적 사용 규정, 핵물질 등 방호조치 강화, INFCE의 결론 반영 및 재처리에 대한 규제 등이 새롭게 추가되었다. 그리고 재처리 및 핵물질의 해외 이전의 경우의 장기적, 포괄적인 사전동의가 처음으로 협정에 반영되었다. 사전동의 대상도 이전, 재처리, 20% 이상의 우라늄 농축, 관련 정보 등으로 확대되었으며, 제3국 이전의 경우는 이전 후에 보고하도록 되었다.

신 협정에 의해 새로운 규제가 추가되었지만, 신 규제는 일본의 핵연료 사이클 계획을 제한하는 규제는 아니었다. 호일 협정은 캐일

---

113) 정식 명칭은 원자력의 평화적 이용에 관한 협력을 위한 일본국 정부와 호주 정부와의 협정. 호주는 일본 이외의 자국산 우라늄 수입국과도 교섭을 진행했고, 일본과의 협정과 거의 같은 내용의 협정을 체결하였다. 그 중에서 포괄적 사전 승인 방식을 적용한 것은 프랑스, 스웨덴, 유라톰 및 일본이었다. 신 호일 협정에 대해서는 中村圀夫,「日豪原子力新協定の意義とプログラム・アプローチ(Program Approach)」,『原子力工業』第28券, 第9号(1982年 9月), 47~53쪽.

협정과 다르게 협정 개정의 형태가 되었지만, 호일 협정에서도 포괄동의가 도입되었다. 호일 협정에서는 미일 협정과 마찬가지로 핵물질의 제3국으로의 이전, 재처리 등의 사전동의는 포괄화되었다. 그러나 호일 협정에서는 미일 협정과는 다르게 핵물질의 내용 및 형상 변경, 플루토늄 및 고농축 우라늄의 저장에 대해서는 규제하지 않았다.

포괄동의를 도입하여 협정을 개정한 호일 협정 및 실시약정 형태로 포괄동의를 도입한 캐일 협정은 미일 교섭, 특히 일본에 큰 영향을 미쳤다. 실시약정으로 포괄동의를 도입한 캐나다와의 교섭은 일본에게 미일 교섭에도 적용할 수 있는 좋은 모델로 생각되었다. 물론 캐일 교섭과 미일 교섭은 각각 다른 교섭이며, 교섭의 성격 차이도 있지만, 일본은 협정을 개정하지 않고 포괄동의를 획득한 긍정적인 전례로 이해하고 있었다.

캐일 협정이 개정된 것은 1980년 8월이며(실시약정 합의는 1983년 4월), 이때는 아직 포괄동의(또는 장기적 사전동의)라는 프로그램이 명확하게 확립되어 있지 않았다(미국이 장기적 사전승인을 검토하기 시작한 것은 레이건 정권의 출범 이후). 일본의 입장에서는 신 규제 도입이 예상되는 협정 개정보다 실시약정 형태로 포괄동의를 기존 협정에 도입하는 편이 유리했다. 호일 교섭이나 캐일 교섭의 경험으로부터 일본은 미일 교섭에서도 협정 개정보다 실시약정 형태로 기존의 미일 협정에 포괄동의를 도입하는 전략을 선택한 것이다.

〈표 2-7〉 일본이 체결한 2국 간 원자력협정 비교

		미일 협정	영일 협정	캐일 협정
발효일(유효기간)		1988. 7. 17 발효 (30년, 그 후는 6개월의 사전 통지 후 종료)	1968. 10. 15 발효 (30년)	1960. 7. 27 발효 1980. 9. 2 개정 (10년, 그 후는 6개월의 사전 통지 후 종료)
주요한 협력의 범위		① 전문가 교환 ② 정보의 제공·교환 ③ 핵물질·설비 제공 ④ 역무의 제공	① 정보의 제공·교환 ② 핵물질·설비·시설 제공 ③ 역무의 제공	① 정보의 제공 ② 핵물질·설비·시설 등 제공 ③ 설비·시설 사용 등 ④ 기술원조, 역무 제공
협력의 조건	평화목적	한정	한정	한정
	핵폭발 금지	금지	-	금지
	제3국 이전	사전동의(포괄동의)	사전동의	사전동의(포괄동의)
	재처리	사전동의(포괄동의)	-	사전동의(포괄동의)
	형상·내용 변경	사전동의(포괄동의)	-	-
	고농축	사전동의	-	사전동의
	저장	합의된 시설(포괄동의)	-	사전동의(포괄동의)
	규제하는 기술	민감한 기술은 이전하지 않음	-	재처리, 농축, 중수생산 기술, 중수감속기술(협의 후 공급국이 지정)
	사전통고제	채용	-	채용
	보장조치	IAEA와의 협정에 기초하여 보장조치	IAEA와의 협정에 기초하여 보장조치	IAEA와의 협정에 기초하여 보장조치
	핵물질 방호조치	런던 가이드라인에 따라 실시	-	런던 가이드라인에 따라 실시
	반환청구권	자재, 핵물질, 설비 등	특수핵분열성물질·연료	-
	규제권의 유효기간	적용 가능한 한 일정 규제 유효	-	양국 간에 별도의 합의가 있을 때까지 일정 규정이 유효

		호일 협정	프일 협정	중일 협정
발효일(유효기간)		1982. 8. 17 발효 (30년, 그 후는 6개월의 사전 통지 후 종료)	1972. 9. 22 발효 1990. 7. 19 개정 (45년, 그 후는 6개월의 사전 통지 후 종료)	1986. 7. 10 발효 (15년, 그 후는 6개월 전에 사전 통지를 하지 않는 한 자동적으로 5년씩 연장)
주요한 협력의 범위		① 전문가 교환 ② 정보의 제공·교환 ③ 핵물질·자재·설비 및 민감한 기술의 제공 ④ 역무 제공	① 전문가 교환 ② 정보 교환 ③ 핵물질·설비·민감한 기술 등의 제공 ④ 역무 제공 ⑤ 채광, 채굴 협력	① 전문가 교환 ② 정보 제공 ③ 핵물질·설비·시설 등 제공 ④ 역무 제공
협력의 조건	평화목적	한정	한정	한정
	핵폭발 금지	금지	금지	금지
	제3국 이전	사전동의(포괄동의)	(문서에 의한) 사전동의	사전동의
	재처리	조건부(포괄동의)	-	-
	형상·내용 변경	-	-	-
	고농축	합의하는 조건에 따라서 행함	-	-
	저장	-	-	-
	규제하는 기술	농축, 재처리, 중수생산 기술, 또는 그 외 기술(협의 후 공급국이 지정)	농축, 재처리, 중수생산 기술, 또는 그 외 기술(협의 후 공급국이 지정)	민감한 기술의 이전에는 별도의 결정이 필요
	사전통고제	채용	채용	채용
	보장조치	IAEA와의 협정에 기초한 보장조치	IAEA와의 협정에 기초한 보장조치	IAEA와의 협정에 기초한 보장조치
	핵물질 방호조치	런던 가이드라인에 따라 실시	런던 가이드라인에 따라 실시	런던 가이드라인에 따라 실시
	반환청구권	핵물질, 자재, 설비, 민감한 기술	특수핵분열성물질	-
	규제권의 유효기간	양국이 합의하는 경우를 제외하고, 일정 규정이 유효	필요하면 일정 규정이 유효	양국 간에 별도의 합의가 있을 때까지 일정 규정이 유효

출처: 日本原子力産業会議 編, 『原子力国際条約集』, 1~2쪽 표를 근거로 작성.

프일 원자력협정은 1972년에 체결되었다. 체결 이후 일본의 NPT 가입에 의한 IAEA와의 보장조치 협정의 체결, 프랑스의 IAEA 및 유라톰과의 보장조치 협정의 체결, 원자력자료 등의 이전에 관한 공급국 그룹의 방침인 런던 가이드라인114)의 작성 등, 핵 비확산을 위한 국제적인 움직임과 일본과 프랑스와의 원자력 개발이용의 실태를 협정에 반영하기 위해 협정을 개정하게 되었다. 보장조치에 관한 규정은 2국 간 협정의 핵심적인 조항이며, 또한 구 협정에서는 플루토늄의 이용이나 민감한 기술 등에 대한 규제가 없었기 때문이다.

1990년 협정 개정 의정서에 의해 개정된 프일 원자력협정115)은 호일 협정과 내용면에서는 거의 동일하다. 그러나 〈표 2-7〉에서 알 수 있듯이 평화 목적에의 한정, 핵물질 방호조치, IAEA의 보장조치, 민감한 기술에 관한 규정116) 등이 새롭게 도입되었다. 그러나 영일 협정과 마찬가지로 프일 협정에서도 재처리에 관한 규제는 존재하지 않았다. 그것은 영국과 프랑스 양국은 일본이 재처리를 위탁한 곳이기 때문이다. 즉 재처리를 위해 영국과 프랑스 이외의 국가에 사용 후 핵연료가 이전될 가능성이 없었기 때문이었다.

1985년 7월에 조인된 중일 원자력협정117)은 1983년 9월에 개최된 제3회 중일 각료회의에서 원자력의 평화이용 분야에서의 협력을 촉진하기 위해 정부 간 협의를 진행하기로 합의하여 협의가 진행되었

---

114) 런던 가이드라인의 상세한 내용은 日本原子力産業会議,『核不拡散ハンドブック』 1984年版, 18~21쪽.
115) 정식 명칭은 원자력의 평화적 이용에 관한 협력을 위한 일본국 정부와 프랑스 공화국 정부와의 협정.
116) 이 규정은 비폭발 목적의 이용, 관할 외 이전의 규제, 민감한 기술을 이용한 시설에서 얻은 핵물질에 대한 보장조치의 적용 및 핵물질 방호조치의 적용 등이 내용이다.
117) 정식 명칭은 원자력의 평화적 이용에 관한 협력을 위한 일본국 정부와 중화인민공화국 정부와의 협정. 협정의 유효기간은 15년, 그 후는 5년씩 자동 연장.

으며, 협정 체결에 이르렀다. 협정의 주된 내용은 (1) 전문가 및 정보의 교환, (2) 핵물질 등의 공급 및 역무의 제공, (3) 평화 목적에 한정, (4) IAEA 보장조치의 적용, (5) 핵물질의 관할 외 이전에는 적절한 방호조치를 취함, (6) 우라늄, 재처리, 중수제조를 위한 기술 및 플루토늄 이전 분야에서의 협력에 대해서는 개별 결정이 필요 등이다. 중일 협정은 핵무기 보유국인 중국과 IAEA의 보장조치 적용에 관한 규정을 포함하고 있으며, 이런 점에서 중일 협정의 의의는 크다고 할 수 있다.

신 미일 협정에는 협정 외 항목으로서 비밀자료[118]와 민감한 원자력 기술을 지정하고, 협정 하에서는 이전할 수 없다고 규정하고 있다(신 미일 협정 제2조 제1항). 비밀자료 중에 핵무기의 설계, 제조, 사용, 특수핵분열성 물질의 생산에 관한 자료가 지정되어 있는 것은 구 협정과 동일하지만, 신 협정에는 에너지 생산과정에 사용되는 특수핵분열성 물질에 관한 자료가 포함되어 있다. 즉, 핵연료 사이클에 관련된 자료가 미국이 비공개를 해제하지 않는 이상 비밀로 될 가능성이 높다.[119] 일본과 캐나다, 중국, 호주와의 협정에는 비밀자료의 지정이 없고, 민감한 원자력기술도 런던 가이드라인의 공표(1978년 1월) 이후에 2국 간 협정에 새롭게 마련된 규정이다. 민감한 기술의 이전 혹은 협력을 규정하고 있는 것은 캐일 협정(1980년 개정), 호일 협정(1982년 발효), 중일 협정(1986년 발효), 프일 협정(1990년 개정)이다. 영일 협정에는 민감한 기술에 대한 규정이 없고, 미일 협정에는 민감한 기술은 이전하지 않는다고 되어 있다.

---

118) 비밀자료는 핵무기의 설계, 제조 혹은 사용, 특수핵분열성 물질의 생산 또는 에너지 생산를 위한 특수핵분열성 물질 사용에 관한 자료를 말한다(신 미일 협정 제1조).
119) 市川富士夫, 「新日米原子力協定の意味するもの」, 『賃金と社会保障』 No.993(1988. 9-10), 31쪽.

캐일, 호일 협정의 개정으로 인한 일본의 핵연료 사이클 확립에 대한 새로운 규제 도입은 없었다. 오히려 재처리 및 재처리를 위한 해외 이전 등에 관한 사전동의를 완화하여, 일본의 핵연료 사이클 계획의 자립성을 높이는 결과가 되었다. 이는 캐나다와 호주 양국이 IAEA의 보장조치 이상의 규제를 요구하지 않았기 때문이다. 그러나 캐나다 및 호주로부터 구입한 우라늄의 대부분이 미국에서 농축되어 수입되는 상황에서, 미국이 재처리 및 플루토늄 이용에 대한 개별적 사전동의라는 엄격한 제한을 유지하고 있으면, 캐일, 호일 협정의 포괄적 사전동의는 무의미한 것이 되어버린다.

미일 협정에서는 사용후 핵연료를 해외로 이전할 때마다, 협정에 의한 사전승인을 미국에 요구하기 위해 'MB10'[120]이라는 허가신청이 필요하다. 그런데 일본이 사용후 핵연료를 재처리하기 위해서는 일본의 사용후 핵연료가 저장능력을 넘어 보관할 수 없다는 기술적 이유 외에, 일본이 핵 비확산을 위해 성실히 노력하는 것을 미국이 인정하는 정치적 이유가 충족되어야만 한다. 또한 'MB10'은 1건마다 의회의 승인이 필요하기 때문에, 일본이 미국의 사전동의를 포괄화하는 데 높은 관심을 가지는 것은 당연한 것이었다.

4. 핵 비확산 레짐(NPT/IAEA)과 일본

핵 비확산 레짐(NPT/IAEA)은 미일의 교섭 과정이나 양국의 정책결정에 영향을 미쳤으며, 교섭의 결과인 신 협정과도 긴밀한 관련을 갖고 있다. 미일 원자력 교섭에 미친 NPT와 IAEA의 구체적 영향은 제6

---

120) 재처리를 위해 사용후 핵연료를 해외로 이전할 때 필요한 서류로 「Material Balance 10」의 약자.

장에서 살펴볼 것이기 때문에, 여기서는 NPT 및 IAEA와 일본과의 관계에 대해서 살펴본다. NPT와 관련해서는 NPT 비준 시의 일본 정부의 정책과 국회에서의 비준 과정을 중심으로 정리한다. NPT 비준 시의 일본의 정책은 일본의 대외 원자력 교섭과 긴밀히 연관되고 있고, 또한 국회의 비준 과정에서는 핵 비확산 레짐에 대한 각 정당의 대응이 잘 드러나 있다. IAEA에 대해서는 IAEA의 보장조치를 중심으로 살펴본 후, NPT나 IAEA와 일본의 원자력정책 및 2국 간 협정과의 관계에 관해서 정리한다.

1) NPT

핵 비확산조약(NPT)은 핵보유국 수를 늘리지 않게 하여 핵전쟁의 가능성을 낮추기 위한 목적으로 핵 비확산, 원자력의 평화적 이용, 핵군축을 3개의 축으로 1970년에 발효된 국제조약이다.[121] 일본은 1970년에 서명, 1976년에 비준하였고, NPT에 근거한 전면적 보장조치를 수용하고 있다.

일본은 NPT 서명 시에 발표한 성명에서 (1) 핵보유국은 특별한 지위에 있으며, 핵보유국은 핵무기를 군비에서 철폐해야 하는 특별한 책임을 지고 있다 (2) 핵무기를 보유하면서 NPT에 가입하고 있지 않은 프랑스나 중국은 조속히 NPT에 가입하여 핵군축을 위한 교섭을 성실히 이행할 것 (3) 비핵보유국의 원자력 평화이용의 연구, 개발 등을 방해할 수 없다고 하여 군축, 안전보장 및 원자력의 평화이용에 관한 견해를 밝혔다.[122] 일본이 NPT에 가입할 때 가장 우려한 점은

---

[121] NPT 체약국은 185개국(1996년 11월 현재)이며, IAEA 가맹국 125개국(1996년 12월 현재) 중에서 NPT에 의거해서 IAEA와 전면적(Full Scope) 보장조치 협정을 체결하고 있는 국가는 108개국(1996년 11월 현재)이다.
[122] 핵 비확산조약 서명 당시의 일본국 정부 성명(1970년 2월 3일).

NPT 가입에 의해 일본의 원자력 이용에 제한이 가해지는 것이었으며, 정부 성명에서는 이 점에 대해서 6항목이나 되는 견해를 표명하고, 원자력 이용에 제한이 가해져서는 안 된다는 점을 강조했다.

행정부가 추진한 조인과는 다르게 NPT 비준 과정에는 많은 반대가 있었다. 일본 국회에서 원자력 관련 법안으로 가장 활발히 토론된 사안 중 하나가 NPT 비준일 것이다.[123] 1970년 2월에 서명된 NPT 조약이 일본 국회를 통과한 것은 1976년 5월이었다. NPT 조인은 심각한 국내 문제가 되지 않고 마무리되었지만, 조약 비준 과정에서 다양한 문제가 발생했다. 국민 여론은 물론, 자민당에서도 NPT 조약이 핵보유국에게 일방적으로 유리한 불평등조약이며, NPT 비준에 의해 일본의 원자력 이용에 제약이 가해질 위험성이 있다는 비판이 많았다. 핵보유국은 사찰 의무가 없으나, 비보유국인 일본의 원자력시설은 사찰 대상이 되어, 일본의 원자력 기술의 비밀이 지켜지지 않게 되어, 중요한 에너지산업인 원자력산업의 수출경쟁에 불리하게 작용한다는 것이었다. 예를 들면 NPT 가입에 따라 일본의 모든 핵 관련 시설이 IAEA의 사찰 대상이 될 경우, 일본이 독자적으로 개발한 신형전환로나 건설 예정의 고속증식로를 포함한 일본 원자로의 내부구조나 관련 기술이 공개될 우려가 있다는 것이다.

또한 NPT 비준에 의해 일본의 핵무장 선택권을 빼앗기는 것에 대한 반대도 적지 않았다.[124] 한편 사회당은 NPT가 일본의 핵무장을 방지하는 역할을 한다는 것은 인정하지만, 원자력 개발을 반대하기

---

[123] 일본의 NPT 비준에 관한 연구는 Cho Paul Byung-Chan, Japan's Ratification of the Nuclear Non-Proliferation Treaty(Ph. D. Dissertation)

[124] 자민당의 기타자와(北沢直吉) 전 외교조사회장은 『原子力産業新聞』과의 인터뷰에서 "서명 당시부터 당내에 신중론이 많았다. 비준 가능한 조건으로 비핵보유국의 안전보장의 확보가 중요하며, 충분하고 신중한 검토가 필요하다"며 비준 가능한 상황이 아니라고 하였다. 日本原子力産業会議, 『原子力はいま』 上, 400쪽.

때문에 기본적으로는 소극적 찬성이었다.125) 민사당은 사찰의 평등성이 확보되며 일본의 원자력 평화이용에 불이익이 되지 않는다면 찬성한다는 입장이었다. 공명당은 독자적인 핵군축 정책이 없는 정부의 입장에는 불만을 표명했지만, 원자력의 평화이용이라는 점에서 비준에 찬성하였다.126) 중의원 본회의에서 자민당 일부 의원과 NPT에 일관되게 반대하고 있던 공산당은 반대했지만, 비준안은 자민·사회·공명·민사 4당의 찬성 다수로 가결되었다. NPT 비준 과정에서 행정부, 특히 외무성은 정당 및 국회의원들에 대한 설명이나 사전 교섭에 상당한 시간을 빼앗겨 정상적인 업무 수행에 지장이 생길 정도였다. 원자력 문제를 국회에서 전면적으로 논의하는 것은 외무성을 비롯한 행정 담당자에게는 불편한 일이 아닐 수 없다. 미일 원자력 교섭 초기 단계에서 일본이 협정 개정이 아닌 실시약정 형태로 포괄동의만을 협정에 도입하려고 한 중요한 이유가 여기에 있다.

2) IAEA

국제원자력기구(IAEA)는 원자력 평화이용 추진을 목적으로 1957년에 설립된 국제기구로서, 원자력 평화이용에 관한 연구, 개발, 정보 교환이나 물자, 설비 제공, 개발도상국에 대한 기술원조 등을 담당하고 있다. IAEA의 가장 중요한 임무 중 하나는 핵 비확산에 관한 보장조치의 실시이다. IAEA의 사찰은 원래는 NPT와 관계없이 만들어진 것이었지만, NPT 발효에 따라 NPT에 가입한 비핵보유국은 IAEA의 보장조치를 수락하는 것이 의무화되었다.

IAEA의 보장조치는 원자력의 평화이용에 사용되는 핵물질이 핵무

---

125) 가와사키(川崎寬治) 사회당 전 외교방위위원장과 『原子力産業新聞』과의 인터뷰, 日本原子力産業会議, 『原子力はいま』 上, 401쪽.
126) 위와 같음.

기에 전용되지 않는 것을 실증하기 위한 것이다. IAEA 사찰에는 체약국 정부가 독자적으로 행하는 국내 사찰과 IAEA에 의한 국제 사찰이 실시되고 있다. 핵물질의 물리적 방호와 계량, 분석 등이 목적인 국내 사찰과 비교해서, 국제 사찰은 핵물질이 군사 이용에 전용되는 것을 조기에 발견하고 전용을 억제하기 위한 사찰이다. 국제 사찰에는 IAEA 체약국인 비핵보유국이 IAEA와 체결하는 전면적 보장조치(해당국의 평화적 원자력 활동에 관계된 모든 핵물질을 대상으로 한 보장조치)와 2국 간 원자력협정 등에 의거한 핵물질 혹은 원자력 기자재를 수령하는 NPT 비체약국이 IAEA와의 사이에서 체결하는 개별적 보장조치(2국 간에서 이전되는 핵물질 또는 원자력 기자재만을 대상으로 하는 보장조치)가 있다. 일본은 1977년에 IAEA와 보장조치 협정을 맺었으며, 2국 간 협정에 의거한 2국 간 보장조치는 미·일·IAEA가 3자간 협정을 체결하여 IAEA에 이관되었다.[127]

NPT와 함께 IAEA의 설립은 원자력의 국제적 관리의 기본 틀을 만들고, 핵연료와 핵물질에 대한 국제적인 보장조치 시스템을 확립하기 위해서였다. 그러나 실제로는 이 관리 시스템의 유효성은 자국의 핵기술에 대한 IAEA의 군사적 혹은 상업적 관리를 인정하는 것을 주저한 미국에 의해서 상당한 부분 무력화되었다. IAEA는 원자력 추진과 규제라는 이중의 책임을 떠맡게 되었으며, 그것은 지금도 IAEA 시스템에 내재하는 기본적인 결함이기도 하다.[128]

IAEA는 협정에 의거한 보장조치 실시의 강제 권한이 없고, IAEA의 보장조치 적용은 당사국이 신고한 핵물질, 원자력시설에 한정되어,

---

127) 1959년에 일본이 일본원자력연구소의 연구용 원자로(국산 1호로: JPR-3)의 가동을 위해 천연 우라늄을 캐나다로부터 IAEA를 경유해서 수입했을 때, 이 천연 우라늄에 대한 보장조치가 IAEA에 의한 보장조치 제1호였다.
128) D. Dickson著, 里深文彦訳, 『戦後アメリカと科学政策』, 228쪽.

신고 되지 않은 물질 및 시설에 대해서는 효과적인 보장조치가 적용되지 않는 문제가 있다.[129] IAEA의 사찰 기능 강화를 위해서는 사찰 및 검증 기술의 고도화, 특별 사찰의 강화, 핵보유국에 대한 보장조치 적용시스템의 개선, 핵확산의 우려가 있는 지역에 대한 중점적인 보장조치 활동, IAEA의 독자의 핵확산 정보수집시스템의 구축 등이 요구되고 있다.[130]

이외에 NPT/IAEA를 보조하는 것으로 국제수송 중의 핵물질 방호 및 핵물질에 관한 범죄행위의 처벌 의무 등을 규정하고 있는 '핵물질 방호조약', 비핵보유국에 대한 원자력 수출에 적용되는 원자력 공급국 그룹의 공동방침인 '런던 가이드라인(Guidelines for Nuclear Transfers)' 등이 있다. 런던 가이드라인은 핵물질, 설비 및 기술 수출에 관한 원자력 공급국의 가이드라인으로 1977년 합의되었다. 런던 가이드라인은 인도의 핵실험을 계기로 평화이용 목적의 수입 핵물질의 전용 방지가 핵 비확산의 주요한 수단이 된다는 인식에 의거하여, 1975년 4월부터 미국, 소련, 영국, 프랑스, 독일, 캐나다 및 일본의 7개국이 런던에서 협의한 결과로서 탄생했다.

런던 가이드라인은 원자력 기기나 기술 등에 관한 공동의 수출기준을 마련하기 위한 것이다. 1974년 헨리 키신저(Henry Kissinger) 미 국무장관이 요구하여 회합이 진행되어, 핵폭발물 제조에 전용할 수 있는 핵물질, 시설, 기기, 기술 등을 비핵보유국에 수출할 경우의 기술이전 공통기준을 정했다. 수입국이 (1) 핵폭발에 전용하지 않는다

---

[129] NPT 체약국이며 IAEA의 보장조치를 받아들인 이라크가 핵무기 개발을 진행한 (우라늄 농축, 플루토늄 분리, 개발) 것에서도 IAEA의 한계를 알 수 있다. IAEA의 효과적인 사찰과 핵확산 방지기능 강화를 위해서는 원자력이용 추진기관으로서 기능은 포기하고, 보장조치와 감시를 위한 기관이 되어야 한다는 견해도 많다.

[130] IAEA의 사찰의 구조나 문제점에 관해서는 今井隆吉, 『IAEA査察と核拡散』, 日刊工業新聞社, 1994, 64~90쪽 참고.

는 정부의 보증 (2) 적절한 핵물질 방호조치의 실시 (3) IAEA의 보장조치 적용 (4) 농축, 재처리, 중수 제조기술의 이전 규제 (5) 재이전 규제 등으로 이 조건들을 받아들이지 않으면 수출하지 못한다는 것이다.[131]

런던 가이드라인의 작성에는 독일, 프랑스 및 미국 등 원자력 선진국의 해외 진출도 원인의 하나가 되었다. 독일은 1975년에 NPT에 가입하지 않은 브라질과 핵연료 사이클 전반의 공급을 포함하는 협정을 체결했다. 프랑스도 1975년 한국에 소규모 재처리기술 수출 계약을 맺었으며, 1977년에는 파키스탄과 재처리시설 건설을 포함한 협정에 조인했다. 미국도 1976년 대립하고 있던 이스라엘과 이집트와 각각 원자력협정을 체결했다(이스라엘은 NPT 미가입, 이집트는 1981년에 가입).

이러한 움직임 속에서 등장한 카터 정권은 핵물질, 관련 시설 및 민감한 기술의 수출을 엄격하게 제한하는 정책을 취했다. 미국의 대외 원자력정책의 기본 틀이 된 핵 비확산법은 원료물질이나 특수핵분열성물질, 원자력 이용시설 및 민감한 기술 수출 등에서 수입국이 NPT 헌장 제3조 2항에 의해 요구되는 IAEA의 보장조치 적용을 수락하고, 또한 핵폭발 장치의 제조 및 연구개발에 전용하지 않는 것의 보장을 요건으로 하고 있다. 결국, 프랑스의 한국과의 계약은 미국의 압력으로 중지되었고, 파키스탄과의 협정도 미국의 압력에 의해서 프랑스가 재처리기술을 수출하지 않는 것으로 마무리되었다.

런던협의의 목적은 공동의 수출기준을 작성하는 것 외에도 다른

---

131) 런던 가이드라인은 인도의 핵실험, 캐나다의 핵관련 시설 제공 등에 의해 작성된 것이며, NPT와 달리 관련 시설도 대상으로 하는 점에 특징이 있다. 상세한 내용은 日本エネルギー法研究所, 『原子力施設・原子燃料の国際取引と安全保障』, 1995, 1~12쪽 참고.

목적이 있었다. 그것은 NPT에 가입하지 않고 활발히 원자력 수출을 하고 있는 프랑스를 협의에 참가시켜, 수출정책에 발을 맞추도록 하는 것이었다. 당초 참가를 거부하고 있던 프랑스를 협의에 끌어들인 것은 런던협의의 목적이 절반은 달성되었다고 할 수 있다.[132]

3) 핵 비확산 레짐과 일본

마지막으로 NPT, IAEA 등 핵 비확산 레짐이 일본의 국내·외 원자력정책 및 2국 간 원자력협정에 미치는 영향에 대해서 살펴본다. 제6장에서 미일 원자력 교섭의 교섭 과정 및 정책결정 과정에 대한 핵 비확산 레짐의 영향이나 상호작용을 분석하기 때문에, 여기서는 핵 비확산 레짐과 일본과의 역사적인 관계에 대해 언급한다.

일본이 IAEA와 보장조치 협정을 맺은 것은 NPT 가입 후인 1977년이었다. 다른 국가와 마찬가지로 일본도 IAEA와 보장조치 협정을 맺기 전에는 2국 간 원자력협정에 의해 수입한 핵물질 및 기자재 등에 대해 미국이나 영국 등 공급국에 의한 직접 사찰을 받고 있었다. 또한 공급국에 의한 직접 사찰과는 별도로 2국 간 협정에 규정되어 있

---

132) NPT, IAEA 외에도 지역적 비핵화조약이 있다. 중남미에서의 핵무기 금지에 관한 조약인 Treaty for the Prohibition of Nuclear Weapons in Latin America, 남태평양 지역 비핵화 조약인 South Pacific Nuclear Free Zone Treaty, 동남아시아 비핵무기지대 조약(SEANWFZ), 아프리카 비핵지대조약, 1959년 조인된 남극조약 등이 있다. 이 조약들은 핵무기 개발, 제조, 취득, 배치, 실험, 사용 등을 하지 않는 것 외에도 IAEA의 안전기준을 준수하고, 전면적인 보장조치를 받아들이는 것 등을 결정하였다. NPT도 이러한 지역적인 비핵화조약의 체결을 장려하고 있으며(제7조), 1995년의 NPT 연장회의 합의문서에서도 아직 비핵화조약이 성립하지 않은 지역에서 비핵화조약 체결을 촉진해야 한다고 권고하고 있다. 아시아 지역에서도 원자력 연구기발의 국제협력 및 원자력 이용, 관리를 위해 유라톰(EURATOM)과 같은 원자력 지역레짐 창설 제안이 잇따르고 있다. 예를 들면 보장조치 기준 강화나 사용후 핵연료 저장의 국제협력 등을 주된 기능으로 하는 PACATOM이나 ASIATOM 등 몇 가지 제안이 있었지만, 현재 구체적인 움직임은 없다.

는 IAEA에 의한 사찰(보장조치)을 받는 이중구조로 되어 있었다.

그러나 IAEA의 사찰은 해당국가에 있는 모든 핵물질, 관련 시설에 대한 사찰이 아닌 사찰을 받는 국가가 IAEA에 신고한 핵물질이나 시설에 제한되기 때문에, IAEA의 보장조치에 획기적인 변화를 초래한 것이 NPT 발효였다. NPT는 가맹국에 IAEA의 전면적 보장조치를 요구하고 있고, 사찰을 받는 국가에 존재하는 모든 핵물질이나 관련 시설의 사찰을 요구한다.[133]

일본이 NPT에 가입할 당시 일본 국내에서 문제시된 것도 모든 핵 관련 시설에 대한 사찰이었다. 일본에 있는 모든 핵물질 및 관련 시설에 대한 사찰에 의해 일본의 독자적인 원자로기술(예를 들면 신형 전환로에 관한 기술 및 시설 등)을 보호하는 것이 불가능해지기 때문이며, IAEA의 사찰에 의해 일본의 원자력 프로그램에 제한이 가해질 수 있다고 판단했기 때문이었다. 이러한 일본 정부의 자세는 NPT 비준 후의 2국 간 원자력 교섭에도 잘 나타나고 있다. 미국과의 교섭에서도 일본 정부는 NPT나 IAEA의 의무를 충실히 이행하고 있는데, 미국이 자국의 핵 비확산법에 따른 신 규제의 도입을 요구하는 것은 이치에 맞지 않는다고 미국의 협정 개정 요구에 응하지 않은 것도 같은 맥락이었다.

NPT의 발효와 NPT에 의거하여 IAEA와 보장조치 협정을 체결하는 것에 의해 2국 간 협정에 의거한 2국 간의 보장조치는 IAEA에 이관되어 IAEA의 전면적인 보장조치를 받게 되었다. 1977년 이후에 체결된(혹은 개정된) 일본의 2국 간 원자력협정에는 공급국 대신에 NPT에 의거한 IAEA의 사찰이 규정되게 되었다. NPT 가입과 IAEA에 의한 보장조치 적용 후 일본은 NPT나 IAEA에 의한 의무를 충실히 이행해

---

133) IAEA와 NPT의 사찰에 대해서는 日本エネルギー法研究所, 『原子力平和利用をめぐる国際協力の法形態』, 2000, 1~14쪽 참고.

왔다. 핵보유국인 미국이나 유럽의 원자력 선진국이 군사 관련 시설 등에 대해서 IAEA의 사찰을 받지 않는 등 전면적인 보장조치가 적용되지 않는 상황에서 일본은 IAEA의 보장조치를 집중적으로 받아들이는 국가였다. 또한 일본이 체결하고 있는 2국 간 원자력협정도 NPT나 IAEA의 이념이나 보장조치가 충실하게 반영되도록 개정되었다.

일본이 NPT나 IAEA에 규정되지 않은 교섭 상대국의 요구에 강하게 반발할 수 있었던 것도 핵 비확산에 대한 자신감과 핵 비확산 레짐 강화에 대한 일본의 공헌에 원인이 있다고 생각된다. 이러한 과정에서 핵확산의 위험이 있는 국가와 NPT나 IAEA의 핵 비확산정책에 가장 협조적인 나라인 일본을 구별하도록 요구하는 논리가 확립되어 갔다. 일본의 NPT 및 IAEA에 대한 공헌이나 자신감에 의해 캐일, 호일 협정에 포괄적 사전동의 방식을 도입하는 것이 가능해졌으며, 미국과의 협정에서도 포괄적 사전동의 방식이 도입되어야 한다고 일본이 주장한 배경이 되었다.

제6장에서 상세히 다루지만, NPT나 IAEA와 일본과의 긴밀한 관계가 일본의 원자력 교섭에서의 교섭 자세를 강화시키고, 교섭에서 자신의 선택지를 좁히는 데 기여했다고 할 수 있다. 즉, 미국이 요구해 온 핵 비확산을 위한 다양한 규제를 충실하게 이행해온 일본으로서는, NPT나 IAEA의 틀을 넘는 미국의 신 규제는 수용할 수 없다고 주장할 수 있는 배경이 된 것이다. 또한, 이러한 이유로 일본의 교섭자가 미국에 대해 일방적으로 양보하는 것은 불가능하다고 판단하고, 일본의 윈세트(정책선택지)를 좁게 유지하는 것이 가능했다고 생각된다.

제3장
협정 개정 교섭의 원점
: 재처리 교섭
(1977년 4월~8월)

3장 협정 개정 교섭의 원점
: 재처리 교섭(1977년 4월~8월)

1. 미일 원자력 관계와 구 미일 원자력협력협정

미일 재처리 교섭의 이해를 위해서 재처리 교섭의 출발점이 된 최초의 원자력협정(1955년) 및 1968년에 체결되어 1973년에 일부 개정된 구 원자력협력협정, 그리고 재처리 교섭 전까지의 미일 원자력 관계를 간략히 정리한다. 제2장의 기술과 다소 중복되는 부분이 있지만 재처리 교섭의 배경이 된 1977년까지의 미일 원자력 관계를 이해하기 위해서는 구 협정의 분석이 필요하다.

먼저 미일 원자력 관계를 살펴보자. 전후 미국은 일본의 원자력 프로그램을 적극적으로 지원해왔다. 일본 국내정치의 안정을 위해서 또한 서방의 정치, 경제적 결속을 위해서도 일본의 경제성장은 미국에게 중요했으며, 미국의 원자력 산업계에게도 일본은 기대되는 거대한 시장이었다. 미일 원자력협정의 원점은 농축 우라늄을 각국에 제공하여 세계적으로 원자력의 평화이용을 촉진한다는 아이젠하워 미 대통령의 '원자력의 평화이용 제안'이었다.

미국의 제안으로 1955년 연구용 원자로를 공급받기 위해 미일 원자력연구협정[134](이하 연구협정)이 조인되었다. 연구용 원자로의 제

---
134) 정식 명칭은 '원자력의 비군사적 이용에 관한 협력을 위한 일본국 정부와 아메

공, 20%로 농축한 우라늄 30kg(우라늄 235는 6kg)의 5년간 대여, 자료 및 정보의 공여, 사용후 핵연료는 재처리하지 않고 미국으로 반환하는 내용 등이 연구협정에 규정되었다. 최초의 협정부터 원자로나 핵연료를 비군사적으로만 이용할 것, 이를 위한 방호조치를 강구할 것, 이전된 원자력 자료 등은 제3국으로 이전하지 않을 것이 규정되어 있었다. 최초의 협정은 앞에서 언급했듯이 연구용 원자로의 제공 및 농축 우라늄의 대여가 주된 목적이어서 일본의 의무만이 규정되어 있었다. 일본은 원자로 및 우라늄의 도입을 위해서 미국의 규제를 그대로 수용하는 형식으로 협정을 맺었다. 1955년의 연구협정은 미일 간의 불평등한 원자력협정의 출발점이기도 했다.

연구협정 체결 후 발전로의 도입을 위해 미・영과 거의 동시에 교섭을 진행하여 1958년 미일, 영일 원자력 일반협정이 조인되었다.[135] 미일 일반협정[136] 체결로 미일의 원자력분야 협력이 본격적으로 시작되었다. 미일 일반협정으로 연구 및 동력시험, 발전용으로 우라늄 235의 공여가 결정되었으며, 영일 협정[137]으로 동력로 도입이 가능하게 되었다. 미일 일반협정에는 IAEA에 의한 보장조치의 적용, IAEA의 사찰이 실시되지 않은 시설 및 핵물질에 대해서는 미국에 의한 보장조치의 적용, 재처리는 미국 내의 시설 혹은 미국이 허용한 시설에서 진행, 사용후 핵연료는 형태, 내용 변경 금지, 핵물질의 평화적

리카합중국 정부 간의 협정'.
135) 미국과의 협정은 1955년에 체결된 원자력연구협정을 개정한 협정이며, 영국과의 협정은 이것이 최초의 원자력협정이었다. 미일 연구협정, 영일 협정의 상세에 대해서는 제2장 참고.
136) 정식 명칭은 1955년의 연구협정과 동일하며 협정의 유효기간은 10년. 1963년에 일반협정은 부분 개정되어 미국의 연구용 특수핵물질의 공급한도가 철폐되었다. 협정 전문은 『原子力委員会月報』 VOL.3, NO.6(1958年 6月), 3~17쪽.
137) 영일 협정은 원자로의 설계, 건설 및 운전에 관한 원조, 연료의 구입, 사용후 핵연료의 재처리 등이 주된 내용이다. 『原子力委員会月報』 VOL.3, NO.6(1958年 6月), 18~28쪽 참고.

이용 등이 규정되었다. 그러나 일반협정도 주로 저농축 우라늄을 수입하기 위한 협정이기 때문에 1955년의 연구협정과 같이 일본의 의무만이 일방적으로 규정되었다. 일반협정 체결교섭 당시, 일본은 미국에 반환할 사용후 핵연료가 미국의 핵무기에 사용되지 않는다는 보장을 미국에게 요청했다. 일본은 협정 본문 혹은 교섭공문 속에 그러한 보증을 명기할 것을 요구했지만, 결국 비공식 각서로 약속하는 것에 그쳤다. 또한 1955년의 연구협정과 달리 일본은 미국에 일본과 마찬가지의 의무를 질 것을 요구했지만, 협정 본체에 그것을 명기하는 단계에는 이르지 못했다. 1955년의 연구협정의 불평등한 조항이 그대로 존속되게 되었다.

일본이 미·영과 동시에 원자력협정을 체결한 것은 미국의 경수로와 영국의 콜다홀형 가스로 중 어느 것을 중점적으로 수입할지 미확정이기 때문이었다. 처음에 일본은 천연 우라늄을 연료로 하는 콜다홀형 가스로를 주력으로 할 예정이었다. 당시 도입할 원자로형을 검토하던 원자력위원회는 원폭을 투하한 미국에서 원자로를 도입하는 것에 일종의 저항이 있었다. 이런 이유로 원자력위원회는 영국으로부터 콜다홀형 가스로를 수입하는 것으로 정하고, 수입을 위해 ㈜일본원자력발전의 설립도 결정했다.

그러나 ㈜일본원자력발전이 발족하기 직전인 1958년 10월, 콜다홀형 가스로의 원형인 영국의 플루토늄 생산로에서 방사성 유출사고가 일어났다. 이 사고가 계기가 되어 콜다홀형 가스로의 안전성에 대한 의문과 내진 문제가 논란을 불러 1959년에는 공청회까지 열렸다. 공청회 후 원자력위원회는 콜다홀형 가스로의 안정성에 문제가 없다고 결론을 내렸지만, 전력회사는 경수로의 도입을 검토하기 시작했으며, 공청회를 거치면서 양국의 원자로를 일단 도입하여 시험운전을 해 보기로 결정되었다. 그러나 미국의 경수로가 전 세계에서 폭넓게 사용되고 있으며 운전실적도 많은 것 등이 중시되어, 농축 우라늄과 함께 미국 경수로의 도입이 1963년 원자력위원회에서 정식으로 결정되었다. 이 결정으로 도쿄전력과 츄부(中部)전력이 제너럴 일렉트릭(GE)의 비등수형 경수로(BWR)를, 간사이(關西)전력이 웨스팅 하우스(WH)의 가압수형 경수로(PWR)를 각각 구입했다.

한편 미국에서는 우라늄 농축이 1964년에 민영화되었다. 이에 따라 협정 개정이 추진되어 1968년 2월에 구 미일 원자력협력협정이 조인되었다. 이 협정은 핵연료 공급 확대를 위한 것으로, 161톤의 농축 우라늄과 연구용 플루토늄 365kg의 공급이 결정되었다. 또한 미일 양국의 특수핵물질의 민영화에 의해 민간이 특수핵물질의 구입의 당사자가 될 수 있도록 개선되었다. 이로서 종래와 같이 농축 우라늄을 임차하는 것이 아니라, 원료의 천연 우라늄을 일본이 구입하고 미국이 우라늄을 농축하는 농축역무계약을 맺게 되었다.

보장조치에 대해서는 미국에 의한 보장조치 대신에 IAEA에 의한 보장조치가 적용되는 것이 규정되었다. 또한 사용후 핵연료의 재처리를 일본의 시설에서도 할 수 있으며, 미국이 일본으로부터 입수한 원자력 관련 자재, 설비를 군사 목적에 사용하지 않는 것을 미국이 보증하는 등의 협정의 불평등성이 상대적으로 향상되었다. 그러나 이 개선은 1958년의 협정에 비교한 향상이어서 평등한 협정이 체결된 것은 아니었다. 협정문에는 플루토늄의 해외 이전 금지 등이 규정되어 있으나, 일본이 진 의무와 같은 의무를 미국이 지는 구조로는 되지 않았다. 그 후 1970년 미국의 원자력위원회가 미국의 우라늄 농축 부담을 경감하기 위해, 플루토늄을 원자로에서 재활용하는 계획을 가지고 있는 국가에게만 농축 우라늄을 공급한다고 발표했다. 이 때문에 일본은 미국의 계획에 맞춰 독자적인 우라늄 농축 및 재처리 기술의 개발을 시작했다. 구 핵연료개발사업단(動燃)이 도카이무라에 재처리시설의 건설을 시작한 것이 이때(1971년)였다.

이후 농축 우라늄을 안정적으로 확보하기 위해 1973년 협정을 일부 개정했다. 개정에 의해 농축 우라늄의 공급 범위가 335톤으로 확대되었으며, 플루토늄 공급량의 상한도 없어졌다. 이 개정에서 가장 중요한 점은 플루토늄의 국외이전 금지가 해제되어, 미국과 원자력협정을 체결하고 있는 국가로의 플루토늄 수출이 가능해졌다는 것이다. 지금까지는 사용후 핵연료의 재처리로 생산된 플루토늄을 일본이 제3국에 수출하는 것은 핵확산의 우려가 있다는 이유로 미일 협정에서 금지되어 있었다. 그것은 일본에서 사용되고 있는 우라늄의 9할 가까이를 미국에서 농축하여 수입하기 때문에, 그 우라늄으로부터 추출되는 플루토늄에 대한 규제권을 미국이 가지고 있었기 때문이다. 미국이 농축하여 일본이 소유한 우라늄에서 얻어진 플루토늄을 일본이 자유롭게 처분할 수 없었던 것이다.

협정 개정에 의해 일본은 플루토늄을 제3국으로 수출하는 것이 가능해졌지만, 그것은 미국과 원자력협정을 체결하고 있는 국가에 한정되었다. 이는 일본의 플루토늄을 수입하는 국가가 미국과 원자력협정을 체결하고 있다면, 미국이 직접 혹은 IAEA를 통해 플루토늄의 이용 상황을 파악할 수 있기 때문이다. 협정 개정에 의해 일본은 플루토늄의 처분권을 부분적으로 확보했지만, 자국의 재산인 플루토늄의 처분권이라는 일본의 권리를 완전히 회복한 것은 아니었다.[138]

1977년에 발표된 카터 정권의 핵 비확산정책과 1978년 성립된 핵 비확산법에 의해 일본에서 영국과 프랑스로의 사용후 핵연료의 해외

---

[138] 일본의 플루토늄(일본 국내 및 해외에서 추출된 것)이 해외로 수출된 실적은 지금까지 없다고 되어 있다. 그러나 장래에 수출할 가능성을 고려하고, 또한 일본의 재산인 일본 국적의 플루토늄에 대한 완전한 권리를 확보하는 것은 복수의 국가가 가지고 있는 플루토늄에 대한 규제권과는 별도로 중요한 사안인 것이다.

이전이 문제가 되었다. 미국은 상업용 재처리 반대라는 입장에서, 사용후 핵연료의 보관 장소가 부족하거나, 사용후 핵연료를 처리하는 다른 방법이 없는 경우에 한하여, 핵물질의 이전을 승인하도록 방침을 바꿨기 때문이다. 하지만 일본의 경우 미국의 신정책 발표 이전에 이미 영국과 프랑스와 장기 재처리계약[139]을 맺고 있어, 신정책에 따라 영국과 프랑스로의 사용후 핵연료의 이전이 허가되지 않을 경우, 일본은 계약 위반으로 막대한 경제적 손실을 입게 된다. 이를 배려하여 미국 정부는 1977년 재처리 교섭을 시작하기 전까지 일본에 대해서는 기존의 계약을 기반으로 하는 재처리요청은 승인하도록 정책을 유연하게 적용해왔다.

2. 교섭의 경위: 재처리 문제

미일 간에는 미국의 우라늄 농축역무의 제공 등의 협력을 주된 내용으로 하는 원자력협정이 1968년에 체결(1973년 일부 개정)되어 있었다. 미일 원자력협정의 역사를 정리하면 〈표 3-1〉과 같다.

---

[139] 전력회사 9사와 일본 원자력발전회사는 영국 핵연료공사(BNFL) 및 프랑스 핵연료회사(COGEMA)와 핵연료 4,600톤의 재처리 위탁계약을 맺고 있었다. 일본의 전력회사는 BNFL이나 COGEMA의 최대 고객이다. 예를 들면, 일본의 상업적 재처리 계약은 영국의 재처리시설인 THORP(British Thermal Oxide Reprocessing Plant)의 전체 계약의 약 40%를 점하고 있다(1993~2002년). THORP는 영국 핵연료공사가 건설한 상업용 재처리시설로 개량형 가스냉각로 및 경수로의 사용후 핵연료 처리를 목적으로 하여 1994년에 운전을 개시했다. 연간 처리 능력은 1,200 tu.

〈표 3-1〉 미일 원자력협정의 역사

연도	협정	중요사항
1955년	미일 원자력 연구협정	연구용 원자로의 공급, 농축 우라늄의 대여
1958년	미일 원자력 일반협정	저농축 우라늄의 공여
1968년	구 미일 원자력협력협정	핵연료 공급 틀 확대
1973년	협정의 일부 개정	연구용 플루토늄의 공급 농축 우라늄의 공급량 확대 플루토늄의 국외이전금지 해소
1988년	신 미일 원자력협력협정	신 규제 및 장기적 포괄동의제도의 도입

구 협정은 미국이 공급한 핵연료의 재처리나 재처리를 위해 제3국으로 이전하는 경우에 그때마다 해당 재처리에 효과적인 보장조치가 적용된다는 양국에 의한 공동결정을 필요로 한다. 즉 재처리로 얻은 플루토늄을 군사전용하지 않는다는 것을 양국 정부가 확인하는(실제로는 미국이 재처리를 허가하는) 수속이다. 구 협정에서는 '재처리시설의 사찰 가능성'에 대해 미일의 공동결정(Joint Determination)이 있어야 한다(구 미일협정 제8조 제C항)고 정해져 있다. 도카이무라 재처리시설의 운전 개시가 눈앞에 다가온 1977년 4월, 일본 정부는 도카이무라 재처리시설의 운전 개시를 위한 교섭을 미국에 제의하였다. 이른바 미일 재처리 교섭의 시작이었다.

재처리 교섭을 이해하기 위해서는 재처리 교섭 직전의 일본을 둘러싼 국제 원자력환경 및 일본의 원자력 개발상황을 이해해야 한다. 먼저 1970년대의 일본을 둘러싼 국제 원자력환경을 정리하면, (1) 1974년의 인도의 핵실험은 핵 비확산 레짐의 위기를 초래하여 원자력 공급국가그룹의 지침인 '런던 가이드라인'이 1975년에 만들어졌으며, 미국은 엄격한 핵 비확산정책을 펼치기 시작했다 (2) 독일이 브라질에 8기의 원자력발전소 및 재처리시설을 포함한 원자력 수출을 위한 협정을 체결하는 등, 원자력 공급국가에 의한 원자력 판매 경쟁이 격화되어 핵확산의 우려가 있었다 (3) 프랑스가 한국과 파키스탄에 재처리시설을 수출하기 위한 협상을 하는 등 '민감한 기술'인 우라늄 농축기술과 재처리기술의 이전140)의 우려가 있었다. 이 시기는 NPT가 설립된 직후로 핵 비확산 레짐이 비교적 불안정했던 시기였다. 한편 미국은 25개 국가와 체결하고 있던 2국 간 원자력협정의 사전동의권 및 보장조치권의 강화 등을 통해 미국이 수출한 원자력 기술과 원자로, 관련 기자재, 농축 우라늄 및 재처리시설에서 생길 수 있는 핵확산을 방지하려 하였다. 그러나 우라늄 농축기술과 재처리기술의 이전에 의한 세계적인 핵확산을 효과적으로 제어하는 것은 사실상 불가능했다.

1976년 10월 일본이 영국의 재처리시설로 수송할 예정인 사용후 핵연료에 대해 미국이 해외 수송의 허가를 주지 않았던 사건이 있었다. 재처리를 위해 사용후 핵연료를 해외 이전하는 경우 미국의 승인을 얻는 수속이 필요하며, 신청서(MB10)에 '재처리 및 우라늄, 플루토늄을 회수하기 위해'라는 간단한 목적만 기입하면 재처리에 대한 미국의 동의를 얻는 것이 가능했다.141) 그러나 인도의 핵실험 이후 미국은 핵 비확산정책을 강화하여 사용후 핵연료의 이전과 재처리를 동시에 인가하던 종래의 방침을 변경했다. 즉 사용후 핵연료의 해외 이전과 재처리를 개별적으로 인가하는 방식을 취했으며, 재처

---

140) 1970년대에 우라늄 농축 및 재처리 기술이 확산된 원인 중 하나는 미국의 정책이었다. 미국의 원자력위원회(Atomic Energy Commission; AEC)는 1970년 미국의 우라늄 농축 부담을 경감하기 위해, 플루토늄을 원자로에서 리사이클 하는 계획을 가지고 있는 국가에게만 농축 우라늄을 공급한다고 발표했기 때문에, 각국은 독자의 농축 기술과 재처리 기술을 개발 또는 수입하기 시작했다. Ryukichi Imai and Henry S. Rowen, *Nuclear Energy and Nuclear Proliferation: Japanese and American Views*, p.12.
141) 井原辰郎, 『原子力王国の黃昏』, 日本評論社, 1984, 123쪽.

리 및 이전의 필요성에 대해서도 간섭하기 시작했다. 결국 미국의 허가를 받아 예정보다 12일 늦게 영국으로 사용후 핵연료가 수송되었지만, 미국의 에너지연구개발청(Energy Research and Development Administration: ERDA)[142]은 이번에 한하여 특별히 재처리 및 사용후 핵연료의 수송을 인정한다는 조건으로 허가했다.

이 사건을 계기로 일본의 원자력위원회는 대미 교섭의 지침을 작성하였고, 외무성도 1976년 12월 미일 협의를 제안했다. 외무성이 미일 협의를 제안하기 위해 주일 미국 대사관에 건넨 각서에는 (1) 일본은 핵확산 방지의 중요성을 인식하고 있으며 미국의 정책에 협력하지만, 핵확산 규제와 평화이용의 권리는 적절한 균형이 유지되어야 한다 (2) 일본에게 에너지원으로서의 원자력은 중요한 축이며, 사용후 핵연료의 재처리 및 플루토늄 이용은 불가결한 요소이기 때문에, 도카이무라 재처리시설은 계획대로 가동한다 등 일본의 입장이 강조되었다.[143]

카터 정권 등장 직후 카터 대통령이 새로운 정책을 결정하기 전에 일본의 사정을 미국에 전하기 위해 정치가, 관료, 민간의 다양한 사절단을 미국에 보냈다. 1977년 2월에 재처리 문제의 조기 해결을 위해 일본 정부는 이노우에 고로(井上五郞) 원자력위원장 대리를 단장으로 하여 외무성, 통산성, 과기청의 관료로 구성된 대표단을 미국에 보냈다. 대표단은 나이(Joseph Nye) 안전보장담당 국무차관보, 프라이(Robert W. Fri) 에너지연구개발청 장관 등과 회담했다. 대표단은 (1) 일본은 원자력의 평화이용에 의존하지 않을 수 없는 자원 및 에너지 사정이 있으며, (2) 플루토늄을 연료로서 상업이용하는 것을 포드 성명과 같이 3년간 연기하는 것은 불가능하다. (3) 예정대로 도카

---

142) EADA는 1977년에 에너지성(Department of Energy: DOE)으로 바뀌었다.
143) 自主技術硏究会, 『日本の原子力技術』, 136~137쪽; 『朝日新聞』 1977.1.18.

이무라 재처리시설을 가동시켜 사용후 핵연료로부터 플루토늄을 회수하는 것에 대한 동의 등을 주장했다.144) 미국은 일본의 주장을 이해했지만, 도카이무라 재처리시설의 가동 문제에는 명확한 언급을 피했다. 도카이무라에 완성된 재처리시설의 운전 개시 예정은 1977년 7월이었다.

핵확산의 문제, 고속증식로의 경제성 등으로 미국이 원자력정책을 전환하기까지 재처리에 의한 플루토늄 이용은 미국의 원자력정책의 기본이었으며, 도카이무라 재처리시설도 미국이 건설을 권장한 것이었다. 프랑스의 설계로 1971년부터 1974년까지 건설되어, 미일 교섭이 진행되기 직전까지 사용후 핵연료로부터 플루토늄을 추출하는 시험운전 중이었다. 또한 재처리 교섭이 시작된 1977년은 구 핵연료개발사업단(動燃)의 고속증식로 실험로 조요(常陽)가 임계에 이른 해이며, 일본의 핵연료 사이클 계획이 본격적으로 움직이기 시작한 해이기도 했다.

1977년 3월 워싱턴에서 열린 카터 대통령과 후쿠다 총리의 정상회담은 재처리 교섭의 전초전이었다. 핵확산의 우려는 없지만 세계적 핵확산 방지를 위해 일본의 재처리에 반대한다는 카터 대통령에 대해, 후쿠다 총리는 일본의 핵연료 사이클 확립의 필요성 및 재처리의 중요성을 강조하며 플루토늄 이용으로 인한 군사적 전용의 우려가 없다는 점을 주장했다. 미일 정상회담에서 일본 총리가 재처리 실시, 핵연료 사이클 확립의 필요성을 직접 주장한 것은 후쿠다 총리가 아마도 처음일 것이다.

카터 대통령은 일본의 에너지정책을 충분히 이해한다면서도 재처리는 불필요하며 경제적으로도 이익이 되지 않는다는 자세로 일관하

---

144) 자세한 내용은 石川欽也, 『原子力委員会の闘い』, 184~186쪽 참고.

었다. 카터 대통령은 평화적 원자력 이용에 사용되는 고농축 우라늄이나 플루토늄이 군사전용 될 수 있다는 전제에서 원자력의 평화이용도 규제해야 한다고 생각하고 있었다. 인도가 핵개발에 성공한 것도 평화적 원자력 이용을 위한 국제협력을 이용하여 핵연료나 재처리기술을 수입했기 때문에 가능했던 것이었다. 카터 대통령은 현재의 보장조치수준은 충분하지 않으며, 고농축 우라늄과 플루토늄 이용을 늦추더라도 경제적 불이익은 크지 않을 것이라는 신념을 가지고 있었다. 결국, 재처리 문제에 대한 양 정상의 견해의 차는 타협할 수 있는 정도가 아니었기 때문에, 일본의 재처리 문제는 계속 협의문제로서 남게 되었다.

정상회담 후 일본은 정부 간 교섭에 대비하여 교섭 방침을 정했다. 일본은 도카이무라 재처리시설은 일본의 에너지정책의 근간에 관한 문제라는 관점에서, (1) 1977년 4월에 발표될 예정의 미국의 에너지교서에 재처리의 전면 동결 등의 엄격한 조치를 포함시키지 않을 것 (2) 도카이무라 재처리시설은 예정대로 동년 7월에 운전을 개시 (3) 민간에 의한 제2재처리시설 건설을 추진 (4) 영국과 프랑스와의 재처리 위탁계약은 그대로 유지한다 등의 일본 정부의 기본방침을 미국에 전달했다.[145] 이에 대해 미국은 재처리 문제에 관한 미국 정부의 기본방침을 일본 정부에 전했다. (1) 재처리시설의 상업화를 무기 연기 (2) 핵확산 방지를 위해 플루토늄을 단체(単体)로 추출하는 기존의 재처리 방식 대신, 플루토늄과 우라늄을 혼합하여 추출하는 새로운 재처리 방식의 실용화의 전망이 서면, 재처리의 무기 연기는 해제 (3) 이 계획의 실현을 위해 선진국 정상회담 등의 다국 간 교섭을 추진한다 등이었다.[146]

---

145) 『日本経済新聞』 1997.3.24.
146) 『朝日新聞』 1977.3.30.

미국이 주장한 혼합추출방식이란 플루토늄과 우라늄을 혼합 상태로 추출하여 개별 원자로에 맞춰 우라늄과 플루토늄의 비율을 바꿔 연료를 만드는 방식이다. 이 방식은 플루토늄을 단체로 다루는 일이 없기 때문에 군사전용의 우려도 그만큼 적어져서 핵 탈취에 대한 방호도 쉽다는 특징이 있다. 이 방식에 대해서 미국 에너지연구개발청(ERDA) 및 구 핵연료개발사업단(動燃)에서 이미 실험, 연구 중이었지만, 이 혼합물을 핵연료로서 재사용하기 위해서는 기술적으로 해결해야 할 문제점이 아직 많이 남아 있었다. 미국은 플루토늄을 단체로 추출하는 도카이무라 재처리시설의 기존 방식의 재처리는 승인하지 않을 것이라는 방침을 정한 것이었다. 미국의 강한 재처리 반대 방침, 특히 혼합추출방식이 아니면 재처리를 승인하지 않겠다는 방침을 전달받고, 일본은 교섭단을 미국에 보내는 것을 결정했다. 재처리 교섭의 시작이었다.

3. 재처리 교섭의 교섭 과정

재처리 교섭의 제1회 교섭[147]은 1977년 4월 미 국무성에서 진행되었다. 이 교섭에서 미국은 사용후 핵연료에서 플루토늄을 단독으로 추출하는 방식의 재처리에 대해서는 효과적인 보장조치가 적용되기 어렵기 때문에 재처리를 승인할 수 없다고 주장하였다. 미국은 도카

[147) 제1회 재처리 교섭의 일본 교섭단은 과기청 동력로개발과장과 국제협력보장조치실장, 통산성 자원에너지청 원자력산업과장, 외무성 유엔국 과학과장 등으로 구성되었다. 교섭 전에 일본은 자민당의 나카소네 야스히로(中曽根康弘) 의원 등 각료 경험자를 교섭 대표로 하는 구상을 가지고 있었지만, 제1회 교섭이 실무 차원의 교섭이 되었기 때문에 그 계획은 실현되지 않았다. 『日本經濟新聞』 1997.3.24; 『讀売新聞』 1997.3.31).

이무라 재처리시설에서 추출되는 단체 플루토늄은 군사전용이 되기 쉽기 때문에 기존 방식의 재처리시설의 가동에 반대하고, 더 나아가 재처리시설의 플루토늄 추출방식을 바꿀 것을 요구했다.

교섭 전에 일본 정부가 설정한 교섭 목표는 고속증식로에서의 이용을 위해 플루토늄의 단체 분리는 필요하다는 전제에서, 일본의 핵연료 사이클을 설명하고 이에 대한 미국의 견해를 들으며, 재처리 반대의 포드-마이터 보고서에 대해서 반론하는 것이었다.

일본은 포드-마이터 보고서에 대해 (1) 보고서에 기재되어 있는 우라늄 매장량(1,100만 톤)은 OECD 원자력기관(NEA)의 보고보다 3배나 많으며, 우라늄 연료는 향후 30년 정도로 고갈이 예상되기 때문에 핵연료 사이클의 확립은 필요하다 (2) IAEA의 사찰이 효과적이지 않다고 판정하는 것은 NPT를 부정하는 것이다 (3) 재처리를 포기할 경우 일본의 원자로에 쓰일 농축 우라늄의 공급계획이 없다 (4) 플루토늄 사이클이 성립하지 않는다는 결론은 미국의 에너지연구개발청(ERDA)이 낸 보고[148]와 다르다 (5) 플루토늄 이용은 환경에 악영향을 미치지 않으며 재처리는 경제적이다 등으로 반론했다.[149]

교섭기간 중인 4월 7일, 카터 대통령은 상업용 재처리의 동결과 경수로에서의 플루토늄 이용의 무기한 연기 등을 골자로 하는 핵 비확산정책을 발표했다. 카터 대통령은 정책 발표 후 기자의 질문에 답하며 "일본, 독일 양국은 재처리를 포함한 독자의 정책을 추진해도 좋지만, 미국의 핵 비확산정책에 협력할 것을 기대하고 있다"고 하여, 해석에 따라서는 일본과 독일의 재처리를 예외적으로 인정한다고 받아들일 수 있는 발언을 했다.[150] 일본은 이 발언을 미국이 일본

---

[148] 1976년 8월에 ERDA는 플루토늄이 환경에 끼치는 악영향은 없으며, 플루토늄 리사이클에 의한 경제성은 크다는 결론의 보고서를 냈다.
[149] 『日刊工業新聞』 1977.4.2.

과 독일의 재처리시설의 가동을 승인했다고 받아들였다. 하지만 국무성은 카터 성명은 일반론이며, 미일 간에는 미일 원자력협정이 있는 이상 도카이무라 재처리시설의 운전에는 미일 원자력협정의 관련 규정이 우선적으로 적용된다고 카터 성명을 해석했다.[151]

카터 성명 발표 후에 재개된 교섭에서 양국은 미국의 핵 비확산정책의 도카이무라 재처리시설 적용과 관련하여 '새로운 핵연료 사이클을 개발하기 위한 국제적 평가계획', 상업용 원자력기술과 핵물질이 군사전용 되지 않도록 방지하는 보장조치, 사용후 핵연료의 저장 등의 검토를 위해 기술소위원회를 만드는 것에 합의했다.

기술소위원회 검토의 대상이 된 '새로운 핵연료 사이클을 개발하기 위한 국제적 평가계획'에 대해 미국의 구상은 명확하지 않았지만, 국제적인 평가를 하기 위해 도카이무라 재처리시설의 운전을 연기할 것을 일본에 요구했다. 하지만 일본은 미국의 요구에 응할 경우, 재처리시설 가동의 무기연기로 이어질 수 있다고 판단하여 재처리시설의 가동 이후 국제평가를 받겠다고 주장했다. 결국 양국은 합의에 이르지 못했다. 미국은 7월 가동예정인 도카이무라 재처리시설이 현재의 플루토늄 추출계획대로 가동한다면 가동을 위한 허가는 내리지 않을 것이라고 밝혔다.

또한 미국은 재처리를 위해 영국, 프랑스로 이전되는 사용후 핵연료가 영국, 프랑스의 재처리시설의 확장으로 연결된다면, 사용후 핵연료의 국제수송에도 반대할 가능성이 있다는 것을 시사했다.[152] 재

---

150) 카터 대통령의 핵 비확산정책 및 기자회견에 대해서는 『朝日新聞』 1977.4.8.
151) 나이 국무차관보는 카터 성명 발표 후의 기자의 질문에 대한 답변에서 "대통령의 발언은 워싱턴에서 시작되고 있는 미일 교섭에 예단을 주는 것으로 받아들여져서는 안 되며… 미국은 현행 미일 원자력협정을 완전히 준수한다"고 대통령의 발언을 해석했다. 『朝日新聞』 1977.4.8 석간.
152) 『朝日新聞』 1977.4.16.

처리 및 사용후 핵연료 수송에 대한 반대는 미국의 요구가 관철되지 않는다면 일본의 원자력 프로그램 전체가 치명적인 영향을 받을 것이라는 미국의 압력이었다. 미국의 이러한 요구는 일본의 교섭 관계자에게는 미국의 외압으로 받아들여지고 있었다. 결국 제1회 교섭은 서로의 주장만 듣고 종료되었다.

제2회 교섭 전에 일본은 미국이 요구하는 혼합추출방식은 핵물질의 방호에 유효하다는 것은 인정하지만, 도카이무라 재처리시설을 혼합추출방식으로 설계 변경하는 것은 일본의 재처리 계획 및 고속증식로, 신형전환로 계획 등에 심대한 영향을 미치기 때문에 받아들일 수 없다는 방침을 정했다. 또한 가능한 최대한의 양보로서 도카이무라 재처리시설에 대한 미일 공동조사의 제안과 함께 잉여 플루토늄을 국제관리 하에 두는 등의 교섭대책이 국내적으로 합의되었다.[153]

제2 재처리시설의 건설을 예정하고 있던 전력회사는 혼합추출방식은 고속증식로, 신형전환로의 연료를 만들기 위해서는 부적절하며, 경제적으로도 코스트가 높기 때문에 혼합추출방식은 받아들일 수 없다는 견해를 표명했다. 전력회사의 견해를 받아들여 일본은 제2회 교섭에서도 도카이무라 재처리시설의 기존 방식으로의 운전을 주장하기로 했다. 이러한 교섭 방침은 1977년 4월에 열린 핵연료대책 특별회의에서 검토되어 제2회 교섭 직전인 5월 말에 결정되었다.[154]

제2회 교섭[155]은 6월에 미 국무성에서 진행되었으며, 미국은 제1

---

153) 『日刊工業新聞』 1977.4.21.
154) 핵연료대책 특별회의의 구체적인 내용은 『讀売新聞』 1977.4.25; 1977.5.30 참고.
155) 제2회 교섭에서는 니이세키 긴야(新関欽哉) 원자력위원이 일본의 교섭 대표를 맡았으며, 교섭단은 외무성, 통산성, 과기청의 담당관료로 구성되었다. 미국의 교섭 대표는 J. 나이 국무차관보가 맡았다. 또한 재처리에 대한 IAEA의 보장조

회 교섭처럼 도카이무라 재처리시설의 개조를 요구했다. 미국은 (1) 도카이무라 재처리시설은 실험적인 재처리시설이며 상업적 재처리에 관한 승인을 얻지 않았다 (2) 동 시설은 미국의 사찰 대상이다 (3) 재처리시설의 운전 개시는 상당히 늦춰질 것이며 혼합추출법의 개발을 위한 실험시설이 될 수 있다고 주장했다. 미국이 혼합추출에 집착한 것은 단체추출로 만들어진 플루토늄은 핵무기에 사용되는 순도 높은 플루토늄(무기급의 플루토늄은 플루토늄 239의 순도가 94%이상)으로 쉽게 바꿀 수 있기 때문에 군사전용의 우려가 있다는 이유에서이다.156)

일본은 재처리의 중요성, NPT의 체약국으로서 핵확산 방지에 공헌하고 있는 점, IAEA의 보장조치가 충분히 적용되고 있는 점 등을 거론하며, 미국이 주장하고 있는 도카이무라 시설의 개조는 받아들일 수 없다고 주장했다. 일본은 도카이무라 재처리시설은 1978년부터 사용후 핵연료를 상업 목적으로 재처리할 예정이며, 실험 목적만의 재처리시설은 일본의 핵연료 사이클 확립에 도움이 안 되기 때문에 일본의 상업적 재처리를 인정하도록 요구했다. 일본은 도카이무라 재처리시설이 실험 목적만의 재처리시설이라는 미국의 견해에는 반대했지만, 도카이무라 재처리시설을 새로운 국제사찰 강화를 위한 IAEA의 실험시설로 제공해도 좋으며, 더욱이 동 시설을 다국 간 재처리센터로 하여 플루토늄의 국제관리를 도모하는 등의 양보안도 고려하고 있었다.157)

치의 제도·기술면의 강화, 개선책의 검토를 위한 미일 전문가 협의를 제안하기 위해, INFCE 일본 대표를 맡은 야타베 아쓰히코(矢田部厚彦) 오스트리아 대사(IAEA본부가 있는 빈 주재)도 교섭에 참가했다. 『読売新聞』 1977.5.30.
156) 일반적으로 원자로에 사용되는 플루토늄은 순도가 낮기 때문에 고성능 핵폭탄을 만들기에는 적합하지 않지만, 사용후 핵연료 1.5톤의 재처리에서 얻는 플루토늄으로 비교적 저성능의 폭탄은 만들 수 있다고 한다. Michael Cross, "Japan's Plutonium Stockpile", New Scientist 133:1806(Feb.1, 1992), p.34.

일본의 주장은 미국의 요구를 정면에서 거부하는 것이었다. 미국은 일본의 에너지정책과 핵확산 방지를 위한 노력은 인정하지만, 일본에게 예외를 허용하면 다른 국가에게도 재처리를 허가하지 않을 수 없다는 이유로, 재처리를 하고 싶으면 플루토늄과 우라늄을 혼합한 형태에서 추출해야 한다고 요구했다. 그러나 7월 운전 개시 예정의 도카이무라 시설은 단체추출을 상정하여 설계된 시설이며, 혼합추출방식은 아직 기술적으로 완성된 기술이 아니기 때문에 일본이 혼합추출을 받아들이는 것은 불가능한 일이었다.158) 제2회 교섭에서도 미일은 제1회 교섭을 되풀이하고 있었던 것이다.

제2회 교섭에서 유일하게 합의된 것은 도카이무라 재처리시설의 운전방식 전환의 가능성을 검토하고 플루토늄 단체추출에 대해 보장조치가 효과적으로 적용되는가를 조사하는 미일의 전문가에 의한 공동조사였다.159) 일본의 제안으로 실시된 공동조사의 목적은 현행의 운전방식에 의해 핵확산을 방지하는 것이 가능한지의 여부와 시설의 대체운전방식(혼합추출방식)을 조사하는 것이었다.

일본은 도카이무라 재처리시설에 대한 공동조사를 통해 이 시설을 혼합추출방식으로 바꾸는 것은 사실상 불가능하며, 일본이 플루토늄을 군사전용할 의도가 없으며 IAEA의 보장조치도 효과적으로

---

157) 『日本経済新聞』 1977.3.24; 『産経新聞』 1977.6.4.
158) 도카이무라 재처리시설은 사용후 핵연료를 질산용해 하여 거기서 플루토늄과 우라늄을 단체로 추출하여, 산화플루토늄과 산화우라늄의 형태로 보관하는 방식으로 설계되었다. 그러나 미국의 요구대로 플루토늄과 우라늄을 혼합하여 추출하기 위해서는 질산용해부터의 모든 공정을 변경해야만 한다. 구체적인 재처리공정은 [부록 3]의 '재처리' 항목 참고.
159) 도카이무라 재처리시설에 대한 미일의 공동조사에는 한 가지 문제가 있었다. 도카이무라 재처리시설은 프랑스의 기술, 설계 원조로 만들어진 시설이기 때문에 조사를 위해서는 프랑스의 동의를 얻을 필요가 있었다. 당시 프랑스는 미국의 신 원자력정책에 강한 불만을 가지고 있었지만 공동조사에 반대하지는 않았다. 『朝日新聞』 1977.6.8; 『日刊工業新聞』 1977.6.16.

적용되고 있다는 것을 미국에 납득시키려 했다. 도카이무라 재처리 시설의 건설에 50억 엔 정도의 건설비를 낸 전력회사도 공동조사를 환영했다. 전력회사도 공동조사에 의해 미국이 일본의 상업적 재처리를 인정할 것이라 기대하고 있었기 때문이다.

미일의 공동조사[160]는 1977년 6월 29일부터 7월 7일까지 9일간에 걸쳐 진행되었다. 이미 언급했듯이 공동조사는 플루토늄을 단체로 추출하는 기존 방식을 대신하여, 혼합추출 등의 대체방법이 기술적으로 가능한가를 살피는 것이 목적이었다. 미국은 대체운전 방식을 14건이나 제시하여 시설 개조에 드는 시간, 경비, 핵확산의 가능성을 체크하는 등 10 항목에 걸쳐 조사했다.[161] 조사 결과 혼합추출방식으로 시설을 개조하기 위해서는 적어도 약 500억 엔의 경비와 5년간의 공사 기간이 필요하다는 결론이 나왔다. 평가 작업 후의 전체회의에서 혼합추출방식은 시설을 대규모로 개조해야 되기 때문에 기존의 추출방식이 현실적이라는 결론을 내렸다.

조사에 참가한 미국 전문가의 대다수는 도카이무라 시설을 혼합추출방식으로 전환하는 것은 현실적으로 문제가 많으며, 혼합추출방식이 아직 기술적으로 충분히 확립되어 있지 않다는 일본의 주장에 동의했다. 공동조사에 임한 미국 조사단의 목적은 어떠한 형태로든 플루토늄 단체추출은 카터 대통령의 핵 비확산정책상 용인되지 않기 때문에 운전 개시를 2, 3년 늦추는 것에 있었다고 전해진다.[162] 미국

---

160) 미일의 조사단은 미국이 샤인먼(Lawrence Scheinman) 국무성 원자력보좌관을 단장으로 벤젤스돌프(Hal Bengelsdorf) 국무성 원자력부차장, 에너지성, 군비관리군축국, 원자력규제위원회의 11인이 참가했다. 일본은 우치다 이사오(內田勇夫) 과기청 동력로개발과장을 단장으로 하여 관련 관청의 담당자에 외에 나카무라 고우지(中村康治) 구 핵연료개발사업단(動燃) 이사와 나카시마 겐타로(中島健太郎) 도카이무라 재처리시설 건설소장이 참가해 11인으로 구성되었다.
161) 石川欽也, 『原子力委員会の闘い』, 192쪽.
162) 『每日新聞』 1977.7.12.

이 미일의 공동조사를 단행한 것은 사실상 도카이무라 시설을 기존의 처리방식으로 운전시킬 명분을 얻기 위한 것이었다고 생각된다. 재처리시설의 운전방식에 관한 최종 결론은 미일 교섭에서 정해지는 것이지만, 도카이무라 시설에 대한 공동조사의 결론이 나온 시점에서 기존 방식으로의 운전은 거의 확실한 것이 되었다. 문제는 미국이 어떠한 조건을 제시하는가 하는 점이었다.

제3회 교섭 전 미국은 양보할 수 있는 마지노선으로 혼합보관방식을 확보하는 것과 재처리시설의 운전은 연구개발을 위한 것으로 상업적 재처리는 승인할 수 없다는 교섭 목표를 정했다. 혼합보관방식이란 우라늄과 플루토늄을 각각 단체로 추출해서 둘을 혼합하여 보관하는 방식이다. 혼합보관방식은 도카이무라 시설의 공동조사 때 검토된 대안 중 하나였다. 미국은 이 혼합보관방식이 미일이 합의할 수 있는 현실적 선택이라고 판단하여, 재처리시설의 운전을 인정해주는 대신 일본의 양보를 얻으려고 하였다.

교섭 대표에 의한 제3회 교섭[163]은 8월 29일부터 9월 1일까지 일본 외무성에서 진행되었다. 일본은 미국이 제안한 혼합보관방식에도 난색을 표했다. 일본은 도카이무라의 저장시설은 플루토늄을 단체로 저장하는 시설이기 때문에 저장탱크를 재건설하면 시설의 가동이 몇 달이나 늦어진다고 주장했다. 또한 실험운전만 인정되어 상업운전이 불가능하다는 미국의 주장에는 그 경우 도카이무라 시설의 가동가치가 없다고 반론했다.

---

[163] 일본의 교섭 대표는 우노 소스케(宇野宗佑) 과기청 장관, 미국은 6월에 임명된 제럴드 스미스(Gerard C. Smith) 국무성 핵 비확산문제담당 대사가 교섭 대표였다. 스미스 대사는 ACDA국장, 미소 전략무기감축협상(SALT)의 미국 수석대표를 맡은 핵군축 전문가이다. 일본의 교섭단은 니이세키 긴야(新関欽哉) 원자력위원, 외무성 유엔국장, 자원에너지청 장관, 과기청 원자력안전국장과 원자력국장, 자원에너지청 차장 등 14인으로 구성되었다. 『毎日新聞』 1977.8.26.

일본은 미국의 제안 중에서 경수로에서의 플루토늄 이용을 자제하는 조건[164]을 받아들이는 것 외에도, 재처리시설에 부속되는 플루토늄 전환시설(단체로 추출되는 플루토늄의 질산플루토늄 용액을 분말의 산화플루토늄으로 전환하는 시설)의 건설을 2년 연기하는 제안도 했다. 그러나 미국은 혼합보관방식에 집착하여 교섭은 난항했다.

교섭의 최종 단계에서 미국이 양보했다. 교섭 전에 정한 교섭의 마지노선이었던 혼합보관방식의 확보에는 성공했지만 상업적 재처리의 비승인은 지킬 수 없었다. 합의 내용은 (1) 기존 방식(질산플루토늄의 형태로 단체추출)에 따라 2년간 99톤까지 재처리 (2) 단체추출 후에는 질산우라늄과 혼합하여 액체 상태로 보관 (3) 혼합추출방식에 대해서는 기술적으로 가능하다고 미일 양국의 합의하면 동 시설을 혼합추출방식으로 전환 (4) 효과적인 보장조치에 대해서는 보류하지만 일본은 계속해서 최대한의 노력을 함 (5) 2년간의 운전기간 중 동 시설에 부설될 예정인 플루토늄 전환시설 및 제2 재처리시설의 건설은 연기 (6) 플루토늄의 경수로 이용을 2년간 연기 (7) 동 시설의 일부를 사용하여 혼합추출의 실험을 진행하고, 그 결과를 INFCE에 제공 등이었다.

1979년 9월 이후의 운전방식에 대해서는 미일이 INFCE의 검토 결과 등을 고려하여 결정하게 되었다. 합의 내용 중 2년간이라는 표현도 INFCE의 성과를 참고하기 위해서였다. 이 합의 내용은 도카이무라 재처리시설의 가동을 위한 미일의 공동결정(Joint Determination)에 그대로 반영되었다.

---

[164] 일본에서는 신형전환로나 고속증식로 개발이 순조롭게 진행되고 있어 경수로에서 플루토늄을 연소시키는 플루서멀은 구체적으로 계획되지 않았다. 따라서 핵확산 방지를 위해 경수로에서의 플루토늄 이용이 국제적으로 금지되어도 일본의 핵연료 사이클에는 지장이 없다고 판단했을 것이다.

교섭의 결과 1977년 9월 도카이무라 재처리시설의 운전 개시에 대한 공동결정문서의 서명과 동시에 공동성명이 발표되었다.[165] 공동성명에는 미국은 일본의 원자력 개발의 중요성을 인정하고 더 나아가 일본의 장기적인 에너지계획을 전면적으로 지지한다는 내용을 포함하고 있어 미국의 대일 원자력정책의 기본노선을 잘 보여주고 있다.

그러나 이 공동결정은 구 협정의 제8조 c항에 규정된 본래의 공동결정과는 약간 다른 성격의 것이었다. 본래 공동결정이란 도카이무라 시설에서의 재처리에는 효과적인 보장조치가 적용되어 있다는 기술적인 판단에 기초하여 진행되어야 한다. 그러나 이번 공동결정은 기술적 판단보다 일본의 재처리를 인정하는 미국의 정치적 판단이 기초가 되어 있다고 할 수 있다.[166] 기술적 판단에 기인해 진행되어야 할 공동결정이 미국의 정치적 판단에 의해 진행된 것은 재처리 교섭이 미국의 핵 비확산정책과 대일 원자력정책 등의 정책적 문제와 긴밀히 연동하고 있는 정치적인 의미가 큰 교섭이었다는 증거라고 할 수 있다.

도카이무라 재처리시설의 가동을 위한 1977년의 미일 공동결정은 항구적인 것이 아니라 조건부 가동 허가였기 때문에, 그 후에도 운전기간을 연장하기 위한 미일 교섭이 몇 차례 진행되었다. 재처리 교섭의 2년 후인 1979년 10월 미일 정부는 도카이무라 시설의 운전기간을 1980년 4월까지 연장하는 것에 합의했다. 이것은 INFCE의 기간이 1980년 2월말까지 연장되었기 때문이었다. 미일 공동결정에는

---

165) 상세한 내용은 1977년 9월에 발표된 공동성명 및 공동결정서 참고. Ryukichi Imai and Henry S. Rowen, *Nuclear Energy and Nuclear Proliferation: Japanese and American Views*, pp.171~176.
166) 金子熊夫,「原子力外交の基礎知識」,『原子力工業』第28券 第10号(1982年 10月) 참고.

1979년 9월 이후의 운전방식에 대해서는 INFCE의 검토 결과 등을 고려해 재교섭하여 결정하기로 되어 있었다.

또한 1980년 7월, 미일 정부는 도카이무라 재처리시설의 고장에 의해 재처리 물량이 99톤이 되지 않았기 때문에, 일 년간 운전기간을 연장, 운전기간을 81년 4월까지로 했다. 이 교섭에서 미국은 재처리 교섭 당시에 반대했던 플루토늄 전환시설의 착공도 인정했다. 이는 1980년 2월에 종료된 INFCE의 최종 발표로 핵연료 사이클과 플루토늄의 경수로에서의 이용, 고속증식로의 이용 등이 인정되었기 때문에, 미국이 일본의 플루토늄 전환시설 건설을 더 이상 반대하는 것이 불가능했기 때문이었다.[167]

그 후 1981년 1월 동 시설의 운전기간을 1981년 6월까지 연장하는 것에 합의했다. 축적되어가는 사용후 핵연료의 재처리와 플루토늄을 연료로 하는 고속증식로나 신형전환로의 개발을 위해서 플루토늄의 확보가 필요했기 때문이다. 이 교섭에서 미국은 운전기한의 연장과 재처리 량의 증량(50톤 추가)을 허가하는 대신, 제2 재처리시설의 건설을 연기하도록 요구했다. 미국의 제안을 받아 1981년 6월까지는 제2 재처리시설의 건설에 관해서는 입지의 물색 및 관련 자치체, 기관과의 협력만을 하도록 미일 협의에서 확인되었다.[168]

하지만 일본은 신 시설 건설의 필요성을 강조하면서 건설계획을 구체화하며, 미국에 신 시설에 대한 건설허가를 계속해서 요구했다. 1980년 3월에 재처리시설을 만들기 위한 일본 원연서비스주식회사

---

[167] INFCE에서의 결론에 대해서는 제2장의 〈표 2-5〉 미일의 핵 비확산정책과 INFCE의 결과를 참고.

[168] Telegram from Department of State to American Embassy Tokyo on Tokai Mura Reprocessing plant Negotiations, Jan. 14, 1981.; Telegram from Department of State to American Embassy Tokyo on Tokai Mura Negotiations Texts of Notes, Jan. 15, 1981.

(일본 원연)가 설립되었다. 1981년 10월에 미일 정부는 새로운 미일 공동결정에 서명하여, 도카이무라 재처리시설의 운전을 1984년 말까지 연장했다. 그 후에도 1984년 10월, 1987년 12월에도 도카이무라 재처리시설의 운전기간을 연장하는 교섭이 이루어졌다.

재처리 교섭의 교섭 과정에서 일본은 혼합추출방식으로의 전환이라는 미국의 요구에 대해 강하게 반발하여 마지막까지 단체추출방식을 지켰다. 미국은 마지막까지 혼합추출방식을 고집하여 당분간은 단체추출을 승인하지만, INFCE의 결론 등에 입각하여 혼합추출이 기술적으로 불가능하다고 미일 양국이 합의하지 않는 한 2년 후에는 도카이무라 시설을 단체추출방식에서 혼합추출방식으로 설계 변경할 것을 주장했다. 이에 대해 일본은 혼합추출방식에 관한 연구개발은 진행하나,[169] 연구개발과 INFCE가 끝날 때까지 플루토늄 추출방식에 관한 결정을 연기할 것을 요구하였고, 양국이 합의한다면 혼합추출로 모델을 바꿀 것이라며 대립했다.

일본은 이 요구가 받아들여지지 않으면 미국산 우라늄이 도카이무라 시설에서 앞으로도 사용될 것이란 보증은 없다고 대항했다.[170] 그러나 일본은 동 시설의 조기 운전을 위해 미국이 요구한 핵 비확산정책 및 플루토늄 정책의 일부를 받아들이지 않을 수 없었다. 즉 재처리에서 얻은 플루토늄을 우라늄과 혼합하여 보관하는 것과 제2재처리시설의 건설을 연기하는 것 등의 미국의 요구를 받아들였다.

그러나 일본은 사용후 핵연료의 상업용 재처리 및 경수로에서의 플루토늄 이용, 고속증식로의 상업화를 무기한 연기한 미국의 핵 비

---

169) 핵연료개발사업단(動燃)은 1979년 10월, 플루토늄을 우라늄과의 혼합산화물체로 추출하는 우라늄과 플루토늄의 혼합추출, 혼합전환 방식이라는 새로운 재처리기술의 개발에 성공했다고 발표했다. 『日本經濟新聞』 1979.10.2.
170) Telegram from Gerard Smith to Secretary and Brzezinski on Tokai Negotiation, Aug. 30, 1977.

확산정책과는 거리를 두면서, 일본 독자의 재처리, 플루토늄 이용 노선을 미국에게 인정하게 하는데 성공했다. 말하자면, 미국의 핵 비확산정책과 일본의 핵연료 사이클 정책 사이의 균형 잡힌 합의가 가능했다는 것이다.

일본의 입장에서 본다면, 도카이무라 재처리시설의 혼합추출방식으로의 전환에 대해 '합의하지 않는 한'을 '합의한다면'으로 바꾼 것을 높게 평가할 수 있을 것이다. 즉, 일본이 합의하지 않는 한 도카이무라 시설은 설계대로 운전하는 것이 가능해졌다는 것이다. 도카이무라 시설은 운전 개시가 조금 늦어졌지만, 기존 운전방식으로 가동되게 되었다. 그러나 동 시설에서의 재처리는 운전시기와 재처리 분량을 제한한 조건부 가동이어서 재처리 문제의 항구적 해결은 아니었다. 중요한 결정은 INFCE 이후로 미뤄지게 되었다.

4. 분석: 재처리 교섭의 정책결정 과정

제3장의 결론으로서 재처리 교섭 과정의 양국의 정책결정 과정 및 의견조정 과정을 비교, 정리한다. 먼저 미국의 교섭 목표 및 정책결정 과정에 대해 살펴본다.

1) 미국의 정책결정 과정과 교섭 목표의 변화

재처리 교섭에서 미국은 교섭의 기본 목표를 미국의 핵 비확산정책에 대한 일본 정부의 지지와 INFCE에서의 협력 및 플루토늄 이용계획의 연기에 두고 있었다. 교섭에서 미국이 주장한 혼합추출방식과 혼합보관방식 등은 이러한 미국의 교섭 목표를 달성하기 위한 수단이었다. 제1회 재처리 교섭(1977년 4월) 도중에 발표된 카터 정권의 핵 비확산정책에 대한 일본의 지지를 얻는 것이 최대의 목표였다. 이러한 기본 목표에 따라 미국은 도카이무라 재처리시설의 운전방식의 변경, INFCE 기간 중 새로운 재처리시설 건설계획의 연기, 고속로 개발을 위한 플루토늄 분리계획의 제한 등을 일본에 요구했다.

백악관(NSC)은 도카이무라 재처리시설의 가동은 필요시에만 한정하며, 새로운 재처리시설의 건설계획은 INFCE 기간 중에는 보류하도록 하는 것이 기본 정책이었다.[171] 그러나 미국은 일본의 원자력개발의 중요성 및 원자력 이용정책, 고속증식로 연구개발 등에 대해서는 원칙적으로 지지하고 있었다.[172] 카터 대통령이 재처리와 플루토늄 이용에 강하게 반대하고 있었기 때문에, 미국 교섭단은 재처리 교섭에서 카터 대통령의 핵 비확산정책과 일본의 핵연료 사이클 정책 사이의 균형을 잡는 것이 중요한 과제였다.

일본의 핵연료 사이클 정책을 지지하고 있었던 미 행정부(특히 국무성)로서는 카터 대통령의 핵 비확산정책 안에 일본의 원자력개발을 어떻게 자리매김하는가 하는 것이 중요한 과제였다. 즉 미국의 교섭자는 자국의 핵 비확산정책으로 인해 교섭에 상당한 제약을 받고 있었다. 미국은 핵 비확산 레짐을 강화하기 위해 일본과의 교섭에서 엄격한 핵확산 방지조치를 도입하려고 했다. 특히 미일 재처리 교섭은 카터 대통령의 핵 비확산정책이 발표된 후에 개시된 최초의 대외 원자력 교섭이었기 때문에 미국은 핵 비확산의 강화에 미일 교섭을 이용하려고 했다고 할 수 있다.

---

171) Zbigniew Brzezinski, *Power and Principle: Memoirs of the National Security Adviser, 1977-1981*, p.132.

172) White House, "Memorandum for the Secretary of State on Tokai Decision", Aug. 23, 1977; Department of State, "Memorandum for the President on Current Tokai Negotiations", Aug. 30, 1977.

교섭에서 미국이 요구한 재처리시설의 혼합추출방식으로의 전환, 혼합보관방식의 도입, 플루토늄 전환시설 및 제2 재처리시설의 건설 연기, 플루토늄의 경수로 이용의 연기 등은 모두 핵 비확산 레짐 강화정책의 일환이었다. 결국 미 국무성은 재처리로 추출된 플루토늄을 우라늄과 혼합하여 저장하는 혼합보관방식에 합의함으로서 핵 비확산 레짐을 강화하면서 일본의 핵연료 사이클 확립을 지원하는 방법을 찾아낸 것이다.

미국의 정책결정 과정을 보면 이러한 미국의 의도가 명확해진다. 재처리 교섭에는 국무성(DOS), 에너지성(DOE), 군비관리군축국(ACDA), 원자력규제위원회(NRC) 등이 관여했지만, 정책결정에는 국무성과 백악관의 국가안전보장회의(NSC)가 주로 관여했다. 카터 정권의 핵 비확산정책에 관련된 교섭은 대부분 NSC에서 논의되었다. 재처리 교섭은 카터 대통령의 중요 관심사였기 때문에 국무성보다 상위기관인 국가안전보장회의에서 주된 정책결정이 이루어졌다. 또한, 재처리 교섭은 행정부 간의 행정조치에 해당하는 교섭이었기 때문에 미 의회가 교섭과 정책결정에 직접적으로 관여할 여지는 거의 없었다. 미 의회는 일본으로부터 사용후 핵연료의 재처리나 해외 이전 신청이 있을 경우 이를 심사하는 권한만을 가지고 있었다.

미 행정부의 정책결정 과정은 다음과 같았다. 우선 국무성은 교섭의 배경, 교섭에서의 미국의 옵션, 대통령에 대한 권고 등을 정리하여 대통령에게 보고하고, 국가안전보장회의에서 교섭 방침이 논의되었다. 재처리 교섭은 카터 정권의 원자력정책의 제1의 목표였던 핵 비확산정책과 긴밀히 관련된 교섭이었기 때문에 카터 대통령의 관심도 높았다. 카터 대통령도 재처리 교섭에 관한 국가안전보장회의의 논의에 적극적으로 참가했으며 교섭 과정에도 직접 관여했다.

교섭의 방향은 교섭 대표인 스미스(Gerard Smith) 대사로부터 샤인먼(Lawrence Scheinman) 국무성 원자력담당보좌관, 나이(Joshep Nye) 국무차관보를 거쳐, 브레진스키(Zbigniew Brezezinski) 국가안전보장 문제담당 대통령보좌관에게 보고되어, 최종적으로는 국가안전보장회의에서 결정되었다. 관련 성청의 의견조정에 의해 정책이 결정된 일본과는 다르게 미국에서는 국무성과 NSC가 정책결정을 주도했다. 미일이 합의에 이른 제3회 교섭에서는 스미스 대사와 브레진스키 보좌관이 직접 전화 등으로 의견 교환하여 최종적인 정책결정을 했다.

미국의 교섭정책 결정에서 국무성과 NSC에 의한 정책결정이라는 특징 외에 한 가지 특징이 더 있다. 그것은 교섭 과정에서 미국의 중요한 교섭 목표가 바뀌었다는 것이다. 제1회 교섭부터 미국은 도카이무라 재처리시설의 혼합추출방식으로의 전환을 교섭의 제1 목표로 해왔다. 하지만 동 시설에 대한 미일의 공동조사 후, 미국은 혼합추출방식으로의 전환이 아닌 혼합보관방식으로 교섭 목표를 바꿨다. 교섭 과정에서 교섭 목표가 변화한 것이다. 물론 핵확산 방지라는 미국의 대외 원자력정책은 교섭 과정에서 일관되게 유지되었지만, 중요한 교섭 목표가 바뀐 것이다.

미국은 현실적으로 실현가능한 혼합보관방식의 확보로 정책을 전환한 것이지만, 혼합추출방식에서 혼합보관방식으로의 교섭 목표의 변화는 미일 교섭에서 미국의 영향력을 현저하게 약화시켰다고 할 수 있다. 반대로 미국의 결정력, 혹은 영향력이 약해졌기 때문에 미국이 교섭 목표를 바꾼 것이 아닌가 하는 의문도 생길 수 있다. 그러나 짧은 교섭기간 중에 일본에 대한 미국의 결정력, 혹은 영향력이 급속히 약화되는 사건 혹은 정책상의 중요한 변화는 보이지 않았다. 따라서 미국의 결정력, 혹은 영향력이 약화되었기 때문에 미국의 교섭정책이 변화했다고 하기는 어렵다.

미국이 교섭 과정에서 주된 교섭 목표를 바꾼 것은 미국이 제시한 도카이무라 재처리시설의 혼합추출방식으로의 전환을 일본이 받아들일 수 없다는 것을 미국이 인식했기 때문이었다. 재처리시설의 건설을 권유해온 미국이 가동 직전에 있는 시설의 운전방식 전환을 요구한 것은 결코 일본이 받아들일 수 없는 요구였다. 따라서 미국은 핵확산 방지를 위해 혼합보관방식이라도 관철하기 위해서 교섭 목표를 바꾼 것이다. 미일의 공동조사에서도 알 수 있듯이 미 국무성이나 미국의 원자력 관계자의 대다수도 미국이 제안한 운전방식의 전환은 일본이 받아들이기 힘든 요구라고 생각하고 있었다.[173] 교섭의 결과 상업이용을 기본으로 하지만 실험시설의 역할도 병행하는 타협으로 합의에 이르렀다.

이러한 타협이 가능해진 것은 재처리와 플루토늄 이용을 금세기 중에는 봉쇄하려고 한 카터 대통령의 정책과 도카이무라 재처리시설의 운전 개시를 2, 3년 정도 늦추려고 했던 국무성의 정책 사이에 차이가 있었기 때문이기도 하다. 카터 대통령의 강한 희망에도 불구하고, 국무성의 원자력 전문가 및 교섭담당자는 일본의 재처리시설의 가동을 금세기 중에 허가하지 않는 것은 현실상 어렵다고 판단한 것이다. 오히려 이 이상의 강한 압력을 행사하면 일본이 미국을 멀리할 우려가 있었다.

핵 비확산 레짐을 강화하려는 미국에게 일본과의 협력관계의 유지는 매우 중요했다. 그러나 카터 대통령의 강한 요망이 있었기 때문에 국무성은 혼합추출방식으로의 전환은 사실상 무리였지만 일본에 강요한 듯이 보인다. 또한 재처리 교섭은 도카이무라 시설의 운전 개시를 위한 교섭이어서 미 의회가 직접 교섭에 관여하지 않았다. 따라서 국무성이 교섭 과정에서 교섭 목표를 바꾸는 것도 비교적 쉬

---

173) 『每日新聞』 1977.7.12.

웠다고 할 수 있다. 이 점에 대해서는 1982년부터의 교섭과 함께 제6장에서 상세히 분석하겠지만, 교섭 과정에서의 교섭 목표의 변화는 교섭 과정 및 교섭 결과에 크게 영향을 미쳤다고 할 수 있다.

2) 일본의 정책결정 과정과 의견조정 과정

재처리 교섭에서 일본의 정책결정 과정을 분석하기 전에 먼저, 재처리 교섭에 관계했던 일본의 교섭행위자의 상호관련성을 정리해 본다. 그것은 국무성이 교섭을 주도했던 미국과는 달리 일본에서는 다양한 교섭 관련 행위자의 의견조정에 의해 교섭 방향이 결정되었기 때문이다.

재처리 교섭에 관련된 일본의 주요기관은 과기청, 통산성, 외무성, 원자력위원회이며, 각 기관의 교섭 관련 분야를 정리하면 다음과 같다. 핵연료 사이클의 확립 및 플루토늄 이용을 포함한 원자력 연구개발 등의 원자력정책을 책정, 시행하는 과기청은 교섭의 거의 전 분야에 관련성을 가지고 있다. 과기청은 도카이무라 시설을 운영하는 핵연료개발사업단(動燃)을 중심 연구기관으로 두고 있으며, 고속증식로, 신형전환로를 포함한 원자로 및 핵연료의 개발, 재처리기술의 확립 등 관련 기술의 개발과 시설 운영에 중점을 두어 왔다. 과기청은 재처리 교섭의 대상이었던 도카이무라 시설의 가동방식과 플루토늄 이용계획에 직접적으로 관련된 기관이다.

한편 통산성은 원자력발전소의 상업운영에 관한 권한을 가지고 있으며, 통산성의 자원에너지청이 원자력 관련 부문을 담당하고 있다. 통산성 산하에 있는 전력업계도 핵연료 사이클 계획 전반과 깊은 관계에 있다. 천연 우라늄의 구입에서 재처리에 이르기까지 핵연료 사이클의 모든 과정에 전력회사가 관계하고 있기 때문이다. 재처리 교섭 당시 통산성은 미국의 플루토늄 추출방식의 전환과 경수로에서의 플루토늄 이용 금지에 대해서는 과기청과 의견이 일치했지만, 혼합추출방식으로의 전환 등 미국의 요구에 최소한의 공감은 가지고 있었다. 통산성은 전력업계와 마찬가지로 재처리에 대해서 국산기술의 확립보다는 해외기술의 이용을 선호하여, 도카이무라 시설의 이용보다 영국, 프랑스에서의 재처리에 지장이 없어야 한다는 노선을 가지고 있어 과기청과 대립해 왔다. 그러나 통산성과 전력업계도 재처리의 필요성에 대해서는 과기청과 같은 인식을 가지고 있었기 때문에 미국의 요구를 전면적으로 수용하는 것은 불가능했다.

교섭 관련 기관의 하나인 외무성은 교섭의 공식 창구였다. 재처리 교섭 당시 외무성의 과학기술담당 부서는 1968년에 설치된 과학과였다. 과학과는 미일, 미영 원자력협정 등을 담당했지만, 1979년에 과학기술심의관과 원자력과가 신설되어 원자력협정과 원자력 국제협력 등은 원자력과가 주관하고, 과학기술심의관이 원자력 관련 교섭을 지휘하도록 되었다. 외무성은 미일 원자력 교섭에서 미일 원자력 협력관계뿐만 아니라, 일본의 원자력 이용계획, 미일 관계 및 국제관계의 흐름 속에서 미일 원자력 교섭을 자리매김하고 있어, 단지 원자력 분야뿐만 아니라 보다 넓은 시각에서 미일 원자력 교섭을 파악하고 있었다. 또한 민간기업의 이익보다 국가의 원자력 개발이용계획이 직접적으로 관련되어 있는 교섭이라는 인식을 교섭담당자가 가지고 있었다.

그러나 재처리 교섭 때 외무성의 역할은 크지 않았다. 그것은 재처리 교섭이 행해진 1977년은 아직 외무성에 원자력과가 신설되기 전이었고, 재처리 교섭이 플루토늄 추출방식 등의 기술적 측면을 포함하고 있는 교섭이었기 때문에 외무성 과학과가 단독으로 진행할 수 성격의 교섭이 아니었기 때문이다. 다만 원자력위원 중 한 명은 외무성 출신이 맡고 있었으며, 재처리 교섭의 제2회 교섭 대표였던 니이세키 긴야(新関欽哉) 원자력위원도 외무성 출신이었다.174)

이 때문에 재처리 교섭에 본격적으로 나선 것이 원자력위원회였다. 원자력위원회는 발족 당시부터 다양한 원자력 교섭에 관여해왔다. 재처리 교섭은 원자력위원회가 키워온 일본 독자의 재처리시설의 가동을 위한 교섭이었고, 플루토늄 이용 등 국가의 핵연료 사이클 계획에 직접적으로 관련된 교섭이기 때문이다.

재처리 교섭 전에 원자력위원회는 일본의 공식 견해가 되는 대미 교섭의 지침을 결정했다. 그것은 (1) 일본은 미국의 핵 비확산정책에 전면적으로 협력한다 (2) 일본은 원자력을 평화목적에 한정하고 있으며, 도카이무라 시설은 예정대로 가동시킨다 (3) 플루토늄 이용에 대한 국제사찰기술을 개발하기 위해 동 시설을 IAEA와의 국제공동실험장으로 할 용의가 있다 (4) 동 시설에서 회수하는 플루토늄은 고속증식로 실험로 조요(常陽) 등 신형원자로의 연료로서 사용하지만, 잉여 플루토늄은 국제관리 하에 둘 용의가 있다 등이었다.175)

재처리 교섭의 제2회 교섭에서는 니이세키 긴야(新関欽哉) 원자력위원이 교섭 대표가 되는 등 원자력위원회는 적극적으로 교섭에 관여했다. 핵연료개발사업단(動燃)의 재처리시설은 원자력위원회가 핵연료 사이클 확립을 위한 직접적으로 관여해 온 시설이다. 이 시설의 운전 개시에 관한 교섭이며 플루토늄 추출방식에 관한 논의가 중요한 논점인 교섭이기 때문에 원자력위원이 교섭 대표를 맡게 된 것이다.

---

174) 원자력위원 중 한 명은 통상적으로 외무성 출신이 임명된다. 따라서 원자력위원회의 결정 중에 외무성의 의견이 반영되는 일도 충분히 있을 수 있다. 그러나 원자력위원회의 실무는 과기청이 담당하고 있으며, 위원장은 과기청장관이기 때문에 과기청의 의견이 주로 반영된다.
175) 『每日新聞』 1976.12.31; 石川欽也, 『原子力委員会の闘い』, 180~184쪽.

이상의 4개 기관이 교섭에 주로 관여하고 있었지만, 교섭의 성격상 과기청과 원자력위원회가 정책결정의 중심이 되었다. 도카이무라 재처리시설을 운영하는 핵연료개발사업단(動燃)이 속한 과기청이 일본 측 대응의 중심이 되고 원자력위원회가 교섭을 지휘하는 형식이었다.

　재처리 교섭에서 일본의 정책결정 과정을 살펴보면, 교섭에서 일본이 선택을 강요당한 것은 크게 세 가지로 (1) 도카이무라 재처리시설의 플루토늄 추출방식 (2) 추출 후의 플루토늄의 보관방식 (3) 동 시설의 성격이었다. 먼저 미국의 최대 요구였던 플루토늄 추출방식에 대해서는 미국이 요구한 혼합추출방식으로 전환하지 않고, 기존 처리방식인 단체추출방식을 지킬 수 있었다. 추출 후의 플루토늄 보관방식에 대해서는 미국이 요구한 혼합추출방식을 피하기 위해 일본은 혼합보관방식을 받아들이는 양보를 했다.

　세 번째의 도카이무라 재처리시설의 성격에 대해서 미국은 동 시설의 성격을 상업적 재처리시설에서 기술적인 실험시설로 바꾸고 그 한도 내에서 가동할 것을 요구했지만, 그 요구는 일본이 받아들일 수 없는 요구였다. 혼합추출방식으로의 전환과 같이 시설의 성격을 실험시설로 하는 것은 일본의 원자력 프로그램을 부정하는 것으로 인식되었다. 이에 대해 일본은 우선 재처리시설을 실험시설로 정의하여 시운전을 시작할지, 혹은 계획대로의 가동을 단념하더라도 상업이용 시설로서 본격 운전을 목표로 교섭을 속행할지의 선택을 해야 했다. 결국 일본은 도카이무라 재처리시설의 공동조사, 혼합보관방식의 도입, INFCE에서의 협력 등으로 국무성의 이해를 얻어 재처리시설을 상업이용 시설로서 본격 운전하는 것을 가능하게 했다.

　재처리 교섭에서 미국의 재처리 및 플루토늄 이용 금지 정책에 일본이 전면적으로 대항할 수 있었던 것은 미국의 요구가 도카이무라 재처리시설의 전면 개조라는 받아들이기 어려운 요구였다는 것 외에도 일본 국내의 결속을 들 수 있다. 원자력 정책결정 과정에 통산성과 과기청의 의견 대립은 있었지만, 그 대립이 교섭 과정의 정책결정에 영향을 미치지 않았기 때문이다. 혼합추출방식의 도입에 따른 시설의 개조는 받아들일 수 없다는 합의가 교섭 전에 이미 성립하였기 때문이다. 또한, 1977년 일본의 국내 상황도 교섭 태도에 영향을 끼쳤다. 국내적으로는 1977년 4월 고속증식로의 실험로 조요(常陽)가 임계에 도달하여, 핵연료 사이클 확립에 큰 진전을 보였다. 이러한 상황에서 실질적인 재처리 금지를 의미하는 플루토늄 추출방식의 전환 요구에는 응할 수 없었던 것이다.

또 하나의 국내적 요인은 원자력위원회의 역할이다. 도카이무라 재처리시설을 사실상 건설, 감독해 온 원자력위원회는 상업적 운전 금지, 시설의 전면 개조는 핵연료 사이클 확립을 위해서 받아들일 수 없다고 판단했다. 게다가 INFCE가 재처리 및 플루토늄 이용 등에 관한 국제적인 틀을 만들기 전에 일본만이 불리한 제약을 받는 것은 피해야 하는 상황이었다. 이러한 국내, 국제적 요인이 일본의 정책선택지를 제한하여, 재처리 및 플루토늄 이용 금지를 골자로 하는 미국의 요구를 받아들일 수는 없었다. 따라서 통산성이나 전력업계는 미국의 요구를 수용하여 빠른 시일 안에 교섭을 타결시키려는 생각도 있었지만, 그것이 교섭정책 결정 과정에서 수용되지는 못했다.

또한 재처리 교섭에는 두개의 큰 특징이 있다. 하나는 '트랙 투(Track Two) 교섭'[176]이라고 불리는 교섭 스타일이다. 일본은 공식

---

176) 정부의 공식대표단의 교섭(Track One)을 전제로, 교섭에 관련된 관료, 학자, 기업인 등에 의해 이뤄지는 별도의 교섭을 'Track Two 교섭'이라고 한다. 교섭에 따라서는 Track Two 레벨의 교섭에서 원칙적으로 혹은 실질적인 합의에 이르는 케이스도 많다고 한다. Track Two 교섭에 대해서는 今井隆吉, 『科学と外交』中公新書(中央公論社, 1994).

교섭에 참가하고 있던 이마이 류키치(今井隆吉) 외무성 고문과 오오타 히로시(太田浩) 대사가, 미국은 나이 국무차관보와 샤이먼 국무성 원자력담당보좌관, 백악관의 안전보장담당인 마이클 아마코스트(Michael Armacost, 후의 주일대사)가 비공식 교섭에 임했다.[177]

1977년 3월 후쿠다(福田) 총리의 방미 준비를 겸하여 시작된 이 비공식 교섭은 미일이 합의에 이른 1977년 가을까지 이어졌다. 비공식 교섭에서 일본은 (1) 에너지의 대부분을 수입에 의존하고 있는 일본은 에너지 안전보장이란 관점에서 플루토늄을 상업이용할 권리가 있다 (2) 원자력 에너지의 평화적 이용은 미국의 대외 원자력정책이며 미국은 플루토늄의 상업이용을 장려해왔다 (3) 비핵보유국의 플루토늄 상업이용에 압력을 가하는 것은 다국 간 조약의 일방적인 해석 변경이어서 국제법상으로도 인정할 수 없다고 주장했다.[178]

그러나 당시 미국은 한국과 파키스탄의 재처리 계획을 강제적으로 중지시킨 직후였고, 일본과 독일에게만 특별대우를 하는 것은 불가능하다는 입장이었다. 결국 이 비공식 교섭은 공식 교섭의 마지막 단계까지 지속되어, 일본만 특별대우를 받는 것처럼 보이지 않도록 하는 것으로 결론지었다. 즉 재처리 교섭은 비공식 교섭에서 합의된 내용을 공식(Track One) 교섭에서 구체화하는 형태로 교섭이 진행되었다고 할 수 있다.

또 하나의 특징은 미일의 정책결정 구조에 관한 것이다. 미국은 카터 대통령이 교섭단에 직접 지시를 내리는 등 교섭에 직접적으로 관여했으며, 또한 교섭에 임한 행정부 간의 의견의 큰 차이는 없었

---

177) 비밀 교섭의 계기는 나이 국무차관보와 이마이 고문이 하버드대학 시절부터의 지인이기 때문이었다고 한다. 今井隆吉, 『科学と外交』, 188~189쪽; 自主技術研究会, 『日本の原子力技術』, 139~140쪽.
178) 今井隆吉, 『IAEA査察と核拡散』, 112쪽.

다. 카터 대통령의 핵 비확산정책과 국무성의 대일 교섭 자세에 약간의 차이가 있었던 것은 사실이지만, 그 차이가 국무성이 주도하는 교섭에 지장을 초래할 정도는 아니었다. 그러나 일본의 정책결정 과정에 후쿠다(福田) 총리의 관여가 거의 없었던 것[179]은 물론, 교섭 관계 부서인 통산성과 과기청의 의견 대립이 있었다.

통산성은 미국에 의한 약간의 제약은 어쩔 수 없으니 조속히 교섭을 마무리하여 해외에서의 재처리에 지장이 없도록 해야 한다고 과기청과 대립했다. 도카이무라 재처리시설에 대한 미일의 공동조사 직전에 외무성의 오오카와 요시오(大川美雄) UN국장이 우노 소스케(宇野宗佑) 과기청 장관을 방문하는 등 공동투쟁의 자세를 보였지만, 통산성은 사용후 핵연료의 영국, 프랑스에서의 재처리계약이 미국의 압력으로 무산되는 것을 우려하여, 외무성과 과기청에 협조적이지 않았다.[180]

이러한 통산성과 과기청의 대립은 민간의 요청에 의해 원자력위원회에 '원자력 국제문제 등 간담회'가 만들어지는 배경이 되었지만,[181] 과기청과 통산성의 의견 대립은 과기청과 원자력위원회의 교섭 주도에 의해 심각하게 표면화하는 일은 없었다. 통산성은 미국의

---

179) 1977년 7월에 열린 핵연료대책특별회의에 후쿠다 총리가 출석한 적은 있지만, 후쿠다 총리의 관여는 그뿐이었기 때문에 총리가 교섭 과정에 깊이 관여했다고 하기는 어렵다.
180) 石川欽也, 『原子力委員会の闘い』, 191~192쪽.
181) 원자력위원회의 동 간담회는 재처리 교섭 때, 과기청(도카이무라 중심)과 통산성(로카쇼무라 중심)의 대립이 있었으며, INFCE 등의 원자력 국제문제에 대한 관계성청과 민간의 대응이 제각각이었기 때문에 설치되었다. 이 간담회는 민간(경단련회장, 일본 원자력산업회의 회장 등)이 후쿠다 총리에게 직접 제안하여, 1978년 3월 설치되었다. 간담회의 운영은 관계성청 및 민간의 실무자로 구성된 간사회(사무국은 일본원자력산업회의)에 의해 의제를 준비하는 특별한 체제로 진행되어, 민간과 관계성청 간의 의견조정 역할을 했다. 동 간담회에 대해서는 日本原子力産業会議, 『原子力 いま』 下, 166쪽.

요구에 공감하는 부분도 있지만, 재처리에 대한 일본의 주장이 미국에 의해 받아들여지는 형태의 합의가 최선이라고 판단했기 때문이었다. 결국 통산성의 주장은 정책결정 과정에서 분열을 초래하지 않았고, 일본 국내의 내부 결속은 유지되었다고 할 수 있다.

일본의 정책결정 과정에는 정부와 전력업계와 민간과의 협의 조직인 '원자력 국제문제 등 간담회' 외에도, '핵연료 재처리문제 위원회'가 만들어져, 행정과 민간의 리더가 협의하는 장이 마련되었다. 이러한 협의에서 양측은 일본의 재처리계획은 예정대로 추진되도록 교섭에서 강하게 주장할 것 등이 재확인되었다. 또한 교섭 기간 중의 협의에서도 정부기관은 기존의 추출방식의 변경을 바라지 않는 전력업계의 요망을 전면적으로 수용하여, 도카이무라 재처리시설의 추출방식변경에는 응하지 않는 자세를 굳혔다. 이러한 관과 민의 협력이 일본의 강한 교섭 자세의 기반이 된 것이다.

행정과 민간과의 협의의 장과는 별도로 정부 레벨에서는 외무성, 통산성, 과기청 장관에 의한 '핵연료특별대책회의'가 재처리 교섭 전에 조직되었다. 도카이무라 재처리시설의 미일 공동조사(1977년 6월~7월)가 끝난 후의 1977년 7월의 회의에는 후쿠다(福田) 총리도 출석하여 교섭 방침이 논의되었다. 이 회의에서는 제3회 미일 교섭이 정치적인 논의가 될 것을 예상하여, 우노 소스케(宇野宗佑) 과기청 장관을 제3회 교섭 대표로 하는 방침 등이 결정되었다. 원자력의 평화이용에서 핵보유국과 비보유국 간의 불평등은 있어서는 안 된다, 일본은 핵 비확산을 위한 미국의 정책에는 협력하지만, 핵 비확산을 위한 정책은 원자력의 평화이용 노력과 양립해야 한다, 도카이무라 재처리시설은 7월의 운전 개시에 구애되지 않고 교섭을 계속한다 등이 교섭 방침으로 결정되었다.[182]

이 회의는 제3회 교섭 직전에도 열려 기존 방식으로 2년간 시험운전의 재처리 승인을 얻는다, 핵확산방지를 추진하기 위해 재처리시설의 운전실적 데이터를 INFCE에 제출한다, 기존 방식으로의 가동과 병행하여 신 추출방식 연구를 계속하여, 실용화의 목표가 서는 단계에서 새로운 방식의 채택을 검토한다 등의 교섭 방침을 결정했다.[183] 또한 도카이무라 재처리시설의 미일 공동조사가 끝난 직후에는 재처리를 위한 사용후 핵연료의 반입을 재확인 하는 등 일본의 강경한 자세를 대변해 왔다.

원자력산업계의 중심단체로서 일본원자력산업회의도 활발히 움직였다.[184] 재처리 교섭의 제3회 교섭이 진행되기 전인 1977년 8월, 일본원자력산업회의의 아리사와 히로미(有沢広巳) 회장은 우노 과기청 장관을 방문하여, 원자력산업회의의 '핵연료 정책에 관한 간담회'의 제안을 정리하여 직접 건넸다. 그는 일본의 핵연료 사이클의 확립이라는 원자력 프로그램에 장애가 발생하지 않도록 미일 교섭을 진행할 것을 요청했다.

제안의 요지는 핵연료개발사업단(動燃)의 재처리시설은 핵연료 사이클에 관한 기술개발의 중심 시설이며, 플루토늄을 생산하기 위해서는 불가결한 시설이다, 영국, 프랑스와의 재처리계약 및 제2 재처리시설의 건설도 늦어져서는 안 된다, 플루토늄의 고속증식로에서의 사용이 목표지만, 신형전환로 및 경수로에서의 플루토늄 사용에 관한 기술개발을 계획적으로 진행해야만 한다 등이었다.[185]

---

182) 『毎日新聞』 1977.7.12; 日本原子力産業会議 『原子力 いま』 下, 389쪽; 『読売新聞』 1977.4.25.
183) 『毎日新聞』 1977.8.26.
184) 일본원자력산업회의는 원자력 관련 기업체가 주체가 되어 효과적이고 기능적인 체제 아래서 원자력 개발을 촉진하려는 취지로 1956년에 설립되어, 원자력 업계의 대변기관으로서 역할을 해왔다.
185) 간담회의 멤버는 경단련 에너지위원회 위원장, 자민당 에너지부 회장, 전 주미 대사 등 9명으로, 일본의 원자력산업에 관련된 정계, 관료, 재계, 민간의 리더로

또한 일본원자력산업회의의 핵 비확산연구회도 민간 그룹으로서 다양한 기능을 하고 있었다. 핵 비확산연구회는 원자력위원회의 '원자력 국제문제 등 간담회'처럼 민간과 교섭단과의 의견 교환이 이뤄지는 장이었다. 핵 비확산연구회는 카터 정권의 핵 비확산정책에 대한 대응의 일환으로 만들어진 것으로, 민간과 학자, 관련성청과의 의견 교환의 장으로서 이용되어, 핵 비확산 문제의 이해, 상황인식의 공유에 기여했다. 그 외에도 민간그룹으로는 INFCE에 대응하기 위해 만들어진 INFCE그룹과 국제에너지포럼 등이 의견조정 과정에 관계했다.

재처리 교섭에서 양국의 정책결정 과정을 결론적으로 정리하면, 미국은 국무성과 NSC가 정책결정에 깊이 관여했고, 주로 국무성이 교섭정책을 결정했다. 교섭에 대한 미 의회의 간섭도 거의 없었으며, 카터 대통령의 요청이었던 혼합추출방식 대신 혼합보관방식의 도입을 결정한 것도 국무성이었다.

일본에서는 복수의 교섭행위자가 정책결정에 관여했다. 과기청, 통산성, 외무성의 세 성청 외에도 원자력위원회나 민간도 정책결정에 참가했다. 또한 국내의 의견조정 과정에서 과기청과 원자력위원회, 통산성과 전력회사, 민간의 대응 정책 등에 차이가 있어, 교섭창구였던 외무성 등의 교섭자의 정책선택지를 제한했다. 다수의 교섭행위자가 교섭에 관여하여 일방적인 양보를 강요하는 미국에 대해 강하게 반발하는 것이 가능했던 것이다. 미국의 요구에 비교적으로 우호적이었던 통산성의 의견이 일본의 교섭정책에 충분히 반영되지 않은 이유는 의견이 서로 다른 다수의 교섭행위자가 정책결정에 참가한 것에서 알 수 있다. 정책결정 과정에서의 다수의 교섭행위자의

구성되어 있다. 이 제안에 대해서는 『日本経済新聞』 1977.8.19.

관여는 일본의 대응 자세를 강경히 한 원인의 하나가 되었다.

또한, 교섭에 대한 국제 레벨의 영향에 주목하는 것은 양국의 교섭자나 국내 레벨과 동일하게 국제 레벨도 교섭에 크게 영향을 미치고, 또 그 영향을 받는다는 것이다. 재처리 교섭에서도 이러한 점을 지적할 수 있다. 미국이 요구한 혼합추출방식과 혼합보관방식은 기본적으로는 핵 비확산 레짐을 유지, 강화하려는 정책의 일환이었다. 재처리 교섭 제1회 교섭에서 미국이 혼합추출방식으로의 전환이라는 요구를 한 것도, 그 후에 혼합보관방식으로 교섭 목표를 바꾼 것도 이러한 핵 비확산 레짐의 제약이었다고 할 수 있다. 따라서 국제 레벨에서의 제약은 미국의 정책결정 과정에서 미국의 국내정치 및 국내 원자력산업계의 영향보다 강하게 작용했다고 할 수 있다.

일본에서도 핵 비확산 레짐과 같은 국제 레벨의 영향은 일본의 정책선택에 강하게 작용했다. 당시 일본은 원자력산업의 다양한 영역에서 미국의 통제를 받고 있었고, 미국의 요구를 거부하기는 어려운 상황이었다. 그러나 혼합추출방식이라는 미국의 요구에 강하게 반발할 수 있었던 것은 일본의 정책결정 과정의 특징 외에도 일본이 NPT나 IAEA 같은 핵 비확산 레짐에 충실한 국가였다는 것에서도 찾을 수 있다.

일본은 NPT와 IAEA의 의무를 성실히 수행해 왔기 때문에, NPT와 IAEA의 틀을 넘는 미국의 요구에는 응할 수 없다는 정책선택이 가능했다는 것이다. 일본의 정책결정 과정에서 미국의 통제를 받고 있다는 약점보다 핵 비확산 레짐에 충실한 국가라고 하는 자신감이 더 강하게 작용한 것이다. 이러한 점에서 재처리 교섭에서의 국제 레벨의 영향은 국내 레벨과 교섭자 레벨보다 강하게 작용했다고 할 수 있다. 이 점은 협정 개정 교섭의 분석과 함께 제6장에서 다시 다룰 것이다.

제4장
재처리 교섭에서 협정 개정으로
: 협정 개정 교섭

4장 재처리 교섭에서 협정 개정으로
: 협정 개정 교섭

1. 교섭의 경위: 재처리 교섭 후의 미일 원자력 관계 및 신 협정

1977년 9월 도카이무라 재처리시설이 운전을 개시했다. 재처리 교섭 후 도카이무라 시설은 재처리 양과 운전기한을 조건부로 하여 가동해왔다. 재처리 교섭 후에도 1988년 신 미일 원자력협정이 성립하기까지 동 시설의 운전기한 연장을 위해서 미일 교섭이 수차례 진행된 것은 이미 언급하였다. 자주적인 핵연료 사이클 확립을 지향하고 있는 일본은 미국의 동의를 원활하게 취득하는 것에 큰 관심을 가질 수밖에 없었다.

한편 미국에서는 1978년에 성립한 핵 비확산법에 의거하여 각국과의 원자력협정을 개정하는 것이 행정부에 요구되고 있었다. 도카이무라 재처리시설과 관련하여 일본은 재처리 문제만의 영구적인 해결을 바라고 있었지만, 미국은 미일 원자력협정의 개정 교섭을 포함한 미일 원자력 관계 전반의 조화라는 관점에서의 해결을 생각하고 있었다. 그러나 일본은 현행 협정에 대체로 만족하고 있고, 협정의 유효기간이 2003년까지였기 때문에, 재처리 및 재처리를 위한 사용후 핵연료의 해외 이전에 대한 미국의 동의를 간편하게 얻어내는 것만으로 충분하다고 판단하고 있었다.

일본에서는 외국과의 조약(또는 협정)의 중요한 개정을 할 경우, 조약 자체의 개정이 아닌 부속문서의 수정 혹은 조약보다 낮은 수준의 실시약정으로 변경하는 방법을 이용하기도 한다. 특히 민감한 분야인 원자력 문제에 대해서 국회의 비준을 필요로 하는 협정 개정보다 국회에 관련 문서를 제출하면 되는 실시약정 형태의 해결이 담당 부서나 관료에게는 편리한 방법인 것이다.

그러나 미국은 재처리 문제는 미일 원자력협정의 중요한 규제 대상이며 실시약정도 국회의 비준이 필요하기 때문에, 재처리 문제만의 해결이 아닌 원자력협정의 개정을 통한 재처리 문제의 해결을 주장해 왔다. 인도의 핵실험을 계기로 만들어진 강화된 핵 비확산정책을 협정에 도입하려 했기 때문이다.

재처리 교섭에 나타난 이러한 미일의 차이는 1982년부터의 협정개정 교섭에 다시 나타나게 된다. 레이건 정권은 재처리 문제에 대해서 카터 정권보다는 유연한 정책을 취했다. 그러나 재처리시설을 가동하기 위해 혹은 운전기간이나 재처리 량에 대해 그 때마다 미국의 허가를 받아야 하는 상황에서 일본은 하루라도 빨리 이 문제를 해결해야 했다.

1981년 5월, 스즈키·레이건 정상회담에서 재처리 문제의 조속하고 항구적인 해결이 합의되었고, 1982년 6월 나카가와 이치로(中川一郎) 과기청 장관의 방미 시에 재처리에 관해 '포괄동의 방식'에 의한 해결을 위한 협의 개시가 합의되었다. '포괄동의 방식'이란 재처리를 할 경우의 사전동의권 등 핵물질 등에 관한 공급국 정부의 규제권을 사안(케이스) 별로 행사하는 것이 아니라, 미리 일정의 조건(그러한 활동을 실제로 행하는 시설 명을 미리 지정해 두는 것 등)을 정하여 그 조건 내의 재처리 등의 활동을 일괄해서 승인하고, 개별로 규제권을 행사하지 않는 방식이다. 기존의 사전동의 방식에 원료의 구입에서 농축, 발전(고속증식로를 포함), 재처리, 운송, 폐기물 처리 등 전 과정의 프로그램을 사전에 제시하는 'programmatic approach'를 추가하여 사전에 포괄동의를 얻는 방식이다.

1982년 8월 정부 간 협의가 시작되었다. 그러나 신 규제를 원자력협정에 도입하는 협정 개정을 바라는 미국에 대해 일본은 협정 개정이 아닌 기존 협정에 포괄동의를 도입하려 하여 교섭의 진전은 없었다. 1982년부터의 교섭이 협정 개정 문제 등으로 정체되어 있던 1985년 가을, 일본은 협정 개정을 받아들여 교섭은 급진전되었다.

1982년 8월의 제1회 교섭에서 1986년 6월의 제15회 교섭까지 정식 협의와 수차례에 걸친 비공식 협의를 거쳐, 1987년 1월 합의에 도달하였고, 같은 해 11월 정식으로 서명했다. 그 후 양국에서 신 협정의 비준, 국내법 정비 등 필요한 국내 절차가 끝난 후인 1988년 7월, 신 미일 원자력협정이 발효되었다(〈표 4-1〉 미일 원자력협정의 개정 교섭 과정 참고).

신 협정에서는 회수 플루토늄의 일본에의 국제운송에 대해 동 협정의 부속서 5의 지침에 따라 행해지는 항공운송이 포괄동의의 대상이 되었다. 신 협정이 양국에서 비준된 후 해상운송도 포괄동의의 대상으로 하고, 회수 플루토늄을 안정적으로 반환하기 위한 교섭이 진행되었다. 1988년 10월, 부속서 5가 수정되어 해상운송을 위한 지침이 추가되었다. 신 지침에 따라 해상운송도 포괄동의의 대상이 되었다.[186]

---

186) 〈표 4-3〉 플루토늄 국제운송 가이드라인(협정 부속서 5)을 참고.

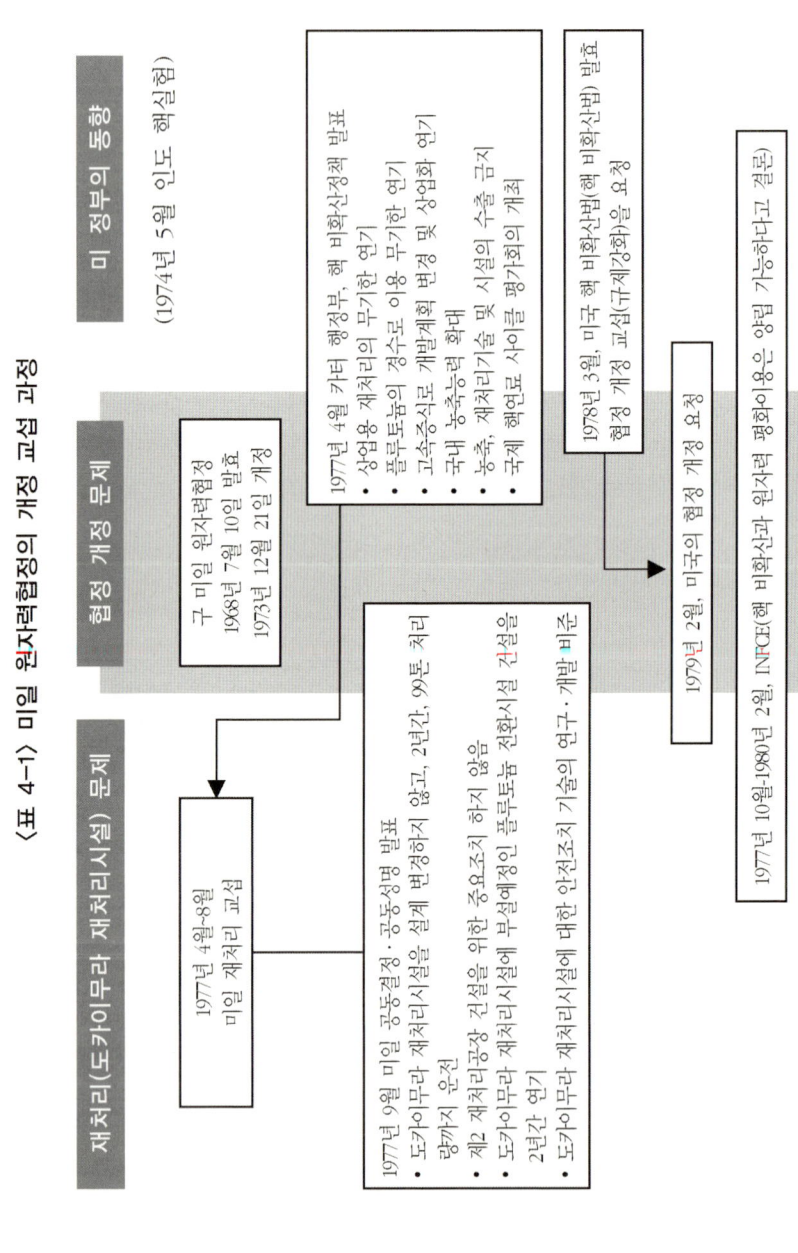

〈표 4-1〉 미일 원자력협정의 개정 교섭 과정

148 일본의 대미 원자력외교: 미일 원자력협상을 둘러싼 정치과정

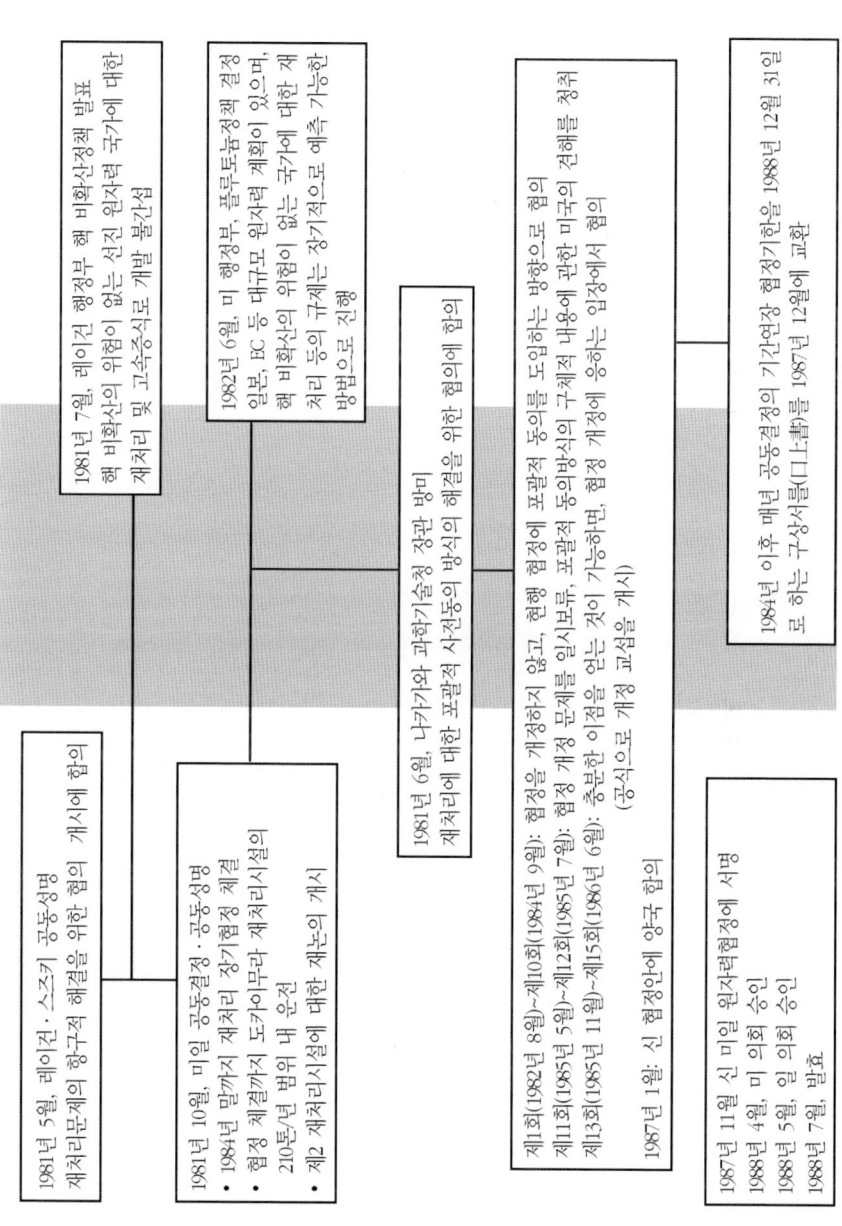

제4장 재처리 교섭에서 협정 개정으로 : 협정 개정 교섭 149

1982년 8월부터의 미일 원자력 교섭(제2차 교섭)은 재처리 교섭(제1차 교섭)과 분리할 수 없는 긴밀한 관계에 있다. 제2차 교섭은 제1차 재처리 교섭에서 처리하지 못하고 남긴 재처리 문제의 항구적인 해결을 도모하기 위해 시작된 교섭으로 1977년 4월부터의 재처리 교섭의 후속 교섭이었다. 즉, 제2차 교섭은 재처리문제의 항구적인 해결에서 시작되어 미국의 사전동의를 포괄화하여 협정에 도입하기 위한 교섭이라는 점에서 재처리 교섭의 연장선상에 있다고 할 수 있다.

2. 협정 개정 교섭(1982년 8월~1986년 6월)

재처리 교섭이 일단락 된 후인 1979년 2월, 미국은 핵 비확산법에 근거해서 미일 원자력협정 개정을 요청하였고 도쿄에서 미일 협의가 시작되었다. 일본은 기존 협정에 대체로 만족하고 있었기 때문에 협정 개정 교섭에 응할 필요는 없었다. 하지만 핵 비확산법에 의한 협정 개정 교섭을 해야 하는 미국의 사정을 이해했기 때문에, 미국의 제안에 응하여 협의에 동의했다. 외무성은 미일 협의에 동의한 것이 협정을 개정하자는 미국의 제안에 동의한 것은 아니라는 입장을 명확히 하였다.

미일 협의는 일본이 신 협정안에 대해 미국의 설명을 듣는 형태로 진행되었다. 미국이 요구한 주요한 협정 개정 내용은 20% 이상의 우라늄 농축에 대한 사전동의, 핵물질 방호조치(도난 방지 조치, 핵 탈취 대책) 및 보장조치의 강화 등이었다. 일본은 기존 협정의 유효기간이 2003년까지로 아직 20년 이상 남아있는 점, 미국이 요구하는 신 규제는 미국의 국내법인 핵 비확산법이 요구하는 규제이기 때문에 국내법에 의거한 국제조약의 개정 요구에는 응하지 않는다는 자세를 명확히 했다.187) 일본은 현행의 미일 협정이 미·유라톰 협정과 비교해서 보장조치의 적용, 플루토늄의 운송에 대한 개별적 사전동의 등에서 이미 엄격하며, 당분간은 미·유라톰 간의 교섭 과정을 지켜보면서 본격적인 협정 개정 교섭에는 들어가지 않았다. 미일 협의는 미·유라톰 협의와 마찬가지로 중단되었다.

1981년의 스즈키·레이건 정상회담에서 도카이무라 재처리시설의 계속 운전, 제2 재처리시설의 건설 등 재처리 문제의 항구적 해결에 합의하였다. 스즈키 수상의 방미에 대비해서 국무성은 재처리 문제의 항구적 해결이 바람직하다는 보고서를 레이건 대통령에 제출하였다. '원자력정책 문제(Nuclear Policy Issues)'라는 보고서는 일본은 재처리를 위한 사용후 핵연료 이전에서 개별동의를 제거하는 것을 바라고 있고, 재처리, 플루토늄 이용, 사용후 핵연료 처리 등에 대해서 미국의 대일정책이 변화하는 것을 기대하고 있는 점, 미국은 최대 동맹국인 일본을 위해 새로운 정책을 개발할 필요가 있다고 권고하고 있다.188)

국무성은 재처리에 관한 장기협정을 맺고, 일본의 상업적 재처리가 계획대로 진행될 수 있도록 대통령에게 권고했다.189) 국무성은 유라톰, 일본과의 교섭실패 후, 협정 개정 교섭에 유라톰과 일본을 복귀시키기 위해, 또 카터 정권 이래 실추되고 있는 미국에 대한 신뢰를 회복하기 위해 이러한 방침을 제안했다고 생각된다. 그러나 유라톰과 일본이 협정 개정을 거부하고 있으며, 의회가 장기적인 사전

---

187) "Prepared Statement of Hon. Richard T. Kennedy, Ambassador at Large, Department of State", U.S. Congress, House Committee on Foreign Affairs, *US-Japan Nuclear Cooperation Agreement, Hearings: Dec. 16, 1987; Mar. 2, 1988*, pp.33~56.
188) Department of State, "Briefing Paper on Nuclear Policy Issues", MAR.00, 1981.
189) Department of State, "Memorandum for the President on Visit of Japanese Prime Minister Zenko Suzuki, May 6-9, 1981" Apr.22, 1981.

승인에 대해 반대하고 있는 점 등을 고려하면 국무성의 이러한 권고는 일종의 도박이기도 했다.

미 국무성이 포괄적 사전동의 방식의 도입을 포함한 재처리, 플루토늄 이용정책을 대통령에 권고한 이후인 1982년 6월, 나카가와 과학기술청 장관이 도미하여 재처리에 대한 포괄적 사전동의 방식으로의 해결을 위해 협의하기로 합의했다고 발표했다. 그러나 기존 협정의 틀 안에서의 협의인지, 협정 개정을 전제로 한 교섭인지는 미해결 상태였다. 실무 수준의 협의에 임하면서 일본은 자국에 불리한 개정을 피하기 위해, 협정 개정 교섭이 아닌 미일 간의 원자력협력의 새로운 틀을 만들기 위한 대화(협의)라는 입장을 취했다.[190] 협정 개정 교섭(제2차 교섭)의 출발이었다.

1982년에 시작된 제2차 교섭도 2단계로 나눌 수 있다. 제1단계는 일본이 협정 개정에 응하지 않고 교섭에 임한 시기이며, 제2단계는 협정 개정을 전제로 교섭을 진행한 단계이다. 제1단계는 1982년 8월의 제1차 협의부터 1985년 7월의 제12차 협의까지이며, 제2단계는 1985년 11월의 제13차 협의(제1회 협정 개정 교섭)부터 1987년 1월의 제15차 협의(제3회 협정 개정 교섭)까지이다.[191]

1) 제1단계: 협의 (1982년 8월~1985년 7월)

제1단계는 제1차 협의가 진행된 1982년 8월부터 제12차 협의가 진행된 1985년 7월까지의 3년간이다. 미국은 1982년의 첫 회합부터 협

---

190) 石田裕貴夫,『核拡散とプルトニウム』, 190~210쪽. 이시카와(石川欽也)에 의하면 나카가와(中川)는 미국의 핵 비확산법이 요구하는 신 규제를 피하기 위해 기존 협정의 틀 내에서의 협의를 주장했다고 해석한다. 石川欽也,『ドキュメント 原子力政策』, 285쪽.
191) 도카이무라 재처리 교섭을 제1차 교섭, 1982년부터의 미일 교섭을 제2차 교섭, 제2차 교섭을 또 제1단계와 제2단계로 나누는 것은 필자의 구분이다.

정 개정을 전제로 한 미일 교섭(negotiation)이라는 입장에서 교섭에 임하였다. 그러나 일본은 이 단계까지 기존 협정의 틀 안에서 포괄동의를 도입하는 것이 미일 협의의 목적이라는 입장으로 협정 개정에는 반대하였다. 즉 미국이 교섭이라는 용어를 사용하고 있는 것에 대해, 일본은 교섭이 아닌 미일 협의라는 입장을 강조했다.

미국은 협정 개정이 아닌 실시약정[192] 형태로 포괄동의를 기존 협정에 도입하는 것은 핵 비확산법 적용 관계로 미 의회의 승인을 얻을 수 없다고 주장하며, 협정 개정에 응할 것을 재촉하였다. 실시약정은 일본에서는 국회에 서면으로 보고하는 것만으로 끝나지만, 미국에서는 이러한 종류의 실시약정 역시 의회의 비준을 받아야 하는 구조이기 때문이다.

제1단계 협의의 후반부에 해당하는 1985년의 제11차, 제12차 협의는 미국이 요구하고 있는 협정 개정에 응할 경우, 미국이 생각하고 있는 포괄동의와 신 규제의 내용을 확인하는 교섭이었다. 하지만, '협정 개정 불가'라는 일본의 방침에 변화는 없었다. 일본은 1985년까지 플루토늄 이용과 미국의 규제완화라는 인식만을 가지고 있어 협정 개정 교섭에 본격적으로 응하지 않았다. 구체적인 교섭 과정을 정리하면 다음과 같다.

---

[192] 실시약정과 국회비준 조약의 구분은 다음과 같다. 먼저 법률사항 혹은 재정사항을 포함한 국제약속, 또는 그러한 사항을 포함하지 않아도 국가 간의 기본적 관계를 법적으로 규정하는 정치적으로 중요한 국제약속으로 발효를 위해 비준이 요건이 되는 것은 그 명칭이 조약, 협정, 협정서 무엇이든 국회의 승인이 필요하다. 이에 비해 실시약정은 이미 국회의 승인을 얻은 조약 혹은 국내법 또는 의결을 거친 예산 범위 내에서 실시할 수 있는 국제약속을 실시약정으로 한다(1974년 2월의 오히라(大平) 외무대신의 국회 답변). 외무성 관방심의관 후쿠다 히로시(福田博)의 답변 『第112回国会 衆議院外務委員会議録 第11号』(1988.5.11), 29쪽. 이러한 기준의 문제점에 대해서는 山本義彰,「条約と国会」,『立法と国会』 第66号(1975年 2月), 18~24쪽. 한편 미국에서의 실시약정과 의회 비준의 관계에 대해서는 日本エネルギー法研究所,『原子力施設・原子燃料の国際取引と安全保障』(1995年), 66쪽.

1982년 8월 일본 외무성에서 미일 교섭의 제1차 협의(8월 3일~5일)193)가 진행되었다. 이 실무 수준의 협의는 재처리 문제 해결을 위한 협의로 미일 간의 문제점을 재검토하는 협의였다. 일본은 기존 협정 유지, 포괄적 사전동의 방식의 도입을 요구했다. 일본은 자신의 원자력 개발단계는 실적, 안전성, 신뢰성의 모든 면에서 사전동의가 가능한 단계에 접어들었으며, 재처리 및 재처리에 동반하는 사용후 핵연료의 해외 이전 등에 대해 일일이 미국의 동의를 얻어야 하는 현행 협정의 구조는 개선되어야 한다고 주장하였다. 일본은 지금까지 사전동의를 얻어야 하는 재처리나 플루토늄 운송에 대해서 포괄적이고 장기적 동의를 얻는 것은 당연한 것이라고 생각하고 있었다.

제1차 협의에서 일본이 포괄적 사전동의 방식 도입을 요구한 배경에는 1982년에 조인된 호주 및 캐나다와의 원자력협정에서 포괄동의 방식을 실시약정으로 도입했기 때문이다.194) 호주 및 캐나다와의 원자력협정 실시약정에는 포괄적 사전동의 방식이 도입되어 있었다. 캐나다와 호주와의 교섭에서 포괄적 사전동의 방식 도입에 성공한 일본은 그 경험을 살려서 미국과의 교섭에서도 협정을 개정하지 않고 실시약정 형태로 포괄적 사전동의를 도입하려고 한 것이다. 제1차 협의에서 일본이 내놓은 주된 요구는 도카이무라 재처리시설의 운전기한 철폐, 재처리에 동반되는 사용후 핵연료의 해외 이전, 민간에 의한 제2 재처리시설 건설 및 운전 등이었다.

같은 해 9월, 제26회 IAEA 총회 직전에 빈에서 개최된 제2차 협의

---

193) 제1차 협의에는 미국에서는 제임스 디바인(James Devine) 국무성 부차관보, 프레드 맥골드릭(Fred McGoldrick) 국무성 핵 비확산수출정책과장, 군비관리군축국 원자력무기관리국차장, 에너지성 부차관보 등 약 10명이, 일본에서는 곤도 데쓰야(近藤哲也) 외무성 국제연합국참사관, 과기청 조사국제협력과장 등이 참가했다.
194) 캐일 원자력협정 실시약정은 1983년 4월에 합의하여 협정에 추가되었다. 호일 원자력협정 및 캐일 원자력협정 실시약정에 관해서는 제2장 참고.

는 IAEA 총회에 출석하기 위해 빈을 방문한 양국의 교섭 대표 우카와 히데유키(宇川秀幸) 외무성 과학기술심의관과 리처드 케네디(Richard T. Kennedy) 핵 비확산 담당대사와의 협의였다. 양 대표는 8월 제1차 협의(실무수준 협의) 내용에 대해서 의견교환을 하였지만, 제1차 협의에서 양국이 주장한 것을 재확인하는 것에 머물렀다.

제3차 협의는 1982년 11월에 국무성에서 진행되었으며, 포괄동의제의 도입 문제, 협정을 개정할지 아니면 기존 협정을 유지할지 등의 논의가 있었다. 논점이 정리되어 상호간의 이해는 깊어졌지만, 교섭에 큰 진전은 없었다. 일본이 요구한 포괄적 사전동의제의 도입에는 미국이 동의하였지만, 일본은 어디까지나 협정 개정이 아니라, 실시약정 형태로 포괄적 사전동의의 도입을 주장하였기 때문이다. 일본은 레이건 대통령의 '선진화된 원자력 계획을 가지고 핵확산의 위험이 없는 국가들의 민간 재처리, 고속증식로 개발 등을 금지, 억제할 의도는 없다'는 대외 원자력정책과, 카터 정권 시대에 제정된 핵 비확산 위한 조치를 강화하는 핵 비확산법의 모순을 지적하고, 실시약정 형태로의 포괄동의 도입 주장을 반복하였다.

이어서 같은 해 12월에 외무성에서 진행된 제4차 협의에서는 포괄적 사전동의의 대상이 되는 시설의 범위나 실시방법 등을 협의했다. 이 협의에서도 미국은 협정 개정이라는 기본 입장을 바꾸지 않았다. 일본도 협정을 개정하지 않는 방침을 전제로 포괄적 사전동의를 어떻게 포함시킬지, 제2 재처리시설 건설에 필요한 미일 공동결정을 어떻게 얻을지 등에 중점을 두었다. 그 결과 협정 개정 문제에 대해서는 교섭도 하지 않았다.

1983년에 들어서 제5차 협의(1월 31일~2월 4일, 국무성), 제6차 협의(4월 15일~22일, 도쿄), 제7차 협의(7월 18일~22일, 워싱턴), 제8차 협의(10월 12일~14일, 빈)가 이어졌지만 협정 개정 문제에 구체적인 진전은 없었다. 일본은 기존의 국제협정을 사후 국내입법에 의해 개정하는 것은 받아들일 수 없다는 원칙을 유지하였다. 일본은 핵 비확산법이 요구하는 플루토늄 항공운송 시 핵물질 탈취 등 물질적 방호조치, 사용후 핵연료를 제3국에 이전할 시의 사전승인, 핵무기에의 전용 방지책 등 9항목의 규제를 전부를 행정조치만으로 현행 협정에 포함하자는 교섭 원칙을 지키고 있다.

빈에서의 제8차 협의에서 일본은 합의 가능하다고 생각한 항목을 포함한 문서를 제출하였다. 그것은 핵 비확산법의 제123항의 요구(외국과의 원자력협정 체결에서 핵물질의 이전이나 재처리의 사전승인권을 미국이 무조건적으로 보유하도록 요구)를 수용하면서도 양국 의회의 승인 없이 변경하려는 내용이었고 미국은 받아들이지 않았다. 일본은 신 협정 체결 또는 협정 개정은 국회의 승인이 필요하며 핵보유국인 미국과의 새로운 협정을 국회에 제출할 경우, 미일 간의 핵문제에 관한 전반적으로 논의가 불가피하다고 판단하고 있었다. 일본은 국내 정치적인 비용이 너무 크기 때문에 받아들일 수 없다고 주장하였고, 핵 비확산법 제123항을 수용하면서도 국회의 승인이 필요 없는 방법을 요구하였다.

1년 남짓한 교섭에서 미국은 보장조치 적용의 경험이 없다는 것을 이유로 아직 가동되지 않는 시설(민간에 의해 운영될 제2 재처리시설)을 현시점에서 포괄동의의 대상으로 하는 것에 난색을 표하였고, 또한 포괄동의를 미국의 필요에 의해서 일방적으로 중지할 수 있는 조항을 요구하였다. 1984년 4월과 7월, 양국의 교섭 대표인 우카와(宇川秀幸)와 케네디(Kennedy) 대사는 비공식 협의를 하였으며, 같은 해 7월과 9월에는 제9차, 제10차 협의가 개최되었지만 협정 개정 문제를 둘러싼 양국의 의견 대립은 해소되지 않았다.

1984년은 미국 대통령선거의 해였다. 재선을 노리는 레이건 대통령은 의견 대립이 계속되는 미일 협의보다 중국과의 교섭에 힘을 쏟았으며, 일본도 중국과의 원자력 교섭을 본격적으로 추진했다. 미일 교섭이 중단된 가운데 1985년 7월, 미일은 각기 중일, 미중 원자력협정의 조인에 성공했다. 미일 양국은 중국과 원자로 및 원자로 기술, 원자로관련 기자재를 수출하기 위한 협정을 맺었다. 중국과의 원자력협정은 중국이라는 거대한 시장에의 참여를 위한 원자력 선진국 간의 경쟁이기도 했다.

미일 교섭이 1982년부터 3년간 표류하던 것에 비교해서 중일, 미중 교섭은 1년 정도의 교섭으로 합의에 이르렀다. 레이건 대통령의 재선과 중일, 미중 원자력협정의 조인은 미일 협의에도 긍정적으로 작용하였다. 만약 미 의회가 핵보유국인 중국과의 원자력협정을 비준한다면, 미 의회의 반대가 예상되고 있던 미일 원자력협정도 의회에서 비준될 것이라는 견해도 나왔다. 또한 일본 정부도 중일 협정 승인 후, 미일 협정을 국회에 가지고 가는 것이 사회당의 반대 등을 고려하면 좋은 일이기도 했다.

당시 일본의 원자력위원회는 미일 협정의 개정 없이 지금처럼(개별 사전동의) 재처리시설의 운전 및 해외 이전을 할 수 있다고 판단하고 있었다. 원자력위원회는 신 규제를 도입하여 협정을 개정하는 것 보다 현행 협정을 유지하는 것이 바람직하다는 생각이었다. 그러나 전력업계를 중심으로 레이건 행정부 때 미국의 사전동의를 장기적으로 획득해야 한다는 의견이 강했기 때문에, 관계자 사이에서 의견의 차이가 드러나기 시작했다. 미국의 협정 개정 요구라는 압력에 의해서 의견 통일을 이룬 일본의 '2원체제적 이익연합'의 이해관계가 교섭이 난관에 부딪히면서 흔들리게 된 것이다.

중일, 미중 원자력 교섭이 합의에 이르기 직전인 1985년 5월,[195] 외무성에서 진행된 제11차 협의(20~21일)는 협상을 다시 시작하는 협의였다.196) 제11차 협의에서 일본은 협정 개정에는 응할 수 없다는 기존입장을 유지했지만, 협정 개정에 응할 경우 미국이 생각하는 포괄동의의 내용이 어떻게 될지 미국의 생각을 물었다. 또한 이 협의에서 플루토늄 저장시설의 설계, 운용에 관한 사전동의 등 미국이 요구하고 있는 새로운 규제 내용197)에 대한 조정이 난항하고 있었지만, 향후도 재처리 문제 해결을 위해 교섭을 계속하기로 하였다. 같은 해 7월에 국무성에서 진행된 제12차 협의도 협정 개정에 응할 경우와 협정 개정에 응하지 않을 경우의 각각의 이해득실을 비교하면서 일본에게 유리한 방향을 정하기 위한 모색을 하는 협의였다.

1982년 8월의 제1차 협의에서 1985년 7월의 제12차 협의까지 3년간의 제1단계 협의에서 포괄동의의 내용이나 구체적인 실시 방법 등에 대해서 의견조정이 이뤄졌지만, 가장 중요한 협정 개정 문제에 대해서 미일은 합의에 이르지 못했다. 3년간의 협의에서 협정 개정인지, 실시약정인지의 문제 이외에 미일 간의 의견 차가 컸던 것은 일본의 플루토늄 저장, 이용에 대해서 미국이 규제권을 주장한 점, 일본의 핵물질에 대해 IAEA의 사찰은 물론 미국에게도 사찰권이 있다고 주장한 것이었다. 만약 이렇게 된다면 일본의 플루토늄 이용시설에 대한 미국의 판단에 의해서 일본의 원자력 프로그램이 인정되지 않게 될 가능성이 생길 것이며, 또한 일본이 독자 개발한 신형전환로는 물론 일본의 고속증식로에 대해서도 미국이 검사권을 갖게 된다. 따라서 IAEA의 사찰 위에 또 미국의 사찰을 인정하는 것은 '옥상옥

---

195) 양 협정 모두 1985년 7월 정식으로 조인되었다.
196) 제11차 협의부터 마쓰다 게이분(松田慶文) 외무성 과학기술심의관이 우카와(宇川) 대표에 이어 교섭 대표를 맡았다. 미국은 그대로 케네디 대사였다.
197) 교섭에서 확인된 미국이 요구한 새로운 규제는 미국이 공급한 우라늄의 20%를 넘는 농축의 사전동의, 플루토늄 및 고농축 우라늄의 가공·저장에 관한 사전동의 등이었다. 이에 대해서 일본은 미일의 현행 협정은 유라톰과 미국의 협정에 비해 이미 엄격한 내용이라고 반박하였다.

(屋上屋)'이기 때문에 수용할 수 없다고 일본은 주장했다.[198]

제1단계의 교섭을 정리하자면, 1982년부터의 협의의 결과, 재처리 등에 포괄적 사전동의 방식을 도입하는 것이나 포괄동의의 내용, 미국이 요구하고 있는 새로운 규제의 내용 등에 대해서는 대체로 접근했다. 그러나 협정 개정 문제를 비롯해서 미국에 의한 협정의 일방적 정지권의 문제, 플루토늄 운송 문제 등은 아직 조정되지 않았다.

협정의 일방적 정지권에 대해서 일본은 일본이 IAEA 혹은 NPT를 탈퇴하는 등 핵확산의 위험이 큰 경우 몇 가지로 명문화하고, 그 때만 미국이 일방적 정지권을 사용할 수 있도록 하려고 했다. 이에 대해 미국은 국가안전보장 상의 위협 혹은 핵확산의 위험이 크다고 판단한다면 협정을 일방적으로 정지할 수 있다고 주장하여 대립했다. 또한 플루토늄 운송에 대해서도 항공운송의 루트, 운송 항공기, 이용 공항 등에 대해서 계속 협의 중이었다. 그러나 미일 협의는 결말을 향해 확실하게 진전하고 있었다. 남은 문제는 일본이 협정 개정을 받아들일지 말지로 좁혀졌다.

2) 제2단계: 교섭 (1985년 11월~1986년 6월)

1985년 10월 일본 정부는 미일 원자력협정을 개정하는 방침을 굳혔다. 제1단계 협의의 결과 협정을 개정해도 미일이 요구하고 있는 내용의 균형을 맞출 수 있다고 판단했기 때문이다. 1982년부터의 협의 과정에서 미국은 일본의 플루토늄 이용시설에 대한 미국의 직접 사찰을 계속해서 요구했지만, 1985년의 제11차, 제12차 협의에서 미국은 요구를 철회하여 IAEA의 사찰로 한정하기로 했다. 또한 미국이 일본의 플루토늄 이용시설 내의 플루토늄 저장을 용인했고, 사용 목

---
198) 石川欽也, 『証言 原子力政策の光と影』, 138쪽.

적이 명확한 일시적인 잉여 플루토늄의 존재를 인정하는 방침도 전달했기 때문이었다. 일본을 협정 개정으로 이끌기 위해서는 미국은 몇 가지 양보를 해야만 했다.

협정 개정을 수용하여 일본은 사용후 핵연료의 재처리를 원활하게 하는 포괄동의방식을 인정받고, 그 대신에 미국의 핵 비확산법이 규정하는 새로운 규제199)를 받아들이기로 하였다. 제11차, 제12차 협의에서 미국이 생각하고 있는 포괄동의의 내용을 살펴본 결과, 일본은 신 협정을 받아들이는 것도 가능하다고 판단했다. 협정 개정에 강하게 반대했던 과기청도 협정 개정으로 기울어, 정부 내의 합의가 성립했다. 1985년 11월부터 교섭의 기본 목표는 핵 비확산법에 근거한 미국의 요구를 만족시키는 신 협정을 만드는 것과 동시에, 신 협정에 포함되는 미국의 규제권에 대해서 포괄동의를 확보하는 양국의 요구를 동시에 만족시키는 것이었다.

제2단계의 미일 협의는 양국이 협정 개정을 전제로 교섭에 임한 제13차 협의부터였다. 1985년 11월에 행해진 제13차 협의(18일~21일, 제1회 협정 개정 교섭)200)에서 일본 정부는 협정 개정을 전제로 하여 교착상황 타개를 방침으로 교섭에 임했다. 협의에서 협정안은 미국이 작성하고, 포괄동의의 내용은 일본이 작성하여 서로 교환하였다. 교섭의 결과 양국은 협정개정과 함께 일본의 사용후 핵연료의 재처

---

199) 핵 비확산법이 요구한 미일 협정 개정 교섭의 출발점이었던 9항목은 (1) 영구적 보장조치(보장조치의 존속 규정) (2) 전면적 보장조치의 적용 (3) 협정 대상 기자재를 핵폭발 장치의 연구개발 및 제조에 사용하지 않는다는 보증 (4) 핵물질, 설비 등의 반환청구권(핵실험을 할 경우 등 협정 위반 시) (5) 재이전의 사전동의 (6) 충분한 핵물질 방호조치의 적용 (7) 재처리, 농축, 플루토늄 및 고농축 우라늄 저장의 사전동의권 (9) 민감한 기술의 규정이다.
200) 이 교섭에는 미국에서 케네디 대표를 비롯해 맥골드릭 국무성 핵 비확산수출정책과장, ACDA 원자력보장조치 과장, DOE 국제핵 비확산정책 과장 등이, 일본은 마쓰다 대표, 야마다(山田) 외무성 원자력과장, 가타야마(片山) 통산성 국제원자력기획관, 과학기술청 조사국제협력과장 등이 참가했다.

<표 4-2> 교섭의제의 시기별 추이

논점 \ 시기		1982 1차 2차 3차 4차	1983 5차 6차 7차 8차	1984 9차 10차	1985 11차 12차 13차	1986 14차 15차	1987 16차
협정 개정	일 미				→ →		
포괄동의의 도입	미일	→ 3차 협의에서 미일이 잠정 합의					
재처리의 포괄화	일	13차 협의에서 재처리의 포괄화에 미일이 기본 합의 →					
제2 재처리 시설의 건설·운전	일	13차 협의에서 포괄동의화 하는 것에 미일이 기본합의 →					
협정의 쌍무화	일				미국이 일본의 요구를 수용하여 합의 →		
최혜국 대우	일				최혜국대우는 수용되지 않고, 미일 협의를 개시하도록 미국이 노력하는 것으로 결론 →		
일방적 정지권	미일				미국이 일본의 요구를 도입하는 것으로 결론 →		
핵물질 방호조치	미일				교섭은 최후까지 난항했지만 최종교섭에서 결론 →		
핵 비확산법의 신 규제 도입	미	13차 협의에서 미국의 규제를 수용하는 방침이 부분 합의 →					
잉여플루토늄의 존재	일	12차 협의에서 미국이 일시적인 잉여플루토늄의 존재를 인정 →					
미국의 직접 사찰	미	12차 협의에서 미국이 IAEA의 사찰만 양보 →					
운송문제	미일	미국, 해상운송은 포괄동의화 할 수 없다고 주장/일본, 항공운송만을 포괄동의화 하는 것은 곤란 15차 협의에서 항공운송의 포괄화로 기본합의, 1987년 10월 해상운송의 포괄동의 추가로 합의					

리 등에 포괄동의 방식을 적용하는 것 등에 기본적으로 합의하였다. 미국은 일본의 플루토늄 취급시설에 대한 사찰을 하지 않고, 플루토늄 시설 내의 저장 및 잉여 플루토늄도 인정하였다. 한편, 일본도 플루토늄의 이용, 사용후 핵연료 저장시설 등 기존 협정에서 대상 외였던 영역에서 미국의 규제를 받아들이게 되었다. 현행 협정에서는 플루토늄의 저장, 형상 및 내용 변경 등에 대한 미국의 규제권은 존

재하지 않았다. 그러나 협정 개정에 의해 플루토늄 이용에 대한 미국의 사전동의권, 일본의 플루토늄 이용시설에 대한 IAEA의 사찰 등이 새롭게 규정되었다. 또한 협정의 일방적 정지권, 협정의 쌍무화[201] 등 몇 가지 논점에서 아직 양국 간에 이견이 존재했지만, 쌍방의 양보가 불가능할 정도는 아니었다. 거의 4년간 교착상황이 지속된 교섭은 결말을 향해 움직이기 시작했다.

제12차 - 제13차 협의에서 미일은 다섯 가지 현안에 잠정 합의하였다. 〈표 4-2〉는 교섭의제(중요 논점)의 시기별 추이를 정리한 것이다. 〈표 4-2〉에서도 알 수 있듯이, 제12차 협의에서 미국은 플루토늄 이용시설 내의 플루토늄 저장이나 잉여 플루토늄의 존재를 용인하였고, 플루토늄 이용시설에 대한 미국의 사찰도 철회하였다. 또한 제13차 협의에서 미국은 제2 재처리시설의 건설 및 가동, 재처리의 포괄동의화를 약속했으며, 그 대신 일본이 핵 비확산법이 요구하는 신 규제[202]를 수용하는 것이 합의되었다.

이러한 합의는 지금까지의 미국의 주장에서 상당히 후퇴한 것이었다. 미국의 양보는 일본의 협정 개정으로의 방침 전환의 주요한 요인이 되었다. 외형적으로는 미·일의 균형이 잡힌 합의처럼 보이지만, 미국은 핵 비확산법이 요구하는 협정 개정을 위해 그동안 요구하고 있던 많은 주장을 철회하는 결과가 되었다. 협정 개정을 위해

---

201) 구 협정은 일본이 미국으로부터 원자로 및 농축 우라늄 등을 수입하기 위한 것으로 일본에 대한 미국의 일방적 규제권만 인정되었다. 그러나 협정 개정 교섭에서 미일의 동등한 규제권을 인정하였다. 예를 들면 미국 내에서 일본산 원자로로부터 얻은 플루토늄에 대해서는 일본이 규제권을 갖게 되었다.
202) 구 협정이 규제하지 않던 20% 이상의 우라늄 농축에 관한 사전동의, 모든 핵물질에 대한 IAEA의 보장조치 적용, 협정기간이 지나도 협정의 모든 조건 존속 등을 핵 비확산법이 요구하였기 때문에, 일본의 원자력 프로그램에 대한 미국의 통제가 사실상 강화되었다. 신 협정에서는 이러한 신 규제가 추가되었지만 대부분이 포괄동의에 포함되어 일본의 원자력 개발이용 계획에 미국이 매 건마다 관여하는 것은 없어졌다(〈표 4-4〉 미일 원자력협정의 신·구 대조표 참고).

미국은 내용면에서 많은 양보를 했다고 할 수 있다. 교섭은 타결을 향해 달리기 시작하였다.

1986년 1월 제14차 협의(27일~31일, 제2회 협정 개정 교섭)가 일본 외무성에서 진행되었으며 미일 양국이 개정안을 제시했다. 미국이 작성한 신 협정안과 일본이 작성한 실시약정 문안을 교환하고 협의했다. 플루토늄 운송의 안전 확보 방법, 미국산 기자재가 원자력의 평화이용에만 사용되는 것에 대해 일본이 미국에 대해 의무를 지는 것과 동시에, 미국도 일본이 제공한 원자력 기재나 기기, 기술을 평화이용만으로 사용하는 등의 쌍무적 조항 등이 협의의 초점이었다. 특히 최대 논점이 된 것은 플루토늄의 운송 방법에 관한 문제였다. 미국이 플루토늄의 해상운송은 인정할 수 없다고 강조하며 전용기에 의한 공수를 요구한 것에 대해, 일본은 국내의 수용 공항 결정이 어렵기 때문에 협의가 난항하였다. 결국 플루토늄 운송 문제는 정식 의제로 토의되지 못했다.[203]

제14차 협의에서 일본이 중시한 것은 포괄동의의 내용과 미국의 규제권과의 균형, 포괄동의의 자동성 및 안전성, 보장조치 등 규제권의 쌍무성, 플루토늄 운송에 관한 포괄동의였다. 이 교섭에서 기본합의에 이르지 못한 중요 논점은 다음의 네 가지였다.

우선 첫 번째 논점은 협정의 일방적 정지권에 관한 것이었다. 미국은 '미일의 공동이익인 방위나 안전보장 면에서 지장이 발생한 경우'라는 추상적인 정지권을 주장한 데 대해 일본은 구체적인 조항을 주장하였다. 예를 들어 일본이 NPT를 탈퇴할 경우 혹은 일본이 핵무장할 경우 등의 구체적인 경우로 정지권을 한정하자는 주장을 하였으며, 협정의 정지 이전의 미일 협의도 주장하였다.[204] 이러한 일본

---
203) 『朝日新聞』 1986.2.1.
204) 협정의 일방적 정지권은 일본의 요구가 받아들여져 일본의 NPT 탈퇴 혹은 IAEA

의 주장은 재처리 교섭처럼 미국 정부의 일방적인 정책전환에 의해 일본의 원자력 프로그램이 중단될 위험성을 피하기 위함이었다.

두 번째 논점은 플루토늄 운송에 관한 것이었다. 미국은 핵 탈취 위험이 적은 항공운송만을 포괄동의화할 것을 주장한 것에 대해, 일본은 유럽으로부터의 대량 운송에 대비해서 항공운송은 물론 해상운송도 포괄동의에 포함할 것을 요구하였다. 또한 플루토늄의 국제운송 시의 핵물질 방호조치에 대해서도 규제 대상이 되는 플루토늄의 양을 미국은 런던 가이드라인(London Guideline)에 따라 2kg 이상을 요구한 것에 대해, 일본은 플루토늄의 임계량을 근거로 8kg 이상으로 할 것을 주장하였다.

세 번째의 논점은 유라톰과 동등한 대우를 일본이 요구한 것이었다. 향후 개정될 미·유라톰 협정에 비해서 미일 협정에 차이가 있는 경우는 이를 개선하기 위한 협의를 진행하는 조항을 협정문에 명기할 것을 요구하였다. 이에 대해 미국은 미일, 미·유라톰 협정에 격차는 발생하지 않을 것이라고 반론하였지만, 일본은 최혜국대우를 양보하지 않았다.

마지막 논점은 신 협정의 평등화를 지향하는 쌍무조항의 도입이었다. 구 협정은 미국으로부터의 원자로(기술), 핵물질 등의 제공을 전제로 한 협정이며, 일본만이 IAEA 사찰 등의 의무를 지도록 되어 있었다. 그러나 장래 일본이 원자력기술 혹은 기재 등을 미국에 수출할 경우를 상정하여, 일본이 제공한 기자재 등이 평화이용에 사용될 것을 확인하기 위해, 미국이 IAEA의 사찰을 받아들인다는 내용 등을 협정문에 명기하고, 쌍무적인 협정으로 할 것을 요구하였다. 미국은 일본의 대미 기재, 기술 수출은 현 시점에는 존재하지 않는 것

안전조치의 실질적인 침해 또는 탈퇴, 협정에 대한 일본의 중대한 위반 등으로 한정되었다.

이라고 반대하였다. 이 네 가지의 문제는 제14차 협의에서도 합의에 이르지 못하고 다음 교섭으로 넘겨졌다.205)

1986년 3월 워싱턴에서의 과장 레벨의 작업부회를 거쳐, 같은 해 6월에 국무성에서 진행된 제15차 협의(23일~25일, 제3회 협정 개정 교섭)에서 미일은 의견의 차이를 조정하여 기본 합의에 도달했다. 제15차 협의에서는 (1) 미일 간의 장기적, 안정적 원자력 협력관계를 확립한다 (2) 양국의 대등한 관계를 충실히 한다 (3) 핵확산 방지 노력을 강화한다는 세 가지 원칙이 확인되었다. 또한 플루토늄을 공수할 때의 핵물질 탈취에 대한 물리적 방호, 사용후 핵연료를 제3국에 이전할 때의 사전승인, 핵물질 저장, 플루토늄의 형상 및 내용 변경, 핵무기로의 전용방지책 등 9항목에 대해서 일정한 조건을 충족하면 1건씩 미 정부에 의한 심사, 승인을 생략하여 포괄동의 방식으로 바꾸기로 합의하였다. 다만, 20% 이상의 우라늄 농축에 대해서는 핵무기 제조로 이어질 우려가 있어, 예전처럼 개별로 동의를 얻는 구조로 되었다. 그러나 20% 이하의 우라늄 농축은 무제한으로 허가되었다.

실은 이 교섭 전에 교섭에 참여한 일본의 관련 성청은 교섭 방침 협의 때, 미국이 일방적 정지권, 협정의 쌍무화 등에서 큰 폭으로 양보하지 않는 한, 합의를 하지 않고 일본으로 돌아오는 것으로 사전에 합의가 있었다고 한다.206) 그러나 교섭 테이블에서 미국은 일본의 예상을 넘는 양보를 했다. 미국의 양보에 대해서는 미 행정부의 교섭전략에서 분석하겠지만, 미 행정부의 의회 대책이나 유라톰과의 교섭을 위한 대책의 일환이었다고 생각된다.

그러나 모든 논점이 합의된 것은 아니었다. 플루토늄의 항공운송 시의 방호조치에 대해서는 제15차 협의에서도 합의에 이르지 못하

---

205) 石川欽也, 『ドキュメント 原子力政策』, 290~293쪽.
206) 위의 책, 295쪽.

고, 1986년 9월에 진행된 실무 수준 협의까지 미뤄졌다. 즉 미국은 항공운송 시의 무장 경호관의 동승, 사전에 수속을 명문화할 것, 일본이 취한 수속을 프랑스, 영국에게 지키게 하는 수단을 강구할 것 등을 요구했다. 일본은 미국에 사전에 수속을 하게 되면 협정 개정의 최대 장점인 포괄동의제의 도입의 의미가 없어진다고 반대하여 명문화할 수 없다고 주장했다. 결국 플루토늄의 항공운송 시의 방호조치는 실무 수준 협의에서도 합의에 이를 수 없었다.

1987년 1월 제16차 협의(제4회 협정 개정 교섭)에서 미일은 최후 합의에 이르러 가서명했으며, 양국 정부는 정식 조인을 위한 정부 내 조정에 들어갔다. 일본의 경우는 내각 법제국의 법령심사를 거쳤고, 미국은 협정 반대를 표명하고 있는 국방성의 동의나 원자력규제위원회 등의 조언을 거쳐, 같은 해 11월 4일 신 미일 원자력협력협정은 정식으로 서명되었다.

3. 신 미일 원자력협력협정의 체결

1) 신 미일 원자력협력협정의 체결

신 협정으로 기대되는 최대의 효과는 미일 원자력 협력관계의 장기적 안정화일 것이다. 구 협정 하에서는 재처리를 위한 공동결정과 사용후 핵연료의 해외 이전을 위한 사전동의는 개별 심사 방식이었기 때문에 미국의 주관적 판단, 특히 의회의 관여에 의해 일본의 원자력 프로그램의 원활한 운영이 좌우될 우려가 있었다.

그러나 협정을 개정하여 사전동의를 포괄동의 방식으로 바꾸어 일본의 핵연료 사이클 계획이 장기적이고 안정적으로 운용되는 것이 가능하게 되었다. 도카이무라 재처리시설의 운전허가를 1년마다 재연장하는 번잡한 수속이 포괄동의에 의해 간소화된 것, 건설 예정인 로카쇼무라 재처리시설에서의 재처리가 포괄동의화 되는 의의는 크다고 할 수 있다.

교섭의 결과, 미국은 미일 원자력협정을 핵 비확산법의 요구대로 개정할 수 있게 되었으며, 또한 일본의 미국 기피를 억제하고 외국과의 원자력 우호관계 개선에 기여하는 효과가 있었다. 일본은 포괄동의를 획득하여 재처리를 포함한 안정적인 원자력 프로그램의 운용이 가능해졌다. 또한 일방적인 협정에서 협정의 평등화, 쌍무화를 이룰 수 있었다. 즉 구 협정은 일본에 대한 우라늄 등의 공급이 주된 목적이었기 때문에 협정의 당사국인 미국을 표기할 때는 공급국이라는 용어를 사용했지만, 신 협정에서는 공급국 대신에 일본 정부, 미국 정부 또는 당사국 정부라는 평등한 용어가 사용되게 되었다.

구 협정의 내용과 비교하면 협정 개정으로 일본의 이익이 더 많아졌다고 평가할 수 있다. 신 협정에 의해 일본은 포괄동의 네트워크를 완결시켰다. 일본은 1982년 신 호일 원자력협정의 발효와 1983년의 캐일 원자력협정에 부속된 서신 교환으로 우라늄의 주요 수입처인 호주, 캐나다 양국과 포괄동의방식을 도입하여 협력관계의 장기적 안정화를 이룰 수 있었다. 그러나 최대 협력 상대국인 미국과는 개별동의방식을 취하고 있어, 호주, 캐나다와의 포괄동의방식에 따른 일본의 원자력 이용의 이점은 제한되어 있었다. 그런 면에서 미국과의 협정에서 포괄동의방식을 도입하게 되어 일본의 원자력 프로그램과 협력관계가 원활하게 되었다.

신 협정은 미일의 2국 간 원자력협정이지만 IAEA나 NPT 등을 포함한 다국 간 조약의 의미도 가지고 있다. 왜냐하면 신 협정은 미일이라는 원자력 선진국 간의 협정이며, 핵 비확산법의 요구에 따라서 교섭 예정인 미·유라톰 교섭이나 그 외 국가와 미국과의 협정 개정의 모델이 되는 최초의 협정 개정이기 때문이다. 또한, NPT나 IAEA 등 국제 레짐도 교섭 과정에 영향을 미쳤다. 자세한 내용은 제6장에서 총괄하겠지만, 국제 레짐이 미일의 교섭자나 국내 레벨에 영향을 미친 것은 양국의 정책선택, 교섭 과정에서의 정책 변화 및 합의 내용에 잘 나타나있다. 따라서 미일 원자력 교섭은 국제 레짐이 교섭 과정이나 정책결정에 큰 영향을 준 교섭이라고 할 수 있다.

그러나 신 협정이 '철 지난 선물'이라는 비판도 있다. 그것은 핵연료 사이클의 실현이 기술적으로도 경제적으로도 어려운 상황에 있기 때문이다. 또한 저유가와 더불어 우라늄 자원도 충분하기 때문에 거대 투자를 통해서 우라늄 자원을 절약할 의미도 적어졌다. 고속증식로도 경수로보다 6배 이상의 건설비가 들며 기술면에서도 안정된 상태가 아니다. 또한 우라늄 가격이 큰 폭으로 상승하면 고속증식로가 주목 받겠지만, 당분간 우라늄 가격은 상승하지 않을 것이라는 것이 전문가의 견해이다. 재처리도 제2 재처리시설을 건설하여 재처리하는 것이 해외에서의 재처리보다 비용이 높아질 우려가 있다. 상업용 재처리와 고속증식로의 양쪽을 추구하고 있는 것은 전 세계에서도 일본과 프랑스 정도이다. 에너지 안정론에 기대지 말고 플루토늄 이용이 필요한지 아닌지 철저히 논의해야할 시기가 아닌가 하는 지적도 적지 않다.[207] 채산이 맞을 때까지 사용후 핵연료를 저장해 두는 선택지도 있기 때문이다.

2) 재교섭: 해상운송의 포괄동의화를 위한 교섭

신 협정의 성립으로 일본 정부는 물론 전력업계도 일본의 원자력

---

207) 『日本経済新聞』 1988.4.24.

정책의 중추인 핵연료 사이클이 장기적으로 안정됐다며 환영했다. 그러나 유럽에서 운송되는 플루토늄의 수송 공항이 정해지지 않은 점, 일본과 유럽 간의 무착륙 비행은 지금까지 실적이 없는 점,[208] 전력업계는 해외에서 MOX 연료로 가공해서 가져오고 싶다는 점 등 남겨진 문제는 적지 않았다. 따라서 일본은 과거에 운송 실적이 있는 해상운송도 인정해 주도록 미국에 요청했다. 신 협정에는 플루토늄 운송은 항공운송만을 포괄동의로 하여 해상운송은 여전히 개별적 사전동의의 대상이었기 때문이다.

원자력 개발이용 장기계획에 따르면 당시 일본은 고속증식로가 실용화되기까지의 중간 단계에 위치해있고, 경수로에서의 플루토늄 이용을 추진 중이었다. 경수로에서 플루토늄을 사용하기 위해서는 플루토늄 분말을 MOX 연료로 가공해야 한다. 당시 동연은 플루토늄 분말을 MOX 연료로 가공하는 기술을 가지고 있었지만, 민간은 MOX 연료 가공시설을 가지고 있지 않았다. 또한 상업용 전환시설은 당시 계획 중이었기 때문에 전력업계는 경제성의 관점에서 플루토늄을 해외에서 MOX 연료로 가공해서 국내로 운송하려 했다.[209]

더욱이 항공운송은 큰 운송용기를 사용할 수 없기 때문에 플루토늄을 분말형태로 운반할 수밖에 없다. 따라서 새로운 항공운송 용기가 개발되기까지는 항공운송으로 경수로용 MOX 연료를 운반하는

---

[208] 1970년대 초에 영국에서 하네다공항까지 항공운송을 한 적이 있었다. 1988년 참의원 본회의에서의 이토(伊藤) 과기청 장관의 발언에 의해서 밝혀진 것으로, 영국에 재처리를 위탁한 사용후 핵연료에서 회수한 플루토늄을 1970년대부터 1974년에 걸쳐서 8회, 약 200kg, 용기는 IAEA가 당시 정한 안전기준을 만족시키는 것을 사용하여 영국이 하네다공항까지 항공운송을 했다고 한다. 『日本經濟新聞』 1988.5.14.
[209] MOX 연료가공에 대해서 프랑스 핵연료공사(COGEMA)는 일본의 전력회사가 MOX 가공을 위탁하면 프랑스가 MOX 연료의 국제운송을 부담할 용의가 있다고 제안한 일도 있었다. 石川欽也, 『原子力政策の検証とゆくえ』, 296~297쪽.

것은 현실적으로 불가능하며, 또 항공운송은 1회 운반양이 100kg 정도로 적다.210) 항공운송만이 포괄동의로 포함되어 해상운송은 지금처럼 매 건마다 미국의 허락을 필요로 하는 신 협정으로 1990년대부터는 대량의 플루토늄을 영국과 프랑스에서 운반해야 하는 전력업계는 위기의식을 가지고 있었다. 전력업계로서는 항공운송보다 해상운송을 포괄동의화 하는 것이 보다 바람직한 것이었을 것이다. 그러나 플루토늄의 해상운송에 엄격한 미 의회를 고려하면 미국도 일본도 해상운송을 신 협정의 포괄동의 안에 넣을 수는 없었다고 생각된다.

전력업계와 통산성이 희망하는 MOX 가공 후의 운송에 대해서 원자력위원회는 반대였다. 원자력위원회가 1987년에 책정한 장기계획에서는 MOX 가공을 비롯한 플루토늄 처리 기술을 국내에서 배양하고, 상용화 공장을 국내에 만드는 것을 계획하고 있었기 때문이다. 따라서 원자력위원회는 플루토늄의 MOX 가공을 해외에서 진행하는 것은 핵연료 사이클의 고리를 끊을 뿐만 아니라, 일본의 MOX 가공 사업 포기로도 이어질 우려가 있다고 판단하고 있었다.211)

1988년 11월에 예정된 미 대통령 선거의 악영향을 피하기 위해 같은 해 7월부터 9월까지 플루토늄의 해상운송을 포괄동의로 추가하기 위한 세 차례의 실무 협의가 개최되었다. 일본은 대통령선거에서 민주당 후보가 당선될 사태를 고려해서 레이건 대통령 임기 중에 해상운송을 포괄동의에 포함시키려고 강하게 요구했다. 그리고 같은 해 10월, 해상운송의 가이드라인이 핵 탈취 대책으로서 무장호위자의 승

---

210) 『電気新聞』 1998.10.4; 10.19.
211) 그러나 1994년에 책정된 장기계획에는 "해외에서 재처리하여 회수되는 플루토늄은 기본적으로 유럽에서 MOX 연료로 가공하여 경수로에서 사용하는 것이 적당하다. 국내에서 재처리한 것은 국내에서의 가공을 전제로 동연에서 민간으로 기술이전을 도모하기 위해 조속히 결론을 내는 것이 중요하며, 국가는 민간 사업화를 위한 지원책에 대해 검토한다"고 되어 있다. 결국, 해외에서 MOX연료로 가공해서 운송하는 것도 인정한 것이다.

〈표 4-3〉 플루토늄 국제운송 가이드라인(협정의 실시약정 부속서 5)

A 항공운송	B 해상운송
1. 운송경로 　북극 경유 혹은 자연재해, 사회혼란을 피할만한 경로 2. 전용 화물 항공기로 실시 3. 이하 내용을 포함한 운송계획 작성 　• 무장호위자의 동승 　• 운송책임자의 신뢰성 확인 　• 공항의 방호조치 　• 항공기 추락에도 건전성을 유지할 만한 운송용기 사용 　• 신뢰성 있는 통신계 　• 관리센터 설치 　• 긴급 시의 계획 작성	1. 운송경로 　자연재해, 사회혼란을 피해 운송 안전성이 확보될 만한 경로 2. 전용운송선으로 실시 　긴급시를 제외한 무기항(無寄港) 3. 이하 내용을 포함한 운송계획 작성 　• 무장호위자의 동승 　• 무장호위선이 원칙으로 동행 　• 운송책임자의 신뢰성 학인 　• 바다 방호조치 　• 해상에서 짐 이동을 막는 조치 　• 신뢰성 있는 통신계 　• 관리센터 설치 　• 긴급 시의 계획 작성

선, 무장선에 따른 호위 등의 조건부로 포괄동의에 추가되었다.

　신 협정에 새롭게 해상운송을 담기 위해서는 협정의 실시약정 부속서 5의 플루토늄 국제운송 가이드라인의 개정이 필요하다. 일본은 국회 보고로 끝나지만, 미국은 정부가 의안을 의회에 제출, 15일간의 심의를 요청하는 것이 의무화되어 있다. 가이드라인에는 운송에 관한 일반 원칙만을 기록하고, 구체적인 방법은 정부 간의 교환 공문으로 약속하기로 하였다(〈표 4-3〉 플루토늄 국제운송 가이드라인 참고).

　협정의 실시약정 부속서 5는 항공운송과 해상운송의 두 가지로 나눠져 있지만, 양쪽 모두 운송경로가 명기되어 있지 않다. 단지 자연재해나 사회혼란을 피할만한 경로로, 전용 화물항공기(해송운송 때는 전용화물선)로 운반한다는 것 정도가 명시되어 있다. 항공운송의 경우 아직 운송경로가 확정되어 있지 않았기 때문이다.[212] 즉 운송

---

212) 해상운송 경로로는 1984년에 프랑스로부터 플루토늄을 운반한 운반선(晴新丸)이 사용한 운송경로가 있다. 그러나 핵물질 방호를 위해 미일 양국은 운송경로

경로가 확정되기도 전에 플루토늄의 국제운송에 대한 사전동의가 포괄화된 것이다.

더욱이 운송계획 작성에 대해서는 무엇 하나 구체적으로 정해지지 않았다. 예를 들면 공항이나 해상에서의 방호조치나 긴급 시의 계획, 안전성이 검증된 운송용기(항공운송), 무장호위선(해상운송), 동행하는 무장호위자에 관한 사항 등은 실체가 없는 계획뿐이었다. 미일의 관계자는 구체적 내용은 실제로 운송에 맞춰서 정부 간 교환공문으로 채워나가야 한다고 의회 답변 등에서 설명했다. 그러나 이러한 문제점은 양국의 비준 과정(특히 일본 국회)에서 큰 논쟁점이 되었다.

해상운송을 포괄동의로 추가하는 공식 협의가 시작된 것은 미일 양국 의회에서 신 협정이 비준된 후의 일이다. 협정이 발효된 후인 1988년 7월 일본의 요청에 의해 협의가 시작되었지만, 협정이 비준되기 전에 해상운송을 포괄동의에 포함시키는 교섭이 이뤄졌을 가능성도 있다고 생각된다.

실제로 미일은 1988년 2월경에 플루토늄 운송기의 알래스카 상공 통과와 급유 문제로 비공식 협의를 진행한 것으로 보인다. 1988년 3월 프랭크 머코스키(Frank Murkowski) 의원이 공개한 문서(Urgent News Announcement)에 의하면, 케네디 대사가 상원의 머코스키 의원에게 플루토늄 운송을 알래스카 경유의 항공운송에서 북극루트의 항공운송 혹은 해상운송으로 수정하는 것에 미일이 합의했다고 알려 주었다고 한다. 또 하원 외교위원회 의원의 재교섭 요청서한에 대해 레이건 대통령이 해상운송을 포함한 북극루트의 항공운송 등 적절한 플루토늄 운송 방법을 국방성에 검토하도록 지시했다고 하원 외교위

를 명확히 하지 않았다.

원회에게 회신한 것에서도 해상운송이 이미 검토되고 있는 것을 알 수 있다.

알래스카를 경유하지 않는 항공운송 방법의 검토를 일본에게 요청한 것은 확실하다. 그러나 북극루트의 논스톱 공수 또는 해상운송으로 바꾸는 것을 검토하는 데 미일이 합의했는지, 혹은 그러한 운송방법을 수정하는 것에 미일이 이미 합의했는지, 어느 쪽도 명확하지 않다. 일본 국회에서의 심의과정에서는 항공운송에 대해서 아무것도 결정되지 않았다고 행정부 관계자는 증언하고 있다.

그러나 수 년 후부터 시작될 플루토늄 운송을 생각하면, 항공 운송용기 개발도 미완성의 상태에서 항공운송이 실제로 진행될 가능성은 없다고 해도 과언이 아니다. 실질적으로는 개별동의를 얻어 해상운송 하는 방법밖에 없었다고 할 수 있다. 공식적으로 해상운송에 관한 미일 교섭이 진행된 것은 1988년 7월부터였다. 그러나 그전에 행해졌다고 생각되는 비공식 교섭에서 미일이 어디까지 합의했는지 명확하지 않지만, 신 협정 비준 후에 해상운송을 포괄동의에 포함한다는 합의가 있었을 가능성은 상당히 높다고 생각된다.

신 협정이 발효된 후, 플루토늄의 해상운송을 협정에 추가하기 위해 행해진 협정부속서의 개정은 일본에서는 국회의 승인이 필요 없었다. 일본 정부는 관계성청의 최종조정과 미 의회에서의 심의 결과를 기다려 10월 각의에서 부속서의 개정을 결정하였다.

3) 신·구 미일 원자력협력협정의 비교

교섭의 결과, 형태상으로는 미국의 엄격한 규제를 일본이 수용한 것처럼 보이지만, 그 규제의 대부분이 포괄동의화 되어 일본에게 불리한 개정은 아니라고 할 수 있다. 신 협정은 포괄동의의 도입, 미일 대등 규정[213] 등 일본의 요구를 받아들이는 동시에, 핵 비확산법에 의거한 플루토늄의 가공, 형상 및 내용의 변경, 저장에 대한 사전동의 등 새로운 규제도 도입되었다. 또한 핵무기로 전용 가능한 20% 이상의 고농축 우라늄(일반 원자로에는 사용되지 않음)은 포괄동의에 포함되지 않고 미국의 감시를 받게 되었다.

 미국 입장에서는 미일이라는 원자력 분야의 선진국이 엄격한 핵 비확산정책에 입각한 협정을 체결하여 핵 비확산체제를 강화함과 동시에, 원자력 분야에서 일본을 파트너로 유지하는 것이 가능해졌다는 것이 중요했다. 또한 미 에너지성의 우라늄 농축사업과 관련해서는 지금처럼 일본이 고객으로 남게 되었으며, 미일 간의 전반적인 관계 개선에도 기여할 것으로 기대되었다. 신 협정 체결이라는 최대의 목적을 달성하기 위해 미국이 교섭에서 일정한 양보를 한 것도 교섭이 실패할 경우 미국의 비용이 더 크기 때문일 것이다. 협정 개정 교섭의 실패는 일본의 유라톰에 대한 접근을 가속화시키고, 일본의 원자력 프로그램에 대한 미국의 통제력이 약화되어 미일의 상업적 원자력 관계도 타격을 받게 될 것이다. 또한 일본과의 교섭의 실패는 미국의 핵 비확산정책에 부정적인 영향을 미치며, 유라톰을 교섭 테이블로 불러들이는 것도 한층 더 어려워지기 때문이다.

 일본의 최대 현안 문제였던 포괄동의에 있어 가동 중의 시설은 모두 장기적, 포괄적 동의를 얻었다. 더욱이 향후 가동할 예정인 시설에 대해서도 그 시설에 대한 IAEA의 보장조치가 미일이 합의한 보장조치 개념에 해당한다고 미국이 확인하면 자동적으로 추가(포괄동의 부여)하는 구조로 되었다. 물론 포괄동의를 원자력협정에 도입한 것은 미일 협정이 처음은 아니다. 일본은 1982년 호주와의 협정에서 처

---

213) 구 협정과 다르게 신 협정에서는 일본국적의 원자로 또는 기자재로부터 만들어진 플루토늄에 대해서는 일본의 규제가 적용되도록 되었다.

음으로 포괄동의방식을 적용했으며, 그 후 1983년 캐나다와의 협정에서도 포괄동의를 도입했다. 미국도 일본과의 교섭 이전에 스웨덴, 노르웨이와의 협정에서 포괄동의를 적용했다.

그러나 미국의 스웨덴, 노르웨이와의 협정의 포괄동의는 사용후 핵연료의 재처리를 위해 유라톰에 운송하는 것에 한정된 것이며, 재처리 후의 핵물질 회수에서는 포괄동의를 부여하지 않았다. 미국이 재처리, 운송, 핵연료의 가공, 플루토늄 이용의 원자력 프로그램 전체에 걸쳐 포괄동의를 승인한 것은 일본이 최초이다.[214]

신 협정의 성립으로 일본에게 부과된 의무는 미국의 핵 비확산법에 의한 신 규제의 도입이다. 미국의 농축 우라늄을 공급받고 있는 이상 피할 수없는 규제이지만, 구 협정에서는 없었던 20% 이상의 우라늄 농축에 관한 사전동의의 신설, 플루토늄 및 고농축 우라늄 등의 형상·내용 변경 및 저장에 관한 사전동의의 신설 등의 규제가 들어갔다(〈표 4-4〉 미일 원자력협정의 신·구 대조표 참고). 그러나 신 규제에 대한 사전동의는 모두 포괄동의에 포함되어 일본이 일일이 미국의 동의를 얻을 필요가 없어졌다. 다음으로 포괄동의의 조건에 관한 것이다. 일본은 재처리, 플루토늄의 이용 및 운송 등에 대한 포괄동의를 얻기 위해 원료 구입에서 농축, 발전, 재처리, 운송, 폐기물 처리 등 원자력 프로그램의 전부를 사전에 미국에게 제시하는 의무를 지게 되었다. 자국의 원자력 프로그램 전부를 미국에 신고해야하는 것이다.

---

214) 미·유라톰 협정 개정 교섭은 1996년에 합의되었다. 미·유라톰 협정은 일본에 허용한 포괄동의와 거의 같은 내용을 협정에 포함시켰다. 구체적 내용은 제6장 참고.

〈표 4-4〉 미일 원자력협정의 신·구 대조표

항목	구 협정	신 협정	포괄동의 대상
핵폭발, 군사이용 금지	○	○	
제3국 이전의 사전동의 (핵물질, 기재, 파생물질)	○	○	○
재처리의 사전동의	△ (미국에서 수령한 핵물질만)	○ (파생물질의 재처리의 사전동의를 추가)	○
20% 이상의 우라늄 농축에 대한 사전동의	×	○	
플루토늄, 고농축 우라늄, 조사제(照射済) 연료의 형상 및 내용 변경의 사전동의	△ (조사제 연료의 형상 및 내용 변경만)	○ (플루토늄, 고농축 우라늄의 형상 및 내용 변경의 사전동의를 추가)	○
플루토늄, 고농축 우라늄 저장의 사전동의	△ (미일 2국 간 사찰)	○	
모든 핵물질에 대한 IAEA의 보장조치 적용	×	○	
협정기간이 종료된 이후도 협정의 모든 조건의 존속	×	○	
반환청구권	○	○	
핵물질 방호조치	×	○	

(주) ○ : 해당 항목의 전부를 규정 △ : 해당 항목의 일부를 규정 × : 해당 항목에 대한 규정 없음
출처: 일본외무성 자료(日米原子力協定: 新旧對照表)

　협정의 대등성, 규제권의 쌍무성은 구 협정에서는 재처리에 대한 사전동의권 등 미국에 의한 편무적 규제였지만, 신 협정은 쌍무적 규정을 명기하고 있다. 신 협정은 구 협정과 비교해 미일 간의 대등성, 규제권의 쌍무성 확보에서 일본의 요구가 많이 받아들여졌다. 구 협정은 재처리의 사전동의권, 사용후 핵연료의 형상 및 내용 변경에 대한 사전동의권, 보장조치, 반환청구권 등에서 미국에 의한 일방적인 규제만이 규정되어 있었다. 그것이 협정 개정에 의해 규제권은 쌍무적 규정으로 되고 협정문도 대등한 내용이 되었다.

협정의 쌍무성에 대해서는 일본의 요구가 받아들여져 미국에서 일본의 기술, 자재가 사용된 시설은 IAEA의 사찰 리스트에 포함되었다. 또 그 시설이 IAEA의 사찰을 받지 않을 경우에는 그 시설에서의 핵물질의 흐름 및 데이터를 미국이 일본에게 보고하게 되었다. 이 쌍무적 규정은 현재까지는 실적이 없지만 앞으로 일본의 원자력 관련 기자재가 미국으로 수출될 가능성을 고려하여 규제권을 확보한 것이다. 또한 미·유라톰 수준의 협정으로 하기 위해 일본은 향후 체결될 미·유라톰 협정이 미일 협정보다 유라톰에 유리한 협정이 되었을 경우는 미일 양국이 교섭을 진행한다는 내용을 협정에 넣을 것을 요구했다. 결국, 일본이 요구한 최혜국대우 조항은 받아들여지지 않았지만, 미 정부는 다시 미일 협의가 시작되도록 의회의 승인을 얻기 위한 노력을 한다는 선에서 합의했다. 이러한 약속은 일본의 요구대로는 아니지만 일본의 의사를 반영한 결과이다.

신 협정 체결로 20% 이상의 우라늄 농축 및 플루토늄의 저장, 20% 이상의 고농축 우라늄, 원자로·압력용기·연료 교체기·제어봉·일차 냉각펌프 등 미국산 설비의 사용으로 얻은 핵 물질도 미국산과 마찬가지로 규제의 대상이 되었다. 그러나 재처리를 위한 수속이 간소화되었으며, 일본 국내 재처리시설의 원활한 가동 등 핵연료 사이클의 추진을 위한 환경이 갖추어지게 되었다. 미국에게는 미일이라는 원자력 선진국이 공통의 핵 비확산정책에 입각한 협정을 체결하여 핵 비확산체제 강화에 기여하고, 핵 비확산법이 요구하는 규제권이 갖추어졌다. 협정 개정에 성공하여 의회에 대한 행정부의 책임을 다하였다는 표면적인 성과와 함께, 미국은 일본과의 원자력 협력이 장기적으로 안정화되고, 유라톰에게도 협정 개정의 압력을 가하는 효과가 있었다고 할 수 있다.

4. 분석 :교섭(관련) 행위자의 기본 정책 및 교섭 목표

교섭 과정과 교섭정책 결정 과정의 이해를 위해 협정 개정 교섭 과정에 참가한 교섭(관련) 행위자의 교섭에 대한 기본 정책 및 교섭 목표를 분석한다.

1) 미 행정부의 정책과 교섭전략

카터 정권에 비해 레이건 정권은 일본의 원자력 프로그램을 이해하는 편이었다. 미국은 농축 우라늄의 공급이나 사용후 핵연료의 재처리 등 현안 문제와 관련하여, 미국의 핵 비확산정책과 우호적 대일 원자력정책 사이의 균형 잡힌 정책을 모색하였다. 레이건 정권의 대외 원자력정책의 변경은 단순한 원자력 분야의 문제가 아닌 미국의 세계전략과도 관련이 있다. 레이건 행정부는 하락 중인 미국의 리더십을 되찾고 한편으로는 미국의 세계전략과 안전보장 문제에 서구와 일본을 연계시킨다는 관점에서 에너지 문제 및 원자력 교섭 문제를 자리매김하였다.215) 따라서 미일 원자력 협력관계가 중요하며, 현안이 되고 있던 재처리 문제 등에서 대일정책의 개선을 통해 미일의 파트너십을 보다 강화하는 것을 기본 방침으로 하였다. 그러나 미일 협정에 관해서는 구 조약을 핵 비확산법이 요구하고 있는 규제를 포함한 신 조약으로 바꾸는 것을 원칙으로 하고 있었다.216)

협정 개정 교섭에 관련된 미 행정부 기관은 재처리 교섭 때와 거

---

215) Department of State, "Memorandum for the President on Visit of Japanese Prime Minister Zenko Suzuki, May 6-9, 1981", Apr. 22, 1981.
216) "Prepared Statement of Hon. Richard T. Kennedy, Ambassador-At-Large, Department of State" U.S. Congress, House Committee on Foreign Affairs, *US-Japan Nuclear Cooperation Agreement, Hearings:* Dec. 16, 1987; Mar. 2, 1988, pp.33~56.

의 동일하여 국무성, 에너지성, 국방성, 원자력규제위원회, 군비관리군축국이었다. 이 외에도 백악관의 국가안전보장회의(NSC)도 중요한 행위자였다. 국무성, 에너지성 및 국방성은 교섭의 준비 단계부터, 원자력규제위원회, 군비관리군축국은 주로 교섭의 후기 단계에서 교섭에 관여하였다.

교섭의 준비 단계 및 초기 단계에서는 협정 개정에 의한 포괄동의의 도입이라는 교섭관계 기관 간의 합의가 대체로 유지되었다. 다만 실제 교섭 과정에서는 국무성, 에너지성 및 국방성(국방성은 교섭 후반기에는 거의 교섭에서 배제되었다)이 주로 관여하고, 다른 기관은 국무성에 조언을 하는 입장이었다. 따라서 미 행정부의 교섭 전략을 살펴보기 위해서 교섭에 직접 참가하고 있던 국무성과 에너지성의 정책을 주로 검토하고, 교섭 과정에서의 관련 기관과의 의견조정에 대해서는 제6장에서 언급하기로 한다.

원자력산업의 육성, 기술개발 및 우라늄 농축사업 등을 담당하고 있는 에너지성은 국무성과 마찬가지로 신 협정에 가장 적극적이었다. 에너지성은 신 협정이 미국의 원자력 에너지 개발, 우라늄 농축사업, 미일 원자력 무역에 어떤 영향을 주고, 어느 정도의 이익을 산출할지 등을 검토하였고, 플루토늄 운송의 환경평가도 담당하였다. 에너지성은 신 협정이 침체 중인 미국의 원자력산업에 긍정적 영향을 주고, 원자로나 원자로 기술 등의 협력, 농축사업 등의 분야에서 30억 달러 이상의 이익이 신 협정에 의해서 기대된다고 예측하였다.[217]

---

217) 이러한 전망에 대해 NCI(Nuclear Control Institute; 핵관리연구소)와 국방성의 핵비확산 자문위원이었던 밀홀린(Gary Milhollin) 위스콘신대 교수는 그 정도로 급격히 증가하지는 않을 것이라고 반론하고 있다. 밀홀린 교수는 미일 원자력무역에 따른 이익은 매년 2억 6천만 달러에서 4억 3천 5백만 달러가 될 것이라고 전망하고 있다. "Prepared Statement of Gary Milhollin, Professor, University of

일본은 에너지성의 농축사업의 30%를 차지하는 최대 고객이다. 1988년 1년 동안 일본에게 제공한 농축사업의 총액은 전체 에너지성 판매액의 30%인 2억 7천만 달러를 달성했다. 신 협정에 의해 일본의 농축 수요는 향후 30년간, 연 10억 달러까지의 증대가 기대된다고 에너지성은 전망했다. 당시 일본은 장기계약에 의해 캐나다에서 대부분의 천연 우라늄을 구입하고 있어, 미국의 천연 우라늄 구입 분은 2% 미만이었다. 따라서 일본이 필요한 천연 우라늄을 미국에서 구입한다면 미국의 천연 우라늄 생산이 약 30% 증가한다고 계산하였다.

에너지성은 일본이 핵무기 생산에 필요한 능력(기술, 인력, 플루토늄 보유량과 생산능력)을 이미 가지고 있고, 실제로 무기화할 수 있는 상당한 핵물질을 소유하고 있다고 판단하였다. 그러나 핵무기 개발 프로그램으로의 전환 가능성은 낮기 때문에, 핵확산으로는 이어지지 않는다고 판단하였다.[218] 플루토늄의 국제운송에 대해 에너지성이 발표한 영향평가에서도 환경에 심각한 영향을 주지 않는다고 결론지었다. 에너지성은 교섭을 주도한 국무성의 최대의 후원자이며 협력자였다.

국무성은 국방성이 신 협정에 반대함에도 불구하고, 에너지성의 동의와 기술적 조언, 군비관리군축국의 조언을 얻어 교섭을 주도했다. 교섭팀도 국무성, 에너지성, 군비관리군축국을 중심으로 구성되었으며, 필요에 따라 국방성, 원자력규제위원회의 조언을 얻었다. 국무성은 미일 우호관계의 유지 및 원자력 파트너로서의 지위 확인을

Wisconsin, School of Law", U.S. Congress, House Committee on Foreign Affairs, *US-Japan Nuclear Cooperation Agreement, Hearings*: Dec. 16, 1987; Mar. 2, 1988, pp.171~188.

218) "Prepared Statement of Hon. William F. Martin, Deputy Secretary, Department of Energy", U.S. Congress, House Committee on Foreign Affairs, *US-Japan Nuclear Cooperation Agreement, Hearings: Dec. 16, 1987*; Mar. 2, 1988, pp.13~25.

가장 중요한 목표로 하였다. 농축 우라늄이나 원자력 관련 기자재, 부품의 수출 등의 원자력 무역도 중요하다고 인식하고 있었지만, 미일 원자력 교섭이 경제적 이익을 위한 교섭은 아니라고 평가하고 있었다.

국무성이 협정 개정을 고집한 이유는 핵 비확산법에 의해 행정부가 협정 개정의 의무를 지고 있는 것 외에도, 유라톰과도 재처리에 사전동의를 도입하는 형태로 협정 개정을 바라고 있었기 때문이다. 따라서 먼저 일본과 협정 개정을 하고 이를 지렛대로 유라톰과의 교섭을 재개하려고 하는 의도가 있었던 것이다.[219]

국무성은 플루토늄과 같은 민감한 핵물질을 확산의 위험이 있는 지역에의 이전을 막고, 민감한 핵시설 및 활동은 핵확산 위험이 없는 국가에 한정하는 것, 선진 원자력 계획을 가지고 있는 일본과 같은 안전한 국가에서의 재처리와 플루토늄 이용을 제한하지 않는다는 방침을 가지고 있었다. 또한 일본에 대한 미국의 농축 우라늄 독점 공급체제가 견지되고 있는 것은 미국의 원자력 관련 무역의 우위성뿐만 아니라, 핵확산 방지에 대한 미국의 주도권을 유지하는 전략적 수단으로 인식하고 있었다.[220] 미 국무성은 신 협정이 핵 비확산 강화 및 미일 우호관계에 중요한 협정이며, 미국에게 유리한 협정이라는 기본 인식을 가지고 교섭에 임하였다.

---

219) 유라톰 관련 문제에 관해서는 제6장에서 구체적으로 기술한다. 미·유라톰 협정 및 교섭에 대해서는 A Consensus Report of the CSIS US-EURATOM Senior Policy Panel, *Negotiating a US-EURATOM Successor Agreement*, The Center for Strategic & International Studies, Washington, D.C., 1994.

220) "Prepared Statement of Hon. Richard T. Kennedy, Ambassador-At-Large, Department of State" U.S. Congress, House Committee on Foreign Affairs, *US-Japan Nuclear Cooperation Agreement, Hearings*: Dec. 16, 1987 ; Mar. 2, 1988, pp.33~56.

2) 미 의회의 압력

미 의회는 미국의 대외정책 형성에 주도적인 역할을 하며, 대외 원자력정책이나 핵 비확산정책의 입법, 시행 과정에서도 중요한 역할을 해왔다. 특히 상·하원 외교위원회[221]는 정부가 제출한 외교안건의 승인을 주도하고 있다. 1978년에 미 의회에서 핵 비확산법이 성립했듯이, 존 글렌(John Glenn: 상원·민주) 의원이나 알란 크랜스턴(Alan Cranston: 상원·민주) 의원과 같은 상원 민주당의 핵확산 금지론자는 적극적으로 핵확산 방지 관련 법안을 제출하여 왔다.[222] 의회가 주도권을 잡고 있는 핵 비확산 논의는 포드 정권에도 압력을 가하며, 미국이 맺고 있는 2국 간 혹은 다국 간 원자력협정을 엄격하게 운용하는 정책을 취하도록 이끌었다.[223]

핵 비확산법이 성립된 후에도 미 의회에서는 핵 비확산파 의원에 의한 핵 비확산법 개정 법안이 계속해서 제출되었다. 존 글렌, 알란 크랜그턴, 빙햄(J. Bingham; 하원·민주), 리차드 오팅거(Richard L. Ottinger: 하원·민주) 의원 등이 제안한 법안에는, 원자력기술의 이전에 대한 규제 강화, 고농축 우라늄의 수출에 대한 규제 강화, 사전

---

221) 상원 외교위원회(Senate Committee on Foreign Relations)는 20명의 위원으로 구성하며, 하원 외교위원회(House Committee on Foreign Affairs)는 38명의 위원으로 구성된다.
222) 예를 들면, 민주당 상원의원인 크랜스턴과 하트는 1983년 우라늄 농축, 재처리 및 중수기술 등의 수출을 규제하는 '핵폭발물관리 법안'을 상원에 제출했다. 또한 같은 해 9월에는 IAEA의 보장조치를 받아들이지 않는 국가에 대해서는 원자력 관련 자재나 기술 등을 수출하지 못하게 하는 '수출관리법 개정 법안'이 하원을 통과하였다.
223) 미 의회는 1975년 7월 수출 행정규제를 일부 개정하여, NPT 미 비준 국가에 대한 수출에서 24품목을 규제하는 NPT 미 비준국 차별정책을 취했다. 당시 NPT를 비준하지 않았던 일본은 이 정책에 의해서 일시적으로 원자로 자재의 공급이 중단되었다. 또한 재처리를 위한 영국에의 사용후 핵연료 운송에 대해서도 규제가 강화되었다.

동의 시의 의회의 관여 확대, 미국산 핵연료의 재처리, 회수 플루토늄의 이전 및 사용에 대한 규제, IAEA의 보장조치 강화법안 등이 있었다.

또한 이들은 의회에서의 핵 비확산 논의를 주도하고, 레이건 행정부의 재처리, 플루토늄 이용에 관한 정책을 비판하면서, 핵 비확산법의 강화 법안의 필요성을 강조하였다. 포괄적 사전동의제 도입에 대해서도 의회는 엄격한 자세를 취하였다. 1983~84년에 미국이 스웨덴, 노르웨이와의 원자력협정 개정에 부분적으로 포괄적 사전동의제를 도입한 것에 대해서 이 제도가 미국의 핵 비확산법에 위반한다고 제소한 적도 있었다.

1983년경부터 미 의회에서는 유럽에서 일본으로의 플루토늄 운송이 큰 문제가 되어, 미 의회는 플루토늄의 국제운송 반대를 명확히 하였다. 교착되어 있던 미일 교섭이 일본의 방침 전환에 따라서 새로운 진전을 보이기 시작한 1984년 8월, 리차드 오팅거, 하워드 울프(Howord Wolpe: 하원·민주) 등 민주당의 상·하원의원 15명은 일본에의 반환 플루토늄의 해상운송에 반대하고, 운송의 연기를 요청하는 서한을 레이건 대통령에게 보냈다. 이 서한에서 그들은 운송예정의 189kg의 플루토늄[224]은 고속증식로 실험로인 조요가 사용하는 양으로는 지나치게 많으며, 해상운송이 아닌 항공운송으로 할 것 등을 요구했다.

그러나 레이건 대통령은 의회의 연기 요구를 기각, 운송은 예정대로 진행되었다. 같은 해 11월, 재처리로 얻은 플루토늄을 실은 화물선(晴新丸)이 프랑스에서 도쿄 항에 도착하고, 동력로·핵연료개발사업단(동연)[225]의 도카이무라 시설에 반입되었다. 해외에서 일본으

---

[224] 핵분열성 플루토늄 239가 189kg이며, 핵분열성이 아닌 플루토늄 240 등을 합친 전체 중량은 288kg이었다.
[225] 동연은 1978년에 출범한 고속증식로와 신형전환로 및 핵연료 물질의 연구, 개

로 플루토늄을 반입한 경우는 그때까지 50여 회 있었지만, 미국 원산의 핵연료를 재처리해서 얻은 플루토늄을 운송하는 것은 처음이었다.

미국은 프랑스로부터의 운송기간인 약 40일간, 핵 탈취 방지를 위해 일본의 운송선 위치를 인공위성으로 감시하며 미군이 경호하였다.226) 경호에 드는 비용을 미국이 부담하여 미 의회의 반발을 사기도 했다. 운송 전 미일은 해상운송은 이번이 마지막으로 다음부터는 항공운송으로 한다, 미국의 기준에 따른 플루토늄 항공운송의 전용 용기를 개발한다는 조건으로 합의하였다.227) 그것은 1개월 이상 걸리는 해상운송은 항공운송보다 핵 탈취의 위험이 높기 때문이었다.

1984년 11월의 대통령 선거와 동시에 실시된 미 의회의 중간선거에서 여당인 공화당은 상원에서, 하원에서는 민주당이 과반수를 유지하였다. 그러나 1986년 11월에 실시된 중간선거에서는 민주당이 6년 만에 상원에서 다수당이 되어 상하 양원을 장악하기에 이르렀다.228) 의회의 핵 비확산정책은 보다 강화될 것이며, 신 협정의 의회 승인도 어려울 것으로 예측되었다.

3) 일본 행정부의 정책 및 교섭전략

미국의 재처리 허가는 신청 시점에서의 재처리의 필요성은 물론,

발을 추진해온 기관이다. 동연은 도카이무라 재처리시설에서의 사고의 허위보고, 몬주의 나트륨 누출사고 시의 비디오 감추기 등의 문제로 1998년 핵연료주기개발기구(핵연기구)로 개조되었다.
226) 운송에는 미국의 담당기관인 에너지성 외에도 국무성과 원자력규제위원회, 국방성, 백악관의 NSC도 관계하고 있었다.
227) 『朝日新聞』1985. 2. 21.
228) 선거 결과 상원에서는 민주당이 55석(선거 전 47석), 공화당이 45석(선거 전 53석)으로 역전되었기 때문에 모든 상임위원회, 특별위원회 및 소위원회의 위원장 자리는 공화당에서 민주당으로 바뀌었다.

1건마다 개별적으로 승인(case by case), 재처리 기간과 양의 제한 등의 제한이 있었으며, 이러한 미국의 재처리정책은 핵연료 사이클 확립과 장기적 에너지 안정 공급을 목표로 하는 일본에게 불안으로 인식되었다. 미국과의 재처리 교섭 및 협정 개정 교섭에서 일본의 가장 중요한 목표는 안정적이고 예측 가능한 협정을 맺는 것이었다.

1982년 이후의 교섭에서는 포괄동의의 획득이 일본의 가장 중요한 교섭 목표였다. 일본의 교섭 관계자는 협정 개정에 의해 미국의 새로운 규제를 받아들이기보다 기존 협정의 틀을 유지하는 쪽이 좋다는 인식을 가지고 있었다. 물론 사용후 핵연료의 재처리나 플루토늄의 국제운송을 담당하고 있는 전력회사는 미국의 사전동의를 포괄화하는 것이 무엇보다 중요하였다.

그러나 교섭의 창구인 외무성이나 주관 기관인 과기청은 협정 개정에 신중한 입장이었다. 기존 협정의 틀 안에서도 원자로의 운전과 농축 우라늄의 제공은 원활하게 기능하고 있으며, 일본이 선행해서 협정을 개정할 경우에는 유라톰과 동등한 조건이라는 일본의 대미 원자력외교의 기본 조건이 붕괴되기 때문이었다.

다만 협의의 결과로 협정 개정을 하게 된다면, 개정 교섭은 쌍무적, 대등적인 협정에 가깝게 하는 것을 개정 교섭의 목표로서 인식하고 있었다. 또한 핵확산이나 재처리에 엄격했던 카터 정권에 비해서 일본의 핵연료 사이클 정책을 이해하고 있는 레이건 정권기에 협정 개정 교섭을 끝내야 할 필요성은 행정부를 비롯한 원자력산업계가 공유하고 있었다.

1982년 이후의 미일 원자력 교섭에 주로 관계한 기관은 재처리 교섭과 마찬가지로, 외무성을 비롯하여, 통산성, 과기청, 원자력위원회였다. 교섭의 최종 단계에서는 운수성, 해상보안청, 경시청 등도 교섭에 참가하였지만, 이들 기관은 플루토늄 운송에 관련하여 조언하는 입장이었다. 기관별로 미일 교섭의 목표에는 약간의 차이는 있었지만 공통으로 갖고 있던 인식은 포괄동의의 도입이었다.

외무성은 호주와의 협정(1982년), 캐나다와의 협정(1983년)에서 포괄동의방식을 원자력협정에 도입한 것처럼, 포괄동의의 도입을 미일 교섭의 최우선 목표로 하였다. 외무성은 논의의 결과 협정 개정을 할 수 있다고 하면서도, 적극적으로 협정 개정에 응하는 자세는 아니었다. 외무성은 교섭 관련 각 성청의 합의를 근거로 정책을 입안하고, 또한 미·유라톰 협정 개정을 지켜보며, 미·유라톰 협정과 동등한 미일 협정을 맺는 것이 외무성의 협정 개정에 대한 입장이었다.

과기청의 입장도 외무성과 거의 일치하였다. 재처리나 플루토늄 운송 등에 필요한 미국의 개별동의는 엄격한 규제였지만, 협정 개정을 진행할 경우 미국의 핵 비확산법에 의해서 도입되는 새로운 규제는 미국의 개별동의 이상으로 엄격할 것으로 인식하고 있었다. 과기청은 기존 협정의 유효기간이 2003년까지이기 때문에 서둘러 협정 개정을 할 필요는 없다고 판단하였다. 1977년의 재처리 교섭에서 혼합추출방식 등을 강요받은 과기청은 협정 개정 교섭에서도 미국이 엄격한 요구를 할 것을 우려했다. 협정 개정으로 일본의 방침이 변화한 후에도 과기청은 도입될 규제나 협정문의 구체적인 내용 등에 가장 비판적 자세를 보였다.

외무성과 과기청에 비해서 통산성은 미국의 협정 개정 요구에 적어도 공감하는 부분도 있었다. 통산성도 새로운 규제를 도입하는 것은 바람직하지 않지만, 재처리나 플루토늄의 운송을 담당하는 전력업계를 관할하는 기관으로 포괄동의 도입에 가장 큰 관심을 가지고 있기 때문이었다. 통산성은 규제 강화를 받아들이는 단점보다는 포괄동의 획득의 장점이 많다고 판단하였다. 일본의 원자력정책 결정에 관계된 기관 중에서 미국의 요구에 공감하는 유일 기관이 통산성이라고 할 수 있다. 그러나 이러한 통산성의 견해는 정책결정 과정에서 큰 영향력을 행사하지는 못했다. 그것은 통산성 외의 대부분의 교섭 관련 성청이 미국의 협정 개정 요구에 반발하였으며, 미국의 협정 개정 요구에 대해서는 과기청의 불가론이 주류를 이루고 있었기 때문이었다.

원자력위원회도 교섭에 관여하였지만, 재처리 교섭처럼 전면에서 교섭을 지휘하는 입장은 아니었다.229) 그러나 원자력위원회는 국가의 원자력정책 책정의 중추기관으로서의 영향력을 여전히 갖고 있었고, 1956년 출범부터 원자력협정의 체결을 비롯한 원자력관련 교섭에 직접적으로 관여해왔다.230) 1950년대의 미일 원자력 연구협정 및 미·영과의 원자력 일반협정 개정 과정에서도 교섭 방향 및 교섭 방침 등을 결정하여 관련 성청에 보내고, 협정 초안도 직접 검토하였다.

특히 원자력위원회와 행정 및 민간과의 의견조정 기관으로서 역할을 하던 원자력원회의 '원자력 국제문제 등 간담회'는 원자력 국제문제 및 원자력협정 문제 등이 협의된 공식적인 조직으로 관민의 다양한 행위자와 소통하였다. 재처리 교섭이나 협정 개정 교섭 시에는 관련 정부기관과 민간의 조정 역할을 하였다. 또한 1977년에 행해진 미일 재처리 교섭의 제2회 교섭에서는 원자력위원이 직접 교섭 대표를 맡기도 했다. 외무성에 원자력과가 신설(1979년)된 후에도 원자력

---

229) 1979년 외무성의 체제 개편에 의해 외무성에 원자력과가 신설되어 원자력 관련 교섭의 창구는 원자력과가 담당하게 되었다. 원자력과가 신설되기 전 원자력 관련 외교는 외무성 과학과가 담당하여 왔다.
230) 1958년의 미국, 영국과의 일반협정 교섭 당시에 원자력위원회의 기본적인 생각을 정리한 '원자력위원회의 의향개요'에는 비밀자료, 또는 비밀자료의 통보를 수반하는 자료, 설비, 장치 또는 역무의 제공은 하지 않는다는 조항이 있으며, 이 조항은 협정에 그대로 반영되었다. 1957년 9월에 발표된 이 의향개요는 비밀정보는 수용하지 않으며, 플루토늄은 장래 일본의 원자력의 평화적 이용을 가능하게 한다는 등의 6항목으로 구성되어 있다. 『原子力委員会月報』 VOL.2, NO.10 (1957年 10月), 43쪽.

위원회는 원자력외교에 직·간접적으로 관여해왔다. 미국의 협정 개정 요구에 대해서 원자력위원회는 과기청과 같은 자세였지만, 교섭 후기 단계에서 주로 교섭에 관여하였다. 그것은 초기 단계에서의 교섭은 포괄동의 도입에 중점을 두었지만, 1985년 10월 이후 후기 단계에서 협정 개정 교섭이 시작되었기 때문이다.

  앞에서 지적한 한 것처럼, 1982년 교섭 개시부터 미국은 협정 개정에 중점을 두고, 이에 대해 일본은 협정 개정 없이 포괄동의를 기존 협정에 도입하는 것을 교섭의 기본 목표로 하였다. 최초 3년간의 교섭을 거쳐 협정 개정으로 교섭의 흐름은 변했지만, 양국의 기본 자세에 큰 변화는 없었다고 할 수 있다.

제5장
개정 교섭 후
: 합의에서 비준으로

5장 개정 교섭 후
: 합의에서 비준으로

미국에서는 국무성이 교섭을 주도하여 최종 합의에 이르렀다. 그러나 신 협정안이 합의된 후, 정식 조인 및 협정안의 의회 제출은 대폭 늦어졌다. 국무성이 정부 내의 저항에 의해 직면했기 때문이다. 미 정부에서는 국방성이 핵물질 탈취에 의한 핵확산의 위험이나 플루토늄 항공수송 문제에 대해 여전히 강경한 자세였다. 또한 원자력규제위원회(NRC)는 건설 예정인 제2 재처리시설에 대한 보장조치 적용의 기술적 문제와 미국 내에서 생산된 플루토늄의 반환조항 등을 이유로 신 협정 반대의견을 대통령에게 권고했다.

이러한 행정부 내의 반대의견에 의해 내부 조정에 시간이 지체되었다. 더욱이 미 의회에도 핵확산의 목소리가 높았으며, 플루토늄 항공수송의 경유지인 알래스카도 경유를 반대했다. 특히 알래스카 주지사가 연방 정부에 플루토늄의 알래스카 경유에 대한 환경영향보고서를 제출하도록 요구하여 협정안의 정식조인은 대폭 늦어졌다.[231]

국무성이 중심이 된 신 협정 추진파는 NRC의 신 협정안 반대의견에 대해 'NRC의 견해에 대한 국무성·에너지성·ACDA의 공동평가

---

231) 1988년 4월, 알래스카 주지사는 국무장관에게 플루토늄 공수에 대한 환경영향보고서 제출 등의 조치를 취해달라고 요청했지만 만족스런 답변을 얻지 못하자, 동년 9월 연방지방법원에 알래스카를 통과하는 플루토늄 공수 중지 소송을 제기했다. 『朝日新聞』 1988.1.12.

서'를 작성하여 NRC의 견해를 지지하지 않는다는 것을 명확히 했다. 이 평가서에는 (1) 건설 예정인 일본의 재처리시설에 대해 효과적인 IAEA의 보장조치 적용이 가능하다 (2) 플루토늄 측정 시의 불확실성은 IAEA의 보장조치가 시작될 때부터 인식된 문제이며, 장래의 새로운 기술로 측정시의 불확실성은 감소한다 (3) 협정의 유효기간인 2003년까지 현 협정을 유지하는 것은 핵 비확산법의 목표를 행정부가 수행할 수 없다는 것을 의미하며, 유라톰과의 교섭에도 장애가 될 수 있다 (4) 플루토늄 반환 규정은 이론적으로는 핵 비확산 레짐의 강화를 의미하며 상호적인 규정이 되어야 한다. 그러나 현실적으로는 거의 발생하지 않는 상황이다 (5) 미국 내의 일본 원산의 핵물질의 추적 및 보고에 대해서는 같은 권리를 미국이 얻기 위해서는 상호적인 규정이 되어야 한다는 등 NRC의 견해에 구체적으로 반론했다.232)

결국 레이건 대통령은 국무성의 원안대로 정부 내의 반대를 무릅쓰고 조인을 단행하고 의회에 신 협정안을 제출했다. 제5장에서는 미일 양국의 합의(가서명, 1987년 1월)로부터 신 협정의 발효(1988년 7월)에 이르기까지의 양국 국내의 정치과정을 미 의회에서의 비준과정에 중점을 두며 분석한다.

---

232) "Joint State/Energy/ACDA Comments on NRC View", Library of Congress, US House Document 100-128, *Proposed Agreement Between the US and Japan Concerning Peaceful use of Nuclear Energy: Message from the president of the US*, Nov. 9, 1987. pp.449~452.

1. 미 의회의 반발과 미 행정부의 대응

1) 미 의회의 반발

1980년대 후반 미일 통상마찰의 진원지였던 의회는 1987년에 발각된 도시바(東芝)기계 사건[233] 등의 영향으로 과학기술 분야에서도 일본에게 비우호적이었다. 미 의회가 일본에 대해 우호적이지는 않았지만, 국무성은 신 협정안이 의회에서 부결되지는 않을 것이라고 예상했다. 그것은 레이건 정권이 의회에 제출한 원자력 관련 법안의 대부분이 승인되었기 때문이었다.

레이건 대통령이 신 협정안을 미 의회에 제출한 것은 정식 서명(1987.11.4)[234] 직후인 11월 9일이었다. 신 협정안은 상·하 양원의 외교위원회로 보내져, 90일 이내에 양원이 합동으로 비승인 결의를 채택하지 않으면 신 협정은 자동 승인된다.[235]

그러나 행정부가 신 협정안이 미 국내법이 정한 필요조건을 충족하지 않는다는 것을 인정하는 '법적 필요사항의 중지요청'(a waiver of statutory requirements)의 예외조항과 함께 협정안을 제출하는 경우엔 예외가 된다. 즉 90일 동안 적극적인 반대가 없으면 통과되는 협정 취급과 달리, 상·하 양원의 적극적인 승인 결정에 의해 협정이 승인

---

233) 도시바 기계가 COCOM(대공산권수출통제위원회)의 규제에도 불구하고 스크류 가공용 공작기계를 소련에 부정 수출한 사건. 결국 일본의 대표적인 미사일 제조회사인 도시바는 사건의 책임을 지고 전략방위구상(SDI) 관련연구인 서태평양방위구상에의 참가를 단념할 수밖에 없었다.
234) 신 협정안이 가서명된 후에도 양국에서는 협정 관계 부서의 조언이나 국내법과의 관련, 법률적인 검토 등 정식서명에 필요한 국내수속이 필요했다.
235) 미국에서는 조약(Treaty; 상원의 2/3 이상의 찬성이 필요)과 협정(Agreement; 90일간 적극적 반대가 없으면 통과)의 취급이 다르나, 일본에서는 둘 다 조약으로 취급한다. 신 협정안은 상·하원의 외교위원회에서 검토를 위한 30일 간의 회기와 위원회 및 본회의 결정에 필요한 60일 간의 추가적인 회기를 합친 90일간의 회기 이후 자동적으로 승인된다.

되는 것이다. 미 의회에서는 신 협정이 이 케이스에 해당한다는 주장이 강했다. 당시 미 의회는 통상마찰을 둘러싼 대일 강경 자세가 강하여, 이러한 자세를 반영하는 결의나 법안이 성립하고 있었다. 또한 의원들도 행정부의 관련 부서에 강경한 대일 정책을 주문하는 서한을 보내는 등 의회는 대일 공세의 분위기가 강했다.[236]

제4장에서 언급했듯이 미 의회는 플루토늄의 상업이용에 반대하고 있었으며, 핵물질 탈취 방지대책, 핵확산 방지 등 적절한 안전조치가 개발되기까지는 플루토늄의 상업이용을 억지하는 핵 비확산정책을 일관되게 유지했다. 일본에 대해서도 일본과의 원자력협력이나 원자력무역은 지지하지만, 일본의 플루토늄 이용은 한 건씩 승인하는 정책을 유지해왔다. 따라서 국무성은 협정의 비준 과정에서 어느 정도 의회의 반대가 있을 것이라고 예상하고 있었다. 그러나 신 협정안이 의회에 제출된 후의 의회의 반대는 행정부가 예상하고 있던 이상이었다.

의회는 신 협정이 플루토늄 사용에 대한 미국의 장기 승인을 포함하고 있는 최초의 협정이며, 카터 정권 이래 의회가 추진해온 핵 비확산정책에 직접적으로 관련된다는 점에서 엄격한 태도를 취했다. 당시에 미일 무역 불균형은 미 의회에서의 가장 큰 쟁점의 하나였기 때문에 많은 의원들이 원자력 협력 문제를 무역 문제와 별개의 문제로 고려하지 않을 가능성도 높았다. 또한 1988년은 의원 선거를 포함한 일반 선거의 해인 것도 영향을 미칠 것으로 예상되었다.

1987년 12월 15일과 17일, 상원 외교위원회에서 개최된 신 협정안에 대한 최초의 청문회에서 존 글렌(John Glenn: 상원, 민주) 의원은 핵확산과 사고에 의한 환경오염의 우려를 표명하며 재교섭을 요구했다.

---

236) 1980년대 후반의 미 의회의 대일정책은, 草野厚, 『アメリカ議会と日米関係』, 中央公論社, 1991.

이에 대해 리처드 케네디 교섭 대표는 동 협정이 핵 비확산을 고려한 것이며, 미일 원자력 협력의 새로운 틀을 구축한다며 신 협정의 의의를 강조하며 승인을 요구하는 증언을 했다. 그 외에도 가스톤 시거(Gaston Sigur) 국무성 동아태담당차관보, 노먼 울프(Norman A. Wulf) ACDA 부국장대리가 찬성의 증언을, 폴 레벤탈(Paul L. Leventhal) 핵 통제연구소(Nuclear Control Institute: NCI)[237] 소장 등이 반대의 증언을 했다.

12월 16일에 열린 하원 외교위원회의 청문회에서도 케네디 대사는 일본의 플루토늄 이용 정책은 일본의 에너지계획의 핵심이며, 미국이 통제할 수 없는 플루토늄이 이미 일본에 존재하는 이상 일본이 플루토늄을 이용하지 않도록 미국이 제어하는 것은 불가능하다고 증언했다. 케네디 대사는 일본의 플루토늄 이용에 따른 안전조치를 강화하고 핵물질 방호를 위해 미일이 긴밀히 협력하는 것이 현실적으로 가능한 선택지라고 의원들을 설득했다.[238]

신 협정에 비판적이었던 NRC의 란도 제크(Lando W. Zech) 위원장은 핵확산에 대한 우려를 표명하며 플루토늄 반환에 관한 조항의 문제 등을 이유로 신 협정에 난색을 표했다. 하지만, 신 협정이 미 국내법의 법적 요구사항을 충족하고 있는지의 문제에 관해서는 언급하지 않았다. 청문회에서 증언한 에너지성의 마틴(William Martin) 부장관, 군비관리군축국의 울프 부국장대리, 버트램 울프(Bertram Wolfe) GE 부회장 등은 동 협정이 양국의 에너지 협력관계 및 국제적인 핵확산 방지에 기여한다며 협정 자체에 문제가 없다는 점을 강조했다.

---

237) NCI는 플루토늄이나 핵 비확산정책에 관련해서 활동하고 있는 미국의 대표적인 핵 비확산 연구소.

238) "Prepared Statement of Hon. Richard T. kennedy, Ambassador at Large, Department of state", U.S. Congress, House Committee on Foreign Affairs, *US-Japan Nuclear Cooperation Agreement, Hearings: Dec. 16, 1987; Mar. 2, 1988*, pp.33~56.

신 협정안의 관할위원회인 상원 외교위원회의 모든 위원과 하원 외교위원회의 과반수의 23명의 의원이 협정반대 서한을 각각 12월 17일과 21일에 대통령에게 보냈다. 이들은 신 협정안이 미 원자력법(Atomic Energy Act of 1954) 제123조와 일치하지 않는다고 지적했다. 원자력법 제123조는 외국과의 원자력협정 체결에 의한 핵물질의 이전 또는 재처리에 관한 사전승인권을 미국이 무조건적으로 보유하도록 요구하고 있다. 서한은 미 원자력법은 현행의 케이스 바이 케이스 승인을 전제로 한 것이며, 포괄동의방식은 미국의 원자력법에 위배된다고 주장했다. 의원들은 행정부에 일본과 재교섭하여 재차 협정안을 의회에 제출할지, 아니면 신 협정안이 미국 법에 정해진 필요 조항을 충족하지 않는다는 것을 인정하는 '법적 필요사항의 중지요청'의 예외조항을 첨부하여 재제출할 것을 요구했다.[239]

　외교위원회 의원들이 서한에서 지적한 문제는 (1) 30년에 걸친 포괄동의권 행사의 적합성(원자력법 제123조에 대한 일치 여부) (2) 신 협정이 미일의 공동방위와 안보를 증진시킨다는 대통령 결정의 근거의 타당성 (3) '시의적절한 경고(Timely Warning)'[240]에 대한 행정부의 평가가 비(非)기술적 고려를 기반으로 하고 있음 (4) 신 협정이 원자력법 제123조의 보장조치 기준을 충족시키지 않는다는 네 가지였다.

　상원 외교위원회에서는 대통령에게 서한을 보낸 12월 17일, 신 협정에 반대하며 재교섭을 요구하는 결의[241]를 15:3으로 가결했다. 그

---

239) "Letter from Members of the Senate Committee on Foreign Relations, Dec. 17, 1987, to President Reagan"; "Letter from Members of House Committee on Foreign Affairs, Dec. 21, 1987, to President Reagan"
240) '시의적절한 경고'란 핵물질의 재처리나 재이전 등에 의해, 비핵보유국이 이전된 핵물질을 핵폭발물질로 전환하기 전에 그 전환을 확인할 수 있는 시간적 여유가 확보되는 조건을 말한다.
241) 결의(resolution)의 내용은 대통령에게 보낸 위원회의 서한과 거의 동일하며, 행정부에 협정 개정 교섭을 다시 할 것을 요구하였으며, 그것이 어려우면 신 협정

러나 행정부는 신 협정이 미 국내법의 성립요건을 충족하고 있으며, 원자력 분야에 관한 미일의 장기적 협력의 기초가 될 뿐 아니라, 일본의 원자력 개발이용 및 핵 비확산에 대한 미국의 통제력을 강화하여, 미일 공동안보에도 긍정적 효과를 가져 올 중요한 협정이라고 의회에 반론했다.

상원 외교위원회에서는 알래스카 출신의 프랭크 머코우스키(Frank Murkowski: 상원, 공화)242) 의원이 제안한 머코우스키 법안이라고 불리는 '1988년도 에너지, 수자원 개발 세출법안 수정안'이 승인되었다. 이 수정안은 플루토늄 공수를 인정할 때에는 실제로 비행기를 추락시켜 수송용기의 안전성을 확인하는 실험을 의무화하는 법안이었다. 법적 구속력을 지닌 의회의 의사표시였다.

미 의회의 신 협정 반대논리는 다양했지만 크게 나누면 두 가지이다. 하나는 일본의 재처리와 플루토늄 이용에 대해 장기적이고 포괄적인 사전동의를 허용하는 것에 대한 반대였다. 30년에 걸친 포괄동의를 일괄하여 승인하는 것은 원자력법 및 핵 비확산법이 요구하고 있는 미국의 권한을 포기하는 것이라는 것이었다. 다른 하나는 포괄동의의 대상인 항공수송의 문제로서 플루토늄의 항공수송 시의 안전성이 확보되어 있지 않다는 지적이었다.

이듬해 1988년이 되자 의회는 상원을 중심으로 다수파 공작이 활

안이 미 국내법을 준수하고 있지 않다는 조건을 붙여 의회에 승인수속을 취하도록 요구하고 있다. 상·하원의 단독결의는 '양원 합동결의'(Joint Resolution; 사실상 법률과 같은 효과를 가지며, 결의안의 취급도 법안(bill)의 취급과 거의 동일)와 달라서 법적 구속력을 가지는 것이 아닌 정치적, 도의적 구속력을 가지고 있는 것에 지나지 않는다.
242) 알래스카 출신의 상원의원. 플루토늄 공수의 경우 알래스카 상공을 통과할 계획이었기 때문에 플루토늄 수송 문제로 신 협정을 반대했다. 머코우스키 의원이 일본을 방문했을 때 과기청 장관과 통산성 장관이 수송기의 안전성 확보를 약속하며 이해를 구할 정도로 머코우스키 의원은 신 협정에 강하게 반대했다.

발했다. 상원에서는 찬성, 반대의 양파가 의원들에게 지지를 요구하는 서한을 보내는 움직임이 활발해졌다. 신 협정 반대를 주도한 것은 이른바 '핵 비확산파'이라고 불리는 의원들이었으며, 민주당 소속의 의원이 많았다. 물론 머코우스키 의원처럼 선거구를 위해 신 협정에 반대한 공화당 소속의 의원도 있었지만, 신 협정에 대해 명확한 반대를 표명한 의원 중에는 민주당 소속의 의원이 많았다. 그러나 대다수의 의원은 아직 신 협정에 대해 명확한 찬반 태도를 정하고 있지 않았다. 더욱이 이 시기는 미일 무역마찰이 큰 문제가 된 시기였으며, 의원들이 신 협정을 전반적인 미일 관계, 특히 미일 무역관계와 관련지어 생각하던 시기였다. 이러한 의회의 분위기는 양당의 의원들에게 공통적인 것이었다.

민주당 원내간사 크랜스톤,[243] 머코우스키, 글렌 의원 등 핵 비확산족 의원들도 동료의원에게 신 협정 반대의 협력을 구하는 서한을 보냈다. 그들은 30년간에 걸친 핵연료의 재처리 등을 일괄승인해서는 안되며, 핵확산이나 핵물질을 노리는 테러리즘의 위험이 있다고 주장했다.

한편 신 협정 찬성의원들도 설득 활동에 적극적이었다. 상원의 다니엘 에반스(Daniel J. Evans: 공화) 의원, 피트 도메니치(Pete V. Domenici: 공화) 의원, 하원의 헨리 하이드(Henry J. Hyde: 공화) 의원 등은[244] 신 협정이 미국의 국익에 기여할 뿐만 아니라 핵 비확산정책에도 중요하며, 일본과의 원자력 파트너 관계의 유지는 장기적으로 미국의

---

243) 민주당의 유력 상원의원인 크랜스톤은 1988년 2월 신 협정의 승인을 저지하는 법안을 제출했다. 동 법안은 신 협정이 미 국내법을 일탈하고 있기 때문에 새로운 승인 수속을 취하도록 요구하고 있으며, 이 수속을 취하지 않는 한 신 협정의 발효를 금지할 것이라고 하고 있다.
244) 이들 중에서는 WH, GE 등 원자력 산업계에 영향력을 가지고 있는 의원, 혹은 다수의 원자력발전소를 운영하는 지역 출신의 의원도 있었다.

이익에 직결된다는 등의 이유로, 신 협정 지지 성명을 내거나 또는 지지를 요청하는 서한을 동료의원에게 보냈다. 상원 외교위원회의 펠(Claiborne Pell: 민주) 위원장이 위원회에 제출한 보고서와 이에 첨부되어 있는 추가 검토의견서에는 이러한 신 협정을 둘러싼 찬성, 반대의 대립 논점이 선명하게 쓰여 있다.245)

대립의 내용을 살펴보면, 먼저 반대론자는 (1) 신용할 수 없는 수송용기, 명시되지 않은 수송경로, 아직 설계도 되지 않은 핵시설에 대한 30년간의 포괄동의 승인과 플루토늄 자유사용 허가는 미국의 핵 비확산정책에서의 이탈이다 (2) 30년간의 포괄사전동의는 원자력법 제123조 위반이며, 시의적절한 경고의 보장이 충분하지 않다 (3) 재처리 및 플루토늄 사용에 대한 장기간의 사전동의는 미국의 국가안전보장 상의 이해에 반한다 (4) 플루토늄의 항공수송에 대한 물리적 보장조치가 확보되어 있지 않기 때문에 플루토늄 방출 등의 위험성이 있다 (5) 협정에 대한 미국의 일방적 정지권이 극단적으로 제한되어 있어 현실적으로는 행사될 가능성이 없다는 점 등을 신 협정 반대의 이유로 들고 있다.

이러한 주장에 대해 찬성파 의원은 (1) 원자력법에 사례별(casa-by-case) 심의조항이 없기 때문에 포괄사전동의가 원자력법을 위반하고 있다고 해석할 수 없으며, 신 협정은 핵 비확산법의 법적 요구조항을 충족하고 있다 (2) 신 협정에는 일본의 플루토늄 이용시설에 대한 적절한 보장조치, 핵물질 방호조치 및 안전성 등에 대한 미국의 권한이 확보되어 있으며, 일본의 원자력 프로그램에 대한 미국의 능동적 역할을 증진시킨다 (3) 시의적절한 경고에 대해서는 광범위한

---

245) "Report submitted from the Mr. Pell, from the committee on foreign Relations", *US Senate, US Senate Report 100-275, US-Japan Nuclear Cooperation Agreement*, pp.1~8.

기술적, 정치적, 경제적 요소가 고려되어 있어 시의적절한 경고는 가능하다 (4) 협정의 일방적 정지권도 미국의 핵 비확산상의 이익을 보호할 수 있을 정도로 확보되어 있다는 등의 이유로 신 협정을 성립시켜야 한다고 주장하였다.246)

3월 2일에 열린 하원 외교위원회 청문회에서 에디슨 전기협회(EEI)의 존 커니(John J. Kearney) 부회장은 새로운 원자로의 미일 공동개발을 위해 일본 기업은 이미 수백만 달러를 미국에 지불했으며, 향후도 십억 달러 이상을 지불할 것으로 예상되기 때문에, 미국의 원자력 관련 기업에게 일본과의 협력관계의 유지는 원자로의 연구, 개발, 건설 등을 위해서 불가결하다고 증언했다.247)

그러나 NCI의 레벤탈 소장은 (1) 신 협정에 포함된 포괄동의는 존재하지 않는 핵시설 및 원자로에 대해서도 사전에 포괄동의를 허용하기 때문에 핵확산의 위험이 있다 (2) 플루토늄의 항공수송에 대해서는 수송용기가 아직 개발되어 있지 않는데도 항공수송을 포괄화하고, 미국 내의 착륙을 허가했다 (3) 재이전 및 재처리 시의 시의적절한 경고의 문제가 기술적 효율성이나 보장조치 수단에 근거를 두고 있는 것이 아니라 정치적 결정에 의거하고 있다 (4) 협정의 일방적 정지권에 제한을 두고 있어 현실적으로는 실행 불가능하기 때문에 신 협정이 원자력법 위반이며 핵확산을 정당화할 위험성이 있다고 반론했다.248)

---

246) "Additional Views of Senator Daniel J. Evans, Attached to the Report submitted from the Mr.Pell, from the Committee on Foreign Relations", *US Senate Report 100-275, US-Japan Nuclear Cooperation Agreement*, pp.10~15.
247) "Prepared Statement of John J. Kearney, Senior Vice President, Edison Electric Institute", U.S. Congress, House Committee on Foreign Affairs, *US-Japan Nuclear Cooperation Agreement, Hearings: Dec. 16, 1987; Mar. 2, 1988*, pp.156~167.
248) "Prepared Statement of Paul Leventhal, President, Nuclear Control Institute", U.S. Congress, House Committee on Foreign Affairs, *US-Japan Nuclear Cooperation*

레벤탈 소장은 신 협정이 모든 법률적인 필요조건을 충족하고 있는가를 판단하기 위해 국방성과 NRC가 제출한 관련 자료를 면밀히 검토해야 한다고 권고했다. 또한, 국방성의 핵 비확산 자문위원인 밀홀린(Gary Milhollin) 위스콘신대학 교수는 신 협정이 플루토늄의 확산 및 전환을 효과적으로 방지할 수 없으며, 효과적인 보장조치나 미국의 통제력 등의 면에서 현 협정보다 불확실성이 높기 때문에 포괄동의를 폐지하거나 기존 협정을 유지하도록 권고했다.249)

하원 청문회에서 스티브 솔라즈(Steve Solarz: 하원, 민주) 아태문제소위원장은 승인, 비승인 외에도 세 번째 선택지가 있다며 처음으로 조건부 승인이라는 의견을 제시했다. 예를 들어 일본에 포괄동의를 주는 대신, 신 협정의 규제보다 더욱 엄격한 방호조치를 의무화하는 등의 조건을 붙이는 것이었다.250) 핵확산에 이어진다며 반대론을 고수하던 상원에 비해 하원에서는 찬성의 목소리도 높았기 때문에 타개의 길을 모색하는 방침을 시사한 것이라고 할 수 있다.

미 의회의 회계검사원(General Accounting Office: GAO)이 하원 외교위원회의 요청으로 작성하여 1988년 3월에 발표한 보고서에도 30년에 걸친 포괄동의의 승인은 장래에 일어날 수 있는 미일 관계 변화의 가능성을 고려하면 핵확산 방지를 완전히 보장하는 것은 불가능하다고 신 협정에 대한 반대의견을 표명했다.251) 그러나 이 시기

Agreement, Hearings: Dec. 16, 1987; Mar. 2, 1988, pp.138~152.
249) "Prepared Statement of Gary Milhollin, Professor, University of Wisconsin, School of Law", U.S. Congress, House Committee on Foreign Affairs, US-Japan Nuclear Cooperation Agreement, Hearings: Dec. 16, 1987; Mar. 2, 1988, pp.171~188.
250) National Security Council, "Memorandum for Colin L. Powell on U.S./Japan Nuclear Cooperation Agreement", Mar. 8, 1988.
251) "Report from the Comptroller General of the US to Chairman Dante B. Fascell in Response to Request for an Analysis of the Proposed US-Japan Nuclear Cooperation Agreement, Feb. 29, 1988".

의회의 신 협정 반대 기세는 이미 약해져 있었다. 이는 미일의 원자력 산업계를 중심으로 한 다양한 관계자에 의한 미 의회 로비활동에 의한 것이라고 볼 수 있다. 특히 의원들에 대한 국무성의 적극적인 설득 활동에 의해 신 협정을 지지하는 의원이 늘어난 것이다. 의회의 흐름은 신 협정 승인을 향하고 있었다.

신 협정안이 의회에 제출되었던 시기의 강했던 승인 반대의 분위기가 점차 누그러진 이유는 무엇인가? 우선 생각해 볼 수 있는 것은 플루토늄의 항공수송 시, 알래스카를 경유하지 않고 북극루트로 직항하도록 수송계획 변경에 관한 미일 협의가 시작될 것이라고 의회에 알려진 것이다. 국무성은 머코우스키 의원에게 북극루트의 공수 또는 해상수송의 제안을 일본에게 했다고 전달했다.

그러나 이 시기에 미일이 플루토늄 항공수송 루트의 변경 혹은 루트의 결정 등에 대해 공식적으로 합의한 것은 아무것도 없다는 것이 양국 정부의 공식적인 발표이다. 미국이 해상수송이나 직항비행 등을 포함하여 알래스카를 경유하지 않고 플루토늄을 수송하도록 계획 변경의 검토를 일본에 요청하여 일본이 검토 중이라고 한 것이 일본의 공식적인 코멘트였다.

이러한 미국의 검토 요청만으로 머코우스키 의원 등 플루토늄의 미국 영공 통과에 반대하던 의원들이 납득했다고는 생각하기 어렵다. 어떠한 형태이든 미일 간에 합의가 있었고 그것이 전달되었다고 생각할 수 있다. 수송기의 비행루트 변경에 의해 신 협정에 강하게 반대하던 머코우스키 위원이 신 협정에 찬성을 표명하는 등, 플루토늄의 미국 영공 통과에 반대하던 의원들의 반대는 없어졌다.

다음으로 생각해 볼 수 있는 것은 미일 원자력협정에 대해 구체적인 지식이나 정보를 가지고 있지 않았던 의원들이 신 협정의 구체적 내용을 알게 되었다는 것이다. 신 협정안이 의회에 제출되었을 당시, 신 협정에 그다지 관심이 없었던 대다수 의원들은 소수지만 유력의원이 많은 핵 비확산파 의원들의 신 협정 반대 움직임에 편승한 것으로 보인다. 신 협정에 무관심했던 의원들이 점차 신 협정의 내용을 알게 되면서, 신 협정을 비준해도 핵확산이 되지 않으며 장기적으로 미국의 국익이 된다고 자신의 입장을 정하기 시작했기 때문이다.

국무성과 에너지성의 설명, 찬성파 동료의원들의 설득, 원자력 사업계 및 일본의 전력회사 등의 로비활동이나 미일 관계의 악화를 걱정하는 동료의원들의 비준 요청 등이 유효하게 작용했다. 그들의 설득에 의해 미일 관계, 특히 미일 원자력협력의 중요성을 인식하게 되었기 때문이다. 신 협정에 반대하던 상원의원 중 약 16명 정도가 신 협정안에 대한 비승인 결의안에 반대투표 했으며, 태도를 정하지 않았던 의원 다수가 비승인 결의안에 반대투표를 했다고 알려져 있다.

또한 신 협정의 비준 과정에 관여했던 미 의회의 전문가 중에서는 상원의 고위층과 행정부 간에 거래 의혹이 있다는 지적도 있다. 상원 본회의의 신 협정안 비승인 결의안 투표일에 반대토론 예정이었던 크랜스톤 의원은 반대토론을 글렌 의원에게 맡기고 토론 및 투표에 결석했다. 또한 토론 및 투표가 하루에 행해져 의원들이 신 협정안을 검토할 시간적 여유도 충분하지 않았다. 만약 토론의 1~2주 후에 투표가 진행되었다면 비승인 결의안이 가결될 가능성이 높았다는 의견이다[252]. 비승인 결의안 투표가 다가오면서 신 협정에 반대하는 의원들의 대항 준비가 부족했기 때문에 비승인 결의안이 부결될 것

---

252) 신 협정 반대론자이며 상원의 유력의원인 크랜스톤 의원의 반대토론 대독과 투표 불참은 투표 결과에 큰 영향을 미쳤으며, 또한 토론과 투표가 같은 날에 진행되는 것에 크랜스톤 의원이 동의했다고 한다. 투표 직전의 스피치 순서도 찬성토론(for resolution) 후에 반대토론(against resolution)이 진행되는 것이 보통이다. 하지만 그 순서도 반대였기 때문에 신 협정의 적합성, 필요성 등에 관한 국무성의 긴 설명 후 바로 투표가 진행된 것도 투표 결과에 영향을 미쳤다고 할 수 있다.

이 예상되었다.

1988년 3월 상원 본회의에 신 협정안 비승인 결의안이 상정되었지만, 반대 53 대 찬성 30으로 부결되었다. 한편 하원에서는 일본에 엄격한 방호조치를 의무화하는 등의 조건부 승인도 검토되었다. 그러나 신 협정 반대의 입장을 고수하던 상원이 비승인 결의를 부결시켰기 때문에, 하원의 비승인 결의안은 외교위원회에 계류된 채로 예정되어있던 공청회도 중지되었다. 신 협정 승인은 확실시되었다. 90일간의 심의기간이 끝난 4월 25일, 미 의회는 신 미일 원자력협정을 자동 승인했다.

1988년 9월 미 정부는 유럽에서 일본으로의 플루토늄 수송에 대해, 호위선이 동행한다면 해상수송도 포괄동의의 대상으로 하는 미일 원자력협정의 부속서를 개정하는 개정안을 의회에 제출했다. 개정안은 유럽과 일본 간의 플루토늄 수송 방법을 정하고 있는 '회수 플루토늄의 국제수송 방침'에 호위선의 경비가 있을 경우에 해상수송도 가능하다는 항목을 추가하는 것이었다.253) 제4장에서 서술했듯이 신 협정에는 플루토늄의 항공수송만이 포괄동의화 되어 있어 해상수송은 포괄동의에서 제외되어 있었다. 해상수송은 구 협정처럼 개별적으로 수송 허가를 받아야하는 방식으로 되어 있었다. 그러나 '회수 플루토늄의 국제수송 방침'의 개정에 따라 해상수송도 포괄동의화 되었다. 개정안에 호위선의 종류는 명시하고 있지 않지만, 일본 정부는 자위대에 의한 호위는 불가능하기 때문에 해상안보청의 순시선에 의한

---

253) 개정지침에 의하면, 해상수송은 영국이나 프랑스에서 일본까지 전용수송선에 의해 사회적인 소란이나 재해를 피한 해역을 무기항으로 수송한다, 개개의 수송 전에는 수송계획을 작성, 이 계획에는 수송선에 무장호위자의 동승 및 무장호위선에 의한 호위를 반드시 포함시킬 것이 조건으로 되어있다. 그러나 수송 시 수송선의 경호를 담당할 예정이었던 해상보안청은 당시에 해외로 파견 가능할 정도의 큰 함정을 가지고 있지 않은 상황이었다. 『朝日新聞』 1988.10.18.

호위를 미국에 제안하여 미국이 승인했다.

지금까지의 논의를 요약하면, 미 의회에서의 심의는 일본에서보다 엄격하였다. 신 협정안이 제출되기 수 년 전부터 미 의회에서는 핵 비확산정책을 강화하기 위한 법안들이 성립하여 핵 비확산 강화에 대한 관심이 높았다. 미 의회는 미일 행정부의 교섭 과정에도 개입하여, 존 글렌 의원 등은 1978년에 성립한 핵 비확산법을 일본과의 협정에 엄격히 적용할 것을 요구했다. 신 협정안이 의회에 제출되기 전부터 의회가 강하게 반대할 것으로 예상되었다. 일본과 달리 미국의 교섭자에게 의회는 자신의 교섭선택지(윈셋) 결정에 큰 영향을 주는 존재로 인식되고 있었다.

신 협정에 대한 논의도 공청회를 중심으로 활발히 진행되었다. 미 의회의 심의는 신 협정 자체뿐만 아니라 미국의 핵 비확산정책에 관한 논의까지 폭넓게 이루어졌다. 당시 미 의회의 관심이 집중된 것은 플루토늄 수송 등의 플루토늄 방호조치와 일본의 보장조치에 관한 것이었다. 플루토늄에 대한 방호조치나 보장조치는 핵확산 방지에 직접적으로 관련되는 문제이기 때문이었다. 미 의회에서 중점적으로 심의된 사항은, 국방성 등 미 행정부의 일부와 의회의 핵 비확산족으로 불리는 의원들이 제시한 포괄동의의 문제점(협정의 유효기간 중 실질적으로 미국의 통제가 작용하지 않을 가능성이 있다는 점, 현존하지 않는 시설의 재처리에 대한 사전승인 및 보장조치의 문제, 구체적인 수송계획도 정하지 않은 채 플루토늄의 항공수송에 포괄동의를 허용했다는 점) 등이었다. 심의 결과, 상원 본회의에서 신 협정안에 대한 비승인 결의안이 부결되어 결국 신 협정안은 자동승인 되었다.

국무성은 신 협정이 의회 및 미 국내법의 요구를 충실히 반영하고 있다고 의회를 설득하여 비준에 성공했다. 그러나 신 협정이 미 의회에서 승인된 것에는 국무성에 의한 의원 설득 활동이 유효했던 것 외에도 본회의에서의 심의 부족과 심의와 같은 날 투표가 이뤄졌다는 것도 주효했다는 지적도 있다.

2) 미 행정부의 대응

신 협정에 대한 미 의회의 반대는 예상되었지만, 신 협정안이 의회에 제출된 후의 상원 외교위원회의 표결(1987년 12월 17일)에서 신 협정 반대가 압도적 다수(15:3)인 것을 보면, 의회의 신 협정에 대한 거부반응은 행정부의 예상 이상이었다. 상원 외교위원회가 신 협정 반대 결의안을 채택한 후, 행정부는 청문회 준비, 의원들에 대한 신 협정 지지 요청 등의 노력을 했다. 국무성, 국방성, 에너지성, 군비관리군축국 등은 대통령이 받은 위원회나 의원들의 서한 내용을 검토하여, 신 협정이 미일 관계 및 미일 원자력 관계의 개선에 중요하며, 핵 비확산법 등 국내법의 필요조건을 완전히 충족하고 있다는 재검토 보고서를 대통령의 답장과 함께 의회에 제출했다.

이 재검토 보고서에서 행정부는 신 협정에 포함되어있는 포괄적 사전동의권이 원자력법 제123조에 일치하지 않는다는 지적에 대해서, 원자력법에서는 개별사례(case-by-case)라는 표현은 없으며 동의의 기간이나 범위에 대해서도 제한이 없기 때문에, 포괄적 사전동의가 원자력법을 위반하고 있는 것이 아니라 오히려 원자력법은 장기적 사전승인 권한을 허용하고 있다고 해석했다. 또한 대통령의 답장에서는 신 협정이 미일의 공동방위와 안보를 증진시키며, 대통령은 법적 절차에 따라 관련부서의 보고를 기반으로 판단했다고 주장했다.

레이건 대통령은 미일의 원자력 분야에서 협력관계의 유지는 핵 비확산 레짐의 강화나 미일 관계 전반의 개선에 기여할 뿐만 아니라, 미일의 공동방위와 안보의 증진에도 기여한다고 판단한 듯하다. 국무성도 행정부 일부에서 이견은 있었지만, 대통령의 판단에는 충분한 근거가 있으며, 국방성 및 NRC의 반대의견도 고려되었다고 반론했다. 시의적절한 경고에 대해서도 보장조치 기준에 필요한 사항을 충족하고 있다고 반론했다.[254]

미일이 합의한 이후에도 국무성은 행정부의 내부 조정, 의회 설득, 협정문의 검토, 일본과의 재조정 등 몇 가지 작업을 동시에 진행해야 했다. 재교섭을 요구하는 의원들의 서한을 검토하여 신 협정의 필요성, 정당성, 적법성 등을 설명했다. 또한 의회를 설득하기 위해 에너지성, ACDA와의 공동보고서의 작성, 국방성·NRC와의 의견조정, 청문회 출석과 의회 로비활동, 플루토늄 수송을 둘러싼 일본과의 재교섭 등을 진행했다.

레이건 대통령도 1988년 1월, 신 협정은 원자력법의 요구조건을 충족하고 있으며, 신 협정에 의한 핵 비확산 레짐의 강화가 기대되며 일본과의 원자력무역이 촉진된다는 성명을 발표했다. 성명 발표 후 NRC는 의회증언에서 신 협정이 법적인 문제가 없다고 표명했으며, 칼루치(Frank C. Carlucci) 신임 국방장관도 신 협정 지지선언을 하여, 국방성이 신 협정에 반대하고 있다는 의회 내의 일부 주장을 일축했다. 이러한 과정을 거쳐 행정부 내의 의견조정은 일단락되었다.

그러나 의회와의 논쟁은 여전히 이어지고 있었다. 특히 GAO가 글렌 의원, 파셀(Dante B. Fascell: 상원, 민주) 의원 등의 요청으로 작성

---

254) "Review of Congressional Legal Concerns About Agreement for Peaceful Nuclear Cooperation with Japan", U.S. Congress, House Committee on Foreign Affairs, *US-Japan Nuclear Cooperation Agreement, Hearings: Dec. 16, 1987; Mar. 2, 1988*, pp.176~284.

한 보고서는 신 협정을 정면으로 공격하는 것이었다. GAO는 보고서에서 (1) 일본의 재처리에 대한 승인은 건별로 처리하고 있었지만, 신 협정은 재처리, 재이전, 플루토늄 이용을 무차별적으로 승인하는 것이다 (2) 국방성은 신 협정에 반대하고 있으며, NRC도 건설 예정인 일본의 핵시설에서의 플루토늄 이용을 사전에 승인하는 것에 우려를 표명하고 있다 (3) 플루토늄 수송계획은 아직 미확정 상태이다 (4) 핵 비확산과 국가안전보장에 관한 행정부의 판단에는 효과적인 통제수단이 결여되어 있다 (5) 행정부의 판단에 법적인 문제가 없다고 해도 원자력법이나 핵 비확산법의 입법 의도 및 절차를 무시하고 있다 (6) 시의적절한 경고가 가능한 제도가 되어있지 않다는 등 신 협정의 문제를 지적하고 있다.[255]

국무성은 이 보고서에 대해서도 장문의 견해서를 통해 반론했다. 국무성의 반론은 (1) 일본의 재처리에 대한 승인은 1~3년간의 기간을 정한 미일의 공동결정에 따라 이뤄진 것으로, 건별 요청(request-by-request basis)에 따른 승인은 아니다 (2) NRC가 포괄사전승인의 적법성에 의문을 제기한 것은 사실이지만, NRC 위원장은 의회증언에서 신 협정이 법적 필요사항을 충족하고 있다는 행정부의 견해에 동의를 표했다 (3) 신 협정에 의하면 플루토늄의 항공수송을 위한 항공로 선택, 보장조치 등에 관해서는 일본과 미국과의 긴밀한 협조가 규정되어 있다 등이었다.[256]

---

255) "Report from the Comptroller General of the US to Senator John Glenn in Response to Request Concerning Executive Branch Implementation of the NNPA of 1978, Jan. 28, 1988", *US-Japan Nuclear Cooperation Agreement, Hearings: Dec. 16, 1987; Mar. 2, 1988*, pp.429~262.; "Report from the Comptroller General of the US to chairman Dante B. Fascell in Response to Request for an Analysis of the Proposed US-Japan Nuclear Cooperation Agreement, Feb. 29, 1988", *US-Japan Nuclear Cooperation Agreement, Hearings: Dec. 16, 1987; Mar. 2, 1988*, pp.463~502.
256) "Executive Branch Comments on Feb. 29, 1988 Report by the Comptroller General

한편 국무성을 중심으로 한 행정부는 의회에 대해 대규모의 로비 활동을 전개했다. 국무성은 의원용으로 작성한 사실설명서(Fact Sheet)를 토대로 하여, 케네디 대사를 필두로 관계자가 네 개의 팀을 만들었다. 그리고 상, 하원 외교위원회의 위원 전원 및 타 위원회의 의원에게도 신 협정을 설명하고 설득하는 활동을 펼쳤다.257) 사실설명서에는 신 협정은 일본과의 원자력 무역에서 불가결하며, 미국은 일본이 신뢰할 수 있는 원자력 상대국으로서의 영향력을 유지하기 위해서도 신 협정은 비준되어야 한다고 강조하고 있다. 또한, 대일 원자력 무역은 연간 10억 달러까지의 증가가 예상되는 대일 흑자부문이라고 주장하였다.

국무성은 의원들에게 신 협정은 핵 비확산 레짐 강화에 기여할 뿐만 아니라, 원자력 에너지의 평화적 이용에 관한 미일 협력이나 일본의 원자력 프로그램에 대한 미국의 영향력 유지에도 중요하며, 신 협정은 핵 비확산법이 요구하는 필요조건을 모두 충족하고 있다고 설명했다. 국무성은 일부 의원이 요청한 협정안의 철회나 일본과의 재교섭 등은 전혀 고려하지 않았다. 국무성은 신 협정의 유효기간이 지나도, 미국의 규제권, 일본의 핵물질 방호의무 등은 무기한으로 효력이 지속되며, 미국은 일방적으로 협정을 정지시킬 권리258)를 가지고 있으며, 포괄적 사전동의는 사전동의를 포기하는 것이 아니라 엄

---

of the US", U.S. Congress, House Committee on Foreign Affairs, *US-Japan Nuclear Cooperation Agreement, Hearings: Dec. 16, 1987; Mar. 2, 1988*, pp.503~520.
257) NSC의 자료에 따르면 1988년 1~2월에 네 개의 팀이 100명 가까운 의원을 만나는 계획을 세웠다. White House, "NSC File: Legislative MTG RE US/Japan Nuclear Agreement", Feb. 2, 1988.
258) 협정의 일방적 정지권을 행사하기 위한 사전협의에 대해, 일본은 사전협의에 응할 때만 일방적으로 협정을 정지할 수 있다고 해석한 것에 대해, 미국은 사전협의가 협정정지라는 미국의 일방적 권리를 제한하는 것은 아니라고 해석하고 있다. 이러한 미일의 해석의 차이는 분쟁의 원인이 될 수 있다.

격한 조건과 통제 아래 장기적인 사전동의를 제공하는 것이라고 의회를 설득했다.

신 협정에 대한 미 의회의 심의 과정에서 신 협정의 비준을 위해 노력한 다양한 교섭행위자 가운데 가장 적극적으로 의회에 로비한 것은 국무성일 것이다. 국무성은 미일 관계 개선과 원자력 협력관계의 유지라는 목적을 위해, 또한 유라톰과의 교섭 실패를 만회하기 위해 협정 비준에 전력을 다했다. 당시 미 의회에서는 핵확산 문제처럼 미일 경제마찰도 중요한 논점의 하나였기 때문에, 국무성은 핵 비확산 레짐 강화를 위해서도 미일 경제관계 개선을 위해서도 신 협정의 승인은 중요하다는 논리를 전개했다.

특히 이 두 개의 논리 중에서 국무성은 양국 경제관계의 개선이라는 논리보다, 핵 비확산 쪽에 중점을 두고 있었다. 그것은 미일 경제관계가 강조될 경우, 경제마찰에 따른 일본 비난의 분위기가 신 협정의 비준 과정에 악영향을 미칠 우려가 있었기 때문이었다. 따라서 의원에 대한 설득 과정에서 국무성은 주로 핵 비확산이나 미일의 원자력 협력에 중점을 두고 있었다.

미일이 합의한 후에도 국방성이나 NRC에서 신 협정이 핵확산에 이어진다는 우려가 있었다는 것은 이미 언급했다. 이러한 반대에 대해 국무성은 핵확산의 문제는 없으며, 미일 관계 개선이나 미일 협력에 중점을 두고 신 협정의 중요성을 주장했다. 즉, 국무성의 신 협정에 대한 설득논리는 두 가지로 나눌 수 있다. 의회에 대해서는 핵 비확산의 강화에 중점을 두고, 행정부 내부에 대해서는 미일 관계나 미일 협력에 중점을 둔 논리를 전개한 것이다. 이렇게 국무성의 대 의회 설득논리와 관련 기관과의 조정 과정에서의 논리에 차이가 있었던 것은 확실하다. 그것은 신 협정이 양면의 특징을 가지고 있었기 때문에 국무성은 설득 대상자에 따라 논리를 구별하여 사용했다.

신 협정의 승인 과정에서 한 가지 더 주목할 점은 미 의회와 행정부의 관계이다. 미일 원자력협정과 의회의 승인에 관한 연구의 대다수는 미 의회와 행정부의 관계를 대립관계로 보고 있다.[259] 그러나 사안에 따라서 의회와 행정부가 대립하는 경우도 많았지만, 양자는 서로 논의하고 또 교섭(거래)하는 관계이기도 했다. 특히 핵 비확산 정책 및 대외 원자력정책의 결정 과정에서의 양자의 관계는 결코 대립만의 관계가 아닌, 기본적으로 협력관계에 있었다고 할 수 있다. 미 행정부가 의회에 제출한 중요한 대외 원자력정책 관련 법안 및 조약이 의회에서 승인되지 않은 적이 거의 없을 정도이다.

신 협정안이 본회의에서 표결되기 전에 의회와 행정부 사이에 격한 논쟁이 있은 것은 사실이다. 그러나 국무성은 의원들과의 사전 접촉을 통해 신 협정안이 수정 없이도 의회에서 승인될 것이라고 판단했다. 이러한 국무성의 판단이 미 의회의 수뇌부와 행정부 사이의 거래에 의한 것인지, 아니면 의원들에 대한 국무성의 접촉과 설득에 의한 것인지는 확실하지 않다. 그러나 의회와 행정부 간의 교섭이나 협력에 의해 미국의 대외 원자력정책이 결정되고 있는 것은 확실하며, 신 협정의 비준 과정에서도 미 의회와 행정부의 거래가 있었을 가능성은 높다고 생각된다.

2. 미일의 국내 레벨의 상호침투

미일 원자력협정의 미 의회 비준 과정 분석에서 빠뜨릴 수 없는 것이 미 의회에 대한 로비활동이다. 의회에 대한 로비활동을 넓게

---

259) 예를 들면 石田裕貴夫, 『核拡散とプルトニウム』, 211~219쪽의 시점이 대표적이다.

정의하면 의회의 모든 법률의 성립 혹은 불성립을 목적으로 하는 활동, 또는 그것에 직·간접적으로 영향을 미치는 모든 활동이다.[260] 구체적으로는 신 협정안의 승인을 위해 미일의 교섭 관계기관(관계자)이나 그들을 대행하는 컨설턴트 회사 등이 미 의회에 한 모든 활동이다.

워싱턴은 미 의회에 대한 세계 각국의 로비가 집중하는 로비의 도시이다. 신 협정안이 승인된 1988년에는 워싱턴에 있는 150여개의 일본 기업의 현지 사무소 등은 100명 이상의 로비스트나 법률사무소를 이용하여 로비활동을 하고 있었다.[261] 1980년대 후반은 도시바(東芝) 로비사건[262]이 대표하듯이 일본의 미 의회 로비활동이 가장 활발했던 시기였다. 이는 미일 관계 긴밀화의 결과이기도 하지만, 일본이 로비 대국이라는 증거이기도 하다.

재처리 교섭이나 협정 개정 교섭에서도 미 행정부와 의회에 대한 로비가 대규모로 이뤄졌다고 한다. 특히 신 협정의 비준을 위해서 미일의 원자력 산업계는 미 의회의 신 협정 반대 분위기를 잠재우기 위해 대규모 로비활동을 하고 있었다. 일본의 로비활동과 함께, 일본을 지원하는 미국 원자력 산업계의 미 의회 로비도 의회 비준 과정에서 중요한 역할을 했다. GE나 WH는 일본에 시장을 가지고 있어, 신 협정의 성립이나 미일 원자력 우호관계에 의한 미국 원자력 산업

---

260) 이 정의는 미국의 '연방 로비활동 규제법'(Federal Regulation of Lobbying Act, 1964년 제정)을 참고한 것이다.
261) 미국에서의 로비활동에 대해서는 信田智人, 『アメリカ議会をロビーする』, Japan Times, 1989; 山田正喜子, 『ロビー活動; 米議会の権力政治』, 日本経済新聞社, 1982 참고.
262) 도시바 로비사건은 도시바 기계가 1982년부터 1984년 사이에 소련에 정밀기계를 코콤 규칙에 위반해서 수출한 문제로, 미 의회에 제출된 도시바 제품의 수입금지 법안에 대한 로비활동이다. 가장 효과적인 일본의 미 의회 로비활동으로서 알려져 있다. 도시바 로비사건의 상세는 信田智人, 『アメリカ議会をロビーする』, 191~209쪽.

계의 이익이 적지 않았기 때문이었다.

〈그림 5-1〉 로비활동의 흐름

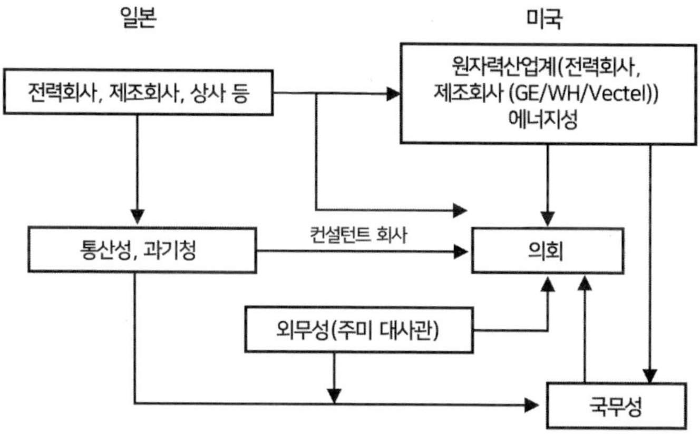

```
    일본                          미국
                          ┌─────────────────────┐
┌──────────────────┐      │ 원자력산업계(전력회사, │
│ 전력회사, 제조회사, │─────▶│ 제조회사 (GE/WH/Vectel))│
│ 상사 등            │      │ 에너지성             │
└──────────────────┘      └─────────────────────┘
         │                         │
         ▼          컨설턴트 회사    ▼
┌──────────────┐  ───────────▶ ┌────────┐
│ 통산성, 과기청 │                │  의회   │
└──────────────┘                └────────┘
         │         ┌──────────────────┐  ▲  ▲
         │         │ 외무성(주미 대사관) │──┘  │
         │         └──────────────────┘     │
         │                   │              │
         │                   ▼        ┌────────┐
         └──────────────────────────▶ │  국무성  │
                                      └────────┘
```

　미 의회에 대한 로비활동이 본격적으로 이뤄진 것은 협정 개정 교섭이 합의에 이른 후이다. 교섭 과정에서는 주로 미 행정부가 로비의 대상이었지만, 비준 과정에서는 미 의회로 로비활동이 집중되었다. 〈그림 5-1〉에서도 알 수 있듯이, 미일 원자력 교섭에는 다양한 교섭행위자가 관련되어 있었고, 이들은 협정 개정에 대한 압력을 행사하기도 하였으며 로비활동도 진행했다.

　신 협정안의 미 의회 승인에 가장 크게 기여한 것은 국무성을 비롯한 미일의 관련 기관의 미 의회에 대한 로비활동일 것이다. 국무성의 관계 의원에 대한 설득 등으로 의원들의 신 협정에 대한 시각과 인식이 바뀌고 있었으며, 일본 외무성을 포함하여 관련 기관도 의원 설득 활동에 나섰다. 1988년 1월부터 외무성, 통산성, 과기청의 담당과장들이 미국을 방문하여 미 의회에서의 신 협정안 심의에 대응했다.

국무성의 의원 설득 활동과는 별도로, 활발히 미 의회 로비활동을 한 것은 양국의 원자력 산업계였다. 특히 레이건 정권에서는 미국원자력협의회(American Nuclear Energy Council: ANEC)의 정치적 영향력이 증가하여, 의회 로비활동 등을 통해 신 협정을 적극적으로 지원했다. 또한 GE나 WH 등의 원자로 제조회사도 적극적으로 신 협정의 중요성을 의회에 호소했다. 일본에서 가동되고 있는 대부분의 원자로가 GE나 WH의 경수로이고, 원자력발전소를 운영하고 있는 일본의 전력회사나 원자력산업회의와는 30년 이상의 인적, 물적 교류를 해왔기 때문이다.

양국의 원자력 산업계 및 원자력 관련 제조회사는 국제시장에서는 경쟁하는 관계지만, 원자로의 연구 및 기술·기자재의 개발 등에서는 협력하는 동일 업계이다. 양국의 원자력 산업계 전체가 일종의 상호의존 관계에 있다고도 할 수 있다. 따라서 미국의 원자력 산업계가 신 협정을 지지하고, 행정부 및 의회에 압력을 행사하는 것은 자신들의 이익을 지키기 위해서도 당연한 것이었다.

미국의 원자력 산업계는 일본의 원자력 프로그램이 핵확산의 위험이 없는 이상, 신 협정을 승인하는 것이 미국의 원자력 산업계는 물론 미국 경제에도 이익이 된다며 의회 및 행정부의 반대론자를 설득했다. 원자력 산업계는 교섭의 초기 단계부터 신 협정 체결을 지지했으며, 미국원자력협의회를 통해 신 협정 승인을 위한 로비활동을 전개했다.263) 미국의 원자력 산업계는 미국의 대일 원자력 무역

---

263) ANEC는 원자력관리인재협의회(NUMARC), 미국에너지계발협의회(USCEA) 및 에디슨전기협회(EEI)원자력부문과 통합하여, 1994년 원자력에너지협회(Nuclear Energy Institute: NEI)가 되었다. 1988년 3월의 미 하원 청문회에서 증언한 버트램 울프(bertram wolfe) GE 부회장도 ANEC의 이사 중 한 명이다. ANEC도 로비활동에 깊게 관여했지만, 로비에 관계된 컨설턴트 회사(Law Firm)는 EEI(3월의 하원 외교위원회 청문회에서 증언한 커니(John J. Kearney)는 EEI의 수석부회장), US Council for Energy Awareness, Doub. Muntzing and Glasgow라고 알려져

은 상당한 흑자 분야이며, 일본의 원자력 프로그램은 효율성, 경제성, 안전성에서 세계의 선두라고 주장했다.

그들은 미국에게 가장 바람직하지 않은 시나리오는 일본이 미국과의 원자력 파트너 관계를 중단하고, 필요한 기재, 설비, 서비스, 연료, 기술 등을 미국 이외에서 구입하거나 혹은 독자적으로 개발하는 것이라고 의회를 설득했다.264) 더욱이 일본의 플루토늄 이용을 봉쇄, 제한하려는 미국의 시도는 실패할 것이며, 신 협정이 성립하지 않는 한, 핵 비확산에 관한 미국의 대일 영향력이나 일본과의 원자력 무역 등을 잃게 되는 것은 당연한 일이라고 경고했다. 미국 원자력 산업계의 주장은 다음과 같았다.

(1) 일본의 원자력 프로그램에 의한 핵확산의 위험은 없으며, 신 협정은 일본이 요구하고 있는 포괄동의와 미국이 요구하고 있는 핵확산 방지를 위한 규제권을 동시에 충족하고 있다.
(2) 일본의 원자력 발전의 안전성, 방호조치 등은 세계 최고의 수준이다.
(3) 일본을 원자력 파트너로 유지하는 것이 미국의 이익이 된다.
(4) 일본은 연 3억 달러의 우라늄 농축역무의 수입국이며, 일본이 농축 우라늄의 구입처를 미국에서 다른 국가로 바꾸면 미국 내의 전기요금에도 악영향을 미친다. 원자력관련 무역은 대일 무역적자의 상쇄에 기여하고 있다.
(5) 미일 간의 우호적인 원자력 관계의 유지는 쌍방에게 이익이며, 미국은 건설적 영향력과 전반적 통제력을 유지할 수 있다.265)

있다.
264) "Prepared Statement of Bertram Wolfe, Vice President and General manager, Nuclear Energy, General Electric Company", pp.122~130.

미일 원자력 산업계의 관계자도 교류가 있는 의원이나 신 협정에 반대하는 의원, 백악관 고관들에게 신 협정의 중요성 및 필요성을 강조하는 서한을 보내는 등의 설득 활동을 펼쳤다.265) 그들은 기존 협정에서는 통제할 수 없는 미국산이 아닌 핵물질의 재처리나 플루토늄의 흐름을 감시, 통제하는 것이 가능해지는 등 신 협정의 긍정적인 측면과 동시에, 신 협정이 체결되지 않을 경우 미국이 잃을 가능성이 높은 예를 몇 가지 들어 구 협정의 지속은 핵확산에 이어질 가능성이 오히려 있다고 강조하였다.

예를 들어 일본이 유라톰에서 농축 우라늄을 구입하여 독자적으로 개발한 원자로에서 연소한 후 사용후 핵연료를 일본 국내에서 재처리할 경우, 미국이 일본에서 생산된 플루토늄에 대한 통제력을 잃게 된다고 지적했다. 더욱이 스위스가 미국의 건별 사전동의제의 연장과 불확실성에 반발하여 미국에서 제조된 핵연료를 사용하지 않기로 결정한 것과 같은 사태를 일본에서도 초래하게 될 것이라고 경고했다.

일본의 로비활동에 더하여, 같은 이익을 가지는 미국 원자력단체의 로비활동이 미일 연합을 형성한 것은 신 협정의 의회 비준에 중요한 역할을 했다고 할 수 있다. 미일의 원자력 산업계는 상대국에

---

265) "Prepared Statement of Bertram Wolfe, Vice President and General Manager, Nuclear Energy, General Electric Company", U.S. Congress, House Committee on Foreign Affairs, *US-Japan Nuclear Cooperation Agreement, Hearings: Dec. 16, 1987; Mar. 2, 1988*, pp.122~130.

266) 예를 들면 "Letter from Bertram Wolfe, Vice President and General Manager, Nuclear Energy, General Electric Company to Senator Alan Cranston, Dec. 18, 1987." U.S. Congress, House Committee on Foreign Affairs, *US-Japan Nuclear Cooperation Agreement, Hearings: Dec. 16, 1987; Mar. 2, 1988*, pp.131~133; "Letter from William McCollam, Jr., President, Edison Electric Institute to President Reagan, Mar. 2, 1988." U.S. Congress, House Committee on Foreign Affairs, *US-Japan Nuclear Cooperation Agreement, Hearings: Dec. 16, 1987; Mar. 2, 1988*, pp.333~334.

서의 비준 과정(주로, 일본에서 미 의회)에 깊이 관여했다. 양국의 원자력 산업계는 교섭 과정에서 협력관계를 가속화시켜, 비준 과정에서는 양국의 원자력 산업계의 상호침투가 절정기를 맞았다고 할 수 있다. 국무성과 미일의 원자력 산업계에 의한 미 의회 로비활동은 신 협정 비준을 가능하게 한 가장 중요한 요소일 것이다.

미일 양국의 원자력 산업계의 상호협력과 의회 비준 과정에서의 노력과는 반대로, 신 협정의 문제점을 지적하고 의회에 불승인을 요구한 이익단체의 활동도 비준 과정의 분석에는 빠뜨릴 수 없는 요소이다. 신 협정의 비준 과정에서 그린피스(Green Peace international) 등 반핵단체도 영향력을 행사했지만, 핵관리연구소(Nuclear Control Institute: NCI)가 활발히 활동하였다. 상원 정부활동위원회 직원으로 카터 행정부의 핵 비확산정책을 입안한 그룹의 일원인 폴 레벤탈 (Paul L. Leventhal)이 1981년에 설립, 소장을 맡은 NCI는 신 협정안이 의회에 제출되기 직전인 1987년 9월에 '일본의 플루토늄 공수'라는 보고서를 공표하여 신 협정 반대의 여론을 주도했다.

이 보고서는 수송용기의 불안정성을 구체적인 데이터로 보여주며 플루토늄 공수의 위험성을 호소했다. NCI는 신 협정의 포괄동의, 플루토늄의 공수나 운송용기의 안정성, 시의적절한 경고, 미국의 통제권, 보장조치 등의 문제점을 지적하며 신 협정이 미국의 원자력법을 위반하고 있다고 의회나 매스컴에 알렸다. NCI는 신 협정에 의한 핵확산 문제에 대해서 일본이 핵확산정책을 취할 위험성은 거의 없지만, 건설 예정인 제2 재처리시설의 규모가 매우 크며, 그 시설에 적용될 국제적 보장조치가 효율적이지 않기 때문에 신 협정은 시기상조라고 지적했다.

NCI는 에너지성 및 원자력 산업계가 신 협정을 지지하는 이유의 하나로 들고 있는 농축 우라늄의 대일 수출과 미일 간의 원자력 공동사업도 신 협정과 직접적인 관련이 없다고 반론했다. 즉 일본이 미국 이외의 곳(예를 들면 유라톰)에서 농축 우라늄을 구입할 가능성은 신 협정의 체결과 관계없이 항상 존재하며 증가할 것이 예상된다고 주장했다.267) 일본이 계속해서 미국에서 농축할지 말지는 미국의 농축사업의 신뢰도에 대한 일본의 인식과 관계되는 것으로, 미국과 안정적인 농축협정을 맺고 있는 일본이 바로 구입처를 바꾼다는 것은 일본에게 이익이 된다고는 생각할 수 없다고 지적했다.268)

또한 원자로 판매 및 원자로 기술협력도 일본이 미국의 협정 비준 실패에 대한 보복으로 미국과의 관계를 청산하는 것도 생각해 볼 수 있지만, 미국이 일본 원자로의 안전한 운용에 필요한 서비스를 제공한다면 그러한 사태는 발생하지 않을 것이며, 더욱 중요한 것은 미국 원자력 산업계가 프랑스·독일·스위스보다 경쟁력을 가지고 있다며 반론했다. NCI나 소장인 레벤탈은 의회의 청문회 등에서 신 협정의 문제점을 지적하고, 플루토늄 확산 문제 등을 의원들에게 적극적으로 호소했다. 그러나 미일의 원자력 산업계의 미 의회 로비활동이나 국무성의 설득 활동에 의한 신 협정 승인을 향한 의회의 흐름을 바꿀 수는 없었다.

위와 같이 미국의 신 협정 비준 과정에서는 다양한 교섭행위자가 의회에 영향력을 행사했다. 특히 미일 원자력 산업계의 미 의회 로비활동은 국무성의 활동과 함께 신 협정을 비준시킨 가장 중요한 요인으로 평가되며, 미일의 원자력 산업계는 자신들의 이익을 지키기

---

267) "Prepared Statement of Paul Leventhal, President, Nuclear Control Institute", U.S. Congress, House Committee on Foreign Affairs, *US-Japan Nuclear Cooperation Agreement, Hearings: Dec. 16, 1987; Mar. 2, 1988*, pp.138~152.
268) 하원 청문회에서 증언한 밀홀린 교수도 같은 지적을 했다. "Prepared Statement of Gary Milhollin, Professor, University of Wisconsin, School of Law", U.S. Congress, House Committee on Foreign Affairs, *US-Japan Nuclear Cooperation Agreement, Hearings: Dec. 16, 1987; Mar. 2, 1988*, pp.171~188.

위해 협력하여, 상대국의 정책결정 과정 및 비준 과정에 영향력을 행사했다고 결론지을 수 있다.

3. 일본 국회의 심의

일본 교섭단은 일본 국회는 물론 신 협정의 승인과 관련하여 미국 의회도 염두에 두고 교섭해야만 했다. 교섭 당시에 '일본이 교섭하고 있는 상대는 미 행정부가 아니라 미 의회이다'라는 말이 있을 정도였다. 이러한 인식은 행정부뿐만 아니라 원자력 관련 기관에서 폭 넓게 공유되어, 1980년대 중반에는 미 의회의 동향, 미 의회의 에너지 정책 및 정책결정 과정, 의회 로비 등에 관한 수많은 연구가 진행되었다.[269]

교섭의 결과, 신 협정에 양국 정부가 합의하여 의회의 비준을 기다리게 되었다. 일본보다 먼저 협정안을 의회에 제출하여 심의 중인 미 행정부를 응원하고, 또 의원들에게 지지를 요청하기 위해 1988년 1월 다케시타 노보루(竹下登) 수상이 방미하였다. 수상의 방미에 동반하여 나카에 요스케(中江要介) 원자력위원을 비롯한 외무성, 통산성, 과기청의 담당과장과 전력회사 간부도 방미하는 등, 미 의회 대책은 일본 정부의 최우선 과제였다.

그러나 일본 정부에게 자국의 국회 대책 또한 과제의 하나였다. 물론 핵 비확산파 의원의 반대에 직면해 승인이 될지 안 될지 확실하지 않은 미 의회에 비하면 문제는 그 정도로 심각하지는 않았다.

---
[269] 예를 들면 総合研究開発機構, 『米国の政策決定における議会スタッフの役割: エネルギー政策を例として』, 財団法人工業開発研究所, 1984; 山田正喜子, 『ロビー活動; 米議会の権力政治』 등이 있다.

그러나 미일 원자력협정을 계기로 국회에서 원자력 문제 전반에 대한 논의가 진행되는 것에 대한 불안은 상당한 정도 있었다. 다음에서 살펴볼 일본 국회의 비준 과정은 각 정당의 원자력정책과 신 협정안의 심의 과정을 비교하며 분석한다.

1) 각 정당의 원자력정책

각 정당의 원자력정책은 원자력 추진 혹은 반대의 여론을 형성하는데 큰 역할을 해 왔다. 그러나 1980년대까지는 사회당과 공명당을 제외하면, 각 정당의 원자력정책이 기존(1950~70년대)의 정책에서 크게 변화하지 않았으며, 대외 원자력정책이나 원자력협정 등의 문제가 일본 국회에서 큰 논쟁이 된 일도 없었다. 자민당의 원자력정책이 정부의 원자력정책에 반영되었지만, 다른 정당의 원자력정책이 일본 정부의 대외 원자력정책이나 교섭에 반영된 적은 거의 없었다고 할 수 있다. 그러나 국가 간의 협정은 국회의 승인이 필요한 이상, 원자력 관련 교섭은 민감한 정치 문제가 될 가능성이 있기 때문에, 교섭단은 정부의 정책뿐만 아니라 가능한 한 각 정당의 원자력정책을 고려하여 교섭에 임하게 된다.

NPT 비준을 둘러싼 논쟁이 일어나기 전에 일본에서 원자력 문제가 정치 문제가 된 일은 없었으며, 원자력 교섭이나 협정이 국내에서 정치 문제가 된 적도, 국회의 심각한 반대에 직면한 적도 없었다고 할 수 있다. 1958년에 조인된 미일, 영일 원자력협정의 비준 과정에서 원자력 이용에 반대하는 사회당의 반대는 있었지만 큰 문제는 되지 않았다. 신 미일 원자력협정의 비준 과정에서도 약간의 논쟁은 있었지만, 정치 문제화될 정도의 문제 제기는 없었다. 오히려 자민당 의원들은 미 의회 비준을 위해 방미하여 미 의회를 설득하는 등 신 협정 성립에 협력적이었다.

각 정당의 우라늄 농축과 재처리에 대한 정책을 정리한 것이 〈표 5-1〉이다. 사회당과 공산당을 제외한 각 정당은 원자력발전에 의한 안정적인 전력공급과 안전성 확보 노력을 평가하여, 대체로 핵연료 사이클 확립, 경수로를 비롯한 신형전환로 및 고속증식로 개발,[270] 대외 원자력 협력 등에 협력적이었다. 또한 핵연료 사이클 확립에서 가장 중요한 우라늄 농축 및 재처리를 국내에서 진행하는 것에 대해서 공산당과 사회당을 제외하고 반대하는 정당은 없었다.

〈표 5-1〉 주요 정당의 국내 우라늄 농축 및 재처리 정책(1988년 당시)

정당	원자력정책
자민당	국내 농축은 에너지 자립화의 관점에서 적극적으로 추진해야 함
사회당	양쪽 모두 안전의 확보되는 한 어느 정도는 필요
	재처리와 플루토늄의 대규모 상업적 이용에는 반대
공명당	국내 농축은 추진, 재처리 사업은 신중히 진행(안전관리의 문제)
민사당	양쪽 모두 적극적으로 추진
일본공산당	안전성이 확보되기까지 실용화는 하지 않고, 연구개발만 진행
신 자유클럽	양쪽 모두 적극적으로 추진

출처: 『原子力年鑑』 1982年版, 108쪽; 1987年版, 103쪽을 토대로 작성.

또한, 〈표 5-2〉의 각 정당의 원자력정책에서도 알 수 있듯이 원자력발전에 가장 강하게 반대하고 있는 정당은 일본공산당이다. 일본공산당은 현재의 원자력발전은 아직 연구단계라고 평가하여, 안전성·신뢰성을 중심으로 연구개발을 촉진해 실용화할 수 있을지 지켜봐야 한다고 주장하고 있다. 따라서 안전성이 확인되지 않은 상황에서 원자력발전소를 비롯한 우라늄 농축공장, 재처리시설, 고속증식

---

[270] 사회당이나 사회민주연합은 경제성이나 안전성 면에서 개발의 중지를, 공산당은 기초연구를 계속할 것을 주장했다.

로 등의 건설반대를 표명했다. 즉, 원자력발전을 중심축으로 하는 정부의 에너지정책 자체에 반대하여, 도카이무라 재처리시설의 건설 중지 등을 요구했다.

〈표 5-2〉 주요 정당의 원자력정책(1988년)

정당	원자력정책
자유민주당	플루토늄 이용을 포함한 원자력의 이용은 필요불가결하다. 원자력 이용은 대체 에너지의 개발에 있어서도 가장 중요하다.
일본사회당	원자력 발전은 안전성과 신뢰성에 있어서 불완전하다. 새로운 발전소의 건설 혹은 기존 시설의 확장은 중지되어야 한다. 기존 시설에 대한 철저한 점검이 필요하다.
공명당	원자력발전소 건설은 엄격한 안전조사와 환경평가가 필요하다. 새로운 발전소의 건설은 지역주민의 동의를 얻고 나서 진행해야 한다.
일본공산당	원자력 이용의 3원칙인 자주, 민주, 공개는 엄격히 준수되어야 한다. 기존의 모든 발전소 및 시설은 전면적인 재점검이 필요하다.

* 일본사회당은 1994년 자민당과 연립정권을 형성하며 모든 반(反) 원자력정책을 폐기했다.
출처: 『原子力年鑑』, 1979년版 114쪽; 1987년版 103쪽을 토대로 작성.

자민당은 1977년 6월 종합 에너지정책을 발표하는 등 장기적 시야에서의 원자력 이용, 핵연료 사이클 확립 등을 제언하는 등 원자력발전 추진에 가장 적극적이었다. 민사당은 정책 면에서는 자민당과 거의 일치하며, 자민당 이상의 원자력 추진파라고 할 수 있다.

사회당이 반(反) 원자력발전의 입장을 명확히 한 것은 1972년 1월의 제35회 당 대회부터였다. 사회당은 1984년 11월 플루토늄 수송에 반대하여 시위도 벌였으며, 그해 12월의 정기대회에서 원자력발전 용인 문제에 대한 논의가 시작되었다. 당 대회 이후 사회당은 원자력발전의 안전성 확보를 최우선으로 하여 원자력발전을 인정하고, 총 발전량의 30%를 차지하는 원자력발전의 현 단계를 전제로 하여, 원자력발전소를 더 이상 늘리지 않고 점차 축소해 나간다는 방침을 정했다. 그러나 사회당의 원자력정책이 정부의 정책결정에는 거의 영향을 미치지 않았다고 할 수 있다.

사회당은 중의원 과학기술위원회에서 플루토늄 등의 핵물질을 보호하기 위한 규정을 포함한 '원자로 등 규제법'의 개정안에 반대했다. 지금까지는 핵물질 탈취를 처벌할 수 있는 규정이 없었기 때문에, 개정안은 핵물질 취급과 관련하여 생명에 위험을 미치는 위험행위나 협박행위에 대한 처벌조항을 신설하는 내용을 담고 있다. 개정안에 대해 사회당은 벌칙 규정이 민주, 공개의 원칙에 반한다며 반대했다. 즉 핵물질을 위험행위나 협박행위에서 지키기 위해 핵물질의 보관이나 수송에 관한 모든 정보를 비밀화하는 것은 민주, 공개의 원칙에 위배된다는 것이었다.

공명당은 자주, 민주, 공개의 원칙을 확립하며, 안전성 및 방사선 폐기물 처리체제 등의 해결이 이뤄지기까지는 원자력발전소 건설 반대라는 정책을 취해 왔지만, 1978년의 당 대회부터 에너지 공급관계는 원자력발전 없이는 생각할 수 없다며 방침을 변경했다.

이상과 같이, 자유민주당, 일본사회당, 공명당, 일본공산당 등 주요 정당의 원자력정책은 각 정당의 정치적 성향을 반영하고 있다. 그러나 정부의 원자력정책은 자유민주당의 정책과 거의 일치하며, 그 외 정당의 원자력정책이 국가의 원자력정책 및 원자력행정에 반영되고 있다고 말하기는 어렵다. 이러한 상황은 국회에서의 원자력 문제의 심의 과정에서도 마찬가지이며, 정부와 자민당 대 야당의 대립구조가 계속되어 왔다. 이러한 상황은 미일 원자력협정이 승인을 위해 국회에 제출된 시기에도 거의 같았다.

2) 국회 심의과정과 비준

일본 정부는 1988년 3월, 신 협정안을 국회에 제출했다. 미 의회의 반대가 강해 비준의 전망이 어두운 시점에서 행정부가 신 협정안을 국회에 제출한 것은 일본 국회의 승인이 미 의회의 승인결정에 좋은 영향을 미칠 것이라고 판단했기 때문이다. 또한 일본 정부는 동년 3월에 플루토늄 수송 시에 플루토늄을 받아들일 공항의 선정 작업을 시작했다. 외무성과 과학기술청은 핵물질 탈취방지를 위해 아오모리현의 미사와(三沢) 미군비행장을 수용기지 후보의 하나로 검토하고 있다고 보도되었다.[271] 국회 심의 과정에서 과기청은 플루토늄의 공수지로서 미사와 공항이 선정된 것이 아니라, 선택지의 하나로서 미사와 공항도 배제하지 않았다고 답변했다.[272] 그러나 이 시기에 기지 선정 작업을 시작했다는 보도가 나온 것은 미 의회의 대응을 진정시키는 효과를 노린 것이라고 생각할 수 있다.

신 협정 비준에 관한 국회 심의는 소관위원회인 외무위원회에서 주로 이뤄졌다. 심의 과정에서는 플루토늄 이용정책 및 수송에 관한 심의가 많았고, 플루토늄의 항공수송 경로, 무장호위자의 문제, 유럽에서의 예상 수송횟수 등의 질문이 있었다. 이러한 질문에 대해 외무성, 과기청 등의 담당자는 미일 원자력협정은 협력의 틀과 조건을 정하는 것이며, 구체적 실시에 대해서는 협정 개정 이후에 결정해나갈 것이라고 답변했다. 즉, 구체적인 수송계획 등은 아직 아무것도 정해져 있지 않았기 때문에, 필요에 따라 미일이 향후 협의해 채워나갈 것이며, 구체적으로 어떠한 조치를 취할지도 이제부터 검토할 사항이라는 답변이 많았다.

보장조치의 적용 문제에 대해서도 논의가 있었다. 미국의 NRC가 '로카쇼무라의 제2 재처리시설에 대한 IAEA의 보장조치 기술이 아직

---

271) 『日本経済新聞』 1988.3.20.
272) 과기청 원자력국장 마쓰이 류(松井隆)의 답변 『第112回国会衆議院科学技術委員会議録 第2号』(1988.3.22), 4~5쪽.

충분히 개발되어있지 않기 때문에, 효과적인 보장조치를 적용할 수 없으며, 따라서 매년 확인할 수 없는 플루토늄이 수백 kg씩 증가해 나간다고 생각하면, 그 시설에 대해 장기적 승인을 부여하는 것은 보장조치의 측면에서도, 미국의 안전 보장의 측면에서도 문제가 있다'고 지적한 것에 대한 대책 등에 관한 논의가 있었다. 과기청은 로카쇼무라의 재처리시설에 대한 보장조치 기술은 대응할 수 있도록 연구개발을 실시하고 있으며 시설, 설비, 기기 등의 개발이 이미 끝났기 때문에 문제가 없으며, NRC는 로카쇼무라 재처리시설의 보장조치 기술에 대한 정보를 파악하고 있지 않다고 일축했다.273)

외무위원회 및 과학기술위원회의 심의에서의 정부(주로 외무성과 과기청)의 대응은 (1) 플루토늄의 수송경로는 영국 또는 프랑스에서 북극을 경유, 베링해협을 남하하여 일본으로 들어오는 경로를 우선적으로 고려하고 있다 (2) 플루토늄 수송용기는 핵연료개발사업단이 미국과 협력하여 개발을 진행하고 있다 (3) 공항 선정에 대해서는 백지상태이며 아직 공항을 정할 단계가 아니다 (4) 플루토늄 이용정책은 자원이 없는 일본의 에너지자립을 위해서는 필요불가결하다 (5) 플루토늄 수송시의 안전성 등에 대한 방호조치는 충분히 취할 수 있다 등이었다.

외무위원회의 심의에서 플루토늄 이용정책의 경제성, 플루토늄 수송의 안전성, 항공 수송경로 등에 관한 논의가 많았다. 특히 플루토늄을 수송할 항공기 선정,274) 수송경로 등이 미확정인데 항공수송에 포괄동의를 한다는 것은 실제로 아무것도 결정되어 있지 않은 것에

---

273) 과기청 원자력안전국장 이시즈카(石塚貢)의 답변『第112回国会衆議院科学技術委員会議録 第3号』(1988.3.31), 2~3쪽.
274) 미일은 유럽에서 일본까지 직항으로 비행하는 방안을 검토했지만, 당시의 운항 기종 중에서 직항비행이 가능한 기종이 없었고, 보잉사가 개발 중인 B747-400이 사용될 것이라고 예상되었다.

대한 약속을 먼저 하는 것이 아닌가하는 지적이 있었지만 행정부는 이에 답변하지 않았다.275) 교섭 기간 중, 정당에 의한 협정 개정 반대는 거의 없었고, 심의기간 중에도 신 협정에 대해서 내용이나 의미를 확인하는 질의가 많아 행정부가 설명하는 장면이 많았다.

국회 심의 과정에는 신 협정 찬성을 표명한 자민당보다 반대를 표명한 사회당 및 공산당이 활발히 질의에 나섰다. 자민당은 (1) 포괄동의방식을 도입하는 신 협정에 의해 일본의 핵연료 사이클 계획이 장기적이고 안정적인 운용이 가능하다 (2) 미일의 핵 비확산에 대한 엄중한 자세를 신 협정을 통해 명확히 하는 것은 핵 비확산체제 강화에 기여한다 (3) 신 협정 전반에 걸쳐 미일의 쌍무성이 충실히 확보되어 있다 (4) 신 협정 체결에 의해 미일의 신뢰관계가 확인되고, 신 협정은 일본의 원자력 정책뿐만 아니라 핵 비확산체제의 강화라는 대외정책 면에서도 중대한 의의를 가지고 있다는 등의 이유로 신 협정에 찬성을 표명했다.276)

사회당과 공산당은 원자력발전 자체에 대한 문제 제기부터 미국의 핵 비확산정책에 이르기까지 폭넓게 문제를 제기하며 신 협정 반대의 근거를 제시했다. 사회당 및 공산당의 반대의 이유는 다음과 같이 정리할 수 있다. 우선 사회당은 (1) 신 협정에 기반한 플루토늄 수송은 극히 위험하며, 수송경로, 수송용기, 수송항공기, 사용공항 등 아무것도 결정되지 않은 상황이다 (2) 원자력발전을 인정한다 하더라도 수송되는 플루토늄의 총량이 극히 대량이며 불필요하다 (3) 일본의 원자력정책 전체가 미국이 핵정책, 핵전략 속에 편입되어 미

---

275) 이나무라 도시오(稲村稔夫) 위원의 질의. 『第112回国会参議院科学技術委員会議録第6号』(1988.5.11), 11쪽.
276) 『第112回国会衆議院外務委員会議録第11号』(1988.5.11), 16~42쪽; 『第112回国会衆議院議録第22号』(1988.5.12), 1~6쪽.

국 의존을 한층 현저히 할 우려가 있다 (4) 플루토늄 수송 및 관리와 함께 취해지는 여러 조치는 핵물질 방호를 위해 비밀보호가 강하게 요구되기 때문에, 자주·민주·공개의 원칙에 반한다 등이었다.[277]

한편 공산당은 (1) 신 협정은 핵보유국의 핵 독점체제를 한층 강화하며, 일본의 원자력개발을 미국의 정책에 종속시키는 결과가 된다 (2) 안전이 충분히 고려되지 않은 채 무책임하게 원자력발전을 극대화하는 일본의 에너지정책의 문제 (3) 협정 제11조 등에 핵확산 방지와 국가안전보장상의 이익이라는 조항이 포함되어 있으며, 이 조항은 미국의 국가안전보장의 이익을 빌미로 일본의 원자력정책을 미국의 정책에 종속시킨다[278] (4) 플루토늄 공수의 안전성 (5) 신 협정에는 미국의 새로운 규제가 추가되어 있고, 현행 협정의 미국에 대한 종속성을 그대로 계승하고 있는 대미 추종협정이다[279] 등을 이유로 들었다.

신 협정안은 1988년 5월 11일에 중의원 외무위원회를 통과, 중의원에서는 12일에, 참의원에서는 25일에 승인되어, 동년 7월 17일에 신 미일 원자력협력협정이 발효되었다. 승인을 위한 표결에는 자민·공명·민사당이 찬성, 사회·공산당은 반대투표를 했다.

미 의회의 심의 과정에 비해 일본 국회에서의 심의 과정은 치밀한 것은 아니었다. 이는 의원내각제 국가의 행정부와 국회와의 긴밀한 관계가 원인 중 하나이며, 또한 국회에서의 심의 전에 행해지는 행정부와 정당 간의 사전 조정의 관행도 원인 중 하나라고 생각한다. 그

---

277) 『第112回国会衆議院外務委員会議録第22号』(1988.5.12), 1~6쪽; 『第112回国会衆議院議録第20号(1988.5.25), 8~9쪽.
278) 이 조항은 일본이 핵보유정책을 추구하여 미국의 국가안전보장에 대한 현저한 위협이 될 경우, 포괄동의의 정지 등의 보복을 미국이 할 수 있는 근거가 될 우려가 있다는 주장이다. 마쓰모토 젠메이(松本善明) 의원의 반대토론『第112回国会衆議院外務委員会議録第11号』(1988.5.11), 41~42쪽.
279) 『第112回国会衆議院外務委員会議録第11号』(1988.5.11), 16~42쪽; 『第112回国会参議院会議録第20号』(1988.5.25), 9~10쪽.

러나 주목해야 할 점은 일본 국회에서의 심의 과정이 엉성했다고 하는 점이 아니라, 일본의 교섭자는 미국의 교섭자보다 국회의 비준에 구속되지 않았다고 하는 점이다.

이는 미일 원자력 교섭이 일본 국회의 정치적 관심이 높은 분야가 아니었다는 이유도 있지만, 신 협정이 일본에 불리한 것이 아니라는 행정부의 설명에 의한 영향도 있었을 것이다. 미일 무역마찰이 한창일 때, 미일 원자력 교섭은 국민과 국회의 관심 밖에 있었고, 미일 원자력 교섭의 타결이 미일 마찰의 완화에 기여할 것이라는 인식도 있었기 때문이다. 일본의 교섭자는 미국의 교섭자보다 의회에 대해서 자유로운 입장이었다. 즉, 교섭자의 윈세트(선택의 폭)의 결정에 의회가 깊이 관여했던 미국과는 달리 일본의 교섭자의 정책선택에 국회가 그만큼 영향을 미치지 않았다는 것이다.

교섭 과정에서도 국회의 개입은 거의 없었다. 물론, 국내적 정치성이 높지 않은 교섭에 일본의 국회가 깊이 관여하는 것은 보통 없는 일이다. 더욱이 협정 개정에 의해 미국의 새로운 규제가 도입되나 그 대부분이 포괄동의화 되어, 결과적으로 일본에 불리한 영향을 미치는 개정은 아니라는 인식이 강했다. 신 협정에 대한 심의 과정에서도 신 협정 자체보다 일본의 원자력계획, 원자력발전의 문제, 플루토늄 이용정책, 폐기물 처리, 정보공개 문제 등이 폭넓게 논의되어, 상대적으로 신 협정 자체에 대한 심의는 적었다고 할 수 있다.

소관위원회인 외무위원회와 과학기술위원회 소속의원 중에서도 신 협정의 내용과 의의, 미국 의회의 동향 등을 묻는 질의가 많았고, 신 협정에 대한 행정부에서의 설명이 많았다. 그것은, 국회가 미일 교섭 과정에 거의 개입하지 않았고, 교섭 과정에 대해서도 충분한 정보가 제공되지 않았기 때문이었다. 표결도 충분히 논의되지 않은 채 실시되었다. 참의원에서는 표결 전, 사회당과 공산당에 의한 반대토론만이 진행되어, 찬성토론도 없는 채 통과되어 신 협정이 성립했다.

결론적으로 말하면, 일본의 교섭자의 정책선택에 국회가 거의 영향을 미치지 않았다. 국회는 교섭자의 원세트의 결정에 영향력을 지닌 국회 외의 비준자(경제계, 원자력 산업계, 여론 및 매스컴[280] 등)의 하나에 지나지 않았다고 할 수 있다.

---

[280] 언론보도는 행정이나 관련 기관의 정보를 정리하여 정부의 원자력정책이나 교섭 관련 사실을 알리는 정도였다. 따라서 미국과의 원자력 교섭에 대해 구체적으로 코멘트하거나, 교섭 방향을 제안할 정도는 아니었다고 할 수 있다. 또한 반 원자력운동 조직도 전국적으로 조직되지 않았고, 지역 단위의 운동에 그쳐, 미일 교섭에 영향을 미칠 정도의 힘은 가지고 있지 않았다. 결론적으로, 여론이나 매스컴은 국회나 행정부, 일본의 교섭자에 대한 강력한 견제세력은 아니었다고 할 수 있다.

제6장
분석
: 미일 교섭의 정책결정 과정

6장 분석
: 미일 교섭의 정책결정 과정

　미일 원자력 교섭은 미국과의 교섭에서 외압을 받고 있던 일본이 미국과 대등한 자세로 교섭하여, 교섭 결과인 협정에서도 일본의 주장이 미국의 요구보다 많이 받아들여진 대등교섭이라고 불린다.[281] 1977년의 재처리 교섭 때는 임박한 도카이무라 시설의 운전 개시 때문에 미국의 요구를 상당히 수용했다. 그러나 재처리시설의 운전방식 전환이라는 미국의 요구는 받아들이지 않고, 설계대로의 가동이라는 가장 중요한 교섭 목표를 지킬 수 있었다.

　또한 1982년부터의 교섭에서도 일본은 미국의 협정 개정 요구에 대해 강하게 반발하여, 3년간이나 협정 개정에 응하지 않았다. 1986년부터의 협정 개정 교섭에서도 대등협정을 만들기 위한 교섭 자세에 변화는 없었다. 교섭의 최후 단계였던 1986년 6월의 제15차 협의

---

281) 신 협정이 100% 대등협정이라고 말할 수 없다는 지적도 있다. 신 협정에 쌍무적 규제가 기본 정신으로 되어 있지만, 미일 원자력 관계는 대등한 거래가 아니기 때문에 내용적으로 대등하다고 말하기 어렵다는 것이다. 즉 미국에 대한 일본의 사찰은 논리상으로는 가능하지만, 현실에서 일본이 미국을 사찰할 일은 없기 때문이다. 그 외에도 재처리, 핵물질 이전, 플루토늄 이용 등에 대한 미국의 사전동의는 그대로 남아 있다(다만 개별동의가 포괄동의로 바뀜), 플루토늄의 저장은 미일이 합의한 시설에 한정한다, 핵물질 방호조치에 관한 규제가 새롭게 들어갔다, 미국은 협정을 일방적으로 정지하는 권리를 여전히 가지고 있다(다만 미국이 협정을 정지할 수 있는 경우를 협정에 명확하게 규정) 등을 들 수 있다. 그러나 이러한 규제는 농축 우라늄 및 기자재, 정보 등을 미국에 의존하고 있는 일본의 현실에서 보면 어쩔 수 없는 규제라고 할 수 있다.

(제3회 협정 개정 교섭)에서조차, 협정의 일방적 정지권 및 협정의 쌍무화 등에서 일본이 제안한 안을 미국이 수용하지 않으면, 합의하지 않고 귀국한다는 강경자세로 교섭에 임했다.

미국의 외압에도 불구하고 대등한 교섭이 가능했던 것은 어떻게 설명할 수 있는가? 미국의 협정 개정 요구에도 불구하고 3년간 일본이 협정 개정에 응하지 않았던 것, 본격적인 협정 개정 교섭에서도 미국이 요구하는 신 규제를 최소화하는 등 강경한 자세로 일본이 교섭할 수 있었던 것은 미국의 외압이 효과적으로 작용하지 않았기 때문인가 등의 의문이 생긴다.

제5장까지 이러한 문제의식에 기초하여 미일 원자력 교섭의 교섭과정을 분석했다. 또한 1977년의 재처리 교섭 이래의 미일 원자력 교섭은 미일의 2국 간 레벨 및 양국의 국내 레벨뿐만 아니라, 핵 비확산 레짐이나 유라톰과 같은 국제 레벨이 중첩되어 교섭을 이루고 있는 점을 설명했다. 제6장에서는 이러한 문제의식과 지금까지 논의 위에서 미일 양국의 교섭정책 결정 과정을 분석한다.

양국의 교섭정책 결정 과정 분석은 다음의 두 가지에 초점을 맞추고 있다. 우선 첫 번째는 어떻게 일본이 유리하게 교섭을 진행했으며 자국에 유리한 협정을 맺는 것이 가능하였는가 하는 점으로, 서론에서 제기한 제1과 제2의 문제의식에 관련된 분석이다.[282] 일본에게 유리한 협정을 체결한 것은 다시 말하면 미국의 외압이 유효하게 작용하지 않은 것이라고 할 수 있다. 이 점에 대해서는 제5장의 교섭과정의 분석에서 국제 레벨의 영향, 교섭 과정의 특징, 미국의 교섭

---

[282] 신 협정이 일본에게 유리한 협정이었다는 것은 일본이 교섭 목표로 한 포괄동의를 획득할 수 있었던 것(신 협정에 새롭게 들어간 사전동의도 20% 이상의 우라늄 농축에 대한 사전동의를 제외하면 대부분이 포괄동의에 포함), 불평등하던 구 협정을 개정하여 신 협정에서는 미일 대등조항, 쌍무조항 등을 도입한 것, 해상운송도 포괄동의의 대상으로 한 것 등이 있다.

목표의 변화, 일본의 국내 요인 등의 요인을 언급했다. 제6장에서는 이러한 요인들이 어떻게 결합되어 상호영향을 주면서, 교섭정책 결정 과정에 관련되어 있는가를 분석한다.

두 번째는 일본의 국내 요인에 관한 것이다. 즉 교섭이 시작된 1981년부터 미국의 요구였던 협정 개정을 거부하던 일본이 왜 1985년에 협정 개정으로 정책을 전환하였는가에 관한 분석이다. 교섭이 시작된 1981년부터 일본의 교섭 방침이 바뀐 1985년의 일본의 국내 상황은 어떻게 변하였는가? 또한 일본의 정책 전환에 미일 교섭이나 일본의 국내 상황이 어떻게 관련되어 있으며, 교섭 과정에 어느 정도의 영향을 미쳤는가, 일본의 정책결정 과정의 어떠한 특징이 이러한 결과를 만들었는가 등을 분석한다. 이러한 분석은 제3의 문제의식에 관련한 분석이다.

제6장에서는 이 두 가지를 중심으로 국제 레벨, 국내 레벨, 교섭 레벨의 세 가지 레벨이 미일 원자력 교섭의 정책결정 과정에 어떻게 반영되고 있는지를 분석한다. 또한 분석의 결과로서 미일 교섭이나 일본의 정책결정 과정에 관한 새로운 논리적 틀의 제시도 시도한다.

1. 2국 간 교섭에 대한 국제 레벨의 영향

2국 간 교섭에서는 교섭과 관련이 있는 국제 레벨이 교섭에 직·간접적으로 영향을 미치는 것은 당연할지 모른다. 그러나 2국 간 교섭 연구에서는 국제 레벨에 대한 분석보다는 교섭자 레벨이나 교섭 당사국의 국내 레벨에 분석의 초점을 두어왔다. 많은 교섭에서 교섭자 레벨이나 국내 레벨이 국제 레벨보다 더 직접적으로 교섭에 관련되어 있으며, 양자가 연동해서 서로 영향을 미치기 때문일 것이다.

또한 교섭에 대한 국제 레벨의 영향은 그것이 배경적 또는 간접적인 요인이거나, 국제 레벨의 영향을 객관적으로 분석하는 것이 용이하지 않기 때문일 것이다. 더욱이 국제 레벨의 영향은 일반적인 모델로 이론화하는 것이 어렵기 때문이다.

그러나 미일 원자력 교섭의 교섭 과정이나 교섭정책 결정에는 국제 레벨이 상당한 정도 관련되어 영향을 미쳤다. 서론에서 교섭과 국제 레벨에 대한 모델을 제시하였다(〈그림 1-1〉). 이 모델은 2국 간 교섭에서 국제 레벨이 교섭자나 국내 레벨 및 교섭 과정에 영향을 미치고 있으며, 교섭자나 국내 레벨도 국제 레벨에 연동되어 있는 것을 보여주고 있다. 교섭에서 국제 레벨의 영향이라 할 경우 그것이 무엇에 대한 영향인지(예를 들면, 교섭자의 정책선택에의 영향인지, 교섭 과정에의 영향인지), 또한 간접적(배경적) 영향, 직접적 영향 등의 차이도 있을 것이다. 따라서 우선 미일 교섭에 미친 국제 레벨의 영향이 어떠한 것인지를 명확하게 한 다음, 교섭과 국제 레벨과의 관련성을 분석한다.

교섭에 대한 국제 레벨의 영향은 간접적 영향과 직접적 영향으로 나눌 수 있다. 간접적 영향은 관련 국제 레짐이나 국제기관, 국제법 등이 교섭자나 국내 레벨에 영향을 미치는 것으로, 국제 레벨이 일방적으로 영향을 미치는 경우가 많다. 예를 들면, 핵 비확산 레짐의 존재 자체나 레짐의 목적, 규범 등은 원자력의 평화이용에 대한 2국 간 교섭에 영향을 미친다. 이러한 국제 레벨의 영향은 교섭자나 국내 레벨의 양쪽에, 또한 교섭 과정이나 교섭정책 결정의 전 과정에 관련된다. 협정 개정 교섭에서 일본이 3년간이나 미국의 협정 개정 요구에 응하지 않았던 배경에는 INFCE라는 국제회의의 결론이나 유라톰이라는 일본에 우호적인 국제기관의 존재가 간접적으로 영향을 미쳤다고 할 수 있다.

간접적인 영향과 동시에 국제 레벨은 교섭 과정이나 교섭의 결과인 협정에 직접적인 영향을 미치고 있으며, 직접적인 영향은 주로 교섭자의 정책선택에 관련되어 있다. 또한 교섭자와 국제 레벨은 서로 영향을 주고받는다. 즉 국제 레벨은 교섭자의 정책선택에 영향을 미치고, 교섭자는 정책선택에 의해서 관련 국제 레짐을 강화시키거나 혹은 약화시키게 되는 것이다. 예를 들어, 재처리 교섭에서 미국이 혼합추출방식 대신 혼합보관방식이라는 정책을 선택한 것은 핵 비확산 레짐이 미국의 교섭자에게 직접적인 영향을 준 것이며, 교섭의 결과로서 혼합보관방식이 합의되어 결과적으로 핵 비확산 레짐이 강화된 것이다. 협정 개정 교섭에서도 미국이 요구한 신 규제의 도입을 일본이 수용한 것도 핵 비확산 레짐의 직접적인 영향이라 해도 좋을 것이다.

한편, 중일, 미중 원자력 교섭도 미일 교섭에 영향을 끼친 국제 레벨의 하나이다. 중일, 미중 원자력 교섭이 본격적으로 진행된 1983년 후반부터 1984년 전반에는 중일, 미중 교섭이 우선되었기 때문에 미일 교섭은 중단되었다. 미일 교섭은 협정 개정 문제로 진전되지 않은데다 중국이 원자로 및 관련 기자재 수입을 서둘렀기 때문이다. 또한 국제 레벨의 영향은 미일 원자력 교섭만의 특징이 아닌 원자력 분야의 2국 간 교섭 혹은 다국 간 교섭에서도 자주 볼 수 있는 특징이다. 물론 이러한 국제 레벨의 영향은 원자력 분야뿐만 아니라 교섭에 관련된 국제 레짐이 존재하고, 그 레짐에 관련된 분야의 교섭에서 공통적으로 보이는 특징이라고 할 수 있다.

이러한 관점에서 미일 원자력 교섭에서의 국제 레벨의 영향을 직접적 요인과 간접적 요인으로 나눠서, 미일의 2국 간 원자력 교섭 및 교섭자의 정책선택에 영향을 미친 국제 레벨의 다양한 영향을 검토하고, 더 나아가 국내 레벨이나 교섭자 레벨과 국제 레벨[283)]과의 상관관계에 대해서 정리한다.

1) 핵 비확산 레짐, 유라톰과 미일 원자력 교섭

먼저, 핵 비확산 레짐이나 유라톰과 같은 국제 레짐(지역공동체)이 미일 교섭에 미친 영향에 대해 검토한다. 이를 위해 핵 비확산 레짐이나 유라톰이 재처리 교섭이나 협정 개정 교섭에 공통적으로 미친 영향에 대해 분석한 후 각각의 교섭과의 관련에 대해 살펴본다.

미일 교섭에 대한 국제 레벨의 영향을 이해하기 위해 미일 원자력 교섭이 진행된 시기의 원자력을 둘러싼 국제환경을 간략하게 정리해 둔다. 미일 원자력 교섭은 기본적으로는 원자력 협력을 위한 2국 간 교섭이지만, NPT, IAEA나 INFCE, 일본과 유라톰과의 협력관계, 중일·미중 원자력 교섭 등 원자력의 국제적 환경이 미일 교섭에 긴밀히 연관되어 있다. 핵 비확산과 원자력의 평화이용이 양립될 수 있다고 결론지은 INFCE는 일본의 핵연료 사이클 확립 정책의 정당성, 안전성을 국내·외에 인식시키는 기회가 되었고, INFCE의 결론은 일본이 미국에게 핵연료 사이클 확립이라는 정책을 주장할 수 있는 동력이 되었다.

또한 미·유라톰 원자력협정 개정 교섭의 실패 및 일본과 유라톰과의 협력관계도 일본이 교섭에서 강한 태도를 보이거나 미국이 협정 개정을 강요하지 못하는 상황의 배경이었다. 카터 정권 이래 일본과 유라톰은 긴밀한 협력관계를 유지해왔다. 협정 개정 교섭의 제1차 협의(1982년 8월)가 진행되기 전에 일본의 전력 9사 부사장들이

---

283) 2국 간 교섭에 영향을 미치는 혹은 2국 간 교섭을 둘러싼 국제적 환경을 국제 레벨로 정의한다. 즉 국제 레벨은 NPT나 IAEA와 같은 핵 비확산 레짐, INFCE 등의 국제회의, 유라톰과 같은 지역 원자력공동체, 중일·미중 원자력협정 등 2국 간 협정 등을 포괄하는 개념이다.

프랑스에서 해외조사를 하여 프랑스의 고속증식로 실증로 'Super Phoenix'의 도입을 검토하는 등, 프랑스와의 국제협력 추진을 원자력위원회에 보고한 적이 있다. 또한, 협정 개정 교섭 중인 1984년 1월에는 일본은 유럽 5개국(프랑스, 벨기에, 독일, 영국, 이탈리아)과 고속증식로 개발과 핵연료 사이클 개발에 관한 장기협력 협정에 서명하는 등 유라톰과의 협력을 본격화였다.

한편 미국은 1983년, 핵 비확산법 성립 이후 요청하고 있던 미·유라톰 원자력협정의 개정 협의의 중단을 발표했다.[284] 미일 원자력협정을 개정할 경우 미·유라톰 협정과 동등한 내용의 개정[285]을 할 것을 주장하고 있던 일본은 미·유라톰 협정 개정 전에 미일 협정을 개정하는 것은 받아들일 수 없었다. 일본과 프랑스, 일본과 유라톰의 협력관계 강화는 일본의 미국 기피의 징후로 받아들여졌다. 일본을 원자력 협력의 파트너로 유지하고 싶은 미국은 일본의 의사를 중시하면서 미일 협정을 개정을 원만하게 추진하기 위해서도 강인하게 교섭을 진행할 수 없었다.

(2) 핵 비확산 레짐의 영향

인도의 핵실험 이후 핵 비확산을 강화하는 정책이 잇달아 발표되었다. 인도가 핵실험을 한 직후인 1974년 12월, 캐나다는 자국산 우라늄에서 파생된 핵물질에 대한 보장조치를 강화하고, 재처리나 20%

---

[284] 미·유라톰 협정의 개정 협의를 중단한 것은 수년 동안 미국의 협정 개정 요청을 유라톰이 받아들이지 않아, 미국은 유라톰을 교섭 테이블로 불러내는 것조차 실패하였기 때문이다.
[285] 미일 협정이 미·유라톰 협정보다 엄격한 점은, 미·유라톰 협정에서는 (1) 미국 원산의 핵물질의 유라톰 내의 재처리에 대해서는 미국의 사전동의가 불필요하며 (2) 유라톰 국가에 대한 보장조치는 유라톰이 실시하고, 그 결과를 IAEA에 보고하는 구조로 되어 있어 유라톰 국가는 IAEA의 직접사찰을 받지 않는다는 점 등이다.

이상의 우라늄 농축에 대한 사전동의권을 신설하는 정책을 발표, 관계 국가에 협정 개정을 요구하였다. 호주도 1977년 5월 새로운 핵 비확산정책을 발표하고, 재처리나 20% 이상의 우라늄 농축의 사전동의권, 핵물질에 대한 방호조치 강화 등을 요구하였다. 미국에서도 카터 정권의 핵 비확산정책(1977년 6월)이나 핵 비확산법의 발효(1978년 3월) 등 적절한 핵물질 방호조치, 사전동의권의 확대, 전면적 보장조치 도입, 규제 대상의 확대, 재처리의 사전동의권 강화, 수출기준 강화 등 핵 비확산 레짐 강화정책이 잇달아 발표되었다.

이러한 세계적 규모의 핵 비확산정책의 강화는 미국의 대외 원자력정책 및 일본과의 2국 간 원자력협정에도 직접적인 영향을 미쳤다. 제2장에서 언급하였듯이, 캐나다와의 협정 개정이나 호주와의 신 협정은 핵 비확산 강화가 제1의 목표이며, 미국의 협정 개정 요구도 미국의 핵 비확산법에 의한 핵 비확산 레짐 강화가 주요 목적이었다. 재처리 교섭 때 미국이 혼합추출방식이나 혼합보관방식을 요구한 것도 협정 개정 교섭에서 미국이 도입을 요구한 새로운 규제도 이러한 목적에서였다.

재처리 교섭 당시 미국의 교섭자는 핵 비확산 레짐 강화라는 교섭원칙에 얽매여 있었다. 혼합추출방식이나 혼합보관방식의 도입, INFCE 기간 중의 플루토늄 전환시설의 건설 연기, 경수로에서의 플루토늄 사용 중지 등의 요구가 그러하다. 이러한 미국의 요구는 미국의 교섭자가 핵 비확산 레짐의 직접적인 영향을 받고 있었기 때문이다. 협정 개정 교섭에서도 미국의 교섭자는 미국의 핵 비확산정책과 대일 원자력정책에 모순이 발생하지 않도록 정책을 조정하면서 교섭에 임했다. 새로운 규제를 미일 협정에 도입하도록 요구한 것도 향후에 교섭해야 하는 유라톰과의 협정이나 다른 국가와의 교섭을 고려하면, 핵 비확산 레짐 강화를 위해 일본만을 예외로 인정할 수 없었기 때문이었다.

핵 비확산 레짐과 미일 교섭과의 관계를 일본의 관점에서 보면 두 가지 상반되는 영향이 있었다고 할 수 있다. 즉, NPT나 IAEA에 가장 협력적이었던 일본은 교섭 과정에서 핵 비확산 레짐의 강화나 핵 비확산 방지에 관계된 미국의 주장이나 요구를 거부하기는 어려웠다. 재처리 교섭에서 혼합보관방식을 받아들인 것도 INFCE의 적극적 협력을 약속한 것도 또한 협정 개정 교섭에서 미국의 신 규제를 받아들이기로 한 것도 핵 비확산 레짐과 관련되었기 때문이다.

한편 핵 비확산 레짐 강화에 가장 협력적이었던 일본은 NPT나 IAEA가 요구하지 않은 미국의 규제나 요구에 대해서는 강하게 반대할 수 있었다. 혼합추출방식의 요구나 플루토늄 이용시설에서의 플루토늄 저장 불허가, 미국에 의한 직접 사찰 등은 NPT나 IAEA의 틀을 넘은 요구였다. 미국의 이러한 요구에 대해 일본이 강하게 저항할 수 있었던 것은 핵 비확산에 철저해 온 일본이었기 때문에 가능했다고 할 수 있다. 즉, 핵 비확산 레짐이라는 국제 레벨의 영향은 미일 교섭에서의 일본의 대응의 강경한 측면과 타협적인 측면의 양쪽에 영향을 미친 것이다. 또한 일본이 플루토늄과 우라늄의 혼합보관, 도카이무라 시설의 혼합추출방식의 연구 등의 미국의 요구를 받아들일 수밖에 없었던 것도 일본의 핵 비확산 레짐 정책과 긴밀히 연계되어 있다. 이러한 간접적인 영향도 미일 교섭에서 중요한 요인으로 작용한 것은 확실하다.

국제 레벨의 영향은 미일의 교섭자뿐만 아니라 국내 레벨에도 영향을 미쳤다. 1982년부터의 3년간의 교섭에서 협정 개정을 하지 않는다는 방침을 바꾸지 않았던 것은 일본 교섭자뿐만 아니었다. 원자력위원회나 원자력산업계를 비롯한 미일 교섭과 관련 있는 일본의 다양한 국내 행위자도 IAEA의 우등생인 일본에게 핵 비확산 레짐 강화를 이유로 미국이 신 규제 도입을 요구하는 것은 이치에 맞지 않다고 반발하였다. 일본의 철저한 IAEA 규정 준수가 일본의 입장 강화로 이어졌다고 할 수 있다.

이처럼 국내 레벨에서도 협정 개정 불가라는 인식이 강했고, 국내 레벨의 이러한 인식은 교섭자에게 영향을 미친 것이다. 최초 3년간의 교섭기간 중, 신 규제 도입과 이를 위한 협정 개정 요구가 있었음에도 불구하고, 일본이 협정 개정에 응하지 않는 강경자세를 고수한 것은 핵 비확산 레짐의 영향이라고 할 수 있다. 지금까지 언급한 미일 교섭에 대한 핵 비확산 레짐의 영향을 정리하면 다음과 같다.

인도의 핵실험 이후, 핵 비확산 강화에 협력적이었던 일본의 대외 원자력정책은 미국이나 일본의 교섭 태도에 영향을 미친 간접적 요인이었다. 또한 세계적인 핵 비확산정책의 강화는 재처리 교섭이나 협정 개정 교섭에서 미국의 교섭 목표 선택에 직접적인 영향을 미쳤다. 미국이 혼합추출방식이나 혼합보관방식의 도입을 요구한 것이나, 신 규제 도입이나 이를 위한 협정 개정을 강하게 요구한 것 등은 미국의 교섭자가 정책선택에서 국제 레벨의 직접적인 영향을 받은 것이라 할 수 있다.

또한 핵 비확산의 철저라는 일본의 대외 원자력정책도 교섭 내용에 직접적인 영향을 미쳤다. 일본이 혼합보관방식이나 경수로에서의 플루토늄 사용중지 등의 미국의 요구를 받아들인 것이나, 미국의 요구였던 협정 개정에 1985년 가을까지 응하지 않았던 것은 일본과 핵 비확산 레짐과의 관계가 중요한 요인으로 작용한 것은 확실하다. 이러한 핵 비확산 레짐은 미일의 교섭 태도나 정책선택에 직접적 혹은 간접적으로 영향을 미쳤다.

〈표 6-1〉 핵 비확산 레짐이 미일 교섭에 미친 영향

국제 레벨의 영향	영향의 성격	효 과
INFCE의 결론	간접 영향	일본의 교섭태도를 강화
세계적인 핵 비확산정책의 강화	간접 영향	미국의 교섭태도를 강화
	직접 영향	재처리-미국의 요구사항(정책선택)에 반영 협정 개정-신 규제 도입, 협정 개정 요구 등 미국의 정책선택에 영향
핵 비확산 레짐과 일본과의 협력관계	간접 영향	일본의 교섭태도에 영향(상반되는 효과)
	직접 영향	재처리-혼합보관방식 등을 일본이 수용 협정 개정-일본이 신 규제 도입을 받아들임

(2) 유라톰의 영향

미일 원자력 교섭에 영향을 미친 국제 레벨의 논의에서 빠질 수 없는 존재로 유라톰이 있으며, 유라톰과 미일 교섭과의 관련을 정리하면 다음과 같다.

유라톰은 핵 비확산법의 성립 직후부터 미국의 협정 개정 요청을 받고 있었지만 협정 개정에 응하지 않았다. 1958년에 조인된 미·유라톰 협정은 미국산 원자로나 관련 기자재, 농축 우라늄의 공급 등이 주목적이었으며, 재처리 및 플루토늄 이용에 대한 미국의 사전동의권은 규정되지 않았다. 협정에는 미국산 농축 우라늄이나 재처리로 얻은 플루토늄의 유라톰 외의 제3국 이전에 대해서는 미국의 사전동의권이 확보되어 있지만, 유라톰 내의 이전은 미국의 사전동의를 필요로 하지 않는다. 또한 핵 비확산법이 요구하고 있는 핵물질의 형상 및 내용 변경, 플루토늄 저장 등에 대한 미국의 사전동의권은 규정되어 있지 않았다.

핵 비확산법 성립 후 미국은 수차례 유라톰에 협정 개정 요청을 하였지만, 유라톰은 새로운 규제를 받아들이는 것을 피하기 위해 협정 개정에 응하지 않았다. 결국 기존 협정의 유효기간이 끝나기 직

전인 1995년, 미·유라톰은 신 협정에 합의하였고, 재처리 및 플루토늄 저장, 이전 등에 대한 미국의 사전동의권을 인정하였다. 그러나 미일 협정과 마찬가지로 대부분의 신 규제는 포괄동의화 되어 일괄하여 동의를 주는 구조로 되었다.[286]

유라톰의 협정 개정 거부는 미 행정부에게 큰 부담이었다. 이미 언급하였지만, 핵 비확산법은 규제가 느슨한 나라부터 원자력협정을 개정하도록 요구하고 있어 일본보다 규제가 약한 유라톰과의 협정을 먼저 개정해야만 했다. 그러나 유라톰이 몇 년에 걸친 미국의 협정 개정 요청을 거부하여 미일 협정이 먼저 개정되게 되었다. 일본과의 교섭에 임한 미국은 유라톰을 의식하지 않을 수 없었다고 생각된다. 그것은 미일 협정 개정은 미·유라톰 협정의 모델이 되기 때문이며, 또 미·유라톰과의 협정 개정 결과에 따라서는 일본이 재교섭을 요구할 가능성도 있기 때문에 미국의 교섭자는 일본과 유라톰 양쪽을 의식하면서 교섭할 수밖에 없었다.

한편 미국의 협정 개정 요청에 대한 유라톰의 거부는 미일 교섭에서의 일본의 입장을 강화하였다. 그것은 일본보다 규제나 미국의 사전동의권이 약한 유라톰이 미국의 협정 개정 요청에 응하지 않았기 때문이다. 일본은 협정 개정에 응하지 않든지, 협정 개정에 응하더라도 미·유라톰과 동등한 협정을 체결해야 한다는 인식이 강했다. 미국의 신 규제를 최소화하고 이를 포괄동의화 하는 일본의 교섭 방침도 유라톰과 비교해서 일본에게 일방적으로 불리한 협정이 되어서는

---

[286] 미·유라톰 신 협정의 교섭 과정, 미 의회의 승인 과정 및 포괄동의의 문제점 등에 대해서는 Library of Congress, Congressional Research Service, "EURATOM and the U.S.: renewing the agreement for nuclear cooperation", by Carl Behrens and Warren H. Donnelly, [Washington] Apr. 26, 1996(CRS Archived Issue Brief 96001); Library of Congress, Congressional Research Service, "The US-EURATOM Nuclear Cooperation Agreement", by Zachary Davis, [Washington] July 12, 1995(CRS Report for Congress 93-359 ENR).

안 된다는 인식이 강하게 작용한 것이다. 이러한 인식은 일본의 교섭자뿐만 아니라 일본의 교섭자를 둘러싼 국내 레벨에서도 폭넓게 공유되고 있었다.

그러나 강경한 일본의 대미 교섭 자세에도 제한은 있었다. 일본은 유라톰과 다르게 사용후 핵연료를 해외에서 재처리해야만 하는 상황이었기 때문에, 핵연료 사이클을 확립하고 있는 유라톰과 같이 미국의 협정 개정 요구를 계속해서 거부하는 것은 어려운 일이었다. 미국이 일본의 재처리나 플루토늄 이용에 대해 사전동의를 주지 않을 경우, 일본의 원자력 프로그램은 큰 타격을 받게 되기 때문이다. 국제환경의 유리한 영향에도 불구하고, 일본이 미국의 협정 개정 요구를 외압으로 받아들인 것은 유라톰과는 다른 일본의 특수한 상황이 있었기 때문이다.

미·유라톰 교섭의 실패나 일본과 유라톰의 협력관계의 강화라는 일본을 둘러싼 국제환경은 미일의 교섭자의 교섭태도에 간접적인 영향을 미쳤을 뿐만 아니라, 일본의 교섭 목표나 정책선택에도 직접적인 영향을 미쳤다. 미·유라톰 교섭의 실패는 일본의 협정 개정 불가 방침의 원인이 되었다. 즉 구 협정(1973년 개정된 협정)이 2003년까지 유효하기 때문에 유라톰보다 먼저 미국과의 협정을 개정할 필요가 없다는 일본의 교섭 방침 결정에 영향을 미쳤다고 할 수 있다.

또한 일본과 유라톰의 협력관계의 강화는 원자력 파트너로서의 유라톰의 존재감을 일본은 물론 미국에게도 인식시키는 효과가 있었다. 일본은 유라톰이라는 강력한 대안이 있었기 때문에 장기적 사전동의의 부여, 협정 개정 불가라는 교섭 목표를 1982년부터 1985년까지 유지할 수 있었다고 생각된다. 즉 미국과 유라톰의 교섭의 실패나 일본과 유라톰의 협력관계 강화는 미일 교섭에 간접적인 영향을, 또 교섭의 내용 및 교섭 목표 결정에 직접적인 영향을 미쳤다고 할 수 있다.

〈표 6-2〉 유라톰이 미일 교섭에 미친 영향

국제 레벨의 영향	영향의 성격	효 과
미·유라톰 교섭의 실패	간접 영향	일본의 교섭태도를 강화 미국의 교섭태도를 약화
	직접 영향	일본의 협정 개정 반대
일·유라톰 협력의 강화	간접 영향	일본의 교섭태도를 강화
	직접 영향	일본의 포괄동의 요구, 협정 개정 반대

2) 중일, 미중 원자력 교섭의 영향

중일, 미중 원자력 교섭은 미일 교섭이 협정 개정 문제로 교착상태에 빠진 1983년에 시작되었다. 핵보유국인 중국과 미국의 원자력 교섭은 미일 원자력 교섭과는 보장조치면 등에서 다소 성격에 차이는 있지만, 미국의 핵 비확산정책 및 대외 원자력정책을 이해하는 중요한 단서가 된다.

중국에 대한 미국의 원자력정책의 목표는 미국이 제공하는 원자력기술 및 기자재가 군사목적으로 사용되지 않도록 하는 것과 200억 달러로 예상되는 중국 원자력 시장에 진출하는 것이었다. 즉 핵확산 방지와 경제적 이익의 두 개의 목표를 가지고 있었다. 대중국 원자력정책의 두 가지 정책 목표는 비중과 구체적인 정책 면에서 다소 차이는 있지만, 미국의 대일 원자력정책 목표와 거의 일치한다. 또한, 미일 원자력 교섭의 교섭 대표인 케네디 대사를 비롯하여, 대일 교섭을 담당하고 있던 미국 교섭단의 대부분이 대중 교섭도 담당하게 되었다.[287] 따라서, 미일 교섭 중에 진행된 미중, 중일 교섭은 양

---

[287] 일본의 대중 교섭단도 외무성의 마쓰다(松田慶文) 과학기술심의관을 교섭 대표로 하는 미일 교섭단과 같은 멤버였다.

국의 교섭 목표를 확인하고, 어떤 협정을 지향하고 있는가를 미일 양국이 확인할 수 있는 기회이기도 했다.

또한 행정부에 핵 비확산정책 강화를 강하게 요구하고 있던 의회를 미 행정부가 어떻게 설득하고, 중국과의 협정을 비준 받을지는 일본에게도 중요한 관심사였다. 중국이 파키스탄에 우라늄 농축 기술을 제공했다고 의심하고 있어, 미 의회는 중국과의 원자력협정이 핵확산으로 이어질 우려가 있다고 반대하고 있었기 때문이다. 일본에 장기적이고 포괄적인 사전동의를 주는 것에 반대하고 있는 의회를 미 행정부가 어떻게 설득하는지 사전에 확인할 수 있는 것이 미중 교섭이었다.

중국은 핵 비확산조약에도 가입하지 않고, 사찰 등 국제적인 보장조치를 취하지 않으면서 각국과 협정을 맺어왔다. 중국은 20세기 중에만 1000만kw 상당(원자로 10기분)의 원자로를 도입할 계획을 진행하고 있었다. 세계적으로 원자력 수요가 후퇴하고 있는 상황에서 원자력 수출국에게 중국은 큰 시장이기 때문에, 중국과의 원자력 협의는 방대한 원자력 시장에 참가하는 길을 여는 경쟁이기도 하였다.[288] 중일 교섭과 동시에 미일 교섭을 진행했던 일본은 중국에 수출하는 원자로 압력용기가 플루토늄을 파생시키는 효과가 있기 때문에, 미 의회의 반대를 초래하고 미일 교섭에 불리하게 작용할 가능성도 있었다. 따라서 일본은 중일 교섭 시에도 미 행정부나 의회의 반응을 보면서 교섭해야 했다.

미중 협정의 미 의회 승인은 미일 교섭을 진행하던 양국의 교섭자들에게 미일 협정도 승인될 것이라는 희망을 주었을 것이다. 핵보유

---

288) 중국은 1983년 프랑스와 원자력협력협정 각서(90만kw급 원자로 4기를 공여)에 서명한 것에 이어, 1984년에 서독, 프랑스, 브라질과, 1985년에 미국, 영국, 벨기에, 아르헨티나와 협정을 체결했다.

국인 중국과의 협정이 미 의회에서 승인된 것은 미일 양국의 교섭자에게 교섭을 마무리하도록 자극하는 충분한 동기가 되었을 것이다. 미중, 중일 협정이 조인된 후[289] 미일 교섭도 급진전을 되었다. 미일, 중일 협정의 조인 직후에 개최된 제12회 미일 협의(같은 해 7월)에서 일본은 협정 개정에 응할 경우의 포괄동의의 내용 등을 미국에 질의했다. 일본이 협정 개정 방침을 정하고 임한 제13차 협의(같은 해 11월)에서 미국은 기존의 대일 요구에서 후퇴하여 상당한 양보를 하였다. 미국은 직접 사찰을 철회하고 일본의 플루토늄 이용시설에서의 플루토늄 저장 등을 인정하는 양보를 하였다. 미국의 양보에 대해 일본은 미일 협정 개정에 의한 포괄동의 도입이라는 교섭 방침의 전환을 결정했다.

양국의 정책 변화는 국내 상황의 변화나 교섭의 결과이기도 하지만, 미중, 중일 교섭의 타결에 영향 받은 결과이기도 하다. 미중, 중일 교섭이 미일 교섭에 미친 영향은 핵 비확산 레짐이나 일·유라톰 관계가 미친 영향보다는 크지 않겠지만, 미일 교섭에 미친 간접적인 (신 협정이 양국 의회에서 승인될 것이라는 자신감 정도) 영향은 있었다고 보인다. 미중, 중일 교섭은 양국이 교섭상대의 원자력정책을 확인하는 계기가 된 것뿐만 아니라, 교착 상태에 빠졌던 미일 교섭을 진전시키는 결과가 되었다. 미중, 중일 교섭도 미일 원자력 교섭에 영향을 미친 국제 레벨의 하나였다고 할 수 있다.

3) 소결론: 교섭과 국제 레벨

지금까지 2국 간 교섭에 대한 국제 레벨의 영향에 대해 살펴보았다. 애초에 2국 간 교섭에 대한 국제 레벨의 영향의 분석에 초점을

---

[289] 미중, 중일 협정은 1985년 7월에 동시에 조인되었다.

둔 것은 교섭 연구에 이용되고 있는 분석틀의 대부분이 교섭자 레벨, 또는 교섭과 국내 레벨의 관계의 분석에 초점을 맞추고 있어, 교섭자나 국내 레벨을 둘러싼 국제 레벨의 영향이나 상관관계가 중요한 요인으로 다뤄지지 않았기 때문이다. 또한 미일 원자력 교섭에는 교섭 대상인 원자력 영역에 직접 관련된 핵 비확산 레짐 등 국제 레벨이 명확하게 존재하기 때문에 국제 레벨의 영향을 분석하기 쉽다는 특징도 있다.

미일 원자력 교섭에는 핵 비확산 레짐이나 유라톰 등이 밀접하게 관련되어 있고, 국제 레벨의 영향은 미국의 교섭자나 국내 레벨은 물론, 일본의 교섭자나 국내 레벨에도 영향을 주었다. 교섭 과정에서 양국이 요구한, 또는 선택한 정책에는 국제 레벨의 영향이 내재해 있었다. 미국의 협정 개정 요구나 이에 대한 일본의 대항, 포괄동의의 도입이나 미국이 요구한 신 규제에 이르기까지 핵 비확산 레짐이 상당한 영향을 미쳤다. 또한, 유라톰도 교섭 과정에서 일본의 대미 교섭 태도를 강화하는 작용을 하였다.

서론에서 제기한 문제의식 중에서 일본이 초기 3년간 미국의 협정 개정 요구를 받아들이지 않고 반대한 이유는 무엇인가에 대한 답은 국제 레벨에서 찾는 것이 적절할 것이다. 따라서 원자력 교섭과 같이 교섭 대상에 관련된 국제 레짐이 명확하게 존재할 경우 교섭에서 국제 레벨의 영향력은 중요하며 교섭의 분석에 빠질 수 없는 요소라고 할 수 있다. 이러한 특징은 재처리 교섭에서도 협정 개정 교섭에서도 명확하게 확인된다.

2국 간 교섭에 대한 국제 레벨의 영향은 미일 원자력 교섭에 한정된 특징이 아니라 일반적인 교섭에서도 볼 수 있을 것이다. 예를 들어, 교섭 대상에 관련된 국제 레짐이 명확하게 존재하지 않는 경우에도 관련성을 갖는 국제 레짐의 영향 및 제약은 있을 수 있기 때문에 국제 레벨을 교섭 분석의 하나의 요인으로서 분석하는 것은 타당하다고 생각한다. 또한 교섭자가 국제 레벨의 영향 혹은 제약을 구체적으로 인식하지 못해도 교섭자의 윈세트(정책의 선택지)의 결정에 직접적 혹은 국내 레벨을 통해서 간접적으로 영향을 미친다고 할 수 있다. 결론적으로 NPT, IAEA와 같은 국제 레짐이나 유라톰과 같은 지역공동체, 나아가 INFCE나 미국의 국내법인 핵 비확산법 등을 포함한 국제 레벨이 교섭자의 정책선택지 결정을 제약하는 하나의 요인으로 작용하는 것이 확인되었다. 국제 레벨은 교섭 전반에 간접적(배경적) 영향을 미칠 뿐만 아니라, 교섭 내용이나 교섭자의 정책선택에 직접적으로 영향을 미쳤다. 따라서 국제 교섭에서의 국제 레벨의 영향 및 상호작용에 대해서 다음과 같이 결론짓는다.

소결론 1 :

> 2국 간 교섭의 교섭 과정이나 교섭정책 결정에는 교섭자 레벨이나 비준에 관련된 국내 레벨이 관여할 뿐만 아니라, 관련 국제 레짐이나 2국 간 교섭 등도 교섭자나 국내 레벨을 제약하는 또 하나의 국제 레벨로서 작용한다. 이 국제 레벨은 교섭자의 정책선택지(윈세트)의 결정에 직접적으로 영향을 미칠 뿐 아니라, 교섭 결과인 협정(조약) 등을 통해 국제 레벨에 간접적으로 영향을 미친다.

2. 미일 양국의 국내 레벨의 정책결정 과정

다음으로 미일 양국의 교섭정책 결정 과정에 초점을 맞춰 양국의 정책결정 과정이 교섭에 어떠한 영향을 미쳤는지를 살펴본다. 지금까지의 논의에서도 알 수 있듯이 일본에서는 외무성, 과기청, 통산성, 원자력위원회 등 다수의 행위자가 교섭 과정 및 정책결정 과정에 참가했으며, 정책결정 과정에서는 행위자 간의 합의가 우선되었다. 그러나 미국의 경우는 국무성이 교섭을 주도하고 교섭 방향이나 교섭정책 등을 주로 결정해왔다. 이러한 양국의 정책과정이 교섭 과정에 어떠한 영향을 미쳤는지 미일을 비교한다. 이는 미일 교섭에서 어떻게 일본이 대등한 교섭을 할 수 있었는지, 왜 미국의 외압이 유효하게 작용하지 않았는지의 원인을 밝히고, 나아가 1985년의 일본의 교섭방침 전환을 분석하기 위함이다. 다만 미국의 경우는 합의에 도달한 이후도 의회 비준까지 행정부 내의 의견조정이 계속되었기 때문에, 미국의 경우는 교섭 후반기의 정책결정 과정 및 서명에서 비준까지 관련 기관의 의견조정 과정을 주로 분석한다.290)

1) 미국: 국무성 주도의 정책결정

(1) 관련 기관의 대응

미국에서는 교섭 초기 단계에 협정 개정에 의한 신 규제 및 포괄 동의의 도입이라는 합의가 교섭 관련 기관 간에 대체로 유지되었다. 그러나 협정 개정 교섭이 본격화되어 신 협정의 내용을 채워나가는 단계에서는 국방성이, 가서명에서 비준 단계에서는 원자력규제위원회(NRC)가 신 협정 반대의견을 내기 시작했다. 행정부 내의 의견 조정은 쉽지 않았고, 가서명에서 정식 조인까지 10개월이나 걸렸다. 이러한 점에서 우선 미국의 교섭 관련 기관인 에너지성, 국방성, 원자력규제위원회, 군비관리군축국(ACDA), 국무성 등의 기본 정책과 의

---

290) 미일 원자력 교섭과 관련하여 공개된 미 행정부 문서의 대부분은 조인에서 비준에 이르는 시기의 것이다. 의회 비준 과정에서 행정부의 관련 문서가 의회에 보고되거나 제출되기 위해 작성된 것이 많았기 때문이다.

견 조정 과정을 정리한다.

에너지성은 교섭 기간 중은 물론 의회 심의 기간에도 국무성의 제1의 후원자였다. 에너지성은 신 협정이 핵 비확산 레짐 및 미일 원자력협력관계 강화에 기여한다는 국무성의 주장을 지지하며, 일본의 원자력 프로그램에 미국이 지속적으로 참가하는 것이 미국의 영향력과 통제력을 유지하는 방법이라고 생각하고 있었다. 에너지성의 정책은 국무성과 거의 일치하였으며,291) 교섭 초기 단계의 정책(제4장에서 기술)에서 큰 변화가 없었기 때문에 여기서는 생략한다.

국방성은 교섭의 준비 단계 및 교섭 과정에서 신 협정과 미국의 안전보장, 핵 비확산 등과 관련하여 국무성에 조언하는 입장이었다. 그러나 제2단계 교섭에서는 국무성에 의해 교섭 및 행정부 내의 의견 조정 과정에서 배제되어 교섭정책 수립에 관여할 수 없었다. 의회 청문회에서 교섭 대표였던 케네디 대사는 국방성과도 충분히 협의하였다고 증언하였지만, 국방성의 핵 비확산 담당자는 교섭의 준비 과정 또는 교섭 과정에서 배제되었다고 증언하였다.292)

이는 일본이 협정 개정에 응할 의사를 보인 후 국무성은 교섭 타결을 위해 최초의 교섭 안에서 상당히 후퇴하였고, 이 단계에서 국방성의 핵 비확산 강경론자들이 교섭의 담당부서인 국무성에 대해 반대론을 제기하기 시작한 것이다. 국방성은 플루토늄의 상업이용에 30년간의 포괄동의를 주는 것은 핵 비확산정책상 문제가 있다고 지

---

291) 에너지성의 입장은 의회 청문회에서의 관계자의 답변에 잘 드러나 있다. 예를 들면 "Prepared Statement of Hon. Will F. Martin, Deputy Secretary, Department of Energy", U.S. Congress, House Committee on Foreign Affairs, *US-Japan Nuclear Cooperation Agreement, Hearings : Dec. 16, 1987* ; Mar. 2, 1988, pp.13~25.
292) Letter to Chairman Fascell from Hon. Richard Perle, American Enterprise Institute, and Frank J. Gaffney, Jr., Hudson Institute, Mar. 2, 1988, U.S. Congress, House Committee on Foreign Affairs, *US-Japan Nuclear Cooperation Agreement, Hearings: Dec. 16, 1987; Mar. 2, 1988*, pp.345~347.

적하였다. 또한 플루토늄의 항공운송 시 항공기 사고가 발생하였을 경우, 구조를 위해 출동하는 미군의 경비를 일본의 전력회사가 부담하고, 항공 운송하는 플루토늄에 대한 방호조치를 강화할 것 등을 국무성에 요구했다.293) 플루토늄의 군사전용을 경계하고 있던 국방성은 협정 개정에 응한 일본에게 국무성이 필요 이상으로 양보하는 것에 반발하여 보장조치나 핵물질방호를 엄격하게 적용할 것을 국무성에 요구하였다.

국방성의 입장을 대변한 것은 캐스퍼 와인버거(Caspar W. Weinberger) 국방장관이었다. 신 협정안에 가서명한 후인 1987년 4월, 와인버거 장관은 핵 비보유국인 일본에게 30년간 플루토늄의 자유이용을 인정하고, 건설 준비 중인 제2 재처리시설에 대해서도 사전승인을 부여하는 신 협정은 안전보장상 그리고 핵 비확산정책상 문제가 있으며 핵 탈취 리스크도 크다고 지적하며, 신 협정에 반대하는 서한을 슐츠(George P. Shultz) 국무장관에 보냈다.294)

국방성은 일본의 재처리와 플루토늄 이용이 목적이나 경제적 정당성 등에 관계없이 장기적으로 주어지는 포괄적 사전동의에 반대하며, 협정을 일시적으로 정지시키는 미국의 권한에 전례 없는 제한이 있다고 지적했다. 국방성은 기존의 사례별 동의 방식 대신 포괄적 동의 방식을 채택하는 것은 핵 비확산 금지를 포함한 미국의 국가이익에 반한다고 주장했다.

국방성이 우려한 것은 일본이 핵물질을 군사전용 할 가능성보다, 사례별 포괄동의 승인이나 포괄동의가 갖고 있는 미래의 불확실성이나 핵 탈취의 위험성이었다. 와인버거 장관은 핵 비확산이나 민감한

---

293) 국방성의 요구에 대해 국무성은 비행루트가 결정되고 나면 미일이 협의한다고 반론하였다. 石川欽也, 『ドキュメント 原子力政策』, 308쪽.
294) Memorandum from Secretary of Defense to the Secretary of State, Apr. 20, 1987.

기술의 확산을 우려하고 신 협정에 반대하는 국방성을 대변했다. 그러나 교섭을 주도한 국무성은 일본은 핵무장 능력을 이미 보유하고 있으며, 미국에 의한 억제 능력이나 일본의 원자력 프로그램에 대한 미국의 영향력을 유지하는 것이 중요하다며 국방성의 반대를 무릅쓰고 교섭을 강행했다.

이러한 국방성의 태도는 와인버거 국방장관과 레이건 행정부의 군사전략, 군축 등을 담당해온 리처드 페를(Richard N. Perle) 국방차관보가 사임하고, 칼루치(Frank C. Carlucci)가 신임 장관이 된 후 변화했다. 국방부장관, NSC 보좌관 등을 역임한 칼루치가 국방장관에 임명된 것은 1987년 11월이었다. 장관 교체가 미일 원자력협정의 승인을 둘러싼 행정부 내의 갈등에 기인한 것은 아니지만, 적어도 장관 교체 후 국방성의 입장이 변화한 것은 사실이다.

와인버거 국방장관과 슐츠 국무장관의 대립도 심각했지만, 강경파인 페를 국방차관보와 온건파인 하드 국무차관보도 군비관리정책 등에서 격렬하게 대립하였다. 신 국방장관 칼루치는 신 협정을 지지하고 신 협정이 미국의 이익이 된다는 태도를 취했고, 국방성이 1988년 의회에 대해 신 협정을 지지하고 신 협정이 미국의 이익이 된다고 보고하였다.[295] 또한 플루토늄의 운송에 대해서는 운송시기가 짧아 미군의 부담이 적으며, 항만보다 공항이 경비하기 쉽다는 이유로 해상운송보다 항공운송이 유리하다고 보고하였다. 신 장관의 협정 지지선언에 의해 국방성의 문제 제기는 일단락되었다.

원자력규제위원회(Nuclear Regulatory Commission; NRC)는 원자력협정을 미국의 원자력법[296]에 의거해서 검토, 권고하는 기관이다.

---

295) 『日本経済新聞』 1988.4.19.
296) 원자력법은 2국 간 협정에 의해 미국으로부터 핵물질을 공급받는 수입국은 (1) 공급국이 실시하는 보장조치의 적용(이후 2국 간 협정에 의거한 보장조치는

원자력 관련 협정을 교섭하는 행정부는 협정안을 대통령에 제출하기 전에 NRC와 협의하도록 원자력법이 규정하고 있지만, NRC의 동의가 반드시 필요한 것은 아니다. 따라서 NRC는 교섭 과정에 직접 관여하기보다 교섭 후의 검토에 주로 관계하였다.

NRC는 1987년 2월 신 협정안이 미 국내법의 요구사항을 만족하고 있는지, 신 협정이 미 정부의 정책과 일치하고 있는지 등을 검토한 후, 대통령에게 협정안 승인반대 권고를 하였다. NRC는 건설 예정인 일본의 제2 재처리시설에 대해 IAEA가 효과적인 보장조치를 적용할 수 있는지 판단하기 어렵기 때문에, 그 시설에 대한 장기적이고 실질적인 승인을 부여하는 것은 핵 비확산정책상 적절하지 않다고 지적하였다. 예를 들면, 매년 800톤의 사용후 핵연료를 재처리할 경우, 200~300kg의 플루토늄이 계산되지 않는 '재고오차'[297]가 발생할 가능성이 있고, 매년 확인할 수 없는 플루토늄이 수백 kg씩 증가하는 것은 보장조치의 면에서도 미국의 안전보장 면에서도 문제가 있기 때문에, 충분한 보장조치 기술이 개발되기까지는 현재의 개별 승인이 바람직하다는 것이었다.

또한 NRC는 미국 내의 일본 원산의 시설에서 나온 사용후 핵연료를 재처리하여 플루토늄이 생산될 경우, 일본이 플루토늄의 반환을 요구하면 미국이 이에 응해야 하는 신 협정의 조항은 미국의 안전보장 상, 또는 핵 비확산정책상 문제가 있다고 지적하였다. 이 외에도 일본이 원산지인 핵물질 및 그 핵물질에서 생산된 플루토늄의 흐름

IAEA에 이관) (2) 사용후 핵연료의 제3국 이전, 재처리 및 형상 변경 전에 공급국의 사전동의가 필요 (3) 협정을 위반한 경우 공급국의 반환청구권 등의 규제를 요구하고 있다.

297) '재고오차'란 사용후 핵연료의 연소도에 의거한 회수 플루토늄의 계산 값과 실제로 회수한 양과의 차이를 말한다. IAEA의 사찰은 일정기간(통상 1년) 동안 소정의 최소량(유의량: 원자폭탄 1개분의 농축 우라늄, 플루토늄 상당량) 이상의 재고오차가 나오지 않는 것을 주안점으로 한다.

을 추적하여 결과를 일본에 보고하는 조항에 대해서도 반대하였다. 이 조항은 핵 비확산법에 의거한 조항이 아니며, 이 조항에 의해서 미국이 얻는 핵 비확산의 이익보다 미국 정부나 산업계에 주는 부담이 크다고 판단한 것이다.

결론적으로 NRC는 포괄동의방식의 신 협정에 반대하고, 2003년까지 유효한 기존 협정의 사전동의 조항을 유지하도록 대통령에 권고했다.[298] 그러나 NRC는 미일 관계의 중요성은 인식하고 있으며, 핵 비확산에 대한 일본의 공헌에 문제를 제기할 이유는 없다고 하면서, NRC가 신 협정에 대해 반대하는 것은 일본에서 핵확산의 우려가 있어서가 아니라 플루토늄 이용시설에 대한 방호조치가 효율적이지 않기 때문이라고 지적했다.

이러한 지적은 신 협정에 첨부되어 있는 구상서(Note Verbale)에서 정하고 있는 새로운 보장조치 개념을 적용하는 규정이 불충분하다는 것이었다. 구상서에는 "새로운 시설은…실현 가능한 한도 내에서만 …보장조치가 용이하도록 계획, 운영한다"고 되어 있어, 개선될 보장조치 기술이 일본의 장래 시설에 반드시 적용된다는 구속은 아니기 때문이다. 그러나 국무성은 NRC의 이러한 의견에 대해, 신 협정은 핵 비확산법의 요구조항을 만족하고 있다고 일축하며, 포괄적 사전동의가 무조건적으로 승인을 부여하는 제도는 아니라고 반론하였다.

군비관리군축국(Arms Control and Disarmament Agency; ACDA)도 교섭에 직접 관여하였다. ACDA는 핵 비확산법 및 핵 비확산정책과

---

298) NRC, "Letter to the President, 7/27/87", *US House Document 100-128, Proposed Agreement Between the US and Japan Concerning Peaceful use of Nuclear Energy: Message from the President of the US, Nov. 9, 1987*, pp.447~448; "Prepared Statement of Hon. Lando W. Zech, Chairman, US Nuclear Regulatory Commission", *U.S. Congress, House Committee on Foreign Affairs, US-Japan Nuclear Cooperation Agreement, Hearings: Dec.16, 1987; Mar. 2, 1998*, pp.73~76.

관련하여 협정안 내용을 검토한 후 의회에 보고서를 제출할 의무가 있다. ACDA는 신 협정이 포괄적 사전동의라는 점에서 선례가 없기는 하지만, 신 협정이 미일 공동방위나 안전보장을 손상시키지 않고 핵확산 위험도 증가시키지 않는다고 판단하였다. ACDA는 대통령에 협정안의 불승인을 권고할 근거는 없다고 보고하였다.299)

보고서에서 ACDA는 (1) 신 협정안은 핵 비확산법이 요구하는 새로운 혹은 확대된 신 규제의 내용을 만족시키고 있다 (2) 일본은 미국의 가장 중요한 동맹국으로 선진적 원자력 프로그램을 가지고 있으며 핵 비확산의 신뢰를 얻고 있다 (3) 신 협정안은 보장조치 및 핵물질방호에서, 특히 플루토늄 운송 시의 방호조치에 중요한 개선을 포함하고 있다 (4) 미국은 신 협정에서 일방적 정지권을 가지고 있다 (5) 신 협정과 미일의 원자력 우호관계는 핵 비확산 레짐의 강화에 공헌한다고 평가하고 있다.

또한 ACDA는 일본의 원자력 프로그램에 대해 (1) 원자로 및 핵연료 사이클 분야에서 기술적 자립성을 갖고 있다 (2) 상당한 핵물질이 미국의 사전동의의 대상이 아니며 그 양은 계속 증가하고 있다 (3) 핵연료 사이클 정책은 일본의 에너지 공급에서의 자립성 획득이라는 면에서 중요하다고 지적하였다. 그러나 NRC가 지적한 신 협정에 의한 핵확산 가능성(제2 재처리시설에 대한 사전승인 등)에 대해서는 특별히 지적하지 않았다.300) 이러한 ACDA의 평가는 포괄적 사전동의의 도입으로 문제가 된 일본의 플루토늄 이용시설에 대한 보장조치 및 플루토늄 운송 시의 핵물질 방호조치에 문제가 없다는 교섭단

---

299) ACDA, "ACDA's Nuclear Proliferation Assessment Statement", Oct. 1, 1987.
300) "Prepared Statement of Norman A. Wulf, Acting Assistant Director for Nuclear Weapons Control, US Arms Control and Disarmament Agency", U.S. Congress, House Committee on Foreign Affairs, *US-Japan Nuclear Cooperation Agreement, Hearings: Dec. 16, 1987; Mar. 2, 1988*, pp.64~70.

의 견해를 인정하는 것이었다.

(2) 국무성 주도의 정책결정

　기본 합의에 도달한 제15차 협의(1986년 6월)에서 미국은 미합의 쟁점에서 대폭 양보하여 일본의 요구를 받아들이는 형태로 결말을 지었다. 국무성이 일본의 주장을 대폭 받아들일 수밖에 없었던 것은 미일 우호관계의 유지나 대일 원자력 무역, 일본에 대한 미국의 통제력 유지 등 미일 관계의 요인 외에도 현실적인 문제를 안고 있었기 때문이었다.

　국무성은 대유라톰 교섭 실패에 이어 일본과의 협정 개정에도 실패할 경우, 의회가 교섭실패의 책임을 묻는 것을 우려하여 일본과의 협정 개정을 성공시키고 이를 통해 유라톰과의 교섭을 재개하려고 했다. 일본과의 협정 개정의 성공은 의회 대책이기도 하며 대유라톰 대책이기도 하였다. 카터 정권 이후 악화된 미일 원자력 관계를 회복하기 위해서도 국무성은 일본과의 협정 개정을 성공시킬 필요가 있었다. 국무성은 마지막까지 미해결로 남은 쟁점인 협정의 일방적 정지권, 핵물질 방호조치 등에서 대폭 후퇴하여 일본의 요구를 받아들이는 형태로 합의했다.

　협정 개정 교섭의 정책결정 과정에 백악관(NSC)이 관여했지만, 재처리 교섭과는 다르게 NSC의 대통령보좌관(국가안전보장문제담당)만 주로 관여하였다.[301] 레이건 행정부의 NSC는 이전과 비교해서 지위는 격하되었지만 외교정책 결정의 중요기관인 것에 변함은 없었다.[302] 그러나, 재처리 교섭과는 다르게 교섭 방향 결정 및 정책결정

---

[301] 카터 대통령과 다르게 레이건 대통령은 미일 원자력 교섭에 관한 NSC의 협의에 거의 관여하지 않았다.
[302] NSC의 대통령보좌관(차관보)의 임무에 대해서 I. M. 데슬러에 의하면, NSC 보좌

은 백악관과의 협의하에 케네디 대사가 직접 했다. 케네디 대사가 교섭 내용을 정리해서 로버트 맥팔레인(Robert C. McFarlane) 대통령 보좌관에게 보고하고, 향후의 교섭 방향도 케네디 대사의 의견이 채택되는 경우가 많았다.

케네디 대사는 핵확산방지 및 원자력의 평화이용 등 원자력(핵무기)에 관한 대부분의 교섭을 담당하고 있었다. 케네디 대사는 NSC의 맥팔레인 보좌관을 비롯해 원자력산업계와도 친밀한 관계이며 국무성에서도 강력한 영향력을 가진 관료였다. 그의 교섭 방침이나 정책이 국무성이나 백악관에서 받아들여지는 것은 그의 행정부나 의회에 대한 영향력을 나타내는 것이었다.

협정 개정 교섭 시 케네디 대사의 판단을 국무장관이 지지하여 케네디 대사는 실질적인 최종 정책결정자였다. 국무성에도 핵 비확산 정책의 유지, 핵 비확산법과의 관련 등으로 신 협정에 반대하는 그룹도 있었지만, 교섭을 담당하고 있던 케네디 대사와 교섭단은 일본의 플루토늄 이용정책을 이해하며, 포괄동의방식의 신 협정 성립에 적극적인 그룹이었다.

국방성의 핵 비확산 전문가 그룹이 제기한 반대에 대해서 교섭팀은 일본이 핵무장할 위험을 방지하는 통제력을 미국이 유지하는 것이 중요하다고 판단하여 국방성의 견해에는 동의하지 않았다. 교섭팀과 국무성은 플루토늄의 국제운송 등의 핵물질 방호에 관한 권한의 일부가 국방성에게도 있지만, 교섭권은 국무성의 권한이며 최종적으로는 대통령이 국무성의 협정안을 승인했다는 입장을 견지했다.

관은 정책결정 과정의 관리자, 조정역이기 때문에 정책결정에의 직접적인 관여, 특히 특정 외교 교섭에 관여하거나 정책을 결정하는 것은 금지된다고 한다. I.M. Destler, "National Security Management: What Presidents Have Wrought", *Political Science Quarterly*(Win. 1980-81), p.577.

그렇다면 왜 국무성의 주장이 관철된 것인가? 우선 생각할 수 있는 점은 교섭과 핵 비확산법과의 관계이다. 교섭 담당부서인 국무성은 일본과의 교섭을 성공시켜 의회에 대한 책임을 다하는 것이 중요하였다. 국무성은 교섭을 성공시키기 위해 국방성 등 행정부 내의 반대의견을 억누르고, 또한 협정 내용에서도 최초의 요구에서 후퇴한 안을 내놓은 것이다.

다음으로 생각할 수 있는 점은 NSC나 국무성의 인적 구성이었다. NSC의 맥팔레인 대통령보좌관이나 슐츠 국무장관을 비롯해, 케네디 대사, 국무성 핵 비확산수출정책과장인 맥골드릭(Mcgoldrick) 등 교섭 관계자의 대부분은 플루토늄 이용을 축으로 하는 일본의 원자력 프로그램을 용인하는 편이었다. 일본의 원자력 평화이용이나 플루토늄 이용에 긍정적인 사람들이 교섭이나 정책결정의 중요한 위치에 있었기 때문이다.

마지막으로 생각할 수 있는 점은 레이건 대통령의 지지였다. 미국의 강력한 동맹국으로 일본을 인식하고 있었으며 나카소네 수상과도 친밀한 관계였던 레이건 대통령은 행정부 내의 반대의견에도 불구하고, 국무성의 교섭안을 지원했다. 신 협정에 대해서 의회는 물론 국방성이나 원자력규제위원회가 반대하던 상황에서 레이건 대통령의 지지는 국무성에게 큰 힘이 되었다고 생각된다.

케네디 대사를 정점으로 한 국무성 중심의 교섭단은 독자적인 판단과 정책결정으로 교섭을 주도해왔다. 이러한 교섭 방식은 국무성의 전통적인 교섭 스타일일지도 모른다. 그러나 국무성은 교섭 타결을 위해 교섭 후반에는 대폭 후퇴하지 않을 수 없었다. 만약 국무성이 다른 견해를 지닌 국방성이나 원자력규제위원회의 의견을 고려하면서 교섭에 임했다면 교섭 타결까지 시간이 더 걸렸을지 모른다.

국무성이 교섭 타결을 위해 신 협정에 반대하고 있던 국방성이나

NRC를 교섭에서 의도적으로 배제한 것인지는 확실하지 않다. 그러나 신 협정을 미 행정부가 의도한 협정에 가깝게 하려는 국방성이나 NRC를 내부 협의과정 및 정책결정 과정에서 배제한 것은 결과적으로 미국의 윈세트를 국무성의 의도에 의해서 확대시키는 결과가 되었다고 할 수 있다. 교섭 후반 미국의 교섭안에 대해 엄격한 주문을 하던 국방성 등 행정부 내의 다른 의견을 교섭에 반영시켰다면 그로 인해 미국의 윈세트를 좁혀 결과적으로 미국에 더 유리한 형태로 합의를 이끌어낼 가능성도 부정할 수는 없다.

교섭의 전 과정에서(특히 협정 개정 교섭의 후반 3년간) 미국이 외압을 행사했다고 할 수 있다. 1982년 이후의 원자력 교섭에서 미국의 외압은 '핵 비확산정책의 강요 및 일본의 재처리, 플루토늄 운송 등에 관련된 미국의 사전동의 거부'라고 폭넓게 정의할 수 있지만, 외압의 내용은 교섭별로 다른 것이었다. 즉 재처리 교섭 시에는 재처리 및 플루토늄 이용 금지 정책을 일본에 관철시키기 위해서, 도카이무라 재처리시설의 가동에 필요한 미국의 동의를 부여하지 않는 것이나 재처리시설의 새로운 운전방식에의 전환 요구 등이 외압으로 일본에 인식되었다. 한편, 협정 개정 교섭 때에는 미국의 핵 비확산법이 요구하는 새로운 규제를 포함시킨 협정 개정 요구가 최대의 외압이었다.

미국의 외압이 즉시적 또는 구체적인 보복을 암시하는 경우도 있지만, 일본의 원자력 개발 이용의 대부분의 영역을 미국이 통제하고 있는 상황에서 미국의 요구는 단지 외교적 요구를 넘은 외압으로 일본에 인식되었다. 예를 들면, 도카이무라 재처리시설의 가동에는 미국의 허가가 필요하며, 협정 개정 교섭에서도 미국의 요구에 응하지 않을 경우 사용후 핵연료의 해외운송, 재처리, 재처리로 얻은 플루토늄의 운송 등에 대해 미국이 동의하지 않거나 또는 일본의 계획대로 실시할 수 없게 되어 일본의 원자력 계획에 큰 손실을 주게 된다.

이처럼 미국의 대일 요구는 단순한 요구나 영향력의 행사를 넘어 무거운 압력(외압)으로 인식되었다.[303] 외압이 명확한 형태로 일본에 전해지지 않았거나, 또는 미국의 요구를 일본이 수용하지 않을 때의 보복 경고 등이 없었다 해도, 일본에게 미국의 압력은 외압으로 인식되었다. 원자력 프로그램의 많은 부분을 미국에 의존하고 있는 일본에게 신 규제의 도입이나 협정 개정 요구 등의 다양한 미국의 요구는 외압으로의 역할을 충분히 하였다고 할 수 있다.

그러나 미국의 외압은 교섭 과정에서 유효하게 작용하지 않았다. 그 원인은 일본의 정책결정 과정과 관련되어 있기 때문에 일본의 정책결정 과정의 특징과 함께 분석해야 하지만, 미국의 정책결정 과정과 관련해서도 교섭에 관계한 행정부 각 기관의 교섭에 대한 방침이나 정책 등이 충분히 교섭에 반영되지 못했기 때문이기도 하다. 국무성이 단독으로 정책을 결정했고, 그것이 미국의 정책선택지를 넓혀 외압이 목표했던 일본의 양보를 끌어내는 데 실패했다고 할 수 있다. 즉 국무성 단독의 정책결정이 일본에 대한 외압의 영향력을 저하시켜, 결과적으로는 일본에 유리한 형태의 교섭이나 협정 개정의 원인이 된 것이다.

2) 일본: 이원체제적 이익연합에 의한 정책결정

다음으로 일본의 정책결정 과정을 이론적으로 재구성한다. 먼저 일본의 원자력 정책결정 과정의 가장 중요한 특징인 '이원체제적 이익연합'이라는 정책결정 메커니즘에 대해 설명하고, 그 다음에 원자력

---

[303] 일본 교섭 관계자의 대부분은 미국의 요구를 일본에 대한 위협 혹은 압력으로 받아들여, 미국의 요구를 일본의 원자력이용 프로그램 전체에 대한 외압으로 인식하고 있었다.

분야의 정책결정 과정의 이러한 구조적 특징이 외압의 유효성에 어느 정도 영향을 미쳤으며, 또한 정책결정에 어떻게 관련되어 있는지 분석한다.

(1) 이원체제적 이익연합

국가의 정책결정에 대한 국가 중심적 관점은 행정부가 정책결정을 주도하고, 정책결정 과정에서 산업 및 국내 세력의 압력을 무시하는 경향이 있다. 그러나 국가(행정부)가 국내의 관련 세력을 배제하고 일방적으로 정책을 결정하는 경우는 현실에서는 드물며, 특히 일본의 정책결정은 관련 기관 사이의 타협과 합의(컨센서스)의 산물이라 불린다. 물론 정책결정 과정에서의 타협과 컨센서스의 중시는 일본만의 특징은 아니다. 그러나 정부 내의 힘의 관계에 의한 정책결정이 많은 유럽에 비해, 일본은 정부 내의 힘의 관계보다 사전 교섭 또는 사전 조정 등 전체의 이익을 조정하는 컨센서스를 중시하는 것은 확실하다.

일본의 원자력개발 이용체제는 국내 개발노선을 채용해 온 과학기술청과 주로 외국 기술의 도입, 습득 노선을 채용해온 통산성과 전력업계와의 협력과 대립이 반복되는 이원체제의 형태로 추진되어 왔다. 과기청은 재처리기술과 시설을 확보하여 장래에는 사용후 핵연료의 전량을 국내에서 재처리하며, 신형전환로와 같은 일본의 독자적인 원자로를 개발·가동하는 등의 국산화 중심의 노선을 과기청 설립 시부터 추진해왔다. 물론, 1950년대의 원자력의 여명기에는 영국이나 미국 등에서 원자로나 원자로 개발기술 등을 수입해야 했지만, 원자력발전이 궤도에 오르고 나서는 국내 개발노선이 과기청의 기본정책이 되었다.

그러나 전력회사를 안고 있는 통산성은 재처리기술의 확립과 국내 재처리시설의 가동에는 과기청과 의견이 일치하였지만, 경제적 이유에서 해외 재처리를 우선시해 왔다. 또한 과기청이 추진해온 신형전환로 개발에 대해서도 캐나다형 경수로(CANDU로)의 도입을 주장하는 등, 외국 기술의 도입에 의한 실용화 노선을 선택하여 과기청과 대립했다. 그러나 일본의 원자력 분야 전체에서 보면, 과기청·통산성의 양 기관을 비롯해서, 정치가, 관료, 업계, 학계로 구성된 집단이 고도의 자립성을 갖고 국가정책의 결정권을 사실상 독점하는 이익연합을 결성하는 이른바 이원체제적 이익연합이 정책결정을 독점하고 있다고 할 수 있다.[304]

정책연합 내부의 서브 그룹은 자신의 목적과 이익추구를 위해 교섭하고 때로는 대립하지만, 외국을 포함한 이익연합 외부에서 이익연합의 이익에 손해를 초래할 압력이 행사될 경우는 협력하여 자신들의 이익을 지키는 경향이 있다. 예를 들면, 외국의 압력에 대해 공통이익의 장점이 대립이익의 비용보다 클 경우 이익연합이 결정한 정책은 그대로 유지되며, 연합 유지를 위한 조정에 의해 외국의 압력에 공동대처한다.

그러나 공통이익의 장점이 대립이익의 비용보다 적을 경우, 때로는 이익연합이 결정한 정책에 반하여 독자의 정책을 추진하는 경우도 있다. 국내정책 결정 과정에서의 부분적인 대립에도 불구하고, 대부분의 대외정책 결정에는 이익연합이 결정한 정책이 그대로 채택되어 왔다. 미일 원자력 교섭의 경우도 이익연합 내부에 약간의 대립은 있었지만, 이원체제적 이익연합은 정책결정의 실질적인 중심 역할을 해왔다.

---

304) 이원체제적 이익연합의 구조는 277쪽의 〈그림 6-1〉 참고.

(2) 이원체제적 이익연합에 의한 정책결정

1982년부터의 교섭기간 중, 일본의 교섭 관련 성청은 협정을 개정하지 않는다는 기본 방침에 대해서는 대체로 합의가 유지되었다. 그러나 관련 성청의 의사가 항상 일치한 것은 아니었다. 특히 통산성은 교섭의 조기 타결을 위해 사절단의 파견이나 MOX 연료의 운송방법 등에서 다른 의견을 내거나, 독자적인 정책을 표명해서 원자력위원회나 과기청과 대립한 일이 많았다. 대미 교섭에서 표면화될 정도의 대립은 아니었지만 행정부 내의 의견 조정 과정에서는 상당한 논쟁이 있었다.

두 서브 그룹의 주된 의견 대립은 다음과 같았다. 원자력발전소를 운용하는 전력업계를 안고 있는 통산성은 3성청 중에서는 전력회사의 이익을 대변하는 기관이며, 전력회사와 마찬가지로 교섭의 조기 타결을 바라고 있었다. 1985년 1월, 통산성은 2년 반에 걸친 10회의 미일 협의에서 합의에 도달하지 못하자, 교섭의 조기 타결을 위해 전력업계 부사장으로 구성된 사절단을 파견하는 계획을 세웠다. 그러나 이 계획은 외무성과 과기청의 반대로 실행되지는 않았다.

통산성이 이러한 행동을 한 것은, 가능하면 빠른 시일 안에 포괄동의를 협정에 도입하여 재처리 및 플루토늄 운송을 위한 개별허가의 복잡한 수속을 없애고 싶었기 때문이다. 하지만 핵연료 사이클 계획의 실행관청인 과기청은 원자력개발에 부정적인 영향을 미치지 않게 한다는 대원칙을 지켜왔다. 과기청에게 일본의 원자력기술 개발, 원자력개발 이용계획에 장애가 될 수 있는 미국의 외압을 피하는 것은 가장 중요한 교섭 목표였다. 또한 동력로를 감독하는 과기청은 동연이 진행하고 있는 플루토늄 관련 기술개발에 미국의 규제가 들어오는 것을 경계하였다.

외무성이나 원자력위원회도 다른 이해를 가지고 있었다. 교섭의 창구이며 교섭안을 정리하는 입장인 외무성은 각 성청의 컨센서스를 유지하면서도 미일 관계 속의 원자력 협력이라는 관점에서 미일 우호관계의 유지, 협정의 호혜성을 중시하였다. 외무성은 교섭 초기에는 협정 개정에 응하지 않는 자세였지만, 1984년 말 교섭 대표의 교체와 함께 협정 개정에 의한 포괄동의 도입에 적극적으로 착수하였다. 새로운 교섭 대표가 된 마쓰다(松田慶文) 외무성 과학기술심의관은 협정을 개정해도 일본이 받아들일 수 있는 개정이 가능하다고 판단하고, 협정 개정을 받아들이도록 각 교섭 관련 기관에 촉구하였다.

이미 지적한 것처럼, 원자력위원회도 교섭에 관여하였다. 원자력위원회는 재처리, 농축 등 원자력개발 및 계획 등에 관한 결정권을 가지고 있으며, 이러한 사항들이 미일 교섭과 관련이 있기 때문이다. 일본의 교섭단은 원자력위원회에 교섭 상황을 보고하고 필요할 경우 논의하기도 하였다. 교섭이 결렬상태이던 1983년 7월, 원자력위원회는 협정 개정 교섭에는 응하지 않는다는 기본 방침을 확인하고, 더 이상 교섭을 진행하지 않고 이 문제를 어떻게 처리할지 일본의 기본 전략을 재구축하도록 교섭 관계자에게 지시했다.[305]

원자력위원회는 도카이무라 재처리시설의 운전 및 해외 재처리 위탁은 종래대로 각각의 경우에 미국과 협의하는 것으로 충분하다고 판단한 것이다. 또한 원자력위원회는 1984년은 미국 대통령선거의 해이기 때문에 본격적인 교섭시기를 레이건 대통령의 재선 이후로 생각하여 1984년의 단계에서 조속히 결론을 맺으려 하지 않았다.[306]

이렇듯 각 성청 간에 의견 차이는 있었지만, 제1차 협의가 시작된 1982년에는 협정 개정에는 응하지 않는다는 합의는 존재했다. 그러

---

305) 『原子力工業』第29券 第10号(1983年 10月), 3~4쪽.
306) 石川欽也, 『証言 原子力政策の光と影』, 54쪽.

나 교섭이 장기화됨에 따라, 통산성과 전력업계는 협정을 개정하더라도 조기에 타결하려는 움직임을 보였다. 그러나 외무성과 과기청은 협정 개정에 신중한 입장이었기 때문에, 제1차 협의기간 중은 협정 개정은 하지 않는다는 합의는 유지되었다.

1984년 말 외무성의 교섭 대표 교체 이후, 신 협정의 형태로 빠른 시일 내에 마무리한다는 외무성의 제안으로 관련 성청은 내부 협의에 들어갔다. 통산성은 협정 개정에의 방침 전환에 찬성을 표명하였지만, 과기청은 협정의 일방적 정지권, 도입이 예상되는 신 규제 등의 협정 개정의 문제점을 지적하며 신중한 태도를 보였다.

당시 외무성은 미일 협의의 결과 두 가지의 선택지가 있다고 판단한 것으로 보인다. 하나는 협정을 개정해서 규제권을 강화하려는 미국의 요구를 거부하는 선택지였다. 그것은 포괄동의 획득의 포기이며, 재처리와 재이전에 관해서 개별적으로 미국의 승인을 얻는 현상 유지이다. 다른 하나의 선택지는 미국의 요구를 받아들이면서 포괄동의를 획득하는 것이다.

결국 일본은 협정을 개정하지 않고 양국이 만족할 방법은 없다고 판단하고, 미국이 요구하는 협정 개정의 내용을 먼저 확실히 파악하자는 방침을 정했다. 1985년 5월과 7월의 협의가 이러한 협의였다. 일본 교섭단은 협정 개정에 의해 미국의 규제권은 강화되지만, 포괄동의의 내용은 받아들일만하다고 판단한 것으로 생각된다. 외무성의 제안으로 협정을 개정해서 포괄동의를 도입하는 형태로의 합의가 시도되었다. 먼저 교섭 관련 3성청이 협정을 개정하는 방향으로 각 성청 내부의 의견을 정리하는 것이 필요했다.[307]

---

[307] 교섭단의 구성은 협의 내용과 시기에 따라 변화가 있었지만, 교섭 대표인 외무성 과학기술심의관, 과기청 조사국제협력과장과 보장조치과장, 통산성의 원자력산업과장은 고정 멤버였다. 따라서 외무성, 과기청, 통산성은 항상 교섭에 참

일본의 교섭 방침 전환에는 일본이 주장하고 있던 행정결정(실시약정) 형태의 수정으로는 미국이 요구하는 신 규제를 협정에 도입하는 것이 현실적으로 불가능하다는 판단에서였다. 더 나아가 교섭 대표의 교체와 관련 성청의 협정 개정에 대한 합의, 원자력위원회의 동의 등 국내외 정세가 일본의 교섭 방침전환에 얽혀있었다.

국내적으로는 1985년 4월, 전기사업연합회가 아오모리현 로카쇼무라에 건설 예정인 제2 재처리시설 계획이 받아들여졌기 때문에, 전력업계를 중심으로 교섭을 마무리하자는 움직임이 있었다.[308] 1977년에 완성된 도카이무라 재처리시설이 미국의 허가를 얻기 위해 약 5개월간 운전하지 못하거나, 1984년 프랑스로부터 플루토늄을 해상운송 했을 당시, 교섭에 3년이나 걸리는 등 일본의 불만도 컸다. 또한 레이건 대통령이 권력을 행사하기 용이한 1986년 가을의 중간선거 이전에 결론을 내야한다는 의견도 강했다.

협정 개정으로 정부 방침이 정해지기 전에 원자력위원회는 전력업계, 외무성, 통산성, 과기청, 핵연료개발사업단 등의 의견을 청취, 방침 전환에 찬성하였다. 외무성도 포괄동의 도입의 조건으로 미국이 요구한 협정의 일방적 정지권 등에 관한 교섭 방침을 사전에 원자력위원회에서 설명하고 찬성을 얻었다. 원자력위원회는 신 협정의 조기 발효를 위해 외무성 출신인 나카에 요스케(中江要介) 원자력위원을 미 의회의 공청회 기간 중 미국에 파견하여 협력을 요청하기도 하였다.

미국과는 다르게 일본에서는 교섭 과정에 관민일체의 협력체제가

가하였고, 교섭의 마지막 단계에서는 플루토늄의 운송 문제로 운수성, 방위청(현재는 방위성), 해상보안청, 경시청도 정책결정 과정에 참가하였다.
[308] 전기사업연합회는 1984년 4월, 아오모리현에 대해 시모키타반도(下北半島) 태평양 연안에 핵연료 사이클 기지화 구상을 공식으로 제안하였다. 정부는 아오모리현과의 협의를 통해 시설이 입지할 곳으로 아오모리현 로카쇼무라로 정했다.

만들어졌다. 관계 성청, 원자력산업계 등 교섭 관련 행위자는 포괄적 사전동의의 획득을 위해 이른바 거국적인 협력을 해왔다. 재처리 교섭에서 협정 개정 교섭에 이르기까지 이원체제적 이익연합은 교섭단을 전면적으로 지원했다. 구체적인 교섭 전략에서는 의견의 차이가 있기도 했지만, 교섭에서 일본에 불리하게 작용한 심각한 갈등은 없었다.

이미 언급하였지만, 통산성의 교섭의 조기 타결을 위한 시도는 과기청이나 외무성의 신중론에 밀려 정책결정 과정에 거의 영향을 미치지 않았다. 일부 규제를 도입하더라도 빠른 시일에 교섭을 타결하자는 통산성의 주장에 대해 외무성, 과기청은 물론, 원자력위원회도 신 규제의 도입을 전제로 한 협정 개정에는 응하지 않는다는 태도를 바꾸지 않았기 때문이다. 교섭의 진전에 따라 관계 성청의 이해관계도 변화했지만, 이원체제적 이익연합의 협조체제는 교섭기간 중 유지되었다.

외무성은 협정 개정 교섭의 제1단계 교섭 당시에는 수동적인 자세여서 과기청, 통산성과 수평적 관계였다. 그러나 제2단계에서는 능동적 행위자로서 교섭을 실질적으로 리드하였다. 협정 개정으로 방침을 전환한 후는 어떠한 방법으로 미국의 신 규제를 최소화할 것인가에 교섭의 초점이 맞춰졌다. 교섭의 창구인 외무성의 교섭 수완이 중요한 시기였다. 또한 성청의 이해, 이익관계보다 국가 차원의 이해를 고려하는 외무성의 교섭 주도에 의해서 교섭 과정에서의 이익연합의 유지가 가능하게 되었다고 생각된다.

미일 교섭에는 정부기관뿐 아니라 전력업계도 깊이 관여하고 있었다. 전력업계는 장기적인 포괄동의를 도입하는 협정 개정으로 최대의 이익을 얻는 행위자였다. 구 협정에서는 전력회사가 사용후 핵연료를 재처리하기 위한 미국의 사전동의를 얻지 못하면 사용후 핵연료를 국외로 이전할 수 없다는 것은 이미 설명하였다. 이전할 때마다 일정 서식(MB#10)에 따라 미 정부의 동의를 구하는 신청을 해야만 했다. 더욱이 신청수속이 복잡하며, 미국의 핵 비확산법 제정 이후는 모든 승인이 한 건마다 의회의 승인을 구하게 되었기 때문에, 미국의 동의를 얻어내는 것은 쉬운 일이 아니었다. 또한 재처리로 얻은 플루토늄을 영국과 프랑스에서 일본으로 재이전할 경우에도 미국의 승인을 얻어야 하는 구조였다.[309]

전력업계가 신 협정에 집착한 것은 핵연료 사이클의 확립이 없으면 자원소국 일본의 장기적이고 안정적인 전력 공급이 불안정하다는 입장에서였다. 전력업계는 핵연료 사이클을 확립하기 위해 아오모리현 시모키타 지구(下北地区)에 제2 재처리시설의 건설을 준비하고 있었으며, 고속증식로가 핵연료개발사업단이 후쿠이현(福井県) 쓰루가시(敦賀市)에 건설 중이었다. 그러나 구 협정에서는 여러 가지 제약으로 전력업계의 의도대로 공사가 진행되지 못했다.

따라서 전력업계는 재처리사업이 원활하게 진행되도록 현행 협정을 수정하여, 설비 등 일정 조건을 정해 조건을 만족한 시설에서 실시하는 재처리는 자동적으로 미국의 승인을 얻는 포괄동의방식의 채용을 강력히 요청하였다. 결국 협정 개정에 의해 사용후 핵연료의 유럽으로의 이전이나 플루토늄의 일본으로의 재이전 등이 포괄동의방식으로 일괄 승인되어, 전력업계는 실질적으로 미국의 통제를 벗어나는 것에 성공했다.

---

[309] 구 협정 제10조 A(3)은 일본에서 제3국으로의 이전만을 대상으로 하고 있어, 제3국에 이전된 것을 다시 일본으로 재이전할 때에는 미국의 규제가 미치지 않았다. 하지만 핵 비확산법 제정 이후, 일본의 전력회사가 MB#10 신청을 할 때, 미 정부는 승인조건으로 플루토늄의 반환에 대해서 다시 한 번 별도의 승인을 필요로 하는 조건을 붙였다. 실제로 1984년 11월, 프랑스에서 첫 반환 플루토늄이 도카이 사무소에 반입되었는데 이 교섭은 3년이나 걸렸다.

교섭 후반 전력업계는 미국의 요청으로 원자력 발전용 우라늄의 신규 수입 문제를 미국과 논의하기 시작했다. 이미 1990년대 중반까지 일본이 필요로 하는 우라늄은 이미 확보되어 있었기 때문에 추가로 구입하는 형태가 되었다. 즉, 전력업계는 캐나다, 영국, 호주 등의 광산회사와 장기계약을 맺어 1990년대 중반까지 필요한 천연 우라늄 약 15만 6천 톤을 확보하였고, 미국과 계약한 것은 전체의 5%였다.

이러한 상황에서 미국산 우라늄의 추가 구입은 미국의 전력회사가 추진한 것으로 보이며 이는 미국 내의 대일 강경론을 약화시켜 협정의 조기 승인을 위한 것임에 틀림없다.310) 또한 전기사업연합회는 미 의회의 신 협정 반대 움직임에 대응하기 위해 도쿄(東京), 간사이(關西), 쥬부(中部) 전력의 부사장급의 간부와 전기사업연합회의 전무이사를 미국에 파견하여, 미국의 전력업계나 원자력 메이커가 관련 의원들에게 로비하도록 부탁하기도 하였다.311)

한편, 전력업계는 미 의회에 양보를 요구하기 위해 신 협정을 승인하지 않으면 일본이 농축 우라늄 구입처를 유럽으로 바꾼다는 압력을 넣은 적도 있었다.312) 일본은 연간 3억 달러나 되는 농축 우라늄을 구입하는 최대의 단골 고객이기 때문이다. 미 국무성과 마찬가지로 일본의 전력업계도 미 의회의 비준을 얻기 위해 적극적으로 로비활동을 하였다. 전력업계는 효과적인 로비활동을 위해 원자력 관계 컨설턴트 회사(예를 들면, ERC International)313)의 협력을 얻어, 양원 의원에 대한 집중적인 로비활동을 하였다고 한다. 도쿄전력 회장

---

310) 『日本經濟新聞』 1988.3.7; 1988.3.8.
311) 『日本經濟新聞』 1988.2.18; 1988.3.4; 『朝日新聞』 1988.3.5.
312) 『日本經濟新聞』 1988.4.24.
313) 로비활동에 관한 자료는 거의 공개되어 있지 않지만, ERC International이 일본의 전력회사의 로비 대행회사라고 알려져 있다. 한국원자력연구소, 『미일 신원자력협력협정에 관한 연구』(1994년), 40~41쪽.

이 하워드 베이커(Howard H. Baker) 레이건 대통령의 수석보좌관에게 신 협정의 의회 승인에 대한 협력 요청 서신을 보내는 등 개인적인 로비활동도 많았다.

지금까지 이원체제적 이익연합을 중심으로 한 일본의 정책결정 과정을 설명하였다. 주요한 교섭 관련 성청인 외무성, 통산성(전력회사), 과기청의 시기별 교섭 방침이나 변화에 관해서 정리하면 다음과 같다.

교섭의 초기 단계에서는 관련 3성청에 의한 협정 개정은 하지 않는다는 내부 합의가 성립하였다. 그러나 교섭이 장기화됨에 따라 통산성은 교섭 결렬에 의한 미국의 규제 강화를 우려하여, 미국이 요청하는 신 규제의 일부를 도입하더라도 교섭을 조기에 타결해야한다는 자세를 보였다. 통산성은 교섭 결렬에 의해 미국이 사용후 핵연료의 재처리에 대한 허가를 주지 않을지도 모른다고 우려하였다. 또한 교섭의 조기 타결을 위해 미국에 사절단을 보내려고 한 통산성의 시도는 외무성을 비롯해서 과기청, 원자력위원회 등의 반대로 실행되지 못했다. 통산성을 제외한 대부분의 교섭 관계자가 통산성의 관점에 동의하지 않았기 때문이다.

1984년 말에 외무성의 교섭 대표가 우카와(宇川) 심의관에서 마쓰다(松田) 심의관으로 바뀌며 협정 개정을 긍정적으로 검토하는 움직임이 시작되었다. 교섭 대표 교체 후 외무성은 과기청과 원자력위원회, 매스컴 등에 대해 적극적으로 협정 개정을 위한 설득 활동을 하였다. 이러한 외무성의 요청에 대해 통산성은 찬성을 표명하였지만, 과기청이나 원자력위원회는 도입이 예상되는 신 규제의 내용이나 포괄동의 등을 우려하여 내부 의견 조정이 시작되었다.

〈표 6-3〉 미일 원자력 교섭 관련 기관의 교섭방침

	외무성	통산성	과기청
교섭 전반기 (1982년)	· 신 규제 도입 및 협정 개정 반대 · 포괄동의만 도입	· 재처리문제의 영구해결 중시 · 신 규제를 도입한 협정 개정도 수용할 수 있음 · 교섭의 조기타결 희망	· 신 규제 도입 및 협정 개정 반대 · 포괄동의만 도입
방침 전환기 (1985년)	· 포괄동의를 도입한 협정 개정으로 방침 전환 · 관계 성청 등을 설득	· 협정 개정에 찬성	· 협정 개정에는 찬성하나 신 규제나 포괄동의 내용에 관해서 엄격한 자세
교섭 후반기 (1986년)	· 교섭의 조기타결 · 협정의 쌍무성, 대등성 등에 관심	· 외무성에 협력적 · 해상운송도 포괄동의화	· 신 규제의 완화, 포괄동의 확대 등을 요구

이 과정에서 미국은 일본의 재처리시설에서의 플루토늄의 일시보관을 인정하는 등 양보안을 내놓았으며, 일본은 협정 개정 수용을 정식으로 결정한 것이다. 방침 전환 후의 교섭 과정에서도 외무성과 과기청 사이에서 협정문의 구체적인 내용과 표현 등에 관한 의견 차이로 내부 협의는 교섭의 완전 타결까지 계속되었다. 즉, 협정 개정에는 관련 3성청이 동의하였지만, 협정의 쌍무성, 대등성 확보 등에 대해서는 외무성이, 도입하는 신 규제의 완화, 포괄동의의 범위 확대 등에는 과기청이 신중한 자세를 보였기 때문이다(〈표 6-3〉 참고).

이와 같이 교섭의 최후 단계까지 일본에서는 의견 조정이 진행되었고, 그것이 결과적으로 일본의 양보를 적게 하여 유리하게 교섭을 전개할 수 있었던 원인이 되었다고 할 수 있다.

3) 소결론: 국내 정책결정 메커니즘과 외압의 유효성

지금까지 일본의 정책결정 과정을 이원체제적 이익연합에 주목하면서 살펴보았다. 이원체제적 이익연합에 의한 일본의 원자력정책

결정은 직접적인 이해관계를 갖는 모든 집단(과기청, 통산성, 전력업계, 원자력 메이커 등)이 누구도 손해를 보지 않도록 조정하고, 각자의 이익을 확보하는 것을 목적으로 하는 '이익 본위의 내부자 거래'라고도 불린다.314) 이해관계를 갖는 모든 집단이 정책결정에 참가하여 교섭자의 정책선택지는 좁아지고, 자국에게 유리한 교섭을 이끌어 내는 결과가 되었다. 소결론을 명확히 도출하기 위해서는 교섭과정에서의 외압의 작용을 분석할 필요가 있다. 외압은 교섭자뿐만 아니라 교섭자의 정책선택지를 결정하는 국내 레벨에 직접적으로 영향을 미치기 때문이다.

외압과 국내 레벨의 상호관계나 외압의 유효성에 대해서는, 외압과 국내정치의 상호작용에 관한 연구315)에서도, 외압(협박)의 유효성에 관한 연구316)에서도 외압은 상대국 내의 이해관계에 중요한 대립이 있을 때 효과적이라는 가설을 제시하고 있다. 외압을 받는 쪽에 이해관계의 중요한 대립이 있을 경우, 외압을 행사하는 쪽은 외압에 공감하는 상대국 세력의 영향력을 확대하여 외압의 효과를 높일 수 있다. 그러나 이 가설이 성립하기 위해서는 몇 가지 전제조건이 필요하다. 즉 외압을 받는 쪽에 이해관계의 중요한 대립이 있고, 이해관계의 대립 중에서 외압에 공감하는 세력이 존재하며, 나아가 그 세력이 정책결정에 결정권 혹은 영향력을 갖고 있는 세력이라는 전제이다.

외압을 받는 쪽에 이해관계의 대립이 있어도 외압에 공감하는 그

---

314) 吉岡斉, 『原子力の社会史』(朝日選書), 朝日新聞社, 1999, 6쪽.
315) Leonard J. Schoppa, Bargaining with Japan; Leonard J. Schoppa, "Two-level Games and Bargaining Outcomes: Why Gaiatsu Succeeds in Japan in Some Cases but not Others".
316) 梁基雄, 『脅迫と交渉: 二レベル・ゲーム 日米構造協議と米側脅迫の有効性』, 東京大学博士論文, 1993; 양기웅, 『일본의 외교교섭』, 소화출판, 1998.

룹이 정책결정 과정에서 영향력을 행사할 수 없을 경우 외압이 효과적으로 행사된다는 보증은 없다. 오히려 외압이 상대국의 이해관계 대립을 일시적으로 정지시켜 상대가 협력하여 외압에 반발하는 것도 예상할 수 있다. 또한, 외압에 공감해도 정책결정 과정에서 영향력이 없다면, 내부 의견 조정 과정에서 외압에 반발하는 대립 세력에 주도권을 빼앗기거나 정책결정 과정에서 배제될 수도 있다. 따라서 외압은 상대 국내에 이해관계의 중요한 대립이 있을 때 효과적이라는 가설이 성립하기 위해서는 정책결정에 영향력을 가지고, 외압에 공감하는 세력의 존재가 전제되어야 한다.

미일 원자력 교섭에서 미국의 외압이 행사되었지만 일본의 정책결정 과정에서 외압이 유효하게 작용하지 않았다. 일본의 원자력정책 결정 과정에서 이익연합은 항상 대립과 협력관계를 반복하여 왔다. 하지만 이해의 대립 중에서 미국의 외압에 공감하는 세력은 교섭의 초기 단계에서는 미약하였다. NPT나 IAEA에 대해서는 협조적인 이익연합이었지만 미국의 외압에 대한 대응은 서로 달랐다. 재처리 교섭과 마찬가지로 협정 개정 교섭에서도 미국의 요구에 가까운 사고방식을 가지고 있는 세력은 통산성 서브 그룹이었다.

통산성과 전력회사는 영국과 프랑스에서의 재처리나 플루토늄 운송의 항구적인 해결을 위해 어느 정도의 미국의 규제는 어쩔 수 없다고 판단하여, 원자력 교섭 문제가 미일의 통상, 무역마찰에 악영향을 미치지 않도록 배려하고 있었던 것은 확실하다. 그러나 이익연합 전체는 미국의 요구를 거부하는 방향이었기 때문에 통산성 그룹의 판단이 정책결정 과정에 큰 영향을 미치지 않았다. 오히려 이익연합 내의 외압에 대한 반발 세력에 압도당했다.

이와 같이 정책결정 과정에서 이익연합은 외부의 압력에 결속해서 대응하였다. 이익연합의 외부에 있는 외무성이 교섭의 창구가 되어 국가 이익을 고려하고, 원자력위원회가 장기적인 원자력 프로그램의 유지라는 관점에서 정책결정에 관여하였다. 하나의 담당 기관에 의한 대응이 아닌 서로 다른 이해관계를 갖는 서브 그룹이 정책결정에 참가하는 구조였다.

이러한 교섭정책 결정구조는 교섭 관련 기관 전체의 합의가 이뤄지지 않을 경우, 힘이 있는 하나의 서브 그룹에 의한 정책결정을 견제하고, 이익연합 전체의 이익을 우선시키는 정책결정을 가능하게 하였다. 예를 들면, 미국의 경우는 교섭에 관계한 그룹 전체의 이익보다 국무성의 이익이 우선시되었다. 그러나 일본의 경우는 통산성과 전력업계로 이뤄진 서브 그룹의 이익보다는 이익연합 전체의 이익이 우선되었다. 일본의 정책결정 과정에서 볼 수 있는 다수의 행위자의 개입에 의한 정책결정은 교섭자의 윈세트를 제한하고 관계 그룹의 이익을 최대화하는 역할을 하였다고 할 수 있다.

일본의 정책결정에 참가하고 있던 행위자는 〈그림 6-1〉과 같다. 그림에서도 알 수 있듯이, 교섭정책 결정 과정에서 중심적 역할을 한 것은 과기청과 통산성의 두 서브 그룹이다. 또한 교섭의 창구이던 외무성이 교섭을 총괄하는 입장이며, 원자력위원회도 독자의 영역을 확보하고 있어 외압에 대한 장벽의 역할을 하고 있었다. 교섭의 마지막 단계에서 합류한 운수성도 플루토늄 운송 등에 관한 일정의 결정권을 갖고 있었다.[317]

협정 개정 교섭의 초기 단계에서는 이익연합 내에서 과기청이나 통산성의 의견 대립은 없었다. 두 그룹 모두 협정 개정을 바라지 않았기 때문이다. 그러나 1984년 이후 통산성과 전력업계의 서브 그룹은 교섭의 조기 타결을 위해 미국의 규제를 받아들이더라도 협정 개

---

[317] 일본의 경우 교섭기간 중의 국회나 정당의 관여는 비교적으로 적어 직접 교섭에 관여하였다고 하기는 어렵다.

〈그림 6-1〉 정책결정 과정의 구조

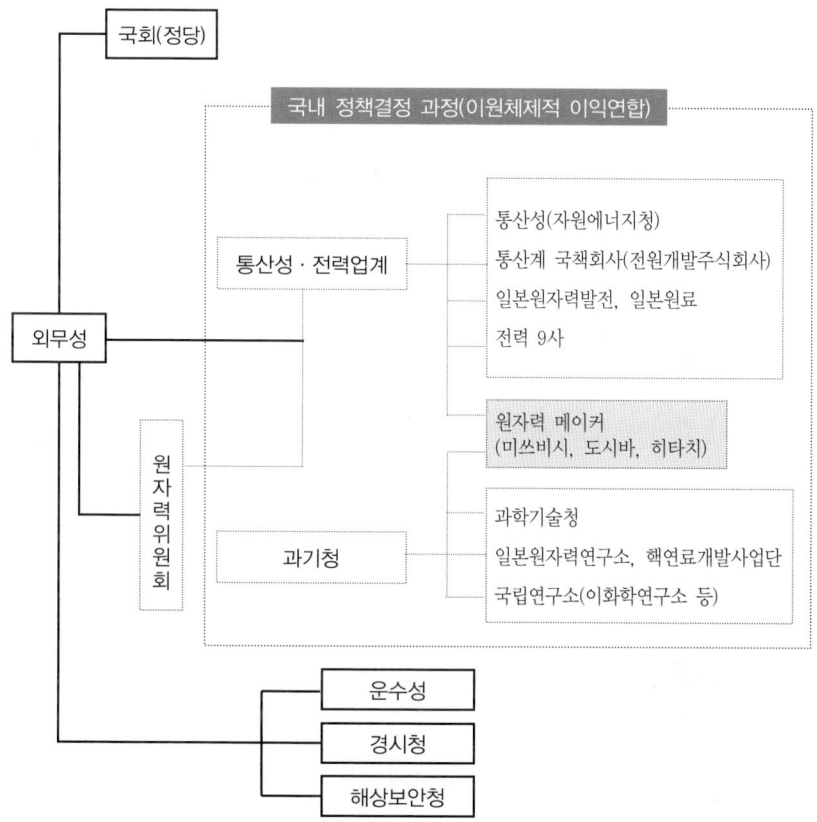

* 원자력 메이커는 통산성과 과기청의 양 서브 그룹과 관련을 갖고 있지만, 전력업계가 속해 있는 통산성 그룹에 가깝다고 할 수 있다.

정을 단행하는 내부 방침을 정하였다. 그러나 이에 대해 외무성이 장기적 관점에서 국익에 반한다는 이유로 반대하였으며, 또한 과기청이 신 규제의 도입에 반발하여 내부 합의를 이룰 수 없었다. 또한, 일본이 협정 개정에 응하는 방침 전환을 한 후의 교섭에서는 외무성은 신 협정의 형태로 빠른 시일 내에 교섭을 정리하는 입장을 취했지만, 이에 대해 과기청이 미국에 의한 협정의 일방적 정지권 등 몇 가지 문제점을 지적하며, 외무성의 교섭안을 받아들이지 않았다.

이처럼 내부 협의 과정에서 합의되지 않을 경우, 어떤 한 그룹의 방침이 그대로 일본의 정책으로 결정되는 일은 거의 없었다. 따라서 정책결정 과정에서 이해가 다른 복수의 관계자의 관여와 관계기관 전체의 합의에 의한 정책결정은 일본의 교섭자의 윈세트의 폭을 좁히는 효과가 있었다고 할 수 있다.

일반적으로 외압을 받는 국가의 국내 레벨이 일치되어 있으면 외압은 관철되기 어려워진다. 국내 레벨이 분열되어 있을 경우, 그 중에 외압에 공감하는 세력이 존재하고 그 세력이 정책결정에 영향을 미친다는 전제가 있어야 성립하는 가설인 것이다. 그러나 국내 레벨에 외압에 공감하는 세력이 존재해도 그 영향력이 크지 않을 경우, 또는 외압에 반발하는 다양한 행위자가 정책결정에 참가할 경우, 관련 성청의 합의에 의해서 정책을 결정하는 일본의 정책결정 구조나 정책결정에 관여하는 국내 레벨에서의 다양성은 교섭자의 선택지를 좁히는 효과가 있었다. 정책결정에 참가하는 복수의 행위자는 각각 외압으로부터 자신의 이익을 지키기 위해 서로 협력하여 결과적으로 외압에 대한 국내 레벨의 대항력을 높여, 외압에 대한 효과적인 대응을 가능하게 했다고 할 수 있다. 따라서 분석의 결과로서 다음과 같은 소결론을 제시한다.

소결론 2 :

> 교섭정책 결정 과정에서 이해가 다른 다수 행위자의 정책결정에의 참가는 참가행위자 전체의 이익이나 합의를 우선시키기 때문에, 교섭자의 정책선택지를 제한하고 결과적으로 자국에 유리한 대응을 가능하게 한다. 이것은 정책결정 과정에서 외압에 공감하는 행위자가 정책결정을 주도하거나, 정책결정 과정에서 영향력을 행사하는 것이 불가능할 경우에 더욱 그러하다.

3. 외압의 실패와 교섭 목표, 교섭의제의 변화

서론에서 제기한 문제의식의 하나는 미국의 외압이 왜 유효하게 작용하지 않았고 일본에 유리한 교섭이 가능했는가 하는 것이다. 앞에서 2국 간 교섭에 대한 국제 레벨의 영향과 양국의 국내 레벨의 정책결정 과정을 중심으로 교섭과 외압과의 관련성을 설명하였다. 최초 3년간(1982년 8월의 제1회 교섭부터 1985년 7월의 제12회 교섭까지) 미국의 외압이 유효하게 작용하지 않았던 이유의 하나는 국제 레벨의 영향이었다. 즉 몇 가지 국제 레벨의 요인이 일본에 유리하게 작용한 것이다. 그 중에서도 미·유라톰 협력관계, 핵 비확산 레짐에 대한 일본의 공헌 등이 일본의 교섭 태도를 강화하여, 미국의 외압이 유효하게 작용하지 않게 한 중요한 요인이 되었다. 이를 설명하기 위해 일본의 이원체제적 이익연합에 의한 정책결정을 설명하고, 서로 이해가 다른 복수의 행위자의 정책결정에의 참가가 외압에 대해 유리한 대응을 가능하게 했다는 소결론을 도출하였다.[318]

---

[318] 미국의 외압이 유효하게 작용하지 않은 또 하나의 원인으로 생각할 수 있는 것이 교섭 대상인 원자력이 갖는 특수성이다. 미일 간의 다양한 교섭 중에서 원자력협정 개정 교섭은 에너지안전보장이라는 국가의 안전보장에 관계된 특수한 교섭이기 때문이다. 원자력 관계자 중에서는 원자력 교섭은 에너지 안전보장에 관계된 특수한 분야의 교섭이기 때문에, 협정 개정 교섭을 단순히 미일 간의 원자력 협력의 문제가 아닌 에너지 자급자족에 직결된 국가 사활의 문제로 인식하고, 거국적으로 교섭 성공에 전력을 다해야만 한다고 생각하는 사람도 있었다. 또한, 협정 개정 교섭에서는 재처리, 플루토늄 이용 등 기술 분야가 연관되어 있어 정치적 판단만으로 결정할 수 없는 특수한 교섭이기도 했다.
이런 점에서 미일 원자력 교섭이 특수한 분야의 교섭이어서 일반적인 미일 교섭과 다르다고 한다면, 미일 교섭과 외압에 관련한 소결론은 미일 교섭 전반에 적용할 수 있는 일반적인 명제로 성립하지 않게 된다. 그러나 미일 원자력 교섭도 미일 통상, 무역 교섭과 같은 일반적인 미일 교섭의 하나이며, 특수한 교섭이 아니었다는 견해가 교섭 관계자 중에서는 유력하다. 이러한 사고방식은 직접 교섭을 담당하고 있던 외무성의 담당자에게 공유되고 있었다. 교섭 대상인 원자력 문제 자체는 특수한 성격을 갖고 있지만, 미일 교섭에서의 논의나 타협 방식은 특수한 형태는 아니었다고 판단된다. 원자력은 국가의 에너지 안전보장

그러나, 미국의 외압이 유효하게 작용하지 않았던 것이 일본에 유리한 교섭이 된 충분조건은 아니다. 미국의 입장에서 보면 외압이 실패한 경우의 선택지는 세 가지가 있었다고 생각된다.

우선은 교섭을 중단하는 것이다. 이러한 선택이 가능한 것은 일본의 요구를 받아들여 교섭을 타결하는 것 보다 현상유지가 유리할 때일 것이다. 다음으로 생각할 수 있는 것은 외압을 강화하면서 교섭을 지속할지, 외압을 철회하고 일본의 요구를 받아들일지의 선택일 것이다. 이 두 가지의 선택지는 교섭 결렬에 의한 현상유지가 바람직하지 않을 때일 것이다. 일본은 불리한 협정 개정보다는 현상유지를 바라고 있었다. 그것은 협정의 유효기간이 2003년까지 충분히 남아있고, 교섭이 실패한 경우의 비용이 미국에 비해서 크지 않았던 점, 미·유라톰 교섭의 결과를 보고나서 미국과 교섭하는 편이 유리하다는 점 등의 원인이 있었기 때문이다. 그러나 미국의 경우는 교섭의 실패로 인한 현상유지는 피하고 싶었다. 따라서 미국에게는 외압을 강화할지, 아니면 일본의 요구를 받아들일지의 선택지밖에 남아있지 않았다고 할 수 있다.

미국이 이러한 선택을 강요받고 있던 1985년 말, 일본이 협정 개정으로 방침을 바꾸며 3년간 표류하고 있던 교섭이 급진전하였다. 왜 일본이 방침을 바꿨는가는 이미 설명하였지만 제2 재처리시설의 건설이 구체화되는 등 국내정세의 변화가 방침 변경의 중요한 원인으로 생각된다. 이러한 일본의 방침 변경에 대해서 미국도 외압에 의한 일본의 양보라고는 생각하지 않았다. 오히려 1985년의 교섭에서

에 직결되는 중요한 분야이다. 그러나 일본 외교 전반에서 보면 1977년부터의 두 가지 미일 원자력 교섭이 보통의 미일 교섭과는 다른 성격을 갖는 특별한 교섭이었다고 말하기 어렵다. 따라서 미일 원자력 교섭이 특수한 교섭이었기 때문에 미국의 외압이 유효하게 작용하지 못했다는 견해는 수용하지 않는다.

미국이 제시한 몇 가지 양보를 일본이 받아들였다고 판단하는 것이 정확할 것이다.319) 따라서 미국이 교섭의 초기 단계에서 행사한 외압은 앞에서 설명한 요인 등으로 유효하게 작용하지 못했다고 할 수 있다.

그렇다면 일본의 방침 변경 후에 미일의 정책이나 교섭 과정에 어떠한 변화가 있어 일본에 유리한 협정이 되었는가? 외압의 실패가 미일의 대등교섭 및 일본에 유리한 협정이 된 필요조건이라 한다면, 1985년 11월의 제13차 협의 이후의 미일의 정책이나 교섭 과정은 충분조건이라고 할 수 있다. 지금부터는 일본의 방침 변화 후의 교섭 과정을 교섭 목표 및 교섭의제의 변화를 중심으로 설명한다.

1) 교섭 과정에서의 교섭 목표 및 교섭의제320)의 변화

먼저 교섭 목표 및 교섭의제의 변화에 초점을 두면서 미일 원자력 교섭을 재구성한다. 재처리 교섭에서는 교섭 과정에서 새로운 의제가 미국의 요청에 의해서 설정되었다. 우라늄과 플루토늄의 혼합보관이라는 의제는 교섭의 개시 시점에는 설정되어 있지 않았던 의제였지만, 교섭 과정에서 추가되었다. 또 협정 개정 교섭에서도 미국은 주된 교섭 목표를 바꾸었다. 즉, 핵 비확산 강화를 위해 미일 협정에 신 규제를 도입하는 것이 교섭 초기 단계의 미국의 교섭 목표였다. 그러나 1985년 이후에는 주된 교섭 목표가 신 협정의 성립으로 바뀌었다.

---

319) 1985년 제11차, 12차 협의에서 미국이 제시한 양보안에 대해서는 제4장 참고.
320) 의제란 교섭에서 논의하는 주요 사항이다. 교섭에서는 공식 협의나 비공식 회담 등을 통해서 다양한 의제가 설정되고 논의된다. 교섭의제 설정은 교섭 전에 행해지는 것이 일반적이지만, 교섭 과정에서 의제가 추가되거나 수정되는 일도 적지 않다.

교섭 목표가 교섭의제와 관련되는 것은 말할 필요도 없다. 일반적으로 중요한 교섭 목표는 교섭의제의 하나로 설정되거나, 혹은 교섭의제 중에서 획득하려는 의제 간 우선순위를 통해서 나타나는 경우도 많다. 그러나 재처리 교섭과 같이 주된 교섭 목표(핵 확산 방지)가 의제로 설정되지 않고, 교섭 목표를 달성하기 위한 수단이나 방법(플루토늄 추출이나 보관방식) 등이 교섭의제로 설정되기도 한다. 따라서 교섭의제와 교섭 목표와의 관계는 각각의 교섭마다 다르다고 하는 것이 정확한 표현일 것이다.

재처리 교섭에서는 혼합추출방식에서 혼합보관방식으로 주요 교섭의제가 수정되었다. 1982년부터의 협정 개정 교섭에서는 교섭 목표가 핵 비확산 레짐의 강화를 위한 신 규제의 도입에서 협정 개정으로 변화했다. 또한 교섭 목표의 변화에 따라서 교섭의제도 수정되었다. 이러한 교섭 과정에서의 교섭 목표의 변화나 이에 따른 의제의 수정 등은 이를 바꾼 미국의 일본에 대한 영향력을 약화시키는 작용을 했다고 할 수 있다. 또한 이러한 변화는 국내정책 우선이라는 일본의 반발을 야기하여, 결과적으로 미국에 유리한 형태로 교섭이 진전되지 못한 원인이 되었다. 따라서 주된 교섭 목표와 중요한 교섭 의제의 변화에 초점을 두고, 교섭 목표나 의제의 변화가 외압에 의한 것인지, 혹은 국제 레벨 등 다른 요소의 영향인지 하는 점도 동시에 검토한다.

(1) 재처리 교섭

재처리 교섭에 임하는 미국의 의도는 세계적인 핵 확산을 방지, 혹은 예방하기 위해 재처리를 엄격하게 제한하려는 것이었다. 따라서 재처리 교섭에서 미국이 가장 중요시했던 교섭의제는 도카이무라 재처리시설을 혼합추출방식으로 전환하는 것이었다. 그 외에 재처리 교섭의 교섭의제는 제3장에서 설명하였듯이, 제2 재처리시설이나 플루토늄 전환시설의 건설 연기 등이었다(〈표 6-4〉 참고).

미국은 도카이무라 재처리시설을 플루토늄과 우라늄을 혼합해서 추출하는 혼합추출방식으로 전환하지 않는 한, 재처리시설의 운전을 허가하지 않겠다고 일본을 압박했다. 그 외에도 미국은 미국의 핵비확산정책에 대한 지지와 INFCE에서의 협력, 경수로에서의 플루토늄 이용계획의 연기, INFCE 기간 중 새로운 재처리시설 건설계획 연기, 고속로개발을 위한 플루토늄 분리계획의 제한 등을 일본에 요구했지만, 미국의 가장 중요한 교섭의제는 재처리시설의 혼합추출방식으로의 전환이었다.

교섭의 결과 몇 가지 점은 양국이 절충하였지만, 도카이무라 재처리시설의 운전방식의 전환이라는 미국의 요구는 관철되지 못했다. 재처리시설의 운전방식 전환이라는 미국의 최대 요구를 일본이 받아들이지 않은 이유나 그 후에 미국이 혼합보관방식이라는 새로운 교섭의제를 제시한 이유를 언급하기 전에, 재처리 교섭 시 미일의 주요한 주장과 합의 내용을 확인해둘 필요가 있다. 재처리 교섭에서 교섭의제에 관한 양국의 주장이나 합의내용을 정리한 것이 〈표 6-4〉이다.

〈표 6-4〉의 합의 내용을 보면 일본은 플루토늄과 우라늄을 혼합해서 보관하는 혼합보관방식을 받아들이고, 또 제2 재처리시설이나 플루토늄 전환시설의 건설도 2년간 연기시켰다. 그러나 일본은 도카이무라 재처리시설을 계획대로 운전하게 되어 전체적으로는 균형을 맞춘 합의로 보인다.

재처리 교섭에서 미국이 가장 중요시했던 교섭의제인 도카이무라 재처리시설의 혼합추출방식으로 전환은 달성되지 못했다. 일본의 강한 반발을 약화시키지 못한 미국은 결국 혼합추출방식에서 혼합보관

〈표 6-4〉 재처리 교섭의 주요 의제에 대한 미일의 주장과 합의내용

교섭의제 쌍방의 요구/주장	플루토늄 추출방식	플루토늄 보관방식	제2 재처리시설	플루토늄 전환시설
미국의 요구 (교섭초기)	혼합추출방식으로 추출방식 전환	-	무기한 연기	무기한 연기
일본의 주장 (교섭초기)	단체추출방식	-	계획대로 건설	계획대로 건설
미국의 요구 (제3회 교섭)	혼합추출방식의 연구 및 개발	우라늄과 혼합 해서 보관	무기한 연기	무기한 연기
일본의 주장 (제3회 교섭)	• 단체추출방식 • 혼합추출방식의 연구개발은 계속	플루토늄을 단체로 보관	2년간은 건설을 위한 중요한 조치를 하지 않는다	건설을 2년간 연기
합의내용	• 단체추출방식 • 혼합추출방식의 연구개발은 계속	혼합보관	2년간은 건설을 위한 중요한 조치를 하지 않는다	건설을 2년간 연기

방식으로 교섭의제를 바꾸어, 자신의 원세트를 스스로 확대하여 합의에 이른 것이다. 일본이 혼합저장이나 제2 재처리시설과 플루토늄 전환시설의 건설 연기를 받아들인 것도 미국으로부터 단체추출방식으로의 운전을 인정받기 위한 양보였다.

그렇다면 미국의 최대 요구였던 재처리시설의 운전방식 전환은 왜 일본에 받아들여지지 않았던 것일까. 이에는 일본의 국내 사정과 미국의 정책선택이라는 두 가지 요인이 겹쳤다고 생각된다. 우선, 당시 일본은 도카이무라 재처리시설의 건설을 끝내고 시험운전에 들어가 있었다. 따라서 건설이 끝난 재처리시설의 계획 변경이라는 요구는 일본으로서 받아들일 수 없는 요구였다. 아직 건설공사가 시작되지 않은 시설도 아닌, 완공한 재처리시설의 운전방식을 바꾸는 것은 일본으로서는 생각할 수 없는 일이었다.

도카이무라 재처리시설에 대한 미일의 공동조사(1977년)에서도 알 수 있듯이, 도카이무라 재처리시설을 혼합추출방식으로 전환하기 위해서는 5년간의 공사 시간과 500억 엔의 경비가 소요되는 등, 결과적

으로 도카이무라 재처리시설의 운전을 5년간 정지하는 것이 된다. 또한, 혼합추출방식은 아직 완성된 기술도 아니며, 이를 위해서는 일본의 원자력 개발이용 계획을 전면적으로 수정해야만 한다. 이에 비해서 혼합보관방식은 기술적으로도 가능하며, 일본의 원자력 개발이용 계획에 큰 수정을 하지 않고도 가능한 계획 변경이기 때문에 일본이 받아들이는 것이 가능하였다. 즉, 기존 시설의 설계변경이라는 미국의 최초 요구는 정책 전환의 여지가 없는 요구였기 때문에 일본은 국가 이익의 관점에서 받아들이지 않은 것이다.

또한 미국은 핵 비확산 방지를 위해 재처리를 엄격하게 규제한다는 재처리정책을 가지고 있었기 때문에, 플루토늄 추출방식의 전환이라는 대일 요구는 타당한 요구라고 생각하였다. 미국은 자국이 요구하는 선까지 일본을 끌어들이기 위해 일본의 반대가 예상되는 선택을 했던 것이다. 따라서 재처리 교섭에서의 플루토늄 추출방식의 전환이라는 요구는 타결 가능성보다 미국의 이익만을 우선시키는 정책선택이었다.

이러한 요구를 미국이 내놓은 것은 미일 원자력 관계의 특수성에 그 원인이 있을 것이다. 만약 미국의 요구를 일본이 받아들이지 않아 교섭이 결렬될 경우, 일본의 재처리는 물론 원자력 프로그램 전반이 미국의 반대로 다양한 문제를 일으킬 가능성이 있었을 것이다. 미국의 요구도 이러한 일본의 사정을 인식하고 한 외압이었다. 그러나 미국의 외압은 일본의 원자력 프로그램 전체의 변경을 요구하는 인상을 강하게 주었기 때문에, 미국의 대일 원자력정책에 일본이 강하게 반발하는 결과를 만든 것이다.[321]

---

[321] 일본은 도카이무라 재처리시설의 운전방식에 대해서도 제2 재처리시설이나 플루토늄 전환시설 건설의 무기한 연기에 대해서도 강하게 반발했다. 교섭의 결과 양 시설에 대해서 2년간의 계획 연기에 합의하였지만, 계획 단계에 있던 시

일본은 핵 비확산 강화와 국익 우선이라는 두 가지 목표 사이에서 국익 우선의 선택을 하며 미국의 요구에 저항한 것이다. 이러한 일본의 선택이 가능했던 이유는 일본을 둘러싼 국제 레벨의 영향(핵 비확산 레짐이나 유라톰의 영향)이 바탕에 있었으며, 더욱이 일본의 국내 사정과 미국의 국익 우선의 정책선택이라는 두 가지의 원인이 겹쳐지며 일본의 강경정책을 형성한 것이다.

일본의 저항에 부딪힌 미국은 교섭의 초기 단계에서 설정했던 재처리시설의 운전방식 전환이라는 의제 외에 새롭게 우라늄과 플루토늄의 혼합보관이라는 의제를 추가한 것이다. 교섭이 INFCE 기간 중에 진행되고 있었기 때문에 INFCE의 결론이 나오기까지, 또 혼합추출방식에 대한 기술적인 문제가 해결되기까지 혼합추출방식의 강요를 보류한 것이었다.

미국의 교섭의제 변경은 교섭을 타결시키기 위한 정책 전환이었지만, 미국은 최초의 교섭 목표에서 상당한 양보를 한 결과가 되었다. 또한 일본은 변경된 미국의 요구를 받아들여 일본에게 불리한 대일 요구를 피할 수 있게 되었다고 할 수 있다. 이어 살펴볼 협정 개정 교섭의 경우와 함께 결론을 제시하겠지만, 교섭 중에 새롭게 의제를 설정하거나 의제가 변경될 경우, 그것을 설정한 측에 불리하게 교섭이 진행된다고 정리할 수 있다.

(2) 협정 개정 교섭

협정 개정 교섭에서는 핵 비확산법이 요구하는 신 규제를 미일 원자력협정에 도입하여 핵 비확산을 강화하는 것이 미국의 최대 교섭

설의 2년간의 건설 연기는 일본에게 큰 계획 변경은 아니었기 때문에 큰 손실은 아니었다.

목표였다. 목표 실현을 위해 기존 협정을 개정할지, 혹은 행정결정으로 신 규제를 협정에 도입할지의 문제는 수단의 문제로서, 협정 개정이 미일 원자력 교섭의 일차적인 목표는 아니었다.

일본은 3년간이나 신 규제 도입을 위한 협정 개정에 응하지 않았다. 협정 개정 교섭에서의 교섭의제의 추이(〈표 4-2〉)에서도 알 수 있듯이, 1982년부터 1985년 가을의 교섭 방침 전환까지 일본이 받아들인 미국의 요구는 거의 없었다. 오히려 일본이 원하는 포괄동의를 협정에 도입하는 것만이 잠정 합의되었다.

1985년 일본이 협정 개정으로 방침을 전환하기까지 일본은 미국의 신 규제 도입 및 협정 개정 요구에 대해 반대했고, 유라톰 접근을 포함한 미국과의 결별 가능성을 시사하는 등 미국에 대항해왔다. 일본의 반대를 완화시키기 위해 미국은 일본이 협정 개정을 받아들인다면 신 규제 도입은 일본의 요구에 따라 결정하며, 중요한 신 규제에 대해서도 포괄동의를 부여하는 형태로 교섭 방침을 전환하지 않을 수 없었다. 이러한 미국의 정책 변화에는 교섭 결렬에 대한 미국의 불안이 중요한 요인으로써 작용했다.

일본이 협정 개정으로 방침을 바꾼 후의 교섭에서는 미국의 신 규제를 어떻게 신 협정에 도입할 것인지에 교섭의 초점이 맞춰졌다. 새롭게 규제하기로 된 (1) 20% 이상의 우라늄 농축에 대한 미국의 사전동의권 (2) 미국 원산의 핵물질에서 파생된 파생물질의 재처리에 대한 사전동의권 (3) 모든 핵물질에 대한 IAEA의 보장조치 적용 (4) 협정기한을 넘는 협정의 모든 조건의 존속 (5) 핵물질의 방호조치에 대해서도 일본의 요구가 받아들여져, 신 규제의 대부분이 포괄동의에 포함되게 되었다.

미 의회가 요구하고 있던 수준에서 보면 상당한 양보를 미국이 했다고 말하지 않을 수 없다. 대부분의 조항에서 일본은 미국 이외의 국가와의 기존의 2국 간 협정에서 이미 규정된 정도로 신 규제 도입을 최소화하는 것이 가능했다. 새로운 규제를 신 협정에 도입하는 대신 일본이 납득할 수 있는 수준까지 신 규제를 완화하고, 또 신 규제에 대한 미국의 사전동의의 대부분이 포괄동의화 되어, 일본이 미국의 개별 통제를 받는 것은 사실상 없어졌다. 결과적으로 핵 비확산 강화라는 미국의 교섭 목표가 협정 개정에 의해 신 협정에 도입되게 되었지만, 내용면에서 보면 포괄동의의 적용으로 실질적으로는 일본의 원자력 프로그램에 대한 미국의 통제권이 상당한 정도 약화되었다고 할 수 있다.

핵 비확산 강화를 위해 미일 협정에 신 규제를 도입한다는 미국의 주요한 교섭 목표(신 규제의 도입은 협정 개정 교섭에서 미국이 달성하려 한 가장 중요한 교섭의제이며, 또 협정 개정 교섭의 초기 단계의 미국의 가장 주요한 교섭 목표)였지만, 1985년부터는 협정 개정으로 변화했다는 것을 알 수 있다. 1985년 일본의 방침 전환으로 미국은 신 규제 도입과 이를 위한 협정 개정이라는 두 가지 주요 교섭의제 중에서 협정 개정에 중점을 둔 것이다.

즉, 미국은 협정 개정을 성사시키기 위해 새롭게 도입할 규제에 일본의 요구를 최대한으로 반영시키게 된 것이다. 신 규제의 대부분을 포괄동의화하여 신 규제가 일본의 원자력 프로그램에 방해가 되지 않도록 일본의 의사가 충분히 반영되었다. 미국이 협정 개정의 명분을 얻고 일본은 포괄동의라는 실리를 얻은 것이다. 그러나 일본의 관점에서 보면 최초의 교섭 목표였던 포괄동의 도입은 1985년 시점에서도 마찬가지였다. 다만, 그 방법이 행정결정(실시약정)에서 협정 개정으로 수정된 것이다.

교섭 과정에서 미국의 교섭 목표 및 의제의 변화는 미국의 윈세트를 확대시켜 일본에 유리한 교섭이 된 주요한 원인이었다. 즉 1982년에는 극단적으로 멀어져있던 협정 개정에 대한 미일의 원세트는 일본의 방침 전환과 미국의 대일 요구의 완화로 합의 가능한 선까지 접근하였다. 더욱이 미국은 다양한 교섭의제 중에서 신 규제의 도입보다 협정 개정으로 의제의 우선순위를 바꾸었다. 미국이 의제의 우선순위를 바꾸면서까지 교섭 타결에 의욕을 보인 것은 교섭 이외의 문제에 의한 것이었다.

미국은 레이건 정권기에 미일 교섭을 성공시켜 의회에 대한 협정 개정의 의무를 이행하려 했던 것이다. 또한, 구 협정에 포괄동의를 도입하여 개정한 경우, 미 의회에서 신 협정이 승인되지 않을지도 모른다는 미 국무성의 우려가 미중 협정의 의회 승인에 의해서 약화되었다. 즉, 핵무기 보유국이며 적성국인 중국과의 협정이 의회에서 승인된 것은 미국의 최대 동맹국인 일본과의 신 협정이 승인될 것이라는 확신을 갖게 된 것이다. 이러한 교섭 이외의 요인이 작용하여, 미국은 교섭 과정에서 교섭의제의 우선순위를 바꾸고, 신 협정을 성립시키는 것으로 교섭 목표를 바꾼 것이다.

교섭 초기 3년간의 교섭은 미국이 생각한대로 진전되지 못했다. 교섭이 정체되어 있던 1985년에도 미국이 교섭 타결을 위해 일본에게 외압을 강하게 행사하지는 않았다. 그것은 3년간의 교섭이나 그 전의 재처리 교섭에서 경험했듯이, 외압을 통해서 일본을 압박하더라도 효과가 확실하지 않고 일본의 저항도 강했기 때문일 것이다. 또한 외압의 강화로 일본이 더욱 반발하여 교섭 자체가 결렬되는 것을 우려하였기 때문이다.

미국은 외압을 강화하는 대신 몇 가지 요구사항을 바꾸는 등 교섭의 지속을 바라고 있었다. 또한, 1985년 가을 일본이 협정 개정으로 방침을 정한 후에도 무리하게 외압을 행사하는 일은 없었다. 출구가 보이게 된 교섭을 조기에 마무리하여 의회에 대한 행정부의 책임을 다하고, 또한 다른 국가와의 협정 개정에 임하기 위함이었다. 이러한 미국의 정책이 교섭을 타결시킨 주요 원인이라 할 수 있다.

교섭 과정에서의 의제의 변화는 이를 설정한 국가의 윈세트를 확대시키는 결과가 되었다. 미국이 의제의 우선순위를 바꾼 것은 교섭 타결에 의해 협정 개정의 명분을, 일본은 대부분의 신 규제에 대한 포괄동의 획득이라는 실리를 얻을 수 있었기 때문이다. 도입하는 규제의 내용에 대해서는 교섭의 마지막 단계까지 미일의 입장에 차이가 많아 협의가 이어졌지만, 합의에 이르지 못할 정도의 차이는 아니었다. 포괄적 사전동의 도입에 의한 협정 개정으로 미일 양국은 쌍방이 만족할 수 있는 선까지 윈세트를 각각 확대한 것이다. 이러한 미국의 윈세트의 확대는 규제 강화에서 협정 개정으로 미국의 최우선 목표가 변화하여, 이에 따라 협정 개정을 받아들인다는 일본의 정책 변화가 가능하게 된 것이다.

2) 소결론: 교섭 목표 및 교섭의제의 변화와 교섭의 결과

교섭 과정에서 미국의 대일 요구의 강도는 스스로 교섭의제의 우선순위를 바꾸고, 또 새로운 교섭의제를 설정하는 것에 의해 약화되어 교섭을 유리하게 진행하는 것에 실패했다고 할 수 있다. 미국이 교섭 과정에서 교섭 목표(교섭의제의 우선순위의 변화를 포함)를 바꾼 것은 미국의 외압이 일본 국내에서의 외압에 대한 공감 세력을 확대하여 일본 국내의 이익구조를 바꾸는 것에 실패했기 때문이라고 할 수 있다.

오히려 외압은 국내의 이익연합을 단결시키는 등 반작용을 초래하여 외압에 대한 대응을 강하게 하는 결과를 낳았다. 그 결과 미국이 최초에 의도한 것처럼 교섭은 진행되지 않았고, 교섭의 결과인 합

의 내용에서도 일본의 요구가 비교적 많이 받아들여지게 된 것이다. 따라서 미국은 교섭의제를 변화시키지 않을 수 없었고, 결렬 위기에 있던 교섭을 타협시키기 위해 움직였던 것이다.

미국은 교섭 결렬에 의한 리스크를 일본보다 심각하게 받아들였다. 미 행정부는 최초에 설정한 의제의 우선순위를 바꾸더라도 미일 원자력 교섭을 레이건 정권에서 타결시키려고 했다. 또한, 미일 교섭 전에 결렬된 미·유라톰 협의나 미일 교섭기에 진행된 중일, 미중 교섭도 미일 교섭에 영향을 미쳤다. 즉, 유라톰을 재차 교섭에 이끌어 내기 위해서도 미일 교섭의 성공은 중요하였다. 또한, 미중 협정의 미 의회 비준도 미일 양국의 교섭자에게는 미일 협정도 미 의회에서 비준될 것이라는 자신감을 갖게 하는 좋은 자극이 된 것이다.

요약하면, 레이건 정권의 남은 기간이나 다른 2국 간 교섭 등 미일 교섭과 직접 관계되지 않은 요소에 의해서 의제의 우선순위나 의제 자체가 바뀐 것이다. 또한 이러한 변화는 새롭게 의제를 설정한 미국에 불리하게 작용하였고, 미국의 대일 요구의 강도를 저하시켜 외압이 유효하게 작용하지 못한 원인이 되었다. 다만, 이러한 교섭의제의 변화가 협의의 결과로 자연스럽게 설정되었거나 또는 양국이 동시에 희망하여 새롭게 교섭의제로서 설정되었다면, 어느 한 쪽에게 불리하게 작용하는 일은 없었을 것이다. 그러나 교섭 이외의 문제로 한 당사자가 교섭의제를 수정하거나 추가할 경우, 변화를 추진한 국가에 불리한 교섭이 되는 것은 충분히 생각할 수 있다.

위와 같은 분석을 통해, 교섭 과정에서 교섭 목표나 교섭의제의 변화, 새로운 교섭의제의 설정은 교섭 타결을 위해 스스로의 윈세트를 확대시켜, 자국의 영향력을 저하시키는 결과가 된다. 위와 같은 논의를 정리하면 다음과 같이 소결론을 도출할 수 있다.

소결론 3 :

> 교섭당사자가 교섭을 개시할 때 예상하지 못했던 교섭 이외의 국내 및 대외 요인(예를 들면 제3국과의 교섭, 정권의 남은 기간) 등에 의해 교섭 목표가 변화한 경우, 혹은 중요한 교섭의제가 새롭게 추가된 경우, 이러한 변화는 새로운 교섭 목표 또는 교섭의제를 설정한 당사자의 정책선택지의 폭(윈세트)를 확대시켜, 결과적으로 새롭게 교섭의제를 설정한 당사자에게 불리하게 작용하는 교섭결과가 된다.

제7장
결론

7장 결론

1. 분석 결과

 이 책의 출발점이 된 문제의식은 세 가지였다. 첫 번째는 미국의 외압을 받고 있던 일본이 미일 교섭에서 어떻게 미국과 대등하게 교섭하여 일본에게 유리한 협정을 체결하는 것이 가능했는가? 두 번째는 교섭 과정에서 왜 미국의 외압이 유효하게 작용하지 않았는가? 세 번째는 교섭 타결에 결정적인 영향을 준 협정 개정이라는 일본의 방침 전환은 왜 이루어졌으며, 교섭에 어떠한 영향을 미쳤는가? 이 세 가지 문제의식을 밝히기 위해 재처리 교섭에서 협정 개정 교섭에 이르는 미일 원자력 교섭의 교섭 과정과 정책결정 과정을 국제 레벨, 미일의 국내 레벨, 교섭자 레벨 등 다양한 요인을 다각적으로 분석했다. 결론에서는 분석의 결과로서 2국 간 교섭에 대한 국제 레벨의 영향과 일본의 정책 결정 구조에 관해 다음의 세 가지 試論(가설)을 제시한다.

 먼저 첫 번째는 2국 간 교섭에 대한 국제 레벨의 영향이다. 제6장에서 분석한 것처럼 미일 원자력 교섭에는 양국의 국내 레벨이나 교섭자 레벨뿐만 아니라, 핵 비확산 레짐이나 유라톰과 같은 국제 레벨도 교섭 과정 및 정책결정에 중요한 영향을 미쳤다. 즉 국제 레벨도 교섭자 레벨과 교섭자를 둘러싼 국내 레벨처럼 교섭 과정 및 정책결정 과정에 연동된 하나의 레벨로서 역할을 했다는 것이다. 즉 2국 간 교섭에 관한 기존의 논의에서는 중요시되지 않았던 국제 레벨이 국가 간 교섭에 어떻게 작용하고, 교섭에 영향을 미쳤는가를 살펴보았다.

미일 원자력 교섭에서 핵 비확산 레짐 및 유라톰이라는 원자력의 국제 환경은 미일의 교섭자뿐만 아니라 양국의 국내 레벨의 정책과정과 연계되어 있었다. 국제 레벨은 교섭자의 정책선택지 결정을 제약하는 환경으로서 직접적인 영향을 미쳤으며, 또한 교섭 과정과 양국의 교섭 태도에 간접적인 영향을 미친 것을 알 수 있었다.

더욱이 국제 레벨의 영향은 미국의 외압이 유효하게 작용하지 않는 주요한 요인이 되었다. 즉 국제 레벨은 미일 원자력 교섭에서 일본의 교섭자나 국내 레벨의 윈세트를 좁히는 요인으로 작용했다. 또한 국제 레벨은 교섭 과정에서 협정 개정을 위해 몇 가지 요구를 미국이 취하하고, 또한 신 규제의 대부분을 포괄동의화한 요인으로 작용했다. 이렇게 국제 레벨은 양국 교섭자 및 국내 레벨에 영향을 미치고, 또한 교섭의 결과에도 영향을 미친 중요한 교섭행위자였다. 이러한 점에서 다음의 가설이 입증되었다.

> 2국 간 교섭의 교섭 과정이나 교섭정책 결정에는 교섭자 레벨이나 비준에 관련된 국내 레벨이 관여할 뿐만 아니라, 관련 국제 레짐이나 2국 간 교섭 등도 교섭자나 국내 레벨을 제약하는 또 하나의 국제 레벨로서 작용한다. 이 국제 레벨은 교섭자의 정책선택지(윈세트)의 결정에 직접적으로 영향을 미칠 뿐 아니라, 교섭 결과인 협정(조약) 등을 통해 국제 레벨에 간접적으로 영향을 미친다.

두 번째는 일본의 정책결정 과정의 특징이다. 일본의 원자력 교섭의 정책결정은 이른바 이원체제적 이익연합을 중심으로 기본적인 정책이 결정되었으며, 교섭 관련 행위자의 사전 합의를 기초로 정책이 만들어졌다. 일본의 정책결정 과정의 이러한 특징이 일본 교섭자의 정책선택지의 폭을 좁혀 일본에 유리한 교섭 결과를 만들어내었다.

일본의 정책결정은 교섭의 창구였던 외무성 외에도 통산성, 과기청, 원자력위원회, 원자력 산업계 등의 다양한 교섭행위자가 정책결정에 직접적 또는 간접적으로 참가하는 구조였다. 즉 교섭안의 골격을 제시한 것은 통산성과 과기청이었지만, 교섭의 창구인 외무성은 두 서브 그룹과의 이견 조정을 통해 최종적으로 교섭안을 정리하였다. 외무성은 정리된 교섭안을 원자력위원회, 원자력 산업계 및 매스컴 등에 사전에 설명하고 의견을 구하는 등 관계기관의 이해를 반영할 수 있도록 움직였다.

과기청이나 통산성과는 거리를 두고 있던 원자력위원회도 정책결정에 일정한 영향력을 가지고 있었다. 외무성에 원자력과가 설치된 이후는 원자력위원회가 직접 대외 교섭에 관여하는 일은 적어졌지만, 원자력 정책결정의 최고기관으로서의 영향력은 여전히 강력했다.[322] 결론적으로 이원체제적 이익연합 외부에 위치했던 외무성의 교섭 관여 및 다수의 교섭행위자의 정책결정에의 관여는 일본 교섭자의 정책선택의 폭을 축소하는 역할을 했다고 할 수 있다.

실질적으로 교섭을 주도하며 대부분의 정책을 국무성이 독자적으로 결정한 미국에 비해 일본은 외무성 외에도 많은 기관이 교섭에 관여했다. 일본의 경우, 교섭에서 초점이 된 문제 하나하나에 대해 관련 성청의 동의를 얻어야 했으며, 이에 의해 교섭자의 정책선택지가 좁혀졌던 것이다. 협정 개정 교섭에서 미국의 외압에 일본이 효

---

[322] 원자력위원회 외에도 재처리나 플루토늄 수송의 당사자인 전력회사 등 원자력 산업계도 원자력위원회의 '원자력 국제문제 등 간담회'나 원자력산업회의의 연구회 등을 통해 간접적이지만 정책 형성에 관여하고 있었다.

과적으로 대응할 수 있었던 중요한 요인도 다수의 교섭행위자의 정책결정에의 참가였다. 미국의 외압이 있었음에도 불구하고 이러한 정책결정 구조는 일본에 유리한 교섭을 가능하게 했다. 미국의 정책형성에 국방성이나 원자력규제위원회의 의견이 반영되어 국무성의 정책선택지에 제한이 가해졌다면 협정 개정 교섭은 다른 형태로 마무리될 가능성도 있었을 것이다.

미국의 외압에 일본이 효과적으로 대응할 수 있었던 원인에는 다수의 교섭행위자에 의한 정책결정 외에도 미일 양국의 국내 문제도 얽혀있었다. 교섭기간 중 미국은 핵 비확산 강화라는 대외 원자력정책의 목표와 미일 교섭 타결이라는 대일 원자력정책 목표라는 두 가지의 목표를 동시에 안고 있었다. 핵 비확산을 강화하면서 협정 개정에 의해 일본에 포괄동의를 허용하려는 미국의 정책은 모순되는 것은 아니었지만, 미국의 대일 교섭 능력을 저하시킨 것은 확실하다.

이에 비해 일본은 국내의 강력한 지지를 기반으로 플루토늄 이용을 통한 에너지 자립노선을 가장 중요한 목표로 추구했다. 교섭 과정에서 일본이 강한 태도로 교섭할 수 있었던 것은 플루토늄 이용정책이라는 일본의 국내 원자력정책이 중요한 역할을 한 것은 확실하다. 따라서 다음의 두 번째 가설도 입증되었다고 할 수 있다.

교섭정책 결정 과정에서 이해가 다른 다수 행위자의 정책결정에의 참가는 참가행위자 전체의 이익이나 합의를 우선시키기 때문에, 교섭자의 정책선택지를 제한하고 결과적으로 자국에 유리한 대응을 가능하게 한다. 이것은 정책결정 과정에서 외압에 공감하는 행위자가 정책결정을 주도하거나, 정책결정 과정에서 영향력을 행사하는 것이 불가능할 경우에 더욱 그러하다.

이상과 같은 국제 레벨의 요인과 일본의 정책결정 구조 및 양국의 국내 상황 등이 미국의 외압이 효과적으로 작용하지 않게 된 직접적인 요인이었다. 그러나 미국의 외압이 효과적으로 작용하지 않았던 것이 일본에 유리한 혹은 대등한 교섭이 된 충분조건은 아니다. 일본에 유리한 협정 혹은 대등교섭이 된 또 하나의 주 요인은 교섭 과정에서의 미국에 의한 교섭의제의 변화였다.

미국은 교섭을 타결하기 위해 요구를 일부 철회하고, 교섭의제의 우선순위도 바꾸었다. 교섭 결렬에 의한 위험을 회피하기 위해서였다. 더구나 교섭의제의 변화가 교섭 과정에서의 논의에 의해 이뤄진 것이 아니라, 교섭 이외의 문제(예를 들면, 레이건 정권의 잔여 임기나 중일, 중미 조약의 양국 의회에서의 승인 등)로 일어난 것이다.

이러한 변화에 의해 미국은 교섭의제의 우선순위를 바꾸고 또한 새로운 교섭의제도 설정한 것이다. 미국의 교섭의제의 변화는 자신의 윈세트를 확대하여 미국의 영향력을 약화시킨 결과가 되었다. 일본은 미국의 우선순위 변화에 의해 자국의 입장을 강화하는 것이 가능했던 것이다. 즉 교섭 목표나 의제의 변화에 의해 외압이 목표로 했던 본래의 교섭 목표를 훼손하는 교섭결과가 된 것이다. 이러한 점에서 다음가 같은 세 번째 가설도 입증되었다.

> 교섭당사자가 교섭을 개시할 때 예상하지 못했던 교섭 이외의 국내 및 대외 요인(예를 들면 제3국과의 교섭, 정권의 남은 기간) 등에 의해 교섭 목표가 변화한 경우, 혹은 중요한 교섭의제가 새롭게 추가된 경우, 이러한 변화는 새로운 교섭 목표 또는 교섭의제를 설정한 당사자의 정책선택지의 폭(윈세트)를 확대시켜, 결과적으로 새롭게 교섭의제를 설정한 당사자에게 불리하게 작용하는 교섭결과가 된다.

2. 미일 원자력협력협정 개정 교섭의 함의

　미일 원자력 교섭은 원자력 분야의 협력을 위한 교섭이었지만, 원자력 협력뿐만 아니라 미일 관계 전반, NPT/IAEA와 같은 핵 비확산 레짐과도 관련이 있는 교섭이었다. 핵무기의 원료가 되는 플루토늄과 고농축 우라늄의 이용을 포함하는 원자력 분야의 교섭은 양국의 정치, 군사이익과 관련되어 있으며, 원자력 무역을 통한 경제적 효과도 있는 다면적인 성격의 교섭이었다. 이 책의 결론으로 미일 원자력 교섭의 함의를 (1) 미일의 국내 레벨, (2) 미일 관계 및 미일 교섭의 2국 간 레벨, (3) 핵 비확산 레짐 등의 국제 레벨로 나눠 정리한다.

1) 미일의 국내 레벨

　미일 원자력협정의 개정을 둘러싼 교섭은 일본의 원자력 개발이용 계획에 직접적으로 관련된 중요한 교섭이었다. 신 협정이 일본의 핵연료 사이클 확립에 필수적인 재처리 및 플루토늄 이용 등에 관한 협력을 규정하고 있기 때문이다. 신 협정에 의해 일본은 재처리 및 플루토늄 이용계획의 안정성을 확보했다.

　핵연료의 리사이클, 즉 재처리에서 얻은 플루토늄을 연료로 사용하는 고속증식로를 21세기의 주력 원자로로 실용화하려는 일본에게 재처리 및 플루토늄 이용에 관한 미국의 개별허가를 포괄동의화 한 것은 신 협정으로 도입된 미국의 새로운 규제에도 불구하고 중요한 성과였다. 신 협정에 의해 개별동의로 규제되는 플루토늄 저장 및 20% 이상의 우라늄 농축과 저장 등은, 일본의 원자력 프로그램에 대한 엄격한 제한은 아니라고 할 수 있다. 또한 처음에는 플루토늄의 항공수송만이 포괄동의화 되었지만 이후의 재교섭으로 해상수송도 포괄동의를 얻었다. 독자적인 원자력 프로그램의 확립이라는 일본의 목표는 달성되었다고 할 수 있다.

한편 미국에게도 신 협정은 핵 비확산법이 요구하는 조건을 만족시키는 성공한 결과였다. 미 의회가 행정부에 부과한 협정 개정의 의무를 수행한 것이며, 또한 일본에 농축 우라늄을 공급하는 미 에너지성은 지금까지의 사업을 향후 30년에 걸쳐 유지하는 것이 가능해졌다. 즉 의회의 요구 및 행정부의 이익이라는 두 가지 이해를 충족시킨 교섭이었다.

미일 원자력 교섭은 양국 간의 원자력 분야의 협력을 위한 2국 간, 더 나아가 국제적 틀을 만든 것뿐만 아니라, 양국의 국내 이익을 충실히 반영한 교섭이었다고 평가할 수 있다. 일본은 협정 개정 교섭의 의미를 독자적인 핵연료 사이클 확립을 위한 교섭에 두고 있었지만, 미국은 핵 비확산 레짐의 강화 및 대외 원자력정책의 미일 협정에의 반영에 두고 있었다. 미일 양국의 서로 다른 목적이 동시에 충족된 교섭이었다.

2) 미일 관계 및 미일 교섭의 2국 간 레벨

원자력협정 개정 교섭은 일본의 원자력 프로그램뿐 아니라 미일 교섭은 물론 장기적인 미일 협력관계에도 중요한 의미를 가지는 교섭이었다. 우선, 미일 교섭의 면에서는 대등한 내용의 미일 협정을 목표로 한 교섭이었다. 구 협정(1968년 발효, 1973년 부분개정)에는 일본에 대한 미국의 일방적인 규제만이 규정되어 있어 평등한 협정이라 하기는 어려웠다. 즉, 공급국인 미국의 권한과 수령국인 일본의 의무만이 일방적으로 규정되어 있었다. 그러나 신 협정에서는 일본의 의무뿐만 아니라 미국에 대한 일본의 규제권도 새롭게 규정되어,

내용적으로 미일의 균형이 잡힌 협정이 되었다. 미국에 대한 일본의 규제권이 현실적으로 적용될 경우는 거의 없지만, 내용상 평등한 협정이 되었다.

미일 원자력 교섭은 1980년대의 미일 교섭 중에서 일본의 요구가 상당히 수용되어 일본이 교섭 목표를 이룬 교섭이었다고 평가할 수 있다. 교섭 과정에서 일본은 외압을 동반한 미국의 협정 개정 요구에 효과적으로 대처했다. 미국의 외압을 수용하여 국내적으로 높은 비용을 지불하면서 합의한 적이 많았던 1980년대의 미일 통상 교섭 등과는 달리, 미국의 외압에 유효하게 대처한 교섭이었다.

제6장에서 분석했듯이, 미국의 외압은 유효히 작용하지 못하였고, 일본은 미국의 외압을 받으면서도 일본의 양보를 최소화할 수 있었다. 미국은 미일 협정을 개정한다는 교섭 목표를 달성했지만, 협정 개정 요구의 목적이었던 미국의 핵 비확산법이 요구하는 신 규제의 적용에서 본래의 목적을 충분히 달성하는 것에는 실패했다. 신 협정을 일본이 수용하는 대신, 포괄동의의 내용 등에서 미국이 대폭 양보했다고 하지 않을 수 없다. 미국은 협정 개정이라는 명분을 얻고, 일본은 포괄동의와 신 규제의 최소화 등 협정의 내용면에서 실리를 얻은 교섭이었다.

미일 관계에서 신 협정이 가지는 중요한 함의는 미일의 원자력 협력관계의 장기적인 안정이다. 카터 정권의 엄격한 핵 비확산정책으로 유라톰 접근의 징후가 보였던 일본을 원자력 분야의 파트너로 유지하여 미일 원자력 협력관계를 지속하게 되었다. 또한 미국은 지금처럼 일본의 원자력 프로그램에 대한 영향력을 유지하게 되었으며, 농축 우라늄의 공급을 비롯한 원자력 무역도 강화되었다. 일본과의 협력관계의 강화는 핵 비확산 레짐에 대한 미국의 리더십 유지와 대유라톰 협정 개정 교섭으로 이어질 수 있는 효과도 있을 것으로 기대되었다.

신 협정에 의해 미국은 일본의 핵관련 시설에서의 플루토늄의 흐름 등에 대한 보고를 받고, 항공수송에서도 이전보다 강화된 방호조치가 적용되었다. 그러나 일본의 잉여 플루토늄에 대한 미국의 통제는 사실상 불가능해졌다고 할 수 있다. 포괄동의의 공여 대신 미국이 얻은 새로운 규제권은 구 협정에서도 사전동의권 행사를 통해 확보할 수 있는 것이었다.

3) 국제 레벨

미일 원자력협정 개정 교섭 및 신 협정이 가지는 또 하나의 함의는 핵 비확산 레짐 강화에 관한 것이다. 신 협정은 IAEA에 의한 전면적인 보장조치를 수용할 것을 규정하고 있으며, 보다 강화된 핵물질 방호조치가 적용되도록 요구하고 있다. 2국 간 협정에서 IAEA의 보장조치 및 핵물질에 대한 방호조치가 강화된 것은 핵 비확산 레짐을 강화하여 핵 확산을 방지하려는 양국 정부 정책의 결과였다.

신 협정에 적용된 보장조치나 방호조치의 수준은 미국과 일본이 제3국과 맺을 원자력협정의 기본형이 되는 것이며, 세계적인 핵 확산 방지를 위한 중요한 일보였다는 것은 틀림없다. 미일 정부도 신 협정에 의해 핵 비확산 레짐이 한층 강화되었다고 하고 있다. 즉 신 협정은 미국의 핵 비확산법이 요구하는 새로운 규제를 담은 협정이며, 미일이라는 원자력 분야의 선진국이 공통의 핵 비확산정책에 입각한 협정을 맺어 핵 비확산 체제강화에 기여하게 되었다. 재처리나 플루토늄 이용 등 핵확산으로 이어질 수 있는 분야에 강화된 보장조치나 방호조치가 적용되게 되어 핵 비확산 조치가 강화된 것은 확실하다.

그러나 플루토늄 해상수송 시의 테러에 의한 핵 탈취의 위험성, 일본의 플루토늄 군사전용 등은 논외로 하더라도, 플루토늄의 상업이용이 명문화되어 플루토늄 이용노선이 세계적으로 확산되는 문제점을 안고 있다. 플루토늄 상업이용에 따른 플루토늄 이용의 확대, 고속증식로 및 신형전환로의 실용화 연기에 의한 수십 톤의 잉여 플루토늄의 존재,323) 일본의 플루토늄 이용정책에 대한 미국의 장기적인 사전포괄동의 등의 관점에서 일본의 플루토늄 이용정책이 핵 비확산 레짐의 강화에 공헌하고 있다고 말하기 어려운 점도 있다. 또한 플루토늄 이용이 미국에 의해 엄격하게 통제되는 국가(예를 들면,

---

323) 플루토늄의 수급전망에 대해서 많은 전문가들은 실제로 소비되는 플루토늄 양은 40톤 전후가 될 것으로 예측하고 있다(『Financial Times』 1992.1.25). 또한 일본 원자력자료정보실의 다카기 진자부로(高木仁三郎)의 계산에 의하면 상당한 플루토늄의 잉여가 예상된다(이하의 표 참고).

2010년까지의 플루토늄 수요예측 (핵분열성 플루토늄, 단위: 톤)

구분	원자력위원회의 예측 (1991년 8월)	원자력위원회 계산에 따른 예측(다카기)	보다 현실적인 예측 (다카기)
기존 소비분	?	3.2	3.2
신형전환로 후겐		1.3	1.3
오마	10 정도	4.4	0
고속증식로 J+M	12~13	8.3	8
실증로	10~20	0 (5*)	0
경수로	약 50	29**	10
합계	약 80~90	46(51*)	23

2010년까지의 플루토늄 공급예측 (핵분열성 플루토늄, 단위: 톤)

공급원	원자력위원회의 예측 (1991년 8월)	원자력위원회 계획에 따른 예측(다카기)
기존 취득분	?	4.0
도카이무라 재처리시설	약 5	7.8
로카쇼무라 재처리시설	약 50	54
해외 재처리	약 30	34
합계	약 85	100

(주) J : 죠요(常陽), M : 몬쥬(もんじゅ)
 * : 고속증식로 실증로가 2010년까지 완성, 가동된 경우.
 ** : 2005년 이후 경수로 12기 체제로 가정.
출처: 高木仁三郎 監修, 『反原発出前します: 高木仁三郎講義録』, 七つ森書館, 1993, 211쪽.

한국, 대만 등)는 미국에 대해 일본과 동등한 대우를 요구할 가능성도 있다. 신 협정으로 도입된 핵 비확산 강화를 위한 조치가 실효성을 얻기 위해서는 플루토늄의 이용확산에 따른 핵확산의 가능성을 어떻게 효과적으로 방지하는지가 중요한 포인트가 될 것이다.

협정 개정에 의해 미국의 사전동의가 포괄화되어 동의를 얻기 위한 수속은 간소화되었지만, 신 협정에는 몇 가지 문제점이 남아있다. 협정의 일방적인 정지권도 그 중의 하나이다. 미국이 행사하는 협정의 일방적 정지권에 대해 경우에 따라서는 미일이 서로 다른 해석을 할 수도 있다. 예를 들면, 협정 제11조에는 포괄동의에 관한 실시약정을 핵확산 방지의 목적 및 각국의 국가안전보장의 이익에 합치하도록 체결한다고 하고 있으며, 실시약정에는 포괄동의를 정지하는 결정은 핵 비확산 또는 국가안전보장의 견지에서 이뤄진다고 하고 있다. 미국은 이 규정을 미국이 일방적으로 국가안전보장에 대한 위협이라고 판단하면 포괄동의를 정지할 수 있는 조항이라고 해석하고 있다.[324]

한편, 해석에 따라서는 일본이 신 협정 또는 IAEA/NPT 등과의 조약에 대해, 현저한 위반을 하지 않는 한 미국이 일방적으로 협정을 정지할 수 없다고 해석하는 것도 가능한 애매한 조항으로 되어있다 (일본의 주된 해석). 따라서 이 규정은 미국의 국가안전보장의 이익이 무엇인가의 문제를 포함해 장래의 미일 분쟁의 씨앗이 될 수도 있을 것이다.

---

[324] "Prepared statement of Hon. Richard T. Kennedy, Ambassador at Large, Department of State", U.S. Congress, House Committee on Foreign Affairs, *US-Japan nuclear Cooperation Agreement, Hearings : Dec. 16, 1987; Mar. 2, 1988*, pp.33~56.

부 록

[부록 1] 신 미일 원자력협정의 개요 및 구성

협정 본체

전문
제1조 정의
제2조 협력의 방법
　　　　협정의 대상이 되는 조건
　　　　협정 적용의 종료
제3조 저장
제4조 관할외 이전
제5조 재처리, 형상 및 내용의 변경
제6조 농축(20% 이상)
제7조 핵물질 방호조치
제8조 핵폭발, 군사이용의 금지
제9조 보장조치
제10조 다공급국 규제
제11조 포괄동의 실시약정
제12조 협력의 정지·반환청구권
제13조 구 협정 대상 핵물질, 설비의 취급
제14조 협의 및 중재
제15조 부속서
제16조 협정의 발효, 존속, 종료

실시약정(포괄동의 약정)

전문
제1조 협정 제3-5조의 활동에 대한 포괄동의
제2조 부속서의 개정
제3조 합의의 효력정지

부속서 1 재처리, 형상 내용의 변경 및 저장에 관한 시설
부속서 2 플루토늄 조사에 관한 시설
부속서 3 핵물질의 국제수송에 관한 시설
부속서 4 당사국의 관할 내의 계획 중 혹은 건설 중의 시설
부속서 5 플루토늄의 국제수송 가이드라인

부속서 A 기기·자재의 품목
부속서 B 핵물질 방호수준

[부록 2] 협정문

원자력의 평화적 이용에 관한 협력을 위한 일본국 정부와 아메리카합중국 정부 간의 협정

일본국 정부 및 아메리카합중국 정부는 1968년 2월 26일에 서명된 원자력의 비군사적 이용에 관한 협력을 위한 일본국 정부와 아메리카합중국 정부 간의 협정(개정을 포함)(이하 구 협정) 하의 원자력의 평화적 이용에 관한 양국 간의 긴밀한 협력을 고려하여, 평화적 목적을 위한 원자력의 연구, 개발 및 이용의 중요성을 확인하고, 양국 정부의 관계 국가계획을 존중하며, 동 분야의 협력을 계속하고 또한 확대시키는 것을 희망하고, 양국 정부는 원자력계획의 장기적인 요청을 감안한 예측 가능성 및 신뢰성 있는 기반 위에 원자력의 평화적 이용을 위한 실시약정을 체결하는 것을 희망하고, 양국 정부는 핵무기의 비확산에 관한 조약(이하 비확산조약)의 체약국 정부라는 것에 유의하고, 양국 정부는 평화적 이용을 위한 원자력의 연구, 개발 및 이용이 비확산조약의 목적을 최대한으로 촉진하는 방향으로 수행할 것을 서약하는 것을 재확인하며, 양국 정부는 국제원자력기관(이하 기관)의 목적을 지지하며, 비확산조약에의 참가가 보편적으로 이뤄지도록 촉진하는 것을 희망한다는 것을 확인하며, 다음과 같이 협정했다.

제1조
이 협정의 적용 상,
(a) '양 당사국 정부'란 일본국 정부 및 아메리카합중국 정부를 말한다. 당사국 정부는 양 당사국 정부 어느 한쪽을 말한다.
(b) '자'란 어느 한쪽 당사국 정부의 영역적 관할 하에 있는 개인 또는 단체를 말하며, 양 당사국 정부를 포함하지 않는다.
(c) '원자로'란 우라늄, 플루토늄 또는 토륨 또는 그 조합을 사용하여 자기유지적 핵분열 연쇄반응이 유지되는 장치(핵무기 및 기타 핵폭발 장치를 제외)를 말한다.
(d) '설비'란 원자로의 완성품(주로 플루토늄 또는 우라늄 233의 생산을 위해 설계되거나 사용되는 것을 제외) 및 협정 부속서 A의 A부에 언급한 품목을 말

한다.
(e) '구성부분'이란 설비 이외의 품목이며, 양 당사국 정부의 합의에 의해 지정되는 것을 말한다.
(f) '자재'란 원자로용 자재이며 협정 부속서 A의 B부에 언급된 것을 말하며, 핵물질을 포함하지 않는다.
(g) '핵물질'이란 다음에 정의하는 '원료물질' 또는 '특수 핵분열성 물질'을 말한다.
　(ⅰ) '원료물질'이란 다음의 물질을 말한다.
　　우라늄 동위원소의 천연 혼합율로 구성된 우라늄
　　동위원소 우라늄 235의 열화우라늄
　　토륨
　　금속, 합금, 화합물 혹은 고함유물의 형태로 전술한 물질을 함유한 물질 이외의 물질이며, 양 당사국 정부가 합의한 함유율에 의한 전술한 물질 중 하나 혹은 둘 이상을 함유한 것
　　양 당사국 정부가 합의한 기타의 물질
　(ⅱ) '특수 핵분열성 물질'이란 다음의 물질을 말한다.
　　플루토늄
　　우라늄 233
　　동위원소 우라늄 233 또는 235의 농축 우라늄
　　전술한 물질 중 하나 또는 둘 이상을 함유한 물질
　　양 당사국 정부가 합의한 기타의 물질
　　'특수 핵분열성 물질'에는 '원료물질'을 포함하지 않는다.
(h) '고농축 우라늄'이란 동위원소 우라늄 235의 농축도가 20% 이상이 되도록 농축된 우라늄을 말한다.
(i) '비밀자료'란 (ⅰ) 핵무기의 설계, 제조 혹은 사용, (ⅱ) 특수 핵분열성 물질의 생산 또는 (ⅲ) 에너지의 생산에 사용되는 특수 핵분열성 물질의 사용에 관한 자료를 말하며, 한 쪽의 당사국 정부에 의해 비공개 지정에서 해제되거나 비밀자료의 범위에서 제외된 당사국 정부의 자료를 포함하지 않는다.
(j) '민감한 원자력기술'이란 일반인이 입수할 수 없는 자료이며, 농축시설, 재처리시설 또는 중수 생산시설의 설계, 건설, 제작, 운전 또는 보수에 관한 중요한 것 및 양 당사국 정부의 합의에 의해 지정된 기타의 자료를 말한다.

제2조

1 (a) 양 당사국 정부는 양국의 원자력의 평화적 이용을 위해 이 협정 하에서 다음과 같이 협력한다.
    (i) 양 당사국 정부는 전문가의 교환에 의한 양국의 공적, 사적조직 간의 협력을 조장한다. 일본국의 조직과 합중국의 조직 간의 이 협정 하에서의 실시약정 또는 계약에 의해 전문가의 교환이 이루어질 경우에는 양 당사국 정부는 전문가의 자국 영역으로의 입국 및 자국 영역의 체재를 용이하게 한다.
    (ii) 양 당사국 정부는 상호 간, 영역적 관할 하에 있는 사람 간 또는 어느 한 쪽의 당사국 정부와 다른 쪽 당사국 정부의 영역적 관할 하에 있는 사람 간의 합의에 의해 정해진 조건에 의한 정보제공 및 교환을 용이하게 한다. 대상사항에는 보건상, 안전상 및 환경상의 고려사항이 포함된다.
    (iii) 한 쪽의 당사국 정부 또는 당사국 정부가 인정한 사람은 공급자와 수령자 간의 합의로 정해진 조건에서, 자재, 핵물질, 설비 및 구성부분을 타 당사국 정부 혹은 인정받은 사람에게 공급 또는 그들로부터 수령하는 것이 가능하다.
    (iv) 한 당사국 정부 또는 당사국 정부가 인정한 사람은 협정의 범위 안에서, 제공자와 수령자 간의 합의에 의해 정해진 조건에서 타 당사국 정부 혹은 인정받은 사람에게 역무를 제공 또는 그들로부터 역무의 제공을 받는 것이 가능하다.
    (v) 양 당사국 정부는 양 당사국 정부가 적당하다고 인정하는 다른 방법으로 협력하는 것이 가능하다.
  (b) (a)의 규정에 관계없이 비밀자료 및 민감한 원자력기술은 이전해서는 안 된다.

2 1이 정하는 양 당사국 정부 간의 협력은 협정의 규정 및 각각의 국가에서 효력을 가지는 관계조약, 법령 및 허가요건에 따르는 것으로 하며, 동시에 1(a)(iii)에 정한 협력에 관해서는 다음의 요건에 따른다.
  (a) 일본국 정부 또는 인정받은 사람이 수령자가 되는 경우에는, 일본국의 영역 내 또는 그 관할 하에서 또는 장소 여하를 불문하고 그 관리 하에서 이뤄지는 모든 원자력 활동에 관련된 모든 핵물질에 대해 기관의 보장조치가 적용될 것. 비확산조약에 관련한 일본국 정부와 기관 간의

협정이 실시될 때는 그 요건이 충족된 것으로 간주한다.
  (b) 미합중국 정부 또는 인정받은 사람이 수령자가 되는 경우에는, 미합중국의 영역 또는 그 관할 하에서 또는 장소 여하를 불문하고 그 관리 아래에서 이뤄지는 모든 비군사적 원자력 활동에 관련된 모든 핵물질에 대해 기관의 보장조치가 적용될 것. 보장조치의 적용을 위한 미합중국과 기관 간의 협정이 실시될 때에는 이 요건이 충족된 것으로 간주한다.

3 직접이든 제3국을 경유하든, 양국 간에 이전되는 자재, 핵물질, 설비 및 구성부분은 공급 당사국 정부가 수령 당사국 정부에 대해 예정된 이전을 문서로 통고한 경우에 한하여, 동시에 이들이 수령 당사국 정부의 영역적 관할에 들어간 때부터 이 협정의 적용을 받는다. 공급 당사국 정부는 통고된 해당 품목의 이전에 앞서 이전되는 해당품목이 이 협정의 적용을 받게 된다는 것 및 예정된 수령자가 수령 당사국 정부가 아닌 경우에는 해당 수령자가 인정받은 사람이라는 문서의 확인을 수령 당사국 정부에서 얻어야 한다.

4 이 협정의 적용을 받는 자재, 핵물질, 설비 및 구성부분은 다음의 경우에 이 협정의 적용을 받지 않는 것으로 한다.
  (a) 해당품목이 이 협정의 관계규정에 의해 수령 당사국 정부의 영역적 관할 외로 이전된 경우
  (b) 핵물질에 대해 (i) 기관이 2에 규정하는 일본국 정부 또는 미합중국과 기관 간 협정 중 보장조치의 종료에 관련된 규정에 따라, 해당 핵물질이 소모된 것, 보장조치의 적용이 필요한 어떠한 원자력 활동에도 사용되는 것이 불가능한 상태로 희석된 것 또는 실제로 회수 불가능하다고 결정된 경우. 단, 어느 한 쪽의 당사국 정부가 기관의 결정에 대해 이의를 제기할 때는, 해당 이의가 해결이 될 때까지 해당 핵물질은 협정의 적용을 받는다. (ii) 기관의 결정이 없을 때에도, 해당 핵물질이 이 협정의 적용을 받지 않게 된다는 것을 양 당사국 정부가 합의하는 경우
  (c) 자재, 설비 및 구성부분에 대해 양 당사국 정부가 합의한 경우

제3조

플루토늄 및 우라늄 233(조사된 연료요소에 함유된 플루토늄 및 우라늄 233을 제외) 및 고농축 우라늄으로, 이 협정에 기반하여 이전된 것 또는 이 협정에 기

반하여 이전된 핵물질 혹은 설비에 사용되거나 생산된 것은 양 당사국 정부가 합의하는 시설에만 저장된다.

제4조
이 협정에 기반하여 이전된 자재, 핵물질, 설비 및 구성부분 또는 이러한 자재, 핵물질 또는 설비의 사용을 통해 생산된 특수 핵분열성 물질은 수령 당사국 정부에 의해 인정받은 사람에 대해서만 이전하는 것이 가능하다. 단 양 당사국 정부가 합의한 경우에는 수령 당사국 정부의 영역적 관할 외로 이전하는 것이 가능하다.

제5조
1 이 협정에 기반하여 이전된 핵물질 및 이 협정에 기반하여 이전된 자재, 핵물질 또는 설비에서 사용되거나 생산된 특수 핵분열성 물질은, 양 당사국 정부가 합의한 경우에는 재처리하는 것이 가능하다.
2 플루토늄, 우라늄 233, 고농축 우라늄 및 조사된 핵물질로, 이 협정에 기반하여 이전된 것 또는 이 협정에 기반하여 이전된 자재, 핵물질 또는 설비에서 사용되거나 생산된 것은 조사에 의해 형상 또는 내용을 변경하는 것이 가능한 것으로 하며, 또한 양 당사국 정부가 합의한 경우에는 조사 이외의 방법으로 형상 또는 내용을 변경하는 것이 가능하다.

제6조
이 협정에 기반하여 이전된 또는 이 협정에 기반하여 이전된 설비에서 사용된 우라늄은 동위원소 우라늄 235의 농축도가 20% 미만의 범위에서 농축하는 것이 가능하며, 또한 양 당사국 정부가 합의한 경우에는 동위원소 우라늄 235의 농축도가 20% 이상이 되도록 농축하는 것이 가능하다.

제7조
이 협정에 기반하여 이전된 핵물질 및 이 협정에 기반하여 이전된 자재, 핵물질 혹은 설비에 사용되거나 사용을 통해 생산된 특수 핵분열성물질에 관해 적절한 방호조치가 이 협정의 부속서 B가 정한 수준에서 유지된다.

제8조

1 이 협정 하의 협력은 평화적 목적에 한한다.
2 이 협정에 기반하여 이전된 자재, 핵물질, 설비 및 구성부분 및 이러한 자재, 핵물질, 설비 또는 구성부분에 사용되거나 사용을 통해 생산된 핵물질은 어떠한 핵폭발장치를 위해서도, 어떠한 핵폭발장치의 연구 혹은 개발을 위해서도, 또한 어떠한 군사적 목적을 위해서도 사용해서는 안 된다.

제9조

1 제8조 2의 규정의 준수를 확보하기 위해
   (a) 이 협정에 기반하여 일본국 정부의 영역적 관할에 이전된 핵물질 및 이 협정에 기반하여 일본국 정부의 영역적 관할에 이전된 자재, 핵물질, 설비 또는 구성부분에 사용되거나 사용을 통해 생산된 핵물질은 제2조 2(a)가 규정하는 일본국 정부와 기관 간 협정의 적용을 받는다.
   (b) 이 협정에 기반하여 미합중국 정부의 영역적 관할에 이전된 핵물질 및 이 협정에 기반하여 미합중국 정부의 영역적 관할에 이전된 자재, 핵물질, 설비 또는 구성부분에 사용되거나 사용을 통해 생산된 핵물질은 (ⅰ) 제2조 2(b)가 규정하는 미합중국과 기관 간의 협정 및 (ⅱ) 해당 핵물질의 실시가능한 범위 내에서의 대체를 위해 또는 해당 핵물질의 추적 및 계량을 위한 보조적 조치의 적용을 받는다.
2 어느 한 쪽의 당사국 정부가, 기관이 어떠한 이유로 인해 1의 규정에 따라 필요한 보장조치를 적용하지 않은 때 또는 적용하지 않을 것을 안 경우에는, 양 당사국 정부는 시정조치를 취하기 위해 즉각 협의하며, 또한 그러한 시정조치를 취하기 어려운 때에는 기관의 보장조치의 원칙 및 수속에 합치하는 실시약정을 1의 규정에 따라 필요한 보장조치가 의도하는 것과 동등한 효과 및 적용범위를 가지도록 신속히 체결한다.

제10조

어느 한 쪽의 당사국 정부와 타 국가 또는 집단과의 합의가 그 국가 또는 집단에 대해 협정의 적용을 받는 자재, 핵물질, 설비 및 구성부분에서 제3조에서 제6조 또한 제12조가 정하는 권리의 일부 또는 전부와 동등한 권리를 부여하는 경우에는, 양 당사국 정부는 어느 한 당사국 정부의 요청에 의하여 해당 타 국가 또는 집단에 해당 권리가 실현되는 것에 합의하는 것이 가능하다.

제11조

제3조, 제4조 또는 제5조 규정의 적용을 받는 활동을 용이하게 하기 위해 양 당사국 정부는 이 조항이 정한 합의의 요건을 장기성, 예견 가능성 및 신뢰성이 있는 기초 위에서 또한 각 국가의 원자력의 평화적 이용을 한층 용이하게 하는 별개의 실시약정을 핵확산 방지목적 및 각각의 국가안전보장의 이익에 합치하도록 체결하고, 성실히 이행한다.

제12조

1 어느 한 쪽의 당사국 정부가 이 협정의 효력발생 후의 어느 시점에서,
    (a) 제3조에서 제9조까지 혹은 제11조의 규정 혹은 제14조가 규정하는 중재재판소의 결정에 따르지 않는 경우 또는
    (b) 기관과의 보장조치협정을 종료시키거나 그것에 대한 중대한 위반을 하는 경우에는, 다른 쪽 당사국 정부는 이 협정 하에서의 이후의 협력을 정지하며, 이 협정을 종료시켜 협정에 기반하여 이전된 자재, 핵물질, 설비, 구성부분 또는 이들의 자재, 핵물질, 설비 혹은 구성부분의 사용을 통해 생산된 특수핵분열성 물질의 반환을 요구하는 권리를 가진다.

2 미합중국이 이 협정에 기반하여 이전된 자재, 핵물질, 설비, 구성부분 또는 이 자재, 핵물질, 설비, 구성부분을 사용하거나 사용을 통해 생산된 핵물질을 사용하여 핵폭발장치를 폭발시키는 경우에는, 일본국 정부는 1이 정하는 권리와 같은 권리를 가진다.

3 일본국이 핵폭발장치를 폭발시키는 경우에는 미합중국 정부는 1이 정한 권리와 같은 권리를 가진다.

4 양 당사국 정부는 어느 한 쪽의 당사국 정부가 이 협정 하에서의 협력을 정지하여, 이 협정의 종료 및 반환을 요구하는 행동을 취하기 전에, 필요한 경우에는 다른 적당한 실시약정을 체결할 필요성을 고려하며, 시정조치를 취하는 것을 목적으로 하여 협의하고, 또한 해당 행동의 경제적 영향을 신중히 검토한다.

5 어느 한 쪽의 당사국 정부가 이 조항의 규정에 기반하여 자재, 핵물질, 설비 또는 구성부분의 반환을 요구하는 권리를 행사하는 경우에는, 해당 당사국 정부는 공정한 시장가격으로 다른 쪽의 당사국 정부 또는 관계자에게 보상한다.

제13조

1 구 협정은 이 협정이 효력을 발생하는 날에 종료한다.

2 구 협정 하에서 개시된 협력은 이 협정 하에서 지속된다. 구 협정의 적용을 받던 핵물질 및 설비에 관해서 이 협정의 규정을 적용한다. 제11조가 정한 개별 실시약정에 의한 합의가 이 핵물질 또는 설비에 대해 정지된 경우에는 해당 핵물질 또는 설비는 정지 기간 중, 구 협정에서 규정된 한도에서만 이 협정 규정의 적용을 받는다.

제14조
1 양 당사국 정부는 이 협정 하의 협력을 촉진하기 위해 어느 한 당사국 정부의 요청에 기반하여, 외교상의 경로 또는 다른 협의의 장을 통해 상호로 협의하는 것이 가능하다.
2 이 협정의 해석 또는 적용에 관해 문제가 발생한 경우에는, 양 당사국 정부는 어느 한 쪽의 당사국 정부의 요청에 기반하여 상호로 협의한다.
3 이 협정의 해석 또는 적용에서 발생하는 분쟁이 교섭, 중개, 조정 또는 다른 수속에 따라 해결되지 않는 경우에는, 양 당사국 정부는 이 3의 규정에 따라 선정되는 3인의 중재재판관에 의해 구성된 중재재판소에 해당 분쟁을 부탁하는 것을 합의하는 것이 가능하다. 각 당사국 정부는 1인의 중재재판관을 지명하고(자국민을 지명하는 것이 가능하다), 지명된 2인의 중재재판관은 재판장이 될 제3국의 국민인 제3의 중재재판관을 선임한다. 중재재판의 요청이 이뤄진 후 30일 이내에 어느 한 쪽 당사국 정부가 중재재판관을 지명하지 않은 경우에는, 다른 당사국 정부는 국제사법재판소장에게 1인의 중재재판관을 임명하도록 요청하는 것이 가능하다. 제2의 중재재판관의 지명 또는 임명이 이뤄지고 나서 30일 이내에 제3의 중재재판관이 선임되지 않는 경우에도 같은 수속이 적용된다. 단, 임명된 제3의 중재재판관은 양국 어느 한 곳의 국민이어서는 안 된다. 중재재판에는 중재재판소의 구성원의 과반수가 출석해야 하며, 모든 결정에는, 2인의 중재재판관의 동의를 필요로 한다. 중재재판의 수속은 중재재판소가 정한다. 중재재판소의 결정은 양 당사국 정부를 구속한다.

제15조
이 협정의 부속서는 이 협정의 불가분의 일부를 구성한다. 이 협정의 부속서는 양 당사국정부의 문서에 의한 합의에 의해 이 협정을 개정하지 않고 수정하는 것이 가능하다.

제16조

1 이 협정은 양 당사국 정부가 협정의 효력발생을 위해서 필요한 국내법상의 수속을 완료했다는 뜻을 통고하는 외교공문을 교환한 날 이후 30일째 날에 효력이 발생한다. 이 협정은 30년간 효력을 가지는 것으로 하며, 그 후는 2의 규정에 따라 종료할 때까지 효력을 존속한다.
2 어느 한 쪽의 당사국 정부도 6개월 전에 다른 쪽의 당사국 정부에 대해 문서에 따른 통고를 하는 것으로, 최초 30년 기간의 끝에 또는 그 후에 언제라도 협정을 종료시키는 것이 가능하다.
3 어떠한 이유에서든 이 협정 또는 협정 하의 협력의 정지 또는 종료 후에도, 제1조, 제2조 4, 제3조에서 제9조까지, 제11조, 제12조 및 제14조의 규정은 적용 가능한 한 계속해서 효력을 가진다.
4 양 당사국 정부는 어느 한 쪽의 당사국 정부의 요청에 기반하여, 이 협정을 개정할지 말지 또는 협정을 대신할 새로운 협정을 체결할지 안할지에 대해 상호로 협의한다.

이상의 증거로서, 아래의 사람은 정당한 위임을 받아 이 협정에 서명했다.
1987년 11월 4일에 도쿄에서, 동등한 정문인 영어 및 일본어로 본서 두 통을 작성했다.

일본국 정부를 위하여 구라나리 다다시   미합중국 정부를 위하여 마이크 J 맨스필드

AGREEMENT FOR COOPERATION BETWEEN
THE GOVERNMENT OF THE UNITED STATES OF AMERICA
AND THE GOVERNMENT OF JAPAN
CONCERNING PEACEFUL USES OF NUCLEAR ENERGY

The Government of the United States of America and the Government of Japan, Considering the close cooperation between the two countries in the peaceful uses of nuclear energy pursuant to the Agreement for Cooperation Between the Government of the United States of America and the Government of Japan Concerning Civil Uses of Atomic Energy, signed on February 26, 1968, as amended (hereinafter referred to as "the previous Agreement");
Recognizing the importance of research on and development and use of nuclear energy for peaceful purposes;
Desiring to continue and expand cooperation in this field with due respect for their relevant national programs;
Desiring to enter into arrangements in the peaceful uses of nuclear energy on a predictable and reliable basis which take account of the long-term requirements of their nuclear energy programs;
Mindful that both Governments are parties to the Treaty on the Non-Proliferation of Nuclear Weapons (hereinafter referred to as "the Non-Proliferation Treaty");
Reaffirming their commitment to ensuring that the international research on and development and use of nuclear energy for peaceful uses are carried out in such a manner as will to the maximum extent further the objectives of the Non-Proliferation Treaty; and
Affirming their support of the objectives of the International Atomic Energy Agency (hereinafter referred to as "the Agency") and their desire to promote universal adherence to the Non-Proliferation Treaty;
Have agreed as follows:

Article 1

For the purposes of this Agreement:

(a) "Parties" means the Government of the United States of America and the Government of Japan; "Party" means one of the above "parties";

(b) "Person" means any individual or entity under the territorial jurisdiction of either party, but does not include the parties;

(c) "Reactor" means any apparatus, other than a nuclear weapon or other nuclear explosive device, in which a self-sustaining fission chain reaction is maintained by utilizing uranium, plutonium or thorium, or any combination thereof;

(d) "Equipment" means any reactor as a complete unit, other than one designed or used primarily for the formation of plutonium or uranium-233, and any other items specified in Part A of Annex A of this Agreement;

(e) "Component" means a component part of equipment or other item, so designated by agreement of the parties;

(f) "Material" means material for reactors which is specified in Part B of Annex A of this Agreement, but does not include "nuclear material";

(g) "Nuclear material" means (i) "source material", namely, uranium containing the mixture of isotopes occurring in nature; uranium depleted in the isotope 235; thorium; any of the foregoing in the form of metal, alloy, chemical compound, or concentrate; any other substance containing one or more of the foregoing in such concentration as may be agreed to by the parties; and such other substances as may be agreed to by the parties; and (ii) "special fissionable material", namely, plutonium, uranium-233, uranium enriched in the isotope 233 or 235; any substance containing one or more of the foregoing; and such other substances as may be agreed to by the parties. The term "special fissionable material" does not include "source material";

(h) "High enriched uranium" means uranium enriched to twenty percent or more in the isotope 235;

(i) "Restricted data" means any data concerning (i) design, manufacture, or utilization of nuclear weapons; (ii) the production of special fissionable material; or (iii) the use of special fissionable material in the production of energy, but does not include data of a party which it has declassified or removed from the category of restricted data;

(j) "Sensitive nuclear technology" means any data which are not available to the public and which are important to the design construction, fabrication, operation or maintenance of enrichment, reprocessing or heavy water production facilities, or such other data as may be so designated by agreement of the parties.

Article 2

1. (a) The parties shall cooperate under this Agreement in the peaceful uses of

nuclear energy in the two countries in the following ways:

(ⅰ) The parties shall encourage cooperation between their respective organizations, public and private, by exchanges of experts. When execution of an agreement or contract pursuant to this Agreement between United States and Japanese organizations requires such exchanges of experts, the parties shall facilitate the entry of the experts to their territories and their stay therein.

(ⅱ) The parties shall facilitate supply and exchange of information on such terms as may be agreed either between themselves, between persons under their territorial jurisdiction or between either party and persons under the territorial jurisdiction of the other party. Subjects that may be covered include health, safety and environmental considerations.

(ⅲ) Either party or its authorized persons may supply to or receive from the other party or its authorized persons material, nuclear material, equipment and components on such terms as may be agreed between the supplier and the recipient.

(ⅳ) Either party or its authorized persons may perform services for or receive services from the other party or its authorized persons on matters within the scope of this Agreement on such terms as may be agreed between the supplier and the recipient.

(ⅴ) The parties may cooperate in other ways as deemed appropriate by them.

(b) Notwithstanding the provisions of sub-paragraph (a) above, restricted data and sensitive nuclear technology shall not be transferred under this Agreement.

2. Cooperation between the parties as specified above shall be subject to the provisions of this Agreement, and the applicable treaties, laws, regulations and license requirements in force in their respective countries and shall require, in the case of cooperation envisaged in sub-paragraph (a)(ⅲ) of paragraph 1 above, the application of safeguards by the Agency:

(a) with respect to all nuclear material in all nuclear activities within the territory of Japan, under its jurisdiction or carried out under its control anywhere, when the recipient is the Government of Japan or its authorized persons. Implementation of the agreement between the Government of Japan and the Agency in connection with the Non-Proliferation Treaty shall be considered as fulfilling this requirement; and

  (b) with respect to all nuclear material in all civil nuclear activities within the territory of the United States of America, under its jurisdiction or carried out under its control anywhere, when the recipient is the Government of the United States of America or its authorized persons. Implementation of the agreement between the United States of America and the Agency for the application of safeguards in the United States of America shall be considered as fulfilling this requirement.

3. Material, nuclear material, equipment and components transferred between the two countries, whether directly or through a third country, shall become subject to this Agreement upon their entry into the territorial jurisdiction of the receiving party only if the supplying party has notified the receiving party in writing of the intended transfer. Prior to the notified transfer of such items, the supplying party shall obtain from the receiving party a written confirmation that the transferred item will be held subject to this Agreement and that the proposed recipient, if other than the receiving party, will be its authorized person.

4. Material, nuclear material, equipment and components subject to this Agreement shall no longer be subject to this Agreement if:

  (a) such items have been transferred beyond the territorial jurisdiction of the receiving party in accordance with the relevant provisions of this Agreement;

  (b) in the case of nuclear material, (i) the Agency determines, in accordance with the provisions for the termination of safeguards in the relevant-agreement referred to in paragraph 2 of this Article, that the nuclear material has been consumed, or has been diluted in such a way that it is no longer usable for any nuclear activity relevant from the point of view of safeguards, or has become practicably irrecoverable. If either party disputes the Agency determination, the nuclear material will remain subject to this Agreement until the dispute is resolved; or (ii) in the absence of a determination by the Agency, it is agreed by the parties that such nuclear material should no longer be subject to this Agreement; or

(c) in the case of material, equipment and components, it is agreed by the parties.

Article 3

Plutonium and uranium-233 (except as contained in irradiated fuel elements), and high enriched uranium, transferred pursuant to this Agreement or used in or produced through the use of nuclear-material or equipment so transferred, shall only be stored in a facility to which the parties agree.

Article 4

Material, nuclear material, equipment and components transferred pursuant to this Agreement and special fissionable material produced through the use of such material, nuclear material or equipment may be transferred only to persons authorized by a receiving party or, if the parties agree, beyond the territorial jurisdiction of the receiving party.

Article 5

1. Nuclear material transferred pursuant to this Agreement and special fissionable material used in or produced through the use of material, nuclear material or equipment so transferred may be reprocessed if the parties agree.

2. Plutonium, uranium-233, high enriched uranium and irradiated nuclear material transferred pursuant to this Agreement or used in or produced through the use of material, nuclear material or equipment so transferred may be altered in form or content by irradiation. Such special fissionable material may otherwise be altered in form or content if the parties agree.

Article 6

Uranium transferred pursuant to this Agreement or used in equipment so transferred may be enriched to less than twenty percent in the isotope 235. Such uranium may also be enriched to twenty percent or more in the isotope 235 if the parties agree.

Article 7

Adequate measures of physical protection shall be maintained with respect to nuclear material transferred pursuant to this Agreement and special fissionable material used in or produced through the use of material, nuclear material or equipment so transferred, at levels, as a minimum, comparable to those set out in Annex B of this Agreement.

Article 8

1. Cooperation under this Agreement shall be carried out only for peaceful purposes.

2. Material, nuclear material, equipment and components transferred pursuant to this Agreement and nuclear material used in or produced through the use of such items shall not be used for any nuclear explosive device, for research specifically on or development of any nuclear explosive device, or for any military purpose.

Article 9

1. In order to ensure compliance with the provisions of paragraph 2 of Article 8 of this Agreement:

    (a) Nuclear material transferred to the territorial jurisdiction of the Government of Japan pursuant to this Agreement and nuclear material used in or produced through the use of material, nuclear material, equipment or components so transferred shall be subject to the agreement referred to in sub-paragraph (a) of paragraph 2 of Article 2 of this Agreement.

    (b) Nuclear material transferred to the territorial jurisdiction of the Government of the United States of America pursuant to this Agreement and nuclear material used in or produced through the use of material, nuclear material, equipment or components so transferred shall be subject to (i) the agreement referred to in subparagraph (b) of paragraph 2 of Article 2 of this Agreement and (ii) supplementary measures for substitution, to the extent practicable, or for tracking and accounting for such nuclear material.

2. If either party becomes aware that for any reason the Agency is not or will not be applying safeguards as required by paragraph 1 of this Article, the parties shall forthwith consult to take rectifying measures and, in the absence of such rectifying measures, shall immediately enter into arrangements which conform to safeguards principles and procedures of the Agency and provide effectiveness and coverage equivalent to that intended to be provided by the safeguards required pursuant to paragraph 1 of this Article.

Article 10

If an agreement between either party and another nation or group of nations provides such other nation or group of nations rights equivalent to any or all of those set forth in Article 3, 4, 5, 6 or 12 of this Agreement with respect to any material, nuclear material, equipment or components subject to this Agreement, the parties may, at the request of either of them, agree that the implementation of such rights will be accomplished by such other nation or group of nations.

Article 11

In order to facilitate activities subject to Articles 3, 4 and 5 of this Agreement, the parties shall make, consistent with the objective of preventing nuclear proliferation and with their respective national security interests, and perform in good faith separate arrangements that will satisfy the requirements for mutual agreement set forth in those Articles on a long-term, predictable and reliable basis, and in a manner that will further facilitate peaceful uses of nuclear energy in their respective countries.

Article 12

1. If either party at any time following entry into force of this Agreement:

(a) does not comply with the provisions of Article 3, 4, 5, 6, 7, 8, 9 or 11 of this Agreement or the decisions of the arbitral tribunal referred to in Article 14 of this Agreement; or

(b) terminates or materially violates a safeguards agreement with the Agency, the other party shall have the rights to cease further cooperation under this Agreement, terminate this Agreement and require the return of any material, nuclear material, equipment or components transferred pursuant to this Agreement or any special fissionable material produced through the use of such items.

2. If the United States of America detonates a nuclear explosive device using material, nuclear material, equipment or components transferred pursuant to this Agreement or nuclear material used in or produced through the use of such items, the Government of Japan shall have the same rights as specified in paragraph 1 of this Article.

3. If Japan detonates a nuclear explosive device, the Government of the United States of America shall have the same rights as specified in paragraph 1 of this Article.

4. Before either party takes steps to cease cooperation under this Agreement, to terminate this Agreement, or to require such return, the parties shall consult for the purpose of taking corrective steps and shall carefully consider the economic effects of such actions, taking into account the need to make such other appropriate arrangements as may be required.

5. If either party exercises its rights under this Article to require the return of any material, nuclear material, equipment or components, it shall compensate the other party or the persons concerned for the fair market value thereof.

Article 13

1. The previous Agreement shall terminate on the date this Agreement enters into force.
2. Cooperation initiated under the previous Agreement shall continue under this Agreement. The provisions of this Agreement shall apply to nuclear material

and equipment subject to the previous Agreement. Should the separate arrangements called for in Article 11 of this Agreement be suspended with respect to such nuclear material or equipment, they shall be subject to the provisions of this Agreement during the suspension only to the extent covered by the previous Agreement.

Article 14

1. With a view to promoting cooperation under this Agreement, the parties may, at the request of either of them, consult with each other through diplomatic channels or other consultative fora.

2. If any question arises concerning the interpretation or application of this Agreement, the parties shall, at the request of either of them, consult with each other.

3. If any dispute arising out of the interpretation or application of this Agreement is not settled by negotiation, mediation, conciliation or other similar procedure, the parties may agree to submit such dispute to an arbitral tribunal which shall be composed of three arbitrators appointed in accordance with the provisions of this paragraph. Each party shall designate one arbitrator who may be a national of its country and the two arbitrators so designated shall elect a third, a national of a third country, who shall be the Chairman. If, within thirty days of the request for arbitration, either party has not designated an arbitrator, either party may request the President of the International Court of Justice to appoint an arbitrator. This same procedure shall apply if, within thirty days of the designation or appointment of the second arbitrator, the third arbitrator has not been elected, provided that the third arbitrator so appointed shall not be a national of the country of either party. A majority of the members of the arbitral tribunal shall constitute a quorum, and all decisions shall require the concurrence of two arbitrators. The arbitral procedure shall be fixed by the tribunal. The decisions of the tribunal shall be binding on the parties.

Article 15

The Annexes of this Agreement form an integral part of this Agreement. The Annexes may be modified by mutual consent in writing of the parties without amendment of this Agreement.

Article 16

1. This Agreement shall enter into force on the thirtieth day after the date on which the parties exchange diplomatic notes informing each other that their respective internal legal procedures necessary for entry into force of this Agreement have been completed and shall remain in force for a period of thirty years, and shall continue in force thereafter until terminated in accordance with the provisions of paragraph 2 of this Article.

2. Either party may, by giving six months written notice to the other party, terminate this Agreement at the end of the initial thirty-year period or at any time thereafter.

3. Notwithstanding the suspension or termination of this Agreement or any cooperation hereunder for any reason, Article 1, paragraph 4 of Article 2 and Articles 3, 4, 5, 6, 7, 81 9, 11, 12 and 14 shall continue in effect to the extent applicable.

4. At the request of either party, the parties shall consult with each other whether to amend this Agreement or to replace it with a new agreement.

IN WITNESS WHEREOF the undersigned, being duly authorized, have signed this Agreement.

DONE at Tokyo, this fourth day of November, 1987, in duplicate, in the English and Japanese languages, both texts being equally authentic.

FOR THE GOVERNMENT OF THE UNITED STATES OF AMERICA: Michael J Mansfield
FOR THE GOVERNMENT OF JAPAN: Tadashi Kuranari

[부록 3] 원자력 용어 (가나다순)

고속증식로(Fast Breeder Reactor: FBR)
플루토늄을 증식하는 원자로. MOX 연료를 사용하며 액체나트륨을 냉각수로 사용. 보통의 원자로는 우라늄 235를 4% 정도로 농축한 것을 연료로 사용하지만, 우라늄 235는 천연 우라늄 중에 0.7%만 포함되어 있다. 고속증식로(FBR)는 천연 우라늄의 99.3%를 차지하는 우라늄 238에 고속중성자를 조사(照射)해 얻을 수 있는 플루토늄 239를 연료로 사용한다. 경수로와 같이 중성자를 감속시키지 않고 고속인 상태로 사용하기 때문에 고속로라는 이름이 붙었다. FBR은 핵분열로 에너지를 발생시키면서 투입한 연료 이상의 플루토늄을 얻을 수 있어 '꿈의 원자로'라고 불린다.

국제원자력기관(International Atomic Energy Agency : IAEA)
원자력의 평화이용의 추진을 목적으로 1957년에 설립된 국제기관, 원자력의 평화이용에 대한 연구, 개발, 정보교환이나 물자, 설비의 제공, 발전도상국에의 기술원조 등을 실시. IAEA의 가장 중요한 일은 핵 비확산에 관한 보장조치의 실시.

국제핵연료 사이클평가(INFCE)
원자력 이용과정에서 발생할 수 있는 핵확산 방지를 위해 카터 미 대통령이 1977년에 각국에 호소하여 1977년 10월부터 1980년 2월까지 개최진 국제회의.

몬쥬(もんじゅ)
일본이 독자적으로 개발한 고속증식로의 원형로. 몬쥬라는 이름은 문수보살의 일본어 발음에서 따왔다. 1995년 8월 발전을 시작했지만, 3개월 만에 냉각제인 나트륨 유출로 화재가 발생하는 등 사고가 잇따르면서 가동이 중지됐다. 2018년 3월 폐로가 정식으로 결정되었다.

민감한 기술
일반인이 입수 불가능한 자료이며, 농축시설, 재처리시설 또는 중수 생산시설의 설계, 건축, 제작, 운전 또는 보수에 관한 중요한 기술 및 양 당사국 정부의 합의에 따라 지정된 그 밖의 자료를 말함.

보장조치(Safeguards)
 핵물질이 평화적 원자력 활동에서 핵무기나 핵폭발 장치의 제조를 위해, 또는 불분명한 목적을 위해 전용되는 것을 탐지하는 것 및 조기 탐지로 이러한 전용을 억제하는 것.

스리마일 원전사고
 1979년에 미국 스리마일섬(Three Mile Island: TMI)에 있는 원자력발전소에서 일어난 노심융해사고(가압수형, 출력 95만 6천kW)

신형전환로(Advanced Thermal Reactor : ATR)
 신형전환로는 일본 국산의 원자로이다. ATR은 농축 우라늄뿐만 아니라 플루토늄 연료도 연소시킬 수 있어 경수로와 FBR을 연결하는 역할로 개발된 것이다. ATR은 열중성자로의 한 종류로 핵분열을 일으키기 쉽도록 중성자의 속도를 늦추기 위해 감속재로 중수를 사용하고, 고속로와 마찬가지로 연소되지 않는 우라늄 238을 플루토늄 239로 전환한다. 핵연료기구가 원형로 후겐(전기출력 16.5만kw, 1979년 본격 운전 개시)을 시험운전 했지만 실용화하지 않는 방침이 결정되었다.

실증로
 원전 개발의 마지막 단계에서 실용성을 실증해 보이기 위한 대형로. 실증로의 다음 단계로 경제성을 가진 상업로 개발을 시도하는 것이 원자력발전 실용화의 일반적 과정.

실험로
 연구개발의 초기 단계에서 만드는 소형 원자로. 통상 발전은 하지 않지만, 하더라도 극히 소규모.

열중성자로(Thermal Reactor)
 열중성자로 핵분열 반응을 일으켜 발전하는 경수로, 신형전환로와 같은 원자로. 핵분열로 발생한 고속중성자를 열중성자가 되도록 에너지를 낮추기 위해 감속재를 사용하는 것이 필요하며, 감속재 재료에 의해 경수로, 중수로, 흑연로 등으로 분류된다.
  • 경수로: 저농축 우라늄을 연료로 하여 감속재, 냉각재로서 경수(물)를 이용하는 원자로(LWR).
   − 가압수형 경수로(PWR): 원자로의 노심에 있는 냉각수가 비등하여 발전용 터빈을 돌리는 증기가 되는 경수로. 미국의 WH가 개발.

-비등수형 경수로(BWR): 원자로(1차계통)와 발전계통(2차계통)을 분리하여, 원자로 밖에서 증기를 발생시키는 경수로. 미국의 GE가 개발.
• 중수로: 천연 우라늄을 연료로 사용하며 감속재의 중성자 흡수가 적기 때문에 감속능력이 큰 중수를 가열하여 에너지를 얻는 원자로. 캐나다의 CANDU로가 대표적이며, 플루토늄의 추출이 쉽다는 특징이 있다.
• 콜더홀형 원자로: 영국이 개발한 가스냉각로. 천연 우라늄을 연료로 사용하며 가스를 가열한 열로 증기를 만들어 터빈을 돌린다.

원형로
실용성을 가지는 발전로의 원형이 되는 원자로로 본격적인 개발이 시작되는 원자로.

임계
일정량 이상의 우라늄 235 등의 핵분열성 물질에서 방출되는 중성자가 우라늄 235의 원자핵에 부딪쳐 핵분열이 일어나는 상태.

재처리
사용후 핵연료로부터 연료가 되는 우라늄이나 플루토늄을 추출하는 공정. 구체적인 재처리 공정은 다음과 같다.

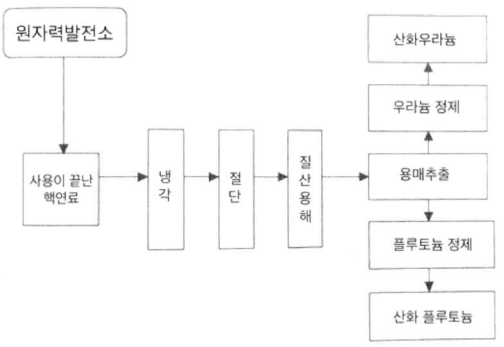

죠요(常陽)
일본이 처음으로 만든 고속증식로. 고속증식로 개발을 위해 필요한 기술, 데이터 등을 얻기 위해 건설된 실험로. 일본 국산의 신형전환로와 함께 일본의 핵연료 사이클의 중추를 이루는 원자로.

체르노빌사고
1986년에 소련의 체르노빌 원자력발전소에서 일어난 노심융해사고(PBMK, 출력 100만kW).

플루서멀(Plutonium Thermal Reactor Use)
플루토늄을 경수로 등의 열중성자로에서 이용하는 것. 핵분열로 발생하는 고속중성자가 감속재에 의해 열운동 정도의 저속도가 된 중성자를 열중성자라 함. 서멀 뉴트론에서 유래.

플루토늄

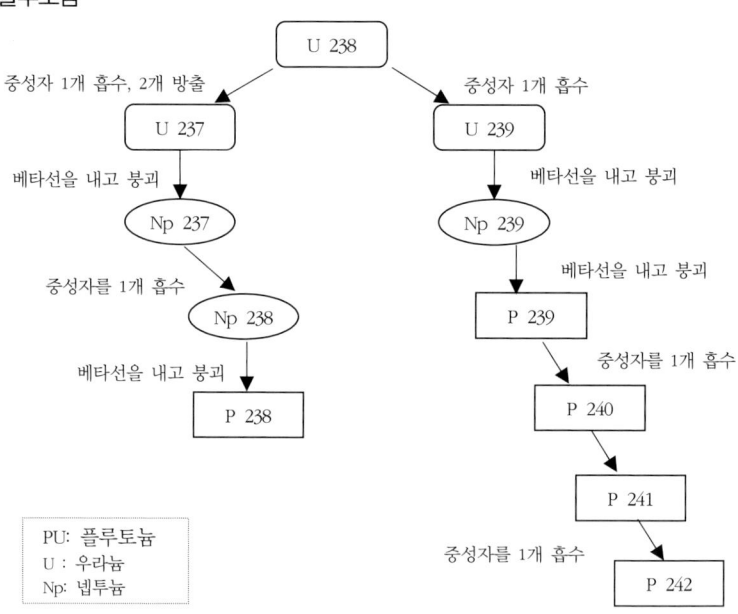

핵물질방호조약(pp조약)
핵물질의 탈취, 원자력시설이나 핵물질수송 등에 대한 방해, 파괴행위 등을 막기 위해 1987년에 발효한 국제조약(Convention on the physical protection of nuclear Materials and Facilities).

핵 비확산조약(핵확산방지조약, Nuclear Non-proliferation Treaty : NPT)
핵 무장국의 수가 더 이상 늘지 않게 하여 핵전쟁의 가능성을 적게 할 목적으로 핵 비확산, 원자력의 평화이용, 핵 군축을 세 축으로 하여 1970년 3월에 발효된 국제조약.

핵연료 사이클

핵연료 사이클이라는 용어의 사이클이란 막힌 고리 안에서 순환한다는 뜻으로, 핵연료 사이클은 결코 문자 그대로의 사이클이 아니라는 비판도 있다. 즉, 재처리로 얻어지는 회수 우라늄이나 방사성 폐기물은 재이용되지 않으므로 핵연료 사이클 중에서 순환되는 것은 일부에 지나지 않는다는 것이다. 최근에는 핵연료 사이클이라는 용어보다 재처리에 의한 플루토늄 이용이라는 의미로 '핵연료 리사이클'이라는 용어가 자주 쓰이고 있다. 高木仁三郎, 「核燃料サイクルの黄昏」, 緑風出版編集部 編, 『核燃料サイクルの黄昏』, 緑風出版, 1998, 9~10쪽; 일본 통상산업성(通商産業省) 자원에너지청(資源エネルギー庁)의 종합에너지조사회 원자력부회(総合エネルギー調査会 原子力部会)의 중간보고서에는 핵연료는 석유나 석탄 등의 화석연료와 다르게, 사용후 핵연료를 재처리하여 잔존하고 있는 우라늄, 플루토늄을 추출해 재이용하는 것이 가능하다. 이러한 연료의 흐름은 원을 그리는 것과 자원을 유효하게 활용할 수 있다는 점에서 핵연료 리사이클이라고 한다고 정의하고 있다. 通産省 資源エネルギー庁 総合エネルギー調査会 原子力部会, 「新原子力エネルギー政策; 21世紀を向けて」(1994年 6月).

후겐(ふげん)

일본의 신형전환로의 원형로. 후겐이라는 이름은 보현보살의 일본어 발음에서 유래. 2003년 운전을 종료하여 현제 폐로작업이 진행 중에 있다.

[부록 4] 보론

1) 미일 원자력 교섭에 대한 선행연구 분석

미일 원자력교섭에 대한 선행연구 중에서는 石田裕貴夫, 『核拡散とプルトニウム』, 朝日新聞社, 1992이 가장 포괄적인 연구이다. 이 책은 핵 비확산 체제와 플루토늄의 이용, 수송 등에 초점을 맞춘 연구지만 재처리 교섭, 포괄동의, 미 의회의 비준 과정 등과 관련하여 미일 원자력 교섭을 해설하고 있다. 이시다(石田)의 책은 미일 교섭 중에서 1977년의 재처리 교섭을 주로 분석하고 있다. 미일 원자력협정의 개정 교섭에 대해서는 신 협정안에 대한 미 의회의 심의 및 비준 과정을 일부 소개하고 있지만, 원자력협정의 개정을 둘러싼 15회의 교섭 과정(1982년 8월~1986년 6월) 및 양국 행정부의 교섭 전략, 미 행정부와 의회의 비준을 둘러싼 협상 과정 등에 대해서는 거의 언급하고 있지 않다.

핵 비확산과 일본의 플루토늄 이용정책에 관한 대표적인 연구에는 Hahn-Kyu Park, *International Nuclear Nonproliferation Pressure and Japan's Domestic Policy Response*, Ph.D. Dissertation, Columbia University, 1997이 있다. 이 연구는 1970년대와 1990년대의 일본의 플루토늄 이용정책과 이에 대한 미국의 정책을 비교, 분석하는 내용이지만, 1977년의 재처리 교섭에 대한 분석이 포함되어 있다. 한편 일본의 플루토늄 이용정책 및 개발상황에 관한 연구에는 Tatsujiro Suzuki, Eugene Skolnikoff, Kenneth Oye, *International Responses to Japanese Plutonium Programs*, Center for International Studies, Massachusetts Institute of Technology, Aug. 1995가 있다. 이 책은 일본의 플루토늄 이용정책과 현황, 플루토늄 이용의 유효성 및 문제점, 이에 대한 해외의 인식 등을 주로 다루고 있지만, 부분적으로 미일 원자력협정에 대해서도 언급하고 있다.

협정 개정 교섭의 초기단계의 교섭 과정 및 일본의 전략을 분석하고 있는 것은 石川欽也, 『証言 原子力政策の光と影』, 電力新報社, 1985가 있다. 이 책은 30년에 달하는 일본의 원자력개발, 에너지 자립화를 위한 노력 등을 기술하고 있는데, 이 중에서 재처리 교섭 후의 외무성, 통산성 및 과기청의 의견 대립 문제, 1982년부터의 교섭에 대한 일본(특히 행정부와 전력업계) 의 전략 등에 대해 비교적 상세히 기술하고 있다(石川欽也, 1985, 130~142 쪽). 또한 이 책은 1982년부터 1984년까지의 미일 협의의 일본의 교섭 태도 및 전략도 분석하고 있으며, 일본의 원자력정책 결정 과정의 통산성과 과기 청의 대립과 갈등관계에 주목하고 있는 특징이 있다. 일본의 국내 원자력정 책 결정 및 미일 교섭을 둘러싼 통산성과 과기청의 대립이 국내적 혼란을 야기한 원인의 하나였던 것은 확실하다. 그러나 양 성청(省庁)의 대립관계 에만 초점을 맞춘 분석은 통산성과 과기청이 미일 교섭을 비롯한 대외정책 (교섭을 포함하여) 면에서 대체로 협력관계를 유지하며, 대외압박으로부터 자신들의 이익을 지켜온 양 성청 간의 공조관계를 설명하지 못한다는 한계 가 있다.

신 협정에 미일이 합의한 후에 출판된 石川欽也, 『ドキュメント 原子力政 策: 21世紀への道』, 電力新報社, 1987과 石川欽也, 『原子力政策の検証とゆくえ』, 電力新報社, 1991은 협정 개정 교섭 과정을 간략히 정리하고 있다. 石川는 미일 교섭에서의 마찰의 근원은 재처리에 의한 플루토늄 생산기술(시설)과 플루토늄 이용에 대한 미일 간의 인식의 차에 있다고 지적하고 있다. 이시 카와는 1977년의 재처리 교섭은 도카이무라 재처리시설의 가동을 위한 카 터 정권의 핵 비확산정책과의 싸움이었지만, 1982년부터의 교섭에서는 교섭 상대가 레이건(Ronald Reagan) 행정부가 아니라, 미 의회의 핵 비확산파 의 원과 핵 비확산법과의 싸움이라고 표현하고 있다(石川欽也, 1987, 282~283 쪽). 石川는 재처리 교섭은 2차 세계대전 후의 외교 각 분야에서의 미일 교 섭 중에서 일본이 처음으로 대등한 입장에서 교섭한 협정이라고 평가하고 있다(石川欽也, 1991, 203쪽).

이시카와의 두 권의 책(1987, 1991)은 이시카와의 이전의 책(1985)과 같이 일본 측 교섭행위자의 전략을 부분적으로 언급하고 있지만, 미국 측 교섭행 위자의 분석 및 교섭 과정에서의 미일 간의 논의에 대해서는 거의 언급하고 있지 않다. 다만 石川(1991)는 원자력협정 개정과 거의 동시에 행해진 핵물질방호조약 가입 문제와 관련한 국내법 입법 문제 등 협정 개정에 관련된 다른 이슈도 다루고 있다.

이 외에도 재처리 교섭을 다루고 있는 선행연구에는 自主技術硏究所 編, 『日本の原子力技術: エネルギー自立への道』, 日刊工業新聞社, 1981이 있다. 이 책은 핵연료 사이클의 확립, 우라늄 농축기술 및 재처리기술, 고속증식로의 개발, 고준위폐기물 처리 등의 기술적인 면을 주로 다루고 있지만, 재처리 교섭의 경과도 간략히 소개하고 있다(自主技術硏究所 編, 1981, 134~157쪽). 이시카와(石川)는 카터 정권의 핵 비확산정책과 미일 정상회담 등 재처리 교섭에 이르는 경위, 3회의 재처리 교섭 및 도카이무라 재처리시설에 대한 미일 전문가의 현장검사 등에 관한 일본의 대책이 중점적으로 기술되어 있으며, 과기청과 통산성의 대미 대책 불일치에 의한 혼란을 지적하고 있다.

미일 원자력협정을 영일 원자력협정과 비교하여 분석한 연구에는 菊江栄一, 『原子力を追って』, 中日新聞本社, 1981이 있다. 이 책은 협정 개정 교섭 이전에 출판되었기 때문에 협정 개정 교섭에 관한 기술은 없지만, 1958년 6월에 동시에 조인된 미일 동력협정(미일 원자력일반협정: 미일 동력협정은 1968년의 개정에 의해 미일 원자력협력협정으로 바뀌었기 때문에 동력협정은 원자력협력협정의 모태이다). 영일 동력협정을 비교, 분석하고 있다. 또한, 핵 비확산과 재처리의 동결이라는 관점에서 카터 정권의 원자력정책을 자세히 소개하면서, 미국과 프랑스의 대일 원자력정책의 차이를 비교하고 있다. 즉, 재처리 및 플루토늄 이용 노선을 채용하고 있는 프랑스의 원자력정책과 비교하여, 핵 비확산정책을 기조로 하면서 원자력의 평화이용을 제한하려는 카터 정권의 대외 원자력정책은 이치에 맞지 않는다고 비판하고 있다.

1980년대 일본의 원자력 개발을 '국제핵연료 사이클평가(INFCE: International Nuclear Fuel Cycle Evaluation)' 협의와 관련하여 분석한 연구가 田宮茂文, 『80年代原子力開発の新戦略: Post INFCEの展開』, 電力新報社, 1980이다. 이 책은 INFCE를 둘러싼 미국의 대외 원자력정책과 이에 대한 일본의 전략 및 대응을 INFCE의 각 작업부회, 워킹그룹의 보고를 사용해 분석하고 있다. 비록 이 책이 1980년까지의 대응밖에 기술하지 않고 있지만, 일본의 INFCE 후의 원자력정책에 대해 가장 상세히 기술한 저서이며, 일본의 INFCE 대책 및

INFCE 이후의 원자력정책에 대해서는 이 책의 관점과 필자의 견해가 거의 일치하고 있다.

정부 측 혹은 민간에서 나온 저서 중에서는 日本原子力産業会議 編, 『原子力は、いま: 日本の平和利用30年』, 日本原子力産業会議, 1986이 가장 폭 넓게 일본의 원자력정책을 설명하고 있다. 이 책은 원자력 3법의 성립부터 원자력 발전사, 재처리 문제, 핵연료 사이클, 핵 비확산 문제, 원자력에 대한 국민의 이해에 이르기까지 자세히 기술하고 있지만, 원자력협정에 대해서는 사실관계만을 기술하고 있는 정도이다. 그러나 일본의 원자력정책 결정 과정에 관한 정보가 거의 공개되지 않는 상황에서 원자력정책 결정 과정에 관한 1차 자료에 가까우며, 일본의 원자력 개발사를 정확하게 요약하고 있다고 평가할 수 있다. 이 외에도, 日本原子力産業会議 編, 『核不拡散ハンドブック』나 『原子力ポケットブック』 등도 있지만, 어느 것이나 기본 자료집과 같은 성격의 간행물이다. 그 밖에도 소논문의 형태로 발표된 것도 있지만, 모두 본격적인 연구라고 말하기는 어렵다(예를 들면 市川富士夫, 「新日米原子力協定の意味するもの」, 『賃金と社会保障』(1988.9~10); 柳町秀一, 「新日米原子力協定と日米軍事同盟」, 『文化評論』(1988.7); 春名幹男, 「紛糾する日米原子力協定」, 『世界』(1988.4) 등이 있다).

지금까지 미일 원자력협상과 관련한 선행연구를 살펴보았지만, 이 책이 연구대상으로 하고 있는 1977년부터 1987년까지의 미일 원자력 교섭 전체를 집중적으로 분석하는 학문적인 연구는 드물다고 할 수 있다. 또한 선행연구와 이 책의 연구대상이 부분적으로 겹쳐도, 이 책의 분석시각이나 분석틀과는 일치하지 않는 것이 많다. 이에 대해서는 제2장 이후에서 구체적으로 논하고 있다.

2) 미일 원자력 교섭의 개념

1977년의 재처리 교섭이 발단이 되어 1988년에 새로운 원자력협정이 성립하기까지 10여 년에 걸쳐 진행된 미일 원자력 교섭은 엄밀히 말하면 하나의 교섭의 연장은 아니었다. 1977년의 재처리 교섭은 도카이무라 재처리시설의 가동을 위한 교섭이었으며, 1982년부터의 교섭은 재처리 문제의 항구적 해결과 기존의 미일협정에 신 규제 및 포괄동의를 도입하기 위한 협의였다. 1985년이 되어서야 본격적인 협정 개정 교섭에 들어가게 되었다. 다시 말하면 1977년부터 10년간, 세 가지의 서로 다른 협의(혹은 교섭)가 거의 매년 미일 간에 진행되었다. 이 세 가지 교섭은 기본적으로는 각각 다른 목적을 가진 교섭이었다. 그러나 재처리 문제의 해결이 미일 교섭의 출발점이었으며, 1982년부터의 협의 혹은 교섭은 재처리 및 플루토늄 이용 등에 대한 미국의 사전동의권을 포괄적으로 협정에 도입하기(또는 협정을 개정하기) 위한 교섭이라는 점에서, 이 세 교섭은 상호관련성과 연속성을 가지고 있으며 분리할 수 없는 교섭이라고 할 수 있다. 즉 1985년부터의 협정 개정 교섭은 1982년부터 협의의 연장이며, 1982년부터의 미일 원자력 협의의 원점이 된 것이 1977년의 재처리 교섭이었다. 이러한 관점에서 1977년부터의 세 가지 교섭을 광의로 보아 '하나의 교섭'으로 취급한다.

3) 외압의 개념

외압의 개념에 대해서는 다양한 정의가 있지만, 외압의 요건으로 (1) 외압이 대외정책뿐만 아니라 국내정책이나 제도 등에도 영향을 미치고, (2) 외압을 받는 대상의 국내에 중요한 대립이 있을 것 등을 전제로 한다. 야마모토는 외압을 국제정치학 혹은 정책결정론에서 사용되어온 '영향력(influence)'이라는 개념과 구별하고 있다. 즉, 외압이란 '외압이 대상으로 하는 것은 상대국의 대외행동의 컨트롤뿐만 아니라, 국내의 사회·경제적 정책 및 제도에 관한 것이며, 또한 외압이 가해지는 대상에 관해 국내에서 찬성파와 반대파가 격하게 대립하는 것이 통상적이다'고 정의하고 있다(山本吉宣, 『国際的相互依存』, 93쪽). 한편 다나카는 외압이란 '어떤 문제에 있어 국내에(현재든 잠재적이든) 중요한 대립이 있을 때, 그 문제에 대해 더해지는 외부에서의 영향력 행사를 위한 시도'라고 정의하고 있다(田中明彦, 「日本外交と国内政治の関連-外圧の政治学」, 25쪽). 구체적 내용은 山本吉宣, 『国際的相互依存』; 田中明彦, 「日本外交と国内政治の関連-外圧の政治学」, 日本国際政治学会, 『国際問題』第348号(1989年 3月), 23~36쪽.

영향력 행사의 하나인 외압은 많은 교섭상황에서 명확한 형태로 나타나기도 한다. 하지만 외압의 요건이 되는 외압을 받는 쪽의 국내적 대립은 잠재적인 것이어서 눈에 보이는 형태로 나타나지 않는 케이스도 있을 수 있다. 또한 대립이 있더라도 국내의 정책과정에 영향을 미치지 않거나, 그 이슈에 대한 중요한 대립이 거의 존재하지 않는 케이스도 있을 수 있다(다나카는 국내에 대립이 거의 없고, 정치적인 쟁점이 되지 않는 문제에 대해 가해지는 외국의 영향력 행사는 외압이라 할 수 없다고 정의하고 있다. 田中明彦, 「日本外交と国内政治の関連-外圧の政治学」, 31쪽). 이러한 경우, 영향력을 행사하는 쪽이 그 영향력을 상대국에 대한 외압으로 인식하지 않더라도, 영향력을 받는 쪽은 그것을 단순한 영향력 행사가 아닌 자국의 대외정책 및 국내정책 등에 영향을 미치려는 상대의 압력으로 받아들인다. 이렇게 영향력을 받는 쪽이 영향력에 의한 대외정책이나 국내정책의 전환을 무겁게 받아들여, 자국에 대한 위협으로 인식하는 경우, 그 영향력은 단순한 영

향력 행사를 넘어 압력으로 인식된다. 따라서 영향력을 행사하는 쪽의 일방적인 요구 등의 압력이 행사되었지만, 압력을 받는 쪽에 그 이슈에 대한 중요한 국내 대립이 발생하지 않는 경우, 또는 그 대립이 잠재적인 것이어서 현재하지 않는 경우도, 이러한 영향력의 행사도 외압으로서 기능하며, 넓은 의미의 외압으로 정의하는 것도 타당하다고 생각된다.

이러한 점에서 외압이 국내정책이나 제도 등에 영향을 미치거나, 외압을 받는 국가의 국내에 중요한 대립이 있다고 하는 외압의 정의를 넓게 해석하여, 영향력을 받는 쪽의 대립이 잠재적인 것이거나, 또는 국내의 대립이 존재해도 그 대립이 정책결정 과정에 영향을 미치지 않는 경우의 영향력 행사도 넓은 의미의 외압으로서 정의한다. 즉, 외압을 행사하는 쪽과 그것을 받는 쪽의 외압 인식에 차이가 있을 수 있다는 것이다. 그러나 외국이 행사하는 영향력의 전부를 외압으로서 정의하는 것은 아니다. 외국의 영향력의 행사가 그것을 받는 쪽의 대외정책이나 국내제도 등에 중요한 영향을 미친다는 전제는 유지한다. 다만, 그 영향력에 대해 국내에서의 대립이 미약한 경우, 또는 그 대립 중에서 외압에 공감하는 세력이 정책결정에서 영향력을 행사하지 못하는 경우의 외국의 영향력의 행사도 외압의 정의에 포함되는 것이다.

참고문헌

1. 한국어

양기웅, 『일본의 외교교섭』, 소화출판, 1998.
한국원자력연구원, 『미일 신원자력협력협정에 관한 연구』, 1994.

2. 일본어

科学技術庁, 『動力炉・核燃料開発事業団高速増殖原型炉もんじゅナトリウム漏えい事故の報告について』, 1986年 5月.
「核兵器不拡散条約署名の際の日本国政府声明」, 1970年 2月.
原子力委員会, 『21世紀の扉を拓く原子力』, 大蔵省, 1994.
原子力委員会, 「核燃料政策の基本方針」, 1968年 6月.
原子力委員会, 『原子力委員会月報』, 『原子力白書』.
原子力委員会, 「今後の高速増殖炉研究開発のあり方について」, 1997年 12月.
原子力委員会, 「使用済み燃料政策」, 1964年 6月.
原子力委員会, 「当面の核燃料サイクルの具体的な施策について」, 1997年 1月.
原子力委員会核燃料リサイクル専門部会, 「わが国における核燃料リサイクルについて」, 1991年 8月.
衆議院, 『第112回国会 衆議院会議録 第二十二号』, 1988年 5月.
衆議院, 『第112回国会 衆議院外務委員会議録 第十一号』, 1988年 5月.
衆議院, 『第112回国会 衆議院科学技術委員会議録 第二号』, 1988年 3月.
衆議院, 『第112回国会 衆議院科学技術委員会議録 第三号』, 1988年 3月.
参議院, 『第112回国会 参議院会議録 第二十号』, 1988年 5月.
参議院, 『第112回国会 参議院科学技術特別委員会議録 第六号』, 1988年 5月.
通産省 資源エネルギー庁 総合エネルギー調査会 原子力部会, 『新原子力エネルギー政策』, 1994.
通産省 資源エネルギー庁 総合エネルギー調査会 需給部会中間報告, 『一次エネル

ギーの長期供給見通し』, 1994年 6月.
日本原子力産業会議,『原子力年鑑』,『原子力ポケットブック』,『原子力資料』,『原子力工業』.
『朝日新聞』,『読売新聞』,『産経新聞』,『毎日新聞』,『電気新聞』,『日本経済新聞』,『原子力産業新聞』,『日刊工業新聞』.

石川欽也,『原子力委員会の闘い』, 電力新報社, 1983.
石川欽也,『原子力政策の検証とゆくえ』, 電力新報社, 1991.
石川欽也,『証言 原子力政策の光と影』, 電力新報社, 1985.
石川欽也,『ドキュメント 原子力政策: 21世紀への道』, 電力新報社, 1987.
石田裕貴夫,『核拡散とプルトニウム』, 朝日新聞社, 1992.
井原辰郎,『原子力王国の黄昏』, 日本評論社, 1984.
今井隆吉,『IAEA査察と核拡散』, 日刊工業新聞社, 1994.
NHK取材班,『原子力』, 日本放送出版協会, 1982.
NHKスペシャル,『調査報告 プルトニウム大国日本』, 1993年 5月 23日 放送.
金子熊夫,『日本の核・アジアの核』, 朝日新聞社, 1997.
菊江栄一,『原子力を追って』, 中日新聞本社, 1981.
草野厚,『政策過程分析入門』, 東京大学出版会, 1997.
草野厚,『日米オレンジ交渉』, 日本経済新聞社, 1983.
原子力資料情報室,『IMA中間報告会記録集: MOXを評価する』, 原子力資料情報室, 1996.
原子力資料情報室,『脱原発の20年』, 原子力資料情報室, 1995.
ケント・E・カルダー,『アジア危機の構図』, 日本経済新聞社, 1996.
自主技術研究所 編,『日本の原子力技術: エネルギー自立への道』, 日刊工業新聞社, 1981.
総合研究開発機構 編,『外交・政治スタイルと日米関係』, NIRA研究報告書, 1995.
総合研究開発機構 編,『原子燃料を取り巻く課題に関する総合的研究』, NIRA研究報告書, 1995.
総合研究開発機構 編,『米国の政策決定における議会スタッフの役割: エネルギー政策を例として』, 財団法人工業開発研究所, 1984.
谷口将紀,『日本の対米貿易交渉』, 東京大学出版会, 1997.
田宮茂文,『80年代原子力開発の新戦略: ポストINFCEの展開』, 電力新報社, 1980.
D・ディクソン 著, 里深文彦 訳,『戦後アメリカと科学政策』, 同文舘, 1988.
日本エネルギー法研究所,『原子力施設・原子燃料の国際取引と安全保障』, 国際取引法班報告書, 1995.

日本エネルギー法研究所, 『原子力平和利用をめぐる国際協力の法形態』, 平成 10・11年度国際原子力協力班報告書, 2000.
日本原子力産業会議 編, 『原子力はいま: 日本の平和利用30年』, 1986.
信田智人, 『アメリカ議会をロビーする』, ジャパン・タイムズ, 1989.
長谷川公一, 『脱原子力社会の選択』, 新潮社, 1996.
花井等・木村卓司, 『アメリカの国家安全保障政策』, 原書房, 1993.
フェレイドゥン・フェシャラキ 編, 『アジア・太平洋のエネルギー・リスク』, 日本放送出版協会, 1995.
細谷千博・有賀貞 編, 『国際環境の変容と日米関係』, 東京大学出版会, 1987.
緑風出版編集部 編, 『核燃料サイクルの黄昏』, 緑風出版, 1998.
山田正喜子, 『ロビイング: 米議会のパワー・ポリティクス』, 日本経済新聞社, 1982.
山本吉宣, 『国際的相互依存』, 東京大学出版会, 1989.
梁基雄, 『脅迫と交渉: 二レベル・ゲームとしての日米構造協議と米側脅迫の有効性』, 東京大学博士論文, 1993.
吉岡斉, 『原子力の社会史』, 朝日新聞社, 1999.

市川富士夫, 「新日米原子力協定の意味するもの」, 『賃金と社会保障』(1988.9-10).
宇佐美慈, 「難航した米中原子力平和利用協定」, 『国際政治』第118号(1998).
片原栄一, 「日本のプルトニウム政策と核不拡散問題」, 西原正 監修, 『日本の外交・安全保障政策オプション』, 日本国際交流センター, 1988.
金子熊夫, 「原子力外交の基礎知識」, 『原子力工業』第28巻 第10号(1982.10).
杉山普輔, 「日中原子力協定締結の意義と問題点」, 『ジュリスト』No.867(1986.9).
高木仁三郎, 「日中原子力協定調印と日中の未来」, 『世界』(1985年 10月号).
長尾悟, 「ウルグアイ・ラウンド農業交渉とEC」, 『国際政治』第106号(1994).
春名乾男, 「紛糾する日米原子力協定」, 『世界』(1988年 4月号).
福井浩弘, 「沖縄返還交渉: 日本政府における決定過程」, 『国際政治』第52号(1975).
柳町秀一, 「新日米原子力協定と日米軍事同盟」, 『文化評論』(1988.7).
山本義彰, 「条約と国会」, 『立法と国会』第66号(1975.2).

3. 영어

ACDA, "ACDA's Nuclear Proliferation Assessment Statement", Oct. 1, 1987.
Department of Defense, "Letter to the Senator Frank H. Murkouski", Jan. 29, 1988.
Department of Defense, "Memorandum from Secretary of Defense to the secretary of state", Apr. 20, 1987.

Department of Energy, "US-Japanese Cooperation Agreement on the Peaceful Use of Nuclear Energy", Jan. 27, 1988.

Department of State, "Briefing Memorandum on Nuclear Issues with Japan", Mar. 5, 1979.

Department of State, "Briefing Paper on Nuclear Policy Issues", Mar. 00, 1981.

Department of State, "Briefing Paper on US-Japan Nuclear Cooperation Agreement", Mar. 00, 1987.

Department of State, "Briefing Paper on US-Japan Nuclear Cooperation Agreement", Apr. 21, 1987.

Department of State, "Briefing Paper on US-Japan Nuclear Negotiation", Jan. 1984. Department of State, "Briefing Paper on US-Japan Negotiations on Peaceful Cooperation", Mar. 4, 1987.

Department of State, "Briefing Paper on US-Japanese Negotiations on the Tokai-Mura Reprocessing Facility", Dec. 21, 1980.

Department of State, "Letter to the James A. McClure, Chairman of Committee on Energy and Natural Resources, US Senate", Aug. 26, 1982.

Department of State, "Memorandum for the President on Current Tokai Negotiations", Aug. 30, 1977.

Department of State, "Memorandum for the President on Visit of Japanese Prime Minister Zenko Suzuki, May 6-9,1981", Apr. 22, 1981.

Energy Information Administration, US Department of Energy, *Electric Power Annual 1993*, EIA/DOE, 1994.

General Accounting Office, "Nuclear nonproliferation: Japan's shipment of plutonium raises concerns about reprocessing", Jun. 1993(GAO/RCED-93-154).

Library of Congress, Congressional Research Service, "Euratom and the US: renewing the agreement for nuclear cooperation", by Carl Behrens and Warren H. Donnelly, [Washington] Apr. 26, 1996(CRS Archived Issue Brief 96001).

Library of Congress, Congressional Research Service, "Japan's Sea shipment of Plutonium", by Warren H. Donnelly and Zachary Davis, [Washington] Sep. 22, 1992(CRS Archived Issue Brief 92091).

Library of Congress, Congressional Research Service, "Nuclear energy policy", by Mark Holt and Carl Behrens, [Washington] Aug. 7, 1988(CRS Archived Issue Brief 88090).

Library of Congress, Congressional Research Service, "Plutonium: Department of Energy approval of plutonium shipment from France to Japan", by Warren

H. Donnelly, [Washington] Nov. 26, 1984(CRS Archived Issue Brief 84116).
Library of Congress, Congressional Research Service, "US-Japan agreement for nuclear cooperation: monitoring its implementation", by Warren H. Donnelly, [Washington] Aug. 23, 1984 or Sep. 28, 1989(CRS Archived Issue Brief 88095).
Library of Congress, Congressional Research Service, "US-Japanese nuclear cooperation: revision of the bilateral agreement", by Warren H. Donnelly, [Washington] Jul. 22, 1988(CRS Archived Issue Brief 87159).
National Security Council, "Memorandum for Colin L. Powell on US-Japan Nuclear Cooperation Agreement"(Mar. 8, 1988).
Nuclear Regulatory Commission, "Letter to the Chairman of the Committee on Foreign Affairs", House of Representatives, "NRC concerns with the US-Japan agreement for nuclear cooperation and the changes necessary to make the agreement acceptable to the NRC", Feb. 24, 1988.
Nuclear Regulatory Commission, "Letter to the President", Jul. 27, 1988.
Office of the White House Press Secretary, "Statement by the President on Nuclear Policy", Oct. 28, 1976.
"Report from the Comptroller General of the US to Chairman Dante B. Fascell in Response to Request for an Analysis of the Proposed US-Japan Nuclear Cooperation Agreement", Feb.29, 1988.
"Telegram from Department of State to American Embassy Tokyo on Tokai Mura Negotiations Texts of Notes", Jan.15, 1981.
"Telegram from Department of State to American Embassy Tokyo on Tokai Mura Reprocessing Plant Negotiations", Jan.14, 1981.
"Telegram from Department of State to US Embassies concerning new US Approach to the reprocessing and the use of plutonium", Aug.12, 1982.
"Telegram from Department of State to US Embassy, Japan concerning joint communique", May 3, 1979.
"Telegram from Gerald Smith to Secretary and Brzezinski on Tokai Negotiation", Aug. 30, 1977.
"Telegram from US Embassy Japan to Department of State concerning Japanese participation in INFCEP", Sep. 10, 1977.
"Telegram from US Embassy Japan to Department of State concerning special discussion with Japanese INFCE co-chairman", Mar. 17, 1978.
"Telegram from US Embassy Japan to Department of State concerning US-Japan bilateral on INFCE outcome", Dec. 1, 1978.

"Telegram from US Embassy Japan to Department of State concerning US-Japan discussion on nuclear cooperation", Aug. 11, 1982.
United States of America, *Congressional Record: Proceedings and Debates of the 100th Congress*, Second Session, 1988.
US Congress, House Committee on Foreign Affairs, *US-Japan Nuclear Cooperation Agreement, Hearings:* Dec. 16, 1987; Mar. 2, 1988.
US House Document 100-128, *Proposed Agreement Between the US and Japan Concerning Peaceful use of Nuclear Energy: Message from the President of the US*, Nov. 9, 1987.
US Senate, US Senate Report 100-275, *US-Japan Nuclear Cooperation Agreement*.
White House, "Executive Order 12295-Nuclear Cooperation with Euratom", Feb.24, 1981.
White House, "Memorandum for Department of State on Agreement for Cooperation between US and Japan Concerning Peaceful Uses of Nuclear Energy", Dec. 21, 1987.
White House, "Memorandum for Department of State on Agreement for Cooperation between US and Japan Concerning Peaceful Uses of Nuclear Energy", Dec. 28, 1987.
White House, "Memorandum for the Secretary of State on Tokai Decision", Aug. 23, 1977.
White House, "Memorandum on US Policy on Foreign Reprocessing and Use of Plutonium Subject to US Control", Jun. 4, 1982.
White House, "NSC File: Legislative MTG RE US/Japan Nuclear Agreement", Feb. 2, 1988.
White House, "Presidential Statement on the Atomic Energy Policy", Oct. 28, 1976.
White House, "US Non-proliferation and Peaceful Nuclear Cooperation Policy", Jul. 16, 1981(NSDD 6).

A Consensus Report of the CSIS US-EURATOM Senior Policy Panel, *Negotiating a US-EURATOM Successor Agreement*, The Center for Strategic & International Studies, Washington, DC, 1994.
Center for Strategic & International Studies, *The Nuclear Suppliers and Nonproliferation*, Washington, DC, 1984.
Cho Paul Byung-Chan, *Japan's Ratification of the Nuclear Non-proliferation Treaty* (Ph.D. Dissertation), The University of Virginia, 1981.

Leonard J. Schoppa, *Bargaining with Japan*, Columbia University Press, 1997.
Leonard Weiss, "The Concepts of "Timely Warning" in the Nuclear Nonproliferation Act of 1978", Apr. 1, 1985.
Nuclear Control Institute Special Report, "Air transport of plutonium obtained by the Japanese from nuclear fuel controlled by the US", Mar. 3, 1987.
Michael Blaker, ed., *Oil and the Atom: Issues in US-Japan Energy Relations*, Columbia University Press. 1980.
Park Hahn-Kyu, *International Nuclear Nonproliferation Pressure and Japan's Domestic Policy Response* (Ph. D. Dissertation), Columbia University, 1997.
Peter B. Evans, Harold K. Jacobson, Robert D. Putnam, eds., *Double-Edged Diplomacy*, University of California, Press, 1993.
Ryukichi Imai and Henry S. Rowen, *Nuclear Energy and Nuclear Proliferation: Japanese and American Views*, Westview Press, 1980.
Spurgeon M. Keeny, Jr. et al., *Nuclear Power Issues and Choices: Report of the Nuclear Energy Study Group*, Ballinger Publishing Co., 1977.
Tabusa Keiko, *Nuclear Politics: Exploring the Nexus between Citizen' Movements and Public Policy in Japan* (Ph.D. Dissertation), Columbia University, 1992.
Tadao Ishibashi, "US-Japan Nuclear Agreement: Disapproval by US Congress Hoped for", Press Conference on Mar. 10, 1988, National Press Club.
Tatsujiro Suzuki, Eugene Skolnikoff, Kenneth Oye, *International Response to Japanese Plutonium Programs,* Center for International Studies, Massachusetts Institute of Technology, 1995.
Washington Representatives 1988, Washington, DC; Columbia Books Inc., 1988.
Zbigniew Brzezinski, *Power and Principle: Memoirs of the National Security Advisers, 1977-1981*, New York; Farrar Straus Giroux, 1983.

The Atlantic Council of the US, "The US-Euratom agreement avoiding a breakdown in cooperation", *The Bulletin of the Atlantic Council of the US*, Vol. V, No. 7(Jul. 22, 1994).
I. M. Destler, "National Security Management: What Presidents have Wrought", *Political Science Quarterly* (Win. 1980-81).
Leonard J. Schoppa, "Two-level Games and Bargaining Outcomes: why Gaiatsu Succeeds in Japan in Some Cases but Not Others", *International Organization*, Vol. 47, No. 3(Summer 1993).
Michael Cross, "Japan's Plutonium Stockpile", *New Scientist*, 133:1806(Feb. 1, 1992).

Qingshan Tan, "US-China Nuclear Cooperation Agreement", *Asian Survey*, Vol. XXIX, No. 9 (Sep. 1989).

Paul Leventhal, "US-Japan accord invites proliferation", *Bulletin of the atomic Scientists*, May 1988.

Robert A. Manning, "PACATOM: Nuclear Cooperation in Asia", *The Washington Quarterly*, Vol. 20, No. 2 (Spr. 1997).

Robert D. Putnam, "Diplomacy and Domestic Politics: The Logic of Two Level Games", *International Organizations*, Vol. 42, No. 3, 1988.

저자소개

전진호 (全鎭浩)

일본정치외교 및 한일관계 전공.

서울대학교 외교학과에서 학사, 석사과정을 마치고 도쿄(東京)대학 대학원 종합문화연구과(국제관계론 전공)에서 미일 원자력교섭에 관한 논문으로 박사학위(국제정치학) 취득.

일본 방위성 방위연구소 객원연구원(2008), 도쿄대학교 방문연구원(2015), 현대일본학회장(2016) 등을 역임. 현재 광운대학교 국제학부 교수로 재직 중.

저서로 『남북관계의 변화와 동북아외교』(부산외대출판부, 2019, 공저); 『전후 일본 패러다임의 연속과 단절』(청아출판사, 2017, 편저); 『동일본 대지진과 일본의 진로』(한울, 2013, 공저); 『신시대 한일협력 7대 핵심과제』(한울아카데미, 2013, 공저); 『내셔널리즘의 명저 50』(일조각, 2010, 공역); 『일본정치론』(논형, 2007, 공저); 『글로벌화 시대의 일본: 한국에의 함의』(한울아카데미, 2006, 편저) 등이 있으며 그 외 논문 다수.